单中惠 总主编

杜威教育研究大系

国家出版基金项目
NATIONAL PUBLICATION FOUNDATION

杜威教育经典文选

朱镜人 编译

山东教育出版社
·济南·

图书在版编目（CIP）数据

杜威教育经典文选 / 朱镜人编译 . — 济南：山东教育出版社，
2024.6

（杜威教育研究大系 / 单中惠总主编）
ISBN 978-7-5701-2704-7

Ⅰ.①杜⋯　Ⅱ.①朱⋯　Ⅲ.①杜威（Dewey, John 1859—1952）-
教育思想-文集　Ⅳ.①G40-097.12

中国国家版本馆CIP数据核字（2023）第197769号

丛书策划：蒋　伟　　孙文飞
责任编辑：孙文飞　　王玉婷
责任校对：舒　心
装帧设计：王玉婷

DUWEI JIAOYU JINGDIAN WENXUAN

杜威教育经典文选

朱镜人　编译

主　　管：山东出版传媒股份有限公司
出版发行：山东教育出版社
地　　址：济南市市中区二环南路2066号4区1号　　邮　　编：250003
电　　话：（0531）82092660　　　　　　　　　　网　　址：www.sjs.com.cn
印　　刷：山东临沂新华印刷物流集团有限责任公司
版　　次：2024年6月第1版　　　　　　　　　　印　　次：2024年6月第1次印刷
规　　格：710毫米×1000毫米　1/16　　　　　印　　张：30.75
字　　数：440千　　　　　　　　　　　　　　定　　价：125.00元

如印装质量有问题，请与出版社发行部联系调换。（电话：0531-82092686）

总　序

单中惠

美国哲学家和教育家约翰·杜威（John Dewey，1859—1952）走过了93年的人生道路。在整个学术生涯中，杜威从哲学转向教育，既注重教育理论，又注重教育实验，始终不渝地进行现代教育的探索，创立了一种产生世界性影响的教育思想体系，成为现代享有盛誉的西方教育思想大师。凡是了解杜威学术人生或读过杜威著作的人，都会惊叹其知识的渊博、思维的敏锐、观点的新颖、批判的睿智、志向的坚毅、撰著的不辍。综观杜威的学术人生，其学术生涯之漫长、学术基础之厚实、学术成果之丰硕、学术思想之创新、学术影响之广泛，确实是其他任何西方教育家都无法相比的。

杜威的著述中蕴藏着现代教育智慧，他的教育思想具有恒久价值。这种恒久价值主要体现在五个方面：阐释了学校变革与社会变革的关系；强调了教育目标应该是学生发展；倡导了课程教材的心理化趋向；探究了行动和思维与教学的关系；阐明了教育过程是师生合作的过程。特别值得指出的是，杜威的那些睿智的教育话语充分凸显了创新性。例如，关于社会和学校，杜威提出："社会改革是一种有教育意义的改革"，"社会重构和教育重构是相互关联的"，"学校是一个社会共同体"，"教会儿童如何生活"，等等。关于儿童和发展，杜威提出："身体和心灵两方面的发展相辅而行"，"身体健康乃各种事业的根本"，"心智不是一个储藏室"，"解放了的好奇心就是系统的发现"，"教育的首要浪费是浪费生命"，等等。关于课程和教材，杜威提出："课程教材心理化"，"在课堂上拥有新生命"，"批量生产造就了埋没个人才能和技艺的批量教育"，"教师个人必须尽其所能地去挖掘和利用教材"，等等。关于思维和学习，杜威提出："教育的原理就是学行合一"，"做中学并不意味着用工艺训练课或手工课取代教科书的学习"，"学习就是要学会思维"，"讲课是刺激和指导反思性思维的时间和场所"，等等。关于创造与批判，杜威提出："创造与批判是一对伙伴"，"发展就等于积极地创造"，"批判和自我批判是通往创造性的道路"，等等。关于道德教育和职业教育，杜威提出："道德教育的重要就因为它无往不在"，"道德为教育的最高最后的目的"，"品格发展是学校一切工作的最终目的"，"职业教育的首要价值是教育性的"，"普通教育与职业教育同时并行"，等等。关于教师职业和教师精神，杜威提出："教师职业是全人类最高贵的职业"，"教师是学校教育改革的直接执行者"，"教师必须是充满睿智的心灵医师"，"教师是艺术家"，"确保那些热爱儿童的教师拥有个性和创造性"，"教育科学的最终实现是在教育者的头脑里"，等等。

杜威的教育名著及其学术思想，受到众多哲学家、教育学家的推崇。例如，美国哲学家和教育家胡克（Sidney Hook）特别强调了杜威的《民主主义与教育》一书的经典价值："在任何领域中，在原来作为教科书出版的著作中，《民主主义与教育》是唯一的不仅达到了经典著作的地位，而且成为今天所有关心教育的学者不可不读的一本书。"[①]英国教育史学家拉斯克（Robert R. Rusk）和斯科特兰（James Scotland）在他们合著的《伟大教育家的学说》（1979）一书中则指出："在过去的一百年里，提供指导最多的人就是约翰·杜威。……在教育上，我们不得不感谢杜威，因为他在对传

---

① ［美］约翰·杜威.杜威全集·中期著作第9卷［M］.俞吾金，孔慧，译.上海：华东师范大学出版社，2012：导言.

统的、'静止的、无趣的、贮藏的知识理想'的挑战中做出了自己最大的贡献，使教育与当前的生活现实一致起来。……在20世纪70年代后期，在杜威去世后的四分之一世纪里，有一些迹象表明教育潮流再一次趋向杜威的方向。"①

尽管杜威也去过日本（1919）、土耳其（1924）、墨西哥（1926）、苏联（1928）访问或讲演，但他印象最深刻的是在中国的访问和讲演。从1919年4月30日至1921年8月2日，杜威在中国各地访问讲学总计两年零三个月又三天。其间，他的不少哲学和教育著作也在中国翻译出版，对近现代中国教育的发展以及近现代中国教育家陶行知、陈鹤琴、黄炎培等产生了不可忽视的影响。因此，西方教育学者中对近代中国最为熟悉，对近代中国教育影响领域最广、程度最深和时间最长的，当属杜威。

杜威在华期间，蔡元培在他的60岁生日晚餐会演说中曾这样说：杜威"博士不绝的创造，对于社会上必更有多大的贡献"②。我国近现代学者胡适在《杜威先生与中国》（1921）一文中也写道："自从中国与西洋文化接触以来，没有一个外国学者在中国思想界的影响有杜威先生这样大。"③ 因此，杜威女儿简·杜威（Jane Dewey）在她的《约翰·杜威传》（1939）一书中这样提及杜威和中国的交往："不管杜威对中国的影响如何，杜威在中国的访问对他自己也具有深刻的和持久的影响。杜威不仅对同他密切交往的那些学者，而且对中国人民表示了深切的同情和由衷的敬佩。中国仍是杜威所深切关心的国

---

① ［英］罗伯特·R.拉斯克，詹姆斯·斯科特兰.伟大教育家的学说［M］.朱镜人，单中惠，译.济南：山东教育出版社，2013：266-288.

② 蔡元培.在杜威博士之60生日晚餐会上之演说.//沈益洪.杜威谈中国［M］.杭州：浙江文艺出版社，2001：330.

③《晨报》，1921年7月11日。

家，仅次于他自己的国家。"①

教育历史表明，如果我们要研究美国教育的发展，要研究世界教育的发展，要研究中国教育的发展，那我们就必须研究杜威教育思想。正如美国学者罗思（R. J. Roth）在他的《约翰·杜威与自我实现》（1961）一书的"序言"中所指出的："未来的思想必定会超过杜威……可是很难想象，它在前进中怎么能够不通过杜威。"这段话是那么睿智深刻，又是那么富有哲理。

在中华人民共和国成立后，杜威教育研究在相当长的一个时期里成为学术禁区。1980年，我国著名教育史学家、华东师范大学教育系赵祥麟教授在《华东师范大学学报（哲社版）》当年第2期上发表了《重新评价杜威实用主义教育思想》一文，首先提出对杜威教育思想进行重新评价，在我国教育界特别在教育史学界产生了很大的影响。应该说，这是我国改革开放后对杜威教育思想重新评价的"第一枪"，引领了对杜威教育思想的再研究。赵祥麟教授这篇文章中最为经典的一段话——"只要旧学校里空洞的形式主义存在下去，杜威的教育理论将依旧保持生命力，并继续起作用"，它不仅被我国很多教育学者在杜威教育研究中所引用，而且被刊印在人民教育出版社2008年出版的五卷本《杜威教育文集》的扉页上。

自改革开放以来，在实事求是精神的引领下，我国教育学界对杜威教育思想进行了重新评价，并使杜威教育思想研究得到了深化。其具体表现在：杜威教育研究的成果更加多样，多家出版社组织翻译出版杜威教育著作，研究生开始关注杜威教育研究，中小学教师对阅读杜威教育著作颇有兴趣，等等。

特别有意义的是，华东师范大学出版社出版了由刘放桐教授主编、复旦大学杜威与美国哲学研究中心组译的中文版《杜威全集》38卷，其中包括《杜威全集·早期著作（1882—1898）》5卷、《杜威全集·中期著作（1899—

---

① Jane M. Dewey. Biography of John Dewey. // Paul Arthur Schilpp. The Philosophy of John Dewey. Evanston and Chicago: North-western University, 1939：42.

1924）》15卷、《杜威全集·晚期著作（1925—1953）》17卷以及《杜威全集·补遗卷》。刘放桐教授在《杜威全集》"中文版序"（2010）中强调指出，杜威"被认为是美国思想史上最具影响的学者，甚至被认为是美国的精神象征；在整个西方世界，他也被公认是20世纪少数几个最伟大的思想家之一"。应该说，《杜威全集》中文版提供了珍贵的一手资料，不仅有助于杜威哲学思想的研究，而且也有助于杜威教育思想的研究。

2016年是杜威的最重要的标志性著作《民主主义与教育》出版100周年。作为对这位西方教育先辈的一个纪念，美国杜威协会（John Dewey Society）于2016年4月、欧洲教育研究学会（European Education Research Association）于同年9月28日至10月1日分别在美国华盛顿和英国剑桥大学召开了《民主主义与教育》一书出版100周年纪念会。2019年是杜威诞辰160周年，也是他来华访问讲演100周年。美国芝加哥大学、哥伦比亚大学师范学院等高等学府的学者，分别举行了纪念杜威访华100周年的学术研讨会。

与此同时，在我国，不仅众多教育学者发表了与杜威教育相关的文章，而且一些教育学术期刊也开设了相关的纪念专栏或专题，还有一些全国或地方教育学术团体举行了各种形式的纪念性学术研讨活动。中华教育改进社、北京师范大学教育历史与文化研究院等还共同发起了纪念杜威来华100周年系列活动。其中，2019年4月28日举行了"杜威与中国教育高端学术会议"，人民网、新华网、光明网、中国社会科学网等分别对此进行了报道。事实表明，如果没有改革开放，我国教育学界就不会有对杜威教育思想的重新评价，也就不会有杜威教育研究的深化。

杜威是20世纪美国乃至世界上最有影响的教育家之一，他给教育带来了一场深刻的革命。杜威教育研究是西方尤其是美国教育研究中的一个重要领域，也是一个既有恒久价值又有现实意义的重要课题。对于当今我国学校的教育教学和课程改革，杜威教育思想也具有重要的现实意义。"杜威教育研究大系"的出版，既可以展示我国改革开放以来杜威教育研究的成果，又可以推动杜威教育研究在我国的进一步深化，还有助于教育学者和学校教师更深入更理性地认识与理解杜威教育思想。这是"杜威教育研究大系"出版的目的之所在。

"杜威教育研究大系"由我国杜威教育研究知名学者、华东师范大学教育学系单中惠教授任总主编，由合肥师范学院教师教育研究中心朱镜人教授、沈阳师范大学教育学院关松林教授和河南大学教育学部杨捷教授任副总主编。"杜威教育研究大系"共11分册，具体包括：

《杜威与实用主义教育思想》（单中惠/著）

《杜威教育经典文选》（朱镜人/编译）

《杜威在华教育讲演集》（王凤玉、单中惠/编）

《杜威教育书信选》（徐来群/编译）

《杜威教育名著导读》（单中惠/著）

《杜威心理学思想研究》（杨捷/主编）

《杜威教育信条》（单中惠/选编）

《杜威教育在日本和中国》（关松林/主编）

《杜威教育在俄罗斯》（王森/著）

《杜威评传》（单中惠/编译）

《学校的公共性与民主主义——走向杜威的审美经验论》（［日］上野正道/著，赵卫国/主译）

在确定"杜威教育研究大系"的总体框架时，我们主要考虑了四个原则：一是综合性。不仅体现杜威在理论与实践结合的基础上对教育各个方面进行的综合性论述，而且阐述他把哲学、心理学和教育学结合起来，以及对世界各国教育产生的广泛影响。二是创新性。凸显杜威教育著述中的创新精神和教育智慧，以及杜威教育研究的新视角、新发现、新观点和新方法。三是多样性。既有西方学者的研究，也有我国学者的研究；既有总体的研究，又有专题的研究，还有比较的研究；既有理论研究，又有著作研究，还有资料研究。四是基础性。对于杜威教育研究这个主题来讲，整个研究无疑具有重要的学术价值，但有些研究在某种意义上还是基础性研究，冀望在研究视野及研究深度和广度上推进我国杜威教育研究。当然，这四个方面也是"杜威教育研究大系"力图呈现的四个特点。

杜威教育研究是一项具有重要意义的工作，又是一项十分艰辛的工作。就拿一手资料《杜威全集》（*Collected Works of John Dewey*）来说，南伊利诺伊大学卡邦代尔分校杜威研究中心前主任博伊兹顿（Jo Ann Boydston）主编英文版《杜威全集》，从1969年出版早期著作第一卷到2012年出版补遗卷，这项38卷本的汇编工作前后共花费了43年时间；由复旦大学刘放桐教授主持翻译的中文版《杜威全集》启动于2004年，从2010年翻译出版早期著作起，至2017年最后翻译出版补遗卷，也历时13年。因此，就杜威教育研究而言，如果再算上难以计数的二手资料和三手资料以及大量的相关资料，那要在相关研究中取得丰硕的创新成果并非一件易事，这需要我国教育学者坚持不懈地潜心研究。在这个意义上，"杜威教育研究大系"的出版虽然是我国改革开放以来杜威教育研究的一个具有标志性的系列成果，但也只能说是初步的研究成果。

对当今我国教育改革和发展来说，杜威教育思想仍然具有重要的现实价值。那是因为，尽管杜威与我们生活在不同时代，但杜威所探讨的那些问题在现实的教育中并没有消失，后人完全可以在杜威教育思想探讨的基础上对那些教育问题进行更深入的思考和分析，并从杜威教育思想中汲取智慧。在杜威教育研究不断深化和提升的过程中，首先要有更理性的研究意识，其次要有更广阔的研究视野，还要有更科学的研究方法。当然，展望杜威教育研究的未来，我国教育学者应该努力把新视角、新发现、新观点、新方法作为关注的重点。

"杜威教育研究大系"是山东教育出版社承担的"十三五"国家重点图书出版规划项目，也是2022年度国家出版基金资助项目。"杜威教育研究大系"的出版，得到了山东教育出版社领导的高度重视和大力支持，在此谨致以最诚挚的敬意。"杜威教育研究大系"项目从启动到完成历时五年多，在此应该感谢整个团队各位同人的愉悦合作。

在西方教育史上，约翰·杜威无疑是一位具有新颖的教育理念和产生巨大影响力的伟大教育家，但他自己还是最喜爱"教师"这一称呼，并为自己做了一辈子教师而感到无比的自豪。在此，谨以"杜威教育研究大系"献给为教师职业奉献一生的约翰·杜威教授。

2023年8月

目　录

前　言

朱镜人

　　约翰·杜威（John Dewey，1859—1952）是美国实用主义教育思想代表人物，也是20世纪具有广泛影响的教育家。他的教育理论是人类宝贵的教育思想遗产的重要组成部分。研读杜威教育著述不仅可以帮助我们了解和理解他的教育思想，也可以为我们国家的教育理论建设和教育实践方面的改革提供有益的参考。

　　杜威教育著述丰硕，编译一部能够展现杜威教育思想全貌的文选并非易事。在编译这部《杜威教育经典文选》时我们遵循了3条原则：

　　第一条是经典性原则。所谓经典性原则是指入选篇目是杜威教育著述中最具代表性、典范性，具有指导作用的著述。

　　第二条是完整性和重点突出原则。完整性是指入选篇目涵盖了杜威早期、中期和晚期三个时期著述[①]，时间链条完整；重点突出一是指以中后期著述为重点，二是对一些著作或论文的内容做了选择，而非全本著作或全文选入。

---

　　① 这里的分期是按照美国南伊利诺伊大学出版社（Southern Illinois University Press）出版的《杜威全集》的时间分期，即1892—1898年之间的著述为早期作品，1899—1924年之间的为中期作品，1925—1953年之间的为晚期作品。

第三条是简约性或便利性原则。为了方便读者阅读，我们尽可能精选内容，努力做到一册在手，便可大致了解掌握杜威教育理论的轮廓和重点。

根据这几条原则，我们经过反复讨论，最后按著述发表的时间顺序确定了以下32篇。

早期著述共有4篇：《我的教育信条》《学校课程的心理学维度》《构成教育基础的伦理原则》《学校与社会》。

中期著述共有11篇：《教育学讲座》《儿童与课程》《教育学中理论与实践的关系》《实用主义对教育的影响》《教育中的道德原理》《教育中的兴趣与努力》《明日之学校》《民主主义与教育》《教育的平衡、效率与思维》《任课教师》《教育中的个性》。

晚期著述共有17篇：《教师职业怎么了？》《个性与经验》《进步教育与教育科学》《新时代的新学校：苏维埃俄罗斯的印象》《教育衔接的一般性原则》《教育科学的资源》《创造与批判》《哲学与教育》《教育：修道院、交易柜台还是实验室》《我们怎样思维》《社会经济形势与教育》《作为基础的教育哲学》《芝加哥实验的理论》《教育与社会变革》《经验与教育》《人的问题》《〈教育资源的使用〉一书引言》。

在杜威所有的教育著述中，《民主主义与教育》是他实用主义教育思想代表作。"英美学者把它与柏拉图的《理想国》和卢梭的《爱弥儿》并列。"[①]在这本书中，杜威详细阐述了他的实用主义教育主张，提出了他的一些基本观点，如"教育是生活所必须"、"教育即生长"、"教育是经验的继续不断的改组或改造"和"教育本身并无目的。只是人，即家长和教师等，才有目的。……一个教育目的必须根据受教育者的特定个人的固有活动和需要（包括原始的本能和获得的习惯）。……一个教育目的必须能转化为与受教育者的活

---

① 滕大春."杜威和他的《民主主义与教育》"，见［美］约翰·杜威.民主主义与教育［M］.王承绪译，北京：人民教育出版社.1990：4.

动进行合作的方法"。^①时至今日，这些主张是否合理，人们可能见仁见智，需要认真研究仔细琢磨。

  杜威的教育著述表达的既是他自己对教育理想的向往和追求，也是与传统派相对立的美国现代派教育思想基本理念的表述。"了解和研究杜威实用主义教育思想，必将有助于了解和研究美国教育乃至世界教育。尽管对杜威实用主义教育思想会持有不同的态度，或赞扬和肯定，或攻击和否定，但有一点是不容置疑的，那就是：研究现代美国教育和当代西方教育思想是离不开杜威实用主义教育思想研究的。"^②换言之，研究现代美国教育和西方教育思想是需要研读杜威教育经典文选的。

2023年5月

---

① 参见本书第202、211、214、224—225页。
② 单中惠.现代教育的探索——杜威与实用主义教育思想［M］.北京：人民教育出版社，2002：15.

一、早期经典文选

我的教育信条（1897）^①

第一条　什么是教育

我相信——

一切教育都是通过个人参与人类的社会意识而进行的。这个过程几乎是在出生时就在无意识中开始了。它不断地发展个人的能力，熏染他的意识，形成他的习惯，锻炼他的思想，并激发他的感情和情绪。由于这种不知不觉的教育，个人便渐渐分享人类曾经积累下来的智慧和道德的财富。他就成为一个固有文化资本的继承者。世界上最具形式的、最专门的教育确实是不能离开这个普遍的过程。教育只能按照某种特定的方向，把这个过程组织起来或者区分出来。

唯一的真正教育是通过对儿童能力的刺激而来的，这种刺激是儿童自己感觉到所在的社会情境及各种要求所引起的。这些要求刺激他，使他以集体的一个成员去行动，使他从自己行动和感情的原有的狭隘范围里显现出来；而且使他从自己所属的集体利益来设想自己。通过别人对他自己的各种活动所作的反应，他便知道这些活动用社会语言来说是什么意义。这些活动所具有的价值又反映到社会语言中去。例如，儿童由于别人对他的呀呀的声音的反应，便渐渐明白那呀呀的声音是什么意思，这种呀呀的声音又渐渐变化为音节清晰的语言，于是儿童就被引导到现在用语言总结起来的统一的丰富的观念和情绪中去。

---

① 原载《学校杂志》1897年1月号，第77—80页。译自劳伦斯·A.克雷明编《杜威论教育》，1959年英文版，第19—32页。——译者

这个教育过程有两个方面：一个是心理学的，一个是社会学的。它们是平列并重的，哪一个也不能偏废；否则，不良的后果将随之而来。这两者，心理学方面是基础的。儿童自己的本能和能力为一切教育提供了素材，并指出了起点。除教育者的努力同儿童不依赖教育者而自己主动进行的一些活动联系以外，教育便变成外来的压力。这样的教育固然可能产生一些表面的效果，但实在不能称它为教育。因此，如果对于个人的心理结构和活动缺乏深入的观察，教育的过程将会变成偶然性的、独断的。如果它碰巧能与儿童的活动相一致，便可以起到作用；如果不是，那么它将会遇到阻力，不协调，或者束缚了儿童的天性。

为了正确说明儿童的能力，我们必须具有关于社会状况和文明现状的知识。儿童具有自己的本能和倾向，在我们能够把这些本能和倾向转化为他们在社会上与之相当的事物之前，我们不知道它们所指的是什么。我们必须能够把它们带到过去的社会中去，并且把它们看作是前代人类活动的遗传；我们还必须能把它们投射到将来，以视它们的结果会是什么。在前一个例子中，正是这样能够在儿童的呀呀的声音里，看出他将来的社会交往和会话的希望和能力，使人们能够正确地对待这种本能。

心理的和社会的两个方面是有机地联系着的，而且不能把教育看作是二者之间的折中或其中之一凌驾于另一个之上而成的。有人说，心理学方面对教育所下的定义是空洞的、形式的——它只给我们以一个发展一切心能的观念，却没有给我们以怎样利用这些心能的观念。另一方面，又有人坚决认为，教育的社会方面的定义（即把教育理解为与文明相适应）会使教育成为一个强迫的、外在的过程。结果把个人的自由隶属于一个预定的社会和政治状态之下。

假如把一个方面看作与另一个方面孤立不相关而加以反对的话，那么这两种反对的论调都是对的。我们为了要知道能力究竟是什么，我们就必须知道它的目的、用途或功能是什么，而这些，是无法知道的，除非我们认为个人是在社会关系中活动的。但在另一方面，在现在情况下，我们能给予儿童的唯一适应，便是由于使他们充分发挥其能力而得到的适应。由于民主和现代工业的出现，我们不可能明确地预言20年后的文化是什么样子，因此也不能准备儿童去适合某种定型的状况。准备使儿童适应未来生活，那意思便是要使他能管理自己，要训练他能充分和随时运用他的全部能量；他的眼、耳和手都成为随时听命令的工具，他的判断力能理解他必须在其中起作用的周围情况，他的动作能力被训练能达到经济和有效地进行活动的程度。除非我们不断地注意到个人的能力、爱好和兴趣，也就是说，除非我们把教育不断地变成心理学的名词，这种适应是不可能达到的。

总之，我相信受教育的个人是社会的个人，而社会便是许多个人的有序组合。如果从儿童身上舍去社会的因素，我们便只剩下一个抽象的东西；如果我们从社会方面舍去个人的因素，我们便只剩下一个死板的、没有生命力的集体。因此，教育必须从心理学上探索儿童的能量、兴趣和习惯开始。它的每个方面，都必须参照这些考虑加以掌握。这些能力、兴趣和习惯必须不断地加以阐明——我们必须明白它们的意义是什么，必须用和它们相当的社会事物的用语来加以解释——用他们在社会事务中能做些什么的用语来加以解释。

第二条　什么是学校

我相信——

学校主要是一种社会组织。教育既然是一种社会过程，学校便是社会生活的一种形式。在这种社会生活的形式里，凡是最有效地培养儿童分享人类所继承下来的财富以及为了社会的目的而运用自己的能力的一切手段，都被集中起来。

因此，教育是生活的过程，而不是将来生活的预备。

学校必须呈现现在的生活——即对于儿童来说是真实而生气勃勃的生活，像他在家庭里、在邻里间、在运动场上所经历的生活那样。不通过各种生活形式或者不通过那些本身就值得生活的生活形式来实现的教育，对于真正的现实总是贫乏的代替物，结果形成呆板而死气沉沉。

学校作为一种制度，应当把现实的社会生活简化起来，缩小到一种雏形的状态。现实生活是如此复杂，以致儿童不可能同它接触而不陷于迷乱；他不是被正在进行的那种活动的多样性所淹没，以致失去自己有条不紊的反应能力，便是被各种不同的活动所刺激，以致他的能力过早地被发动，致使他的教育不适当地偏于一面或者陷于解体。

既然学校生活是如此简化的社会生活，那么它应当从家庭生活里逐渐发展出来；它应当采取和儿童继续在家庭里已经熟悉的活动。

学校应当把这些活动呈现给儿童，并且以各种方式把它们再现出来，使儿童逐渐地了解它们的意义，并能在其中起着自己的作用。

这是一种心理学的需要，因为这是使儿童获得继续生长的唯一方法，也是对学校所授的新观念赋予旧经验的背景的唯一方法。

这也是一种社会的需要，因为家庭是社会生活的一种形式，儿童在其中获得教养和道德的训练。加深和扩展他的关于与家庭生活相联系的价值的观念，是学校的任务。

现在教育上许多方面的失败，是由于它忽视了把学校作为社会生活的一种形式这个基本原则。现代教育把学校当作一个传授某些知识、学习某些课业或养成某些习惯的场所。这些东西的价值被认为多半要取决于遥远的将来；儿童所以必须做这些事情，是为了他将来要做某些别的事情；这些事情只是预备而已。结果是，它们并不能成为儿童的生活经验的一部分，因而并不真正具有教育作用。

道德教育集中在把学校作为一种社会生活的方式这个概念上，最好的和最深刻的道德训练，恰恰是人们在工作和思想的统一中跟别人发生适当的关系而得来的。现在的教育制度，就它对于这种统一的破坏或忽视而论，使得达到任何真正的、正常的道德训练变为困难或者不可能。

儿童应当通过集体生活，在他的活动中受到刺激和控制。

在现在的情况下，由于忽视了把学校作为社会生活的一种方式这个概念，来自教师的刺激和控制是太多了。

教师在学校中的地位和工作必须按同样的基本观点来加以阐明。教师在学校中并不是要给儿童强加某种概念，或形成某种习惯，而是作为集体的一个成员来选择对于儿童起着作用的影响，并帮助儿童对这些影响作出适当的反应。

学校中的训练应当把学校的生活作为一个整体来进行，而不是直接由教师来进行。

教师的职务仅仅是依据较多的经验和较成熟的学识来决定怎样使儿童得到生活的训练。

儿童的分班和升级的一切问题，都应当参照同样的标准来决定。考试不过是用来测验儿童对社会生活的适应力，并表明他在哪种场合最能起作用和最能接受帮助的。

第三条　教材

我相信——

儿童的社会生活是他的一切训练或生长的集中或相互联系的基础。社会生活给予他一切努力和一切成就的不自觉的统一性和背景。

学校课程的内容应当注意到从社会生活的最初不自觉的统一体中逐渐分化出来。

我们由于给儿童太突然地提供了许多与这种社会生活无关的专门科目，读、写和地理等，而违反了儿童的天性，并且使最好的伦理效果变得困难了。

因此，学校科目相互联系的真正中心，不是科学，不是文学，不是历史，不是地理，而是儿童本身的社会活动。

教育不能在科学的研究或所谓自然研究中予以统一，因为离开了人类的活动，自然本身并不是一个统一体。自然本身是时间和空间里许多形形色色的东西，要自然本身使它自己作为工作的中心，那便是提供一个分散的原理，而不是集中的原理。

文学是社会经验的反映和阐明，因此，它必须产生在经验之后，而不是在前。因此，它不能作为统一体的基础，虽然它可以成为统一体的总和。

再次，历史就它提供社会生活和生长的各个方面来说，是具有教育价值的。它必须参照社会生活而加以控制。假如只简单地作为历史来看，它便陷于遥远的过去而变成僵死的、毫无生气的东西。历史如被看作是人类的社会生活和进步的记录，那就成为有丰富意义的东西了。但是我认为，除非儿童也被直接引入社会生活中去，否则，对于历史是不可能这样看的。

所以，教育最根本的基础是在于儿童活动的能力，这种能力正沿着现代文明所由来的同一的、总的建设路线而活动的。

使儿童认识到他的社会遗产的唯一方法是使他去实践，那些使文明成为其文明的主要的典型的活动。

因此，所谓表现的和建设的活动便是相互联系的中心。

这便给予学校中烹调、缝纫和手工等的地位一个标准。

这些科目并不是附加在其他许多科目之外的作为一种娱乐和休息的手段，或者作为次要的技能的特殊科目而提出的。我更相信它们是代表社会活动的类型和基本形态的；而且，通过这些活动作为媒介把儿童引入更正式的课程中，这是可能的，也是值得向往的。

科学研究就它显示了产生现代社会生活的各种资料和方法而言，是具有教育意义的。

目前科学教学的最大困难之一是，这种资料是以纯客观的形式提供出来，或者作为儿童能加于他已有经验之上的一种新的特殊经验。其实，科学之所以有价值正因为它给我们一种能力去解释和控制已有的经验。我们不应当把它作为新的教材介绍给儿童，而应当作为用来显示已经包含在旧经验里的因素，和作为提供更容易、更有效的调整经验的工具。

现在我们丧失了许多文学和语言科目的价值，这是因为我们抛弃了社会的因素。在教育学著作里，差不多总是把语言只当作思想的表现。语言固然是一种逻辑的工具，但最基本、最重要的是一种社会的工具。语言是一种交往的手段，是一个人用以分享别人的思想和感情的工具。如果只是把它当作个人获得知识或当作表达已经学到的知识的工具，那么就会失去它的社会的动机和目的。

因此，在理想的学校课程中，各门科目并不是先后连贯的。如果教育即是生活，那么一切生活一开始就具有科学的一面、艺术和文化的一面以及相互交往的一面。因此，某一年级的固定科目只是阅读和写字，而较高的年级里却开设阅读、文学或科学，这是不正确的。这个进度不是在于各门科目的连贯性，而是在于对经验的新态度和新兴趣的发展。

最后，教育应该被认为是经验的继续改造，教育的过程和目的是完全相同的东西。

如要在教育之外另立一个任何目的，例如给它一个目标和标准，便会剥夺教育过程中的许多意义，并导致我们在处理儿童问题时依赖虚构的和外在的刺激。

第四条　方法的性质

我相信——

方法的问题最后可以归结为儿童的能力和兴趣发展的顺序问题。提供教材和处理教材的法则就是包含在儿童自己本性之中的法则。由于情况正是这样，我认为，下面的论述，对于决定教育所赖以进行的那种精神是极端重要的。

（1）在儿童本性的发展上，自动的方面先于被动的方面；表达先于有意识的印象，肌肉的发育先于感官的发育，动作先于有意识的感觉；我相信意识在本质上是运动或冲动的，有意识的状态往往在行动中表现自己。

对于这个原理的忽略便是学校工作中大部分的时间和精力浪费的原因。儿童被置身于被动的、接受的或吸收的状态中。情况是不允许儿童遵循自己本性的法则，结果造成阻力和浪费。

观念（理智的和理性的过程）也是由动作引起的，并且为了更好地控制行动。我们所谓理性，主要就是有顺序的或有效的行动法则。要发展推理能力、判断能力，而不参照行动方法的选择和安排，便是我们现在处理这个问题的方法中的一个重大错误。结果是我们把任意的符号提供给儿童。符号在心智发展中是必需的，不过它们的作用在于作为节省精力的工具；它们本身所表现出来的乃是从外部强加的大量毫无意义的和武断的观念。

（2）表象是教学的重要工具。儿童从他所见的东西中所得到的不过是他依照这个东西在自己心中形成的表象而已。

假如将现在用以使儿童学习某些事物的9/10的精力用来注意儿童是否在形成适当的表象，那么教学工作将会容易得多。

目前对于课业的准备和提出所费的许多时间和注意力，可以更加明智地、更有益地用来训练儿童形成表象的能力，使儿童将经验中所接触的各种东西不断地形成明确、生动和生长中的表象。

（3）兴趣是生长中的能力的信号和象征。我相信，兴趣显示着最初出现的能力。因此，经常而细心地观察儿童的兴趣，对于教育者是最重要的。

这些兴趣必须作为显示儿童已发展到什么状态的标志来加以观察。它们预示着儿童将进入那个阶段。

成年人只有通过对儿童的兴趣不断地予以同情的观察，才能够进入儿童的生活里面，才能知道他要做什么，用什么教材才能使他工作得最起劲、最有效果。

这些兴趣不应予以放任，也不应予以压抑。压抑兴趣等于以成年人代替儿童，这就减弱了心智的好奇性和灵敏性，压抑了创造性，并使兴趣僵化。放任兴趣等于以暂时的东西代替永久的东西。兴趣总是一些隐藏着的能力的信号，重要的事情是发现这种能力。放任兴趣就不能从表面深入下去，它的必然结果是以任性和好奇代替了真正的兴趣。

（4）情绪是行动的反应。

力图刺激或引起情绪而不顾与此情绪相应的活动，便等于导致一种不健全的和病态的心理状态。

只要我们能参照着真、善、美而获得行动和思想上的正确习惯，情绪大都是能够约束自己的。

除了死板和呆滞、形式主义和千篇一律之外，威胁我们教育的最有害的东西莫过于感情主义。

这种感情主义便是企图把感情和行动脱离开来的必然结果。

第五条　学校与社会进步

我相信——

教育是社会进步及社会改革的基本方法。

改革仅仅依赖法规的制定，或是惩罚的威胁，或仅仅依赖改变机械的或外在的安排，都是暂时性的、无效的。

教育是达到分享社会意识的过程中的一种调节作用，而以这种社会意识为基础的个人活动的适应是社会改造的唯一可靠的方法。

这个概念对于个人主义和社会主义的理想都予以应有的重视。它恰恰是个人主义的，因为它承认某种品格的形成是合理生活的唯一真正基础。它是社会主义的，因为它承认这种好的品格不是由于单纯的个人的告诫、榜样或说服所形成的，而是出于某种形式组织的或社会的生活施加于个人的影响，社会机体以学校为它的器官，决定道德的效果。

在理想的学校里，我们得到了个人主义和集体组织的理想之间的调和。

因此，社会对于教育的责任便是它的至高无上的道德责任。通过法律和惩罚，通过社会的鼓动和讨论，社会就会以一种多少有些机遇性和偶然性的方式来调整和形成它自身。但是通过教育，社会却能够明确地表达它自己的目的，能够组织它自己的方法和手段，因而明确地和有效地朝着它所希望的前进目标塑造自身。

当社会一旦承认了朝着这种目标前进的可能性以及这些可能性所赋予的义务，人们便不可能去设想听任教育者随意地使用时间、注意力和金钱等资源。

为了提醒社会认识到学校奋斗的目标，并唤起社会认识到给予教育者充分的设备来进行其事业的必要性，坚持学校是社会进步和改革的最基本的和最有效的工具，是每个对教育事业感兴趣的人的任务。

作这样设想的教育是标志着人类经验中所能想象得到的科学和艺术最完善、最密切的结合。

这样形成人类的各种能力并使它们适应社会事业的艺术是最崇高的艺术；能够完成这种艺术的人，便是最好的艺术家；而对于这种事业，不论具有任何见识、同情、机智和行政的能力，都不会是多余的。

心理学事业的发展增长了对于个人的心理结构和生长的法则的观察能力；社会科学的发展增长了我们关于正确组织个人的知识。一切科学的资源都可以为教育的目的而使用。

当科学和艺术这样携手以后，支配人类行动的最高动机已经达到了，人类行为的真正动力将被激发起来，人类本性中所可能达到的最好的事业便有保障了。

最后，教师不是简单地从事于训练一个人，而是从事于适当的社会生活的形成。

每个教师应当认识到他的职业的尊严；他是社会的公仆，专门从事于维持正常的社会秩序并谋求正确的社会生长。

这样，教师总是真正上帝的代言者，真正天国的引路人。

（赵祥麟译。选自赵祥麟，王承绪编译.杜威教育名篇［M］.北京：教育科学出版社，2006：1—11.）

学校课程的心理学维度（1897）[①]

在目前的教学论著中，存在一种粗略而简便的方法，用以区分课程或教学内容和教学方法。前者被认为在性质上是客观的并且由社会学和逻辑学思想来决定，无须对个体的特征作特别的考虑。有人假定，不借助于个体心理学理论在教学中的应用原则，我们也可以讨论和研究地理、数学、语言等学校课程。当我们不得不考虑要把教学内容的客观性与过程、个体的兴趣和能力相适应时，我们就站在教学方法的立场上了。心理学的研究是现成可用的，而教学法要求的却是所提供的事实和真理如何能被学生最容易、最有效地吸收。

如果作为一种方便和有效的区分方法的话，这样分配两种教学状态可能不会带来任何大的危害。然而，当它被强化形成刻板的原则，并作为进一步的推论基础时，或者当它被视为决定其他教育问题的参考标准时，这种观点遭到了严重的异议。

从哲学方面来看，我认为它构建了一种站不住脚的二元论，一种无论从哪个角度看都是值得怀疑的二元论。而且，如果这种二元论以哲学物质的形式呈现的话，许多在实践和教学上持这种隔离的二元论的作者，很可能最不愿意承认这个事实。这种二元论，一方面是一种心理活动，另一方面是智力内容——心理和心理所处理的教学材料，或者更严格地说，是指经验中的主体和客体。

---

① 首次发表于《教育评论》，第8卷（1897年4月），第356—369页。未重印。

这个哲学前提是，在心理活动和心理活动研究的教学内容之间存在某种程度的间断或者断层。如果不以为然地毫不涉及心理学思想（也就是说，不考虑个体行为特征和模式）去选择、定义和确定内容的话，我们可以推测出实践和理论是以独立和外部的方式存在的，与方法和心理功能没有有机的联系。当这种哲学以教育的形式呈现的时候，那些拒绝承认这是一种好哲学的人却对此表示满意。我很难理解这种人。

这种二元论将教育上的心理因素贬低为一种空洞的训练，导致它仅仅成为一种对认知、记忆、判断等官能的形式训练。这些官能被认为是独立存在的，并且是由自己操作的、与内容并没有固然的联系。哈里斯[1]博士曾在《15人委员会报告》（ *Report of the Committee of Fifteen* ）中提出，心理学基础对于确定教育价值是相对无用的。就此，有人提出，这种观点是我们目前所讨论的二元论带来的必然结果。这些详情，我一无所知。如果内容在一方面单独地存在，那么心理过程则在另一方面很可能孤立。事实上，能够成功地质疑对心理学立场的批判之唯一方法，是否认在经验内容和其相关的心理活动之间存在着分离。

如果在实践中合理地实施这一学说，它甚至还没有那些严格的理论更具吸引力。从这点上来看，材料，即要学习的内容，是一些不可避免的外在东西，因此是无关紧要的。学习内容既无须考虑儿童天生的和内在的心理倾向，也不存在促进和引发心理能力的基本特征。毫不奇怪，这种区分法的支持者们倾向于怀疑教学中兴趣的价值，并且把全部重点放在刻苦拼搏上。材料的外在性使它或多或少地被心理所排斥。根据这种推断，如果使一个学生独处，他必然投身于其他事情。它要求意志官能作出足够的努力，以使心理从其内在作用和兴趣转向外在的材料。

---

[1] 哈里斯（W.T.Harris，1835—1909），美国教育家和哲学家，曾任美国教育总署署长（1889—1906）。——本书编译者

另一方面，心理过程的持续和发展如果被假定为与材料没有内在的联系，方法问题就被降到了一个非常低的层面。不可避免地，它只是关涉一些被经验所证明有用的各种各样的手段，或者关涉一些教师个人创造出来的杰作。没有什么基本的或哲学的东西，可以作为决定教学法问题的标准。它是一个简单的问题，即寻找一种可以减小心理和外部材料之间冲突的暂时性的手段和技巧。怪不得那些甚至无意识地持这种二元论的人（当他们找不到在实践上有效的努力理论的时候），又一次在被解释成乐趣的兴趣学说中寻找同盟者，并且认为教育的实际工作是如何使没有内在兴趣的学习变得有趣，也就是说，如何用人为的吸引力包装它们，以使心理无意识地"吞下"令人排斥的"苦药"。

事实是，这种二元的推论，一方面赋予材料一种外在的和不重要的特征，而另一方面使教学法变得无足轻重和随意。对此，我们当然有理由质疑。因此，在下面的论述中，我提出要验证这种推论，并由此表明我的观点，即不仅教学方法要考虑心理的因素，教学内容也要考虑心理的因素（就是那些关于个人能力和结构的心理因素）。

哈里斯博士对我在《与意志有关的兴趣》中的专题研究进行了评论，其语调总体上是友好和欣赏的，以至于我觉得如果继续讨论而又提不出更深入问题的话，将会显得我吹毛求疵并会引起争议。我相信，目前有关兴趣在教育中的重要性和相关性的意义与价值的许多争论，就是因为没有生成出我刚才提出的这些根本的问题；在目前的讨论状态中，似乎大家所需要的，就是使那些非常想当然地默认的前提假设明晰化，从而可以从侧面解决这两个问题。

那么，我们对课程的研究意味着什么呢？它代表什么？什么确定了它在学校工作中的地位呢？什么给它提供了结果？什么给予了它局限？我们拿什么标准来衡量它的价值？当然，没有人要求普通的学校教师提出这样的问题，但是得有人向他们指定课程。正如我们所说，课程要提供给教师，特定的教师个人必须尽其所能地去挖掘和利用教材。但是，那些在理论上关心教育本质的人，或者那些在实践中必须处理课程组织的人——"设计"课程的人——是忽略不起这些问题的。

总体来说，在美国，针对这些问题最具有哲学性的答案是由哈里斯博士在著名的圣·路易斯报告中提出来的，也是近期他在《15人委员会报告》一文中明确叙述了的，同时在他反对赫尔巴特学派的相关性概念的文章中也提及了这一答案。本质上，有人告诉我们，研究就是搜集和整理事实与原理，它们或者与典型的社会生活有关，或者提供维持社会生活的基本工具；还有人告诉我们，选择和定位一种研究的标准，是看该研究使学生适应他与生俱来的文明需要的价值。

到目前为止，从积极的一面来讲，我不怀疑这一主张；我持异议的一点是它的消极推论，即社会决定性排除了心理的因素。社会角度的界定是必要的，但是心理的因素就不迫切了吗？例如，假设我们提问：一个既定学科如何在社会生活中发挥它所应该发挥的作用？什么赋予了它功能？在发挥功能时，该学科的作用机制如何？假设我们说，地理在向儿童解释他所出生于文明的结构和过程中发挥着某种重要的作用；另外，假设我们想知道地理究竟是如何发挥这个作用，究竟是什么本质性的东西使它具有这种融合的作用并赋予其他学科或学习课目都不能具有的功能？我们能够在不涉及心理学领域的前提下回答这个问题吗？事实上，难道我们不从心理学的层面探究地理是什么——也就是说，作为一种经验模式或形式的地理是什么吗？[1]

此外，我们一定还会问：在我们发现教学材料的一般选择依据之前，特别是在我们可以为某一年龄段的学生或某一种社会环境选择材料之前，该学科是如何竭力发挥以上作用的？我们必须考虑到，作为逻辑整体的学科和作为心理

---

[1] 我注意到许多评论家们反对《数字心理学》的标题，其依据正如一个反对者所言："心理学是心理的科学。因此，这个标题实质上就是'数字的心理科学'，这听上去很奇怪。"这些评论家们的意思是说，数量、数字等不是经验的模式吗？意思是说，它们不是特定的心理态度和行动吗？从教育的立场而不是从科学的立场，对作为经验模式、心理态度和功能过程的数字进行研究，比从纯粹客观的立场对数字进行定义更重要，难道他们不是在否定这一点吗？

整体的学科的区别。从逻辑的观点来看，学科是被当作有效的事实的载体或系统，这些事实通过内部关系和解释原则凝聚在一起。逻辑的观点断定这些事实已经被发现、整理、分类和系统化。它从客观的立场来解决内容的问题。它只关心事实是否是真实的，关心用来解释和说明的理论是否经得起检验。从心理学的观点来看，我们关心的是作为活生生的个体经历的方式或形式的学科。地理不仅仅是一系列可以自己进行分类和讨论的事实和理论，也是实际的个体对世界的感受和思考的一种方式。必须先有后者，才能产生前者。只有后者达到自然发展的某种高度和成熟度，才能考虑前者。只有个体亲身感受和意识到了一定数量的经验，他才做好了采取客观的和逻辑的观点的准备，才有能力保持中立，对相关的事实和理论进行分析。

现在，教育关心的首要问题，无疑应该是把学科看作一种个人经验的特殊模式，而不是作为一堆已经解决的事实和科学证实的原则。对一个孩子来说，恰恰因为他是孩子，地理学科不是，也不可能和那些从科学专题的角度阐述的地理内容一样。就前者而言，后者恰好就包含着它需要引导出的经验，这种引导也是教学的难题。把针对7岁或者15岁孩子的地理等同于洪堡①（Humboldt）或瑞特（Ritter）的地理，是本末倒置的事情。对于一个孩子，教学所要采取的立场，不是既成事实的结果，而是粗糙经验的开始。我们必须发现一个孩子的现有经验领域（或者他能够轻易获取的经验领域）中那些值得称为地理学的东西。这不是如何教孩子地理的问题，而首先是地理对孩子来说是什么的问题。

并不存在对地理、自然历史或者物理进行永久性区分和标记的确定的事实体系。确切地说，根据所调查的兴趣和智力态度，相同的客观现实可能是其中一个或另一个，也可能一个都不是。拿一平方英里的领域为例，假如我们从某

---

① 亚历山大·冯·洪堡（1769—1859），德国自然科学家、自然地理学家、著述家、政治家。——译者

一兴趣着手，它可能是数学；从另一角度，它可能是关于植物学的；再从另一角度，可能是地质学的，或者是矿物学的，或者是地理学的，或者从其他的观点，它则能成为历史方面的材料。作为一个客观的事实被置之任何一方面，都不是绝对的。只有当我们问到当下进行的是哪种经验、某个个体实际上假设的是什么态度、个体想要达到的目的和结果是什么时，我们才找到可以作为选择和安排特定学科内容的基础。

因此，甚至在最具逻辑性和客观性的研究中，我们也不能脱离心理学的观点，我们不可能不参照一个有着经验的人，不可能不思考他是如何和为什么获得了这些经验的。我们现在所正在做的只是简单地采纳了成人的心理（也就是说，采纳已经历过某种系列经验的人的心理），他已经具有一定的背景和生长过程，并且用他的成熟和发展了的兴趣来代替孩子不成熟的和相对潜在的倾向。如果我们在教育工作中遵照这种区别的话，那就意味着用成人的意识来代替孩子的意识。

由此，我重申，关于课程学习的首要问题是一个心理学的问题。学习是什么，它是一种活生生的、直接的、个人经验吗？在这种经验中，兴趣是什么？它的动机或刺激是什么？它与经验的其他形式是如何作用与相互作用的？它本身是怎么样逐渐与其他经验相区别的？为了给予它们额外的确定性和意义的丰富性，它是怎样起作用的？我们问这些问题，不仅是出于对普遍意义上的儿童的考虑，而且也考虑到了具体的儿童——某个特定年龄阶段的儿童、具有一定学业水平的儿童，以及具体家庭与社区相联系的儿童。

在我们提出这些问题之前，对学校课程的思考还是独断和片面的，因为我们没有终极的决定标准。问题不仅仅在于儿童能够掌握什么事实，或者什么事实能够使他感兴趣，而在于在某个特定的方向上，他自身拥有什么经验。学科必须依照其固有的法则与那种经验相区别。除非我们知道这些法则是什么，内在的刺激、某种特定经验的行为模式和功能是什么，否则我们在实践中束手无策。我们可以遵循规则，也可以追求抽象逻辑思维，但是我们没有起决定性的教育标准。回答这些问题，是一个心理学问题。当我们得到这些问题的答案的时候，我们就知道怎么阐明、建立、排列经验的内容，因而，经验不断生长并包含成人意识已经拥有的系统的事实体系。

这是一个明显的实践问题——它关涉课堂的实际工作，而不是简单的专业地位。大体上说，我相信，现在教学中急切要应对的难题是课程的内容问题。无论在总体上，还是在不同的阶段中，课程内容的选择和决定都是建立在客观的或逻辑的基础上，而不是以心理学为基础的。卑微的教育大张着嘴，敞开着双手，站着"嗷嗷待哺"，等着接受抽象科学的作者给予完整的体系。这一体系经过几个世纪的经验和艰难的反思，得以完善和发展。教师以这种值得信任的方式接受现成的"内容"之后，就接着用这种同样现成的方法将其传授给学生。发生于其间的交流媒介只是以被称为"方法"的策略和计谋对其进行某种外部的附加，用被称为"激发兴趣"的外部刺激的方式构成"糖衣"。

所有的这些程序都忽略了一点，即教育学最重要的问题是：如果没有儿童现有的、未加工的、本能的经验，成人意识中完整的和系统的知识如何能逐渐地发挥作用。首要回答的问题是：经验是怎样发展的，而不是成年人在从儿童到成人发展过程中成功地获得了什么经验。进行科学研究的作者，他已经拥有原始经验的背景，经历了整个成长的过程，也许可以安全地承担它们而不迷失。对于他来说，课程内容无论从视角和关系而言，都是恰当的。但是，当成人材料被直接传给儿童时，视角被忽视了，课程被强制变成虚假的和武断的关系，内在的兴趣没有吸引力了，儿童所拥有的经验可能成为学习的一个极其重要工具的经验，却弃之未用，逐渐衰退。

真正的课程程序可以表述如下：

第一，我们必须把注意力集中在儿童身上，以找出在所选择的特定时期什么经验最适合儿童；如果可能的话，还要找出在这一时期什么构成了儿童经验的特色；找出为什么他的经验以这种而非他种形式表现。这意味着，我们要细致地观察什么经验对他是最有意义和价值的，观察他对这些经验的态度。我们在这些经验中寻找兴趣点和重点。我们寻找他所持有的经验水平和如何使他保持兴趣。我们通过观察和反思，努力发现孩子的哪些品味和能力对获得经验起积极的作用。我们询问儿童形成了什么习惯，想达到哪种目的和结果。我们追问什么是刺激物和孩子们对其作出何种反应。我们好奇什么动力推动了他们的表达欲望；他们是以什么特定的方式开始展现的，在展现的过程中，孩子们形成了什么结果。

所有这些都是心理学问题。如果允许的话，我将其概括成"兴趣"一词。我们的研究是找出孩子们的实际兴趣所在，或客观地说，找出世界上什么物体和人吸引了孩子的注意力，什么事物和人构成了他们生活的意义和价值。这并不意味着这些兴趣一经发现便成为学校工作的最终标准，也不意味着它们有终极性的规范价值。它意味着只有解决了这些前设性的问题，我们才能发现或运用最终标准。只有通过提问和回答这些问题，我们才能找出孩子的实际认知水平；他们有能力做什么事情，哪些事情能在最短的时间内花最小的力量、精力、体力来最好地完成。在此，我们发现了对孩子来说合法的事实和观念范围的指示信号。如果我们还没有掌握内容选择的绝对规则的话，我们确实无疑已经得到了这种选择的答案。不仅如此，在此展现在我们眼前的，还有教师在教学工作中所依赖的资源和同盟。这些天生就存在的兴趣、冲动和经验，都是教师工作中的杠杆。他必须将它们联系起来，否则就会最终失败。确实，恰恰是杠杆和联系这两个词暗示了一种比实际存在更外在的关系。新材料不可能从外面附属于这些经验或悬于其上，但必须和它们具有内在的区别。一个孩子在没有已有经验和兴趣的基础上，是不可能认识一个事实或获得一个想法的。因此，教学的问题是如何诱发这种生长。

接着，要把兴趣的表现作为现象进行研究。只有通过孩子所做的，我们才能知道他的经验水平。借助于兴趣的内涵，我们能够将他的外在行为转化为内在意义。如果我们知道孩子的兴趣所在，不仅会知道他的外部行为，也会知道他为什么去做；他的兴趣所在，就是他的真实个体所在。无论我们的兴趣何在，它都将显现萌发的能力；无论缺乏兴趣和感到厌恶的现象在何处出现，我们一定会发现孩子不能自由发挥，不能自如地控制和指导他自己的经验知识；或者如果我可以引用哈里斯博士所称谓的"雄辩的和专业性的术语"的话，也不能轻松和自在地"自我表现"。需要再一次强调的是，这些兴趣的现象都不是终结性的。它们不是告诉教师：我们是你们的最终目标，你们要投入所有的精力来培养我们。尽管如此，它们是象征和工具，是可使教师了解什么是真正的经验而非名义上经验的唯一线索。它们揭示了一种基本观点，即应该设置哪些科目才能吸引孩子。教师的问题是洞察孩子们表面上的表现，找出内在的蕴含资源。即使"坏"兴趣，诸如破坏欲等，也是某种必须发现和利用的内部力量。

第二，在谈到这些心理现象提供了机会、线索和杠杆作用时，我们实际上是在说它们提出了问题。它们需要被解释。它们有象征的价值，而且像其他象征一样，必须被解释成它们所代表的现实。现在，它们是在逻辑性和客观性教学内容的领域来帮助我们进行解释。通过对结果的洞察，我们看到了开始的意义；就其是否成熟而言，我们知道未成熟的意义。比如，通过思考语言的发音结构，并将其作为社会交流、逻辑思维和艺术表达的工具，我们知道最初含糊的语言的本能和冲动的意义何在。通过观察代数和几何的发展体系，我们知道小孩计数和度量的兴趣所在。最初的一些现象都是预言。要充分地意识到预言及其允诺和潜能，我们不应该孤立而应该全面地看待它。

有人认为，成人经验的结果可以代替小孩的经验，也可以通过教学手段或任何被赋予的外部手段将成人的经验直接注入小孩的意识当中。其实，这些都是对这一原则的误解。它们的价值不在于提供直接材料或教学内容，就像兴趣现象不是教学的终极性标准一样。这种井然有序、安排恰当的经验的功能，就是严密的解释或协调。为了理解、确定儿童表现出来的兴趣的价值，我们必须将其牢记在心。

第三，我们要挑选和决定教学材料，并且使其适应学习的过程。这包括刚刚考虑过的两种观点的相互作用，它们彼此相互作用。孩子的生活是转瞬即变的，而且多少是肤浅表面的，因此我们必须观察他们的整个生长过程。成人意识的客观知识必须从抽象和逻辑的要素中抽取出来，并且将其视为具体个体的生动经验。那时，我们才能知道教学内容和教学手段代表的意义。所谓教学内容就是从其对孩子发展的导向角度看孩子的现实经验，而方法是将内容变成各个个体的现实生活经验。因此，教学的终极性问题是以成熟自然发展的经验为中介的个体经验的重构。

我们有两个相对应的错误：一个是被孩子短暂的或稍纵即逝的兴趣强烈地吸引住了，似乎把它看作是终结性和完成性的，而不是一种新兴的力量；似乎那是一种结果，而不是一种工具；似乎它铸成了一种理想，而不是提出了一个问题。另一个错误就是从科学的观点来看待学习科目，把它看作是课程内容。恰如兴趣现象需要尽可能控制，学习科目的科学内容也需要通过"心理学化"进行转换，将其看作是某些具体个人借助自己的冲动、兴趣和能力所经历的经验。正是这种控制力，使我们从任意的技巧和手段进入有序方法的领域。正是这种对学习科目的修整和心理学解释，使它们成为孩子教材（Lehrstoff）的真正内容。正是由于这种过程的必要性，正是通过将死的客观事实看作个体的思想、感情和行为，从而使它们生机勃勃，我们才可以合理地说课程具有了心理学的维度。

在把心理学理论运用于当前实际的课程研究中，我想没有人会否认，直到语言、文学、历史和艺术等反映人性的科目诉诸心理学理论，它们才能被完整地理解，才能在教学中得到充分的利用。但是，我们必须再看得远一点，必须意识到，在教学中，我们不能仅仅了解我们所说的语言、创造的文学、存在的历史，而更应该将其看作是个体的活动，看作是个体表达生活的一部分。即使在看起来是研究离个体较远的事物现象的科学中，我们也应记住：就教育而言，我们的工作不是把科学作为固定的事实或真理，而是作为一种经验的方法和态度。在书中表达的、在演讲词中被提到的科学的意思，并不是教学内容。

这些形式中蕴含的东西，只是一种索引和辅助工具。它为我们设立目标，即某种思维态度和我们所希望诱导的某种经验。当我们从心理学的角度对其研究时，它会帮助我们达到预期目标；但如果没有心理学的介入，对它的研究只是呆滞的、机械的和死气沉沉的。

实践内容区别于抽象性和可能性内容。它是个人经验的核心，并非仅仅是事实和理论的系统集合。正因如此，课程无论是作为整体，还是具体的科目学习，都要体现心理学的一面。对其忽视和否认，将导致教学理论上的混乱；导致实际教学中对先例和常规的生搬硬套，或者以抽象、形式化的内容代替灵活、具体的内容。

（杨小微，罗德红等译。选自［美］杜威著.杜威全集：早期著作第五卷［M］.杨小微，罗德红，等译.上海：华东师范大学出版社，2010：125—134.）

构成教育基础的伦理原则（1897）^①

I

显然，不能有两套伦理原则或两种形式的伦理理论，一套为校内生活，另一套为校外生活。因为行为是一体的，所以行为的原则也是一体的。在讨论学校道德时有一种经常性的倾向，好像学校本身就是一种机构，好像无须根据行为的一般科学原理就能阐明学校的道德。在我看来，这是极其不幸的。原则是同一的，随不同环境而变化的是特殊的联系和应用点。据此，我无须道歉。我先从对我来说是普遍有效和宽泛的陈述开始，然后思考作为这些一般原则之特例的学校道德工作。需要原谅的是，篇幅有限，不允许我多作扩充和限定，且就所涉及的形式而言，材料是以一种多少有些教条的形式呈现的。但我希望，人们将会发现它实质上并不教条，因为据我判断，所陈述的所有原则都能得到纯科学的辩护。

一切伦理理论都面向两个方面，需要从两种不同的观点加以考虑，用两套不同的术语加以陈述，这就是社会的观点和术语以及心理学的观点和术语。但是，我们在此并非分离它们，而是区分它们。心理伦理学并不涵盖这个领域的所有部分，因而需要社会伦理学来包含所未触及的范围。两者涵盖

---

① 本文首次发表于《全美赫尔巴特协会第三年鉴》（芝加哥：协会，1897年），第7—33页。参见文本出版历史的注释。

行为的整个领域。这种区分既不表示折中，也不表示融合，好似心理学观点在某一点上是失败的而需要社会观点的补充。每种理论只要考虑它自身的目的或目标，在它自身内部就是完整的和一致的。但是，行为需要具有全面地从这两种观点出发加以陈述的性质。这种区分的产生，可能是因为个人与社会既不相互对立，也不相互分离。社会是个人的社会，个人始终是社会的个人。个人自己无所谓存在，他在社会之中，为社会而生存，并通过社会而生存。正如社会无所谓存在，除非它存在于构成它的个人之中，并通过个人而存在。但是，我们既可以从它在整个社会中产生什么影响的观点出发，也可以根据对特殊个体的考虑，陈述一个完全相同的过程（例如说实话）。就含义和术语而言，后一种陈述是心理学陈述，前一种陈述是社会陈述。

因此，如果差别仅仅在观点上，那么，我们首先需要找到是什么东西决定这两种观点。为什么它们是必需的？因为行为本身具有两个方面。一方面，行为是活动的一种形式，是操作的一种方式，是某人做的某事。没有行为者，就没有行为。从这种观点来说，行为是一种具有它自身形式或方式的过程，可以说是一种具有它自身运行方法的过程。也就是说，它是行为者以一定方式所做的某种事情，是行为者自身产生的并且影响行为者作为行为者或实践者内部某种变化的东西。当我们问行为怎样实施，它是一种什么类型的举动时，也就是说，当我们根据行为来源的行为者以及行为改变谁的能力来讨论行为时，我们的讨论必然是心理学的。因此，心理学决定我们行为的怎样，即决定行为发生的方式。从这种观点考虑是必要的，因为很显然，结果或产品的改变必定来自行为者或实践者的变化。如果我们要做截然不同的事情，那么我们必须从改变做事的方法入手。

我希望，在这里不要以过于僵死和机械的意思曲解了"方法"一词。它在这里的全部含义是指个人行为者控制结果，控制所作所为的行动方式，就像一个特殊的机器操作在那个方向上控制产品的方式一样。个人行为者具有一定的结构，具有一定的操作方式。仅仅从这一点，说它是方法。

然而，行为除了有一个"怎样"之外，还有一个"什么"；除了有做的方式之外，还有做的事情；除了有方式、手段和过程之外，还有目的、成果和结果。当我们从这种立场（即根据行为的实际情感、内容或具体价值）出发思考行为时，我们就是在从社会立场出发思考行为——从行为产生的处境，不仅根据产生行为的那个人，而且根据行为所处的整个生活情境去思考行为。

因此，行为的心理学观点与力量问题有关，即与个体怎样操作的问题有关；行为的社会观点则与个体做什么和需要做什么（从他的一个比他自身更大的整体的成员身份的观点考虑）有关。

我们可以以商业生活为例加以说明。一个人起初从事棉衣制造业。现在，他的这个行业可以从两种观点加以思考。制衣的个体并非出于对衣服的需要。社会需要衣服，因而赋予个体这种目的或目标。社会需要一定数量的衣服，并且对衣服的品质和样式有各种不同的要求。正是这种外在于制造商纯粹运营的情境，决定了他所做事情的意义和价值。如果不是出于这些社会需要或要求，制造商的工作纯粹就是做样子。他还可能不干活，到荒地里堆沙堆，堆好又推倒。

可是另一个方面，社会必须通过一些个体或群体的活动，满足其需要，实现其目的。除非有些人把社会的需要当成自己的特殊事业，否则就永远不能满足社会需要。所以，我们不仅可以从棉衣制造厂在一个更大的社会整体中所占有的地位的立场出发去思考它，而且可以把它看成一种运营方式、一种自我完善的方式。制造商决定了需要达到的目的（他需要生产的衣服的种类和数量）后，他得开展工作，考虑最便宜和最佳的制衣方式，并且将成衣送入市场。他得将自己的注意力从目的转向手段。他还得把自己的工厂看成一种活动方式，确保它本身成为组织良好的机构。在这个方面，无论他如何反思社会极其需要衣服，都无济于事。他得解决所使用机器的数量和类型方面的问题、雇工数量方面的问题，以及付多少薪水给工人、从哪里采购原料、采取何种手段将成衣推向市场等方面的问题。尽管这些问题对于更加广泛的社会目的来说终究只是一种手段，但是，为了使它成为一种真正的手段，完成它必须做的工作，它必须暂时成为它自身的目的。换言之，必须从工厂作为一种工作机构的意义上来阐述它。

我认为，这种平行论可以适用于道德行为，而不改变任何一条原则。产生对道德行为最终要求的，确立最终目的和提出最终的价值标准的，不是作为个人的纯粹个人。处理这些事情的，是个人投身更大生活的构成和发展。但是，当我们接触到个体是怎样达到这些道德要求，即他是怎样实现他自身的价值时，这个问题就是一个与作为行为者的个人有关的问题，因而必须用心理学术语加以回答。

让我们把讨论的话题转向学校。在学校接受教育的儿童是社会的一员，必须把他们作为这样的成员予以教导和关怀。学校及学校经营者的道德责任是对社会负责。学校从根本上是由社会建立的一种从事某种特殊工作的机构——在维持生活和促进社会福利中行使某种特殊职能。不承认赋予它的这一伦理责任的教育制度是不负责的，它没有做使它所以存在而应该做和自称要做的事情。因此，有必要从学校在社会中的道德地位和道德职能的观点来讨论学校的整体结构和具体工作。

以上都是老生常谈。可是，人们往往以一种过于狭窄和呆板的方式理解这种观点。学校的社会工作常被局限于公民权的训练，公民权进而又在一种狭隘的意义上被解释为能够明智地投票和服从法律等。但是，这样限制和束缚学校的伦理责任是无益的。儿童是一个人，他必须要么像一个整体的统一的人那样过他的社会生活，要么忍受失败和制造摩擦。从儿童多种多样的社会关系中挑选出其中的一种，并联系那种关系去界定学校的工作，就好像是建立一个巨大而复杂的身体锻炼系统，其目的仅仅是发展胸肺的呼吸功能，而不管其他的器官和功能。儿童在智力上、社会上和道德上以及身体上是一个有机的整体，因此，必须用最为复杂和最为有机的精神去解释决定学校工作的伦理目标。我们必须从最广泛的意义上把儿童看作社会的一员，并要求学校采取必要的措施，使儿童能够明智地认识他的一切社会关系，并且能够实现它们。

儿童不仅要成为一个投票者和守法者，而且要成为家庭中的一员，他自己接下来很可能要负责对未来儿童的抚养和训练，以维持社会的延续。他将成为一个工人，从事某种有利于社会并维持自身独立和自尊的职业。他将成某个特定邻里和共同体的一员，并且为生活的价值作贡献，为文明增添光彩。这是一些朴实的和形式上的陈述，但是，假如我们让自己的想象把它们转变成具体细节，便会拥有一派广阔而多彩的景象。对于儿童来说，根据如此多种多样的职能适当地取得自己的位置，就意味着在科学上、艺术上和历史上的训练；就意味着掌握探究的基本方法以及交际和沟通的基本工具；就意味着经过训练的健全的身体、机敏的眼和手；就意味着勤勉和坚韧的习惯，首先是各种有用的习惯。从整个实际上交织在一起的相互关联的体系中，把正式的公民关系隔离开来；假定有某种能使所有儿童成为好公民的特殊学科或处理方式；换句话说，假定好公民不是完全有能力的和有用的社会成员，不是一个全部身心力量都在控制之下的人，这是一种难以理解的没有根据的理论，希望很快能从教育讨论中销声匿迹。

还有一点，在美国，儿童将成为其中一员的这个社会，是一个民主的和进步的社会。儿童必须接受领导和服从的教育，必须具有指挥自己和指挥他人的能力、管理的能力、担任责任岗位的能力。这种领导教育的必要性，与在工业方面和政治方面的教育同样重大。在感知和影响相结合的洞察力和技艺的控制之下，这种生活的事务将会越来越多。

再者，生活的环境在不断地变化。我们正处在巨大的工业和商业发展的薄雾之中。新发明、新机器、新的交通运输方式，正在一年一年地改变行动的整个面貌。为了生活中任何固定的位置而教育儿童，这是绝对不可能的。如果教育有意无意地在这个基础上进行，其结果将使未来的公民不能胜任任何一个生活的位置，而只能使他成为懒汉、食客或前进运动的真正阻力。他不仅不能照顾自己和别人，反而成为需要别人照顾的人。在这一点上，学校在社会方面的伦理责任，也必须用最广泛和最自由的精神予以解释；对儿童的训练，将使他得以管束好自己，并对自己负责；不仅使他适应正在进行的变革，还要使他具备形成和指挥这种变革的力量。

有必要把儿童在社会中的成员身份这一观念，更加具体地运用于决定教育的各种伦理原则。

除了参与社会生活，学校没有它自己的目的或目标。只要我们关闭在作为一个孤立的机构的学校里，我们就没有最终的指导性的伦理原则，因为我们没有了目标或理想。可是，据说教育目的可以用纯个人的语言加以陈述，譬如，教育目的据说是个人全部能力的和谐发展。这里没有明显提到社会生活或社会身份，很多人却认为我们已经有了一个关于教育目的是什么的充分的和完全的定义。可是，假如离开社会关系来下这个定义，我们就没有说明其中任何一个词的意义是什么的标准或准则。我们不知道能力是什么，发展是什么，和谐是什么。能力，就其所派的用场，即它必须服务的职能而言，是能力。提供各种控制的目的，为划分各种能力服务，以这样一种孤立的方式看人，人的结构中就不存在任何东西。假如我们离开社会生活提供的目的，我们就只能用旧式"官能心理学"说明一般能力是什么，特殊能力又是什么。把观念降低到只列举许许多多的官能，诸如知觉、记忆、推理等，然后声称这些能力中的每一种都需要得到发展，这种说法是贫乏的和形式的，它把训练降低为一种空洞的体操。

敏锐的观察和记忆能力，可以靠学习中国文字得到发展；推理的敏锐，可以从讨论中世纪经院哲学的细微区别中获得。正如没有原始的做铁匠、做木匠或操纵蒸汽机的官能一样，也不存在孤立的观察官能或记忆官能或推理官能，这是一个简单的事实。这些官能只不过是为了完成某种特定的工作而协调和组织起来的各种特殊的冲动和习惯而已。恰恰是同一事物包含了种种所谓的精神官能。它们自身并不是能力，仅就赋予它们的各种目的；就它们行使的各种服务而言，它们才是能力。因此，不能在理论上把它们作为能力加以界定和讨论，而只能在实践的基础上加以界定和讨论。在我们获得任何理性的和具体的基础以说明某种精神能力的训练无论在其普遍原则上还是在其运作细节上实际意味着什么之前，我们需要知道个人将不得不运用观察、记忆、想象和推理能力的社会情境。

如果不这样用社会的语言加以解释的话，我们就得不到学校生活的任何理想、任何道德标准。了解学校事实上正在做什么，发现它实践中的各种缺陷，形成其发展规划，意味着具有关于社会需要什么以及学校与这些需要有什么关系的清晰的观念。不管怎样，现在正是运用这个一般原则以赋予它某种程度上更加明确的内容的时候。当我们用这个一般原则审视现行的学校制度时，这条一般原则意味着什么？这条原则指出了什么缺陷？它象征着什么变革？

基本的结论是：学校本身必须比我们现在公认的，在更大程度上是一种重要的社会机构。我听说芝加哥市有一所游泳学校，那所学校不在水里教年轻人游泳，只反复练习那些游泳所需要的各种不同动作。当一个受过这种训练的年轻人被问及他进到水里做了什么时，他干脆回答说："沉没。"故事碰巧是真的，要不然，它看起来像是一个特意编造出来的寓言，意在象征当前的学校状况（在从学校与社会的伦理关系的观点上判断时）。学校不能是社会生活的预备，除非在它自身内部再造社会生活的典型环境。学校目前大部分是在从事劳而无功的西西弗斯式的工作。[①]学校正在使儿童形成某种实践中的智力习惯以在社会生活中运用，可是几乎看来都是小心地和有目的地防止训练中的儿童与社会生活有生动的接触。为社会生活预备的唯一途径，是参与社会生活。脱离任何直接的社会需要和社会动机，脱离现存的社会情境，去形成社会有益的和

---

① 西西弗斯是古希腊神话中的科林斯王，生前作恶多端，得罪了神，死后堕入地狱，被罚推一块巨石上山。可是，石头一到山顶就滚下来。西西弗斯不得不重新再来，推石上山，如此循环往复，徒劳无功。——译者

经用的习惯，不折不扣地是在用通过水外动作教儿童游泳。最必不可少的条件不加考虑，其结果相应地就是无效的。

智力训练与道德训练、获取信息与人格成长在学校中可悲的分离，仅仅是未能把学校自身内部看成并构建为一种社会机构的一种表现。除了学校是一种雏形的和典型的共同体生活之外，道德训练必定部分是病态的，部分是形式的。它是病态的，因为它把重点放在矫正错误行为上，而不是放在形成各种积极的服务习惯上。教师必然被迫处在这样一种位置，他们主要采取警惕学生不遵守学校的规则和秩序的方式去关心学生的道德生活。从当时儿童发展的观点来判断，这些规则或多或少是传统的和武断的。它们是为了现行的学校工作方式可以进行而不得不制定的各种规则。但学校中内在必要性的缺失本身就反映出一种感觉，在儿童看来，学校的道德约束在某种程度上是专断的。强迫教师注意失败而不注意健康成长的任何情况，都会把重点放在错处，其结果导致歪曲和颠倒。注意错误行为应当是偶然的，而不应当是一个重要的方面。儿童应当对他要做什么有一种正面的意识，应当能够从根据他必须从事的工作的观点出发，对他的各种行为进行判断和批判。只有这样，他才有一个正常的和健康的标准，以使他能够恰当地评价他的各种失败，能够评估出这些失败的正确价值。

所谓学校中的道德训练部分是形式的，我指的是学校特别强调的那些道德习惯，可以说是一些特别制造的道德习惯。即使是敏捷、整齐、勤奋、不干扰他人工作、忠于职守等学校特别谆谆教诲的一些习惯，其所以是道德上必需的习惯，仅仅是因为学校制度如此，而且必须保持原样。假使我们承认学校制度是神圣不可侵犯的，那么这些习惯代表永久的和必需的道德观念；但就学校制度本身是孤立的和机械的来说，坚持这些道德习惯或多或少是不真实的，因为与它有关的理想本身就不是必需的。换句话说，那些责任明显的是学校的责任，而不是生活的责任。假如我们拿这种情况和有良好秩序的家庭比较，就会发现，儿童在那里所必须认识和承担的责任和义务并不属于作为一个特殊化的和孤立的家庭，而是从家庭参加的和家庭为之作贡献的社会生活的真正本性中自然流露出来的。儿童应当对正当行为具有同样的动机，并用同样的标准来判断儿童，正如成人在他所属的更为广泛的社会生活中一样。对共同体的兴趣，即一种理智的、实践的和情感的兴趣——也就是说，一种发现形成一切社会秩序和社会进步的事物并践履这些原则的兴趣——是一种根本的伦理习惯。一切特殊的学校习惯如果要被道德生活的呼吸激活的话，它们就必须和这种伦理习惯联系起来。

学校是一种社会共同体，它以一种典型的形式反映和组织一切共同体生活的各种基本原则。我们既可以把这种观念运用于教学方法，也可以把它运用于教材。

就方法而言，这条原则在运用时意味着：重点必须放在建设和给予上，而不是放在吸收和单纯的学习上。我们未能认识到后面那些方法本质上是多么个人主义，未能认识到它们是多么无意识却确定而有效地反映儿童的判断和行动方式中去。想象一下，40个孩子天天都读同样的书，预备和背诵同样的功课。假定这构成了他们的课业的极大部分，并且人们从儿童在学习时间里所吸收的和在复习时间里所再现的东西的观点出发，不断地对儿童加以判断。接踵而来，就没有对劳动进行社会分工或道德分工的机会。对于每个孩子来说，就没有机会产生他自己的某种特殊的东西，从而可以为共同的人类文明的积淀做贡献，反而还要分享别人的产品。所有人都在做一模一样的事，产生一模一样的成果。社会精神没有得到培养——事实上，只要这种方法在起作用，社会精神就会因为缺少运用而逐渐萎缩。从智力方面很容易看到了，学校中的朗读之所以拙劣，其原因之一是没有利用使用语言的真正动机——沟通和学习的欲望。孩子们完全知道，老师以及所有同学在他面前和他有着同样的事实和观念；他根本没有给他们任何新的东西。但是，道德上的不足与智力上的不足是不是一样大，值得怀疑。儿童生来就有一种要给予、要做事、要服务的自然愿望，当这种倾向未被利用时，当情况是如此而别的动机取而代之时，那种反对社会精神的反应就会比我们想象的大得多——特别是在课业负担一周又一周、一年又一年地落到这方面时。

但是，缺乏社会精神的培养还不是事情的全部。各种纯粹个人主义动机的标准得以反复地灌输。为了使儿童坚持学习，必须寻求某些刺激。充其量，这将是对教师的热爱，以及这样做是不愿违反校规的感情，从而消极地（如果不是积极地）为学校之善做贡献。就其本身而言，我没什么好去反对这种动机，但它们是不够的。要做的工作与对第三者的感情之间的关系是外在的，而不是内在的。因此，无论外部情况在什么时候发生了变化，它都将跟着消失。此外，这种对某一特殊的人的依恋，虽然有点社会性，却可能变得孤立和排他，以至于在性质上是自私的。无论如何，儿童都应当逐渐摆脱这种相对来说是外部的动机，而进到为了他自己的缘故，出于与整个生活的联系而不局限于与两三个人的原因，去欣赏他必须做的事情的社会价值。

但不幸的是，相对来说动机并不永远是最好的，它始终和各种明显是自私的动机混合在一起。恐惧是一种几乎肯定要加入的动机——不一定是肉体的恐惧，或者是害怕惩罚，或者是害怕失去别人的称赞；这样害怕失败，对失败这样敏感，以致成为病态的恐惧。另一方面，竞争和对抗进来了。正是因为所有的人都在做同样的课业，并且不是从他们试图实现的目标或动机出发去评价他们（与评分和升级有关的是背诵和考试），所以才过分地求助于这种优越感。对儿童的评价，是根据他们呈现相同的一系列外在的事实和观念的能力，其结果必定把他们置于以这种纯客观的标准为基础的等级制度中。弱者逐渐丧失其能力感，而接受一个不断的和持久的自卑地位。这样对自尊和尊重工作的影响，就用不着细谈了。强者得意扬扬，并不是出于其力量，而是出于他们事实上更强一些。儿童被过早地投入个人主义的竞争领域，而在最不适于竞争的方面，即在智力和艺术的事情上，其规律则是合作和参与。

我不能停下来描绘另外一面。我只能说，每引入一种诉诸儿童各种主动的能力的方法，即引进诉诸儿童的建设、生产和创造的能力的方法，都标志着一个把伦理的重心由自私的吸收转移到社会性服务上来的机会。我在后文还将有机会从心理方面谈论这些相同的方法，也就是说，谈论这些方法与儿童各种特殊能力发展的关系。在这里，我是根据这些方法与共同体生活之间的意义关系，并根据劳动分工使个人所产生的奉献感情以及产生的各种结果来判断，不是将其简单地作为一种智力结果，而是从致力于工作的动机以及对于他人的意义来加以评判。

手工训练不止于是手工训练，也不止于是智力训练。在任何好教师的手中，它很容易而且几乎当然地有助于各种社会习惯的发展。自康德哲学以来，这些话在艺术理论中已成老生常谈了：艺术必不可少的特征在于其普遍性，也就是说，它不应当是某种纯粹个人愿望或嗜好的产物，或者仅能为个人所欣赏，而应当具有为所有看见它的人所欣赏的价值。

只要学和做分离，智力和道德的分离就必定不可避免地在我们的学校中继续下去（尽管有个别教师的努力）。把真正的道德考虑与单纯的学习过程联系在一起，与伴随于学习的各种习惯联系在一起，这样的努力只能导致道德训练受到拘泥形式、任意专断和过于强调不遵守校规的影响。实际上，那么多的成就仅仅表明，参与能提供互惠合作和相互服务活动方法的可能性，伴随这种可能性的是更有机的伦理关系。

学校本身是一种典型的社会机构这一原则可运用于教材——如果要克服信息与人格分离的话，就必须把它运用于教材。

随便浏览一下教育学文献就会发现，我们亟须一个关于各门学科的价值，以及决定内容价值和形式价值的根本标准。目前我们倾向于提出两个、三个乃至四个不同的标准，用于衡量不同的价值——如训练价值、教养价值和信息价值。没有任何关于某种统一原则的观念。这里提出的观点是：一门学科带给学生对社会环境的意识，以及给予他从在社会作用中的可能性观点来解释自身能力的范围和方式，这是根本的和统一的标准。

人们对形式价值与内容价值的区分日渐熟悉，但据我所知，人们并未努力赋予它理性的基础。我提出以下区分的要点：从某种观点上看，学科的作用在于引导儿童对社会生活的构成或结构的意识；从另一种观点上看，它的作用在于教给儿童关于社会发展的工具，并掌握这些工具。前者为内容价值，后者是形式价值。因此，形式绝不是贬义词，形式跟内容一样是必不可少的。形式表示技术，即对社会行动所包含的各种手段的调控，正如内容指的是实现的社会行动的价值或目标。需要的不是贬低形式，而是矫正它的位置。也就是说，由于它与手段和目的有关，因而必须使它隶属于某种目的，并结合这一目的加以教授。这种区分在根本上是一种伦理区分，因为它不是与从纯粹智力和逻辑观点出发的学科建立联系，而是与从考虑儿童发展一种有意识的社会生活本质的角度出发的学科有关，儿童将生存于这种社会生活之中。

我先从内容方面展开讨论。论点是：要把学科看成引导儿童了解行为的社会情景；这样看待学科，就给出了一个选择材料和进行价值判断的标准。正如曾经指出的那样，我们现在提出三项独立的价值：教养价值、信息价值和训练价值。这些价值其实仅仅涉及社会解释的三个方面。信息，仅就产生了处于社会生活背景之中的材料的明确图像和观念而言，才是名副其实的和有教育意义的。训练，只有在它表示对转化为个体自身能力的信息的反应，以使他为了社会的目的控制住自身的能力时，才真正具有教育意义。教养，若有真正的教育意义，而不是一种外在的优雅或造作的虚饰，那么它表示信息与训练充满活力的联合。教养标志个体在其整个人生观上以及处理生活的方式上的社会化。

这一抽象的观点可以稍微参考一些学校学科加以说明。首先，各种事实本身并不存在像分别属于科学、历史或地理那样的界线。当前流行的那种文件夹格式的分类（通过向学生介绍不同课本当中的不同学科来形成），引起了人们对学科与学科的关系以及学科与所有学科所属的知识整体的关系完全错误的看法。其实，这些学科与同一最终的实在有关，也即与人类的自觉经验有关。只是由于不同的兴趣或目的，才对材料加以分门别类，并给其中一部分贴上科学的标签，一部分贴上历史的标签，一部分贴上地理的标签，如此等等。每门学科都表示根据社会生活某一主要的典型目标或过程的一种对材料的整理。

　　这一社会标准不仅对划分学科是必要的，而且对了解每门学科的理由以及提出这门学科的有关动机也是必要的。譬如，我们应当怎样界定地理？所谓地理的各个分支——数学地理、自然地理、政治地理、商业地理——的统一性是什么？它们纯粹是依赖于我们偶然碰到的许多不同的事实这一毫无理性的事实的经验主义的分类吗？抑或，存在某种把它们称作地理的理由，存在某种把这些材料分在不同标题之下的内在的原理吗？我凭直觉就知道，没有什么与这些客观的事实本身有关，因为事实本身不会给自己分类，但是人类心中存在某种指向于它们的兴趣和态度之类的东西。这是一个大问题，需要一篇比这篇文章整个还要长的文章才能充分地予以回答。我提出这个问题，部分是为了指明回到更为根本性的原则上的必要性，假如我们要有一门真正的教育哲学的话；部分是为了用我的答案来阐明解释社会的原则。我可要说，地理与涉及人类生活与自然界交互作用的社会生活的一切方面都有关系，或者说，地理与被认为是社会互动环境的世界有关。因此，任何事实，就其与人类对自然环境的依赖性有关而言，或者就其与人类生活所引起的种种环境变迁有关而言，都是地理事实。

　　因此，上述四种地理类型系指讨论人类生活与自然界相互关系的四个递进的抽象层次。第一层次必定是商业地理，真心实意地把地球看作相互关联的人类家园。我的意思是说，任何地理事实的实质都是被自然环境既而分离既而联合的两个人或两群人的意识。社会地理的兴趣，在于考察这些人在活动中怎样被自然环境既而分离开来继而又聚集在一起。湖泊、江河、山岳和平原的最终意义，不在其自然意义而在其社会意义，其作用在于改善人类关系并使人类关系起作用。这显然包含"商业"一词的外延，它不仅在狭隘意义上与生意有关；在受到各种自然形态和自然特征影响时，它还与人类一切交往和通信有关。政治地理说明同样的社会互动，它以一种静态的方式而不是动态的方式理解这种社会互动，也即把它看成凝固在某些形式之中的互动。自然地理（不仅包括地文学，还包括植物学和动物学）代表了更进一步的分析和抽象，它研究决定人类活动的各种条件，但暂时还不说明它们具体的决定方式。数学地理只把分析引向更为根本和深远的环境上，它表明地球上的自然状况并非终结，它还有赖于这个世界在更为庞大的系统中所处的位置。换句话说，那根连接当前的社会事业和人类团体与根本上制约它们的整个自然系统的纽带，在这里被我们一步步地找到了。环境一步一步地扩大，作为社会结构之一的意象一步一步展开和拓宽，这根联系的纽带应当是永远不会割断的。

把所有学科一一列举出来，并说明其意义同样受到社会因素的支配，是办不到的。但我还是忍不住要在历史方面说上一两句。对于儿童来说，历史是生动活泼还是僵死呆板，取决于它是不是从社会学观点出发加以描述。当把历史仅仅看成关于过去已经消逝的事件的记录时，它必定是机械的东西，因为作为过去之往事是遥远的。它已不复存在，并且仅仅把过去看成往事，就没有关注它的动机。历史教学的伦理价值，是以把历史看成理解现存的社会关系的一种事物这个度来衡量的——也就是说，把历史看成提供洞察当今社会结构和社会工作是由什么构成的见识。

如果我们从社会秩序的观点或从社会进步的观点，去看待历史与理解现行的各种社会力量关系的话，那么，这种关系是显而易见的。现行的社会结构极其复杂，对于儿童来说，要完全了解它并获得关于它的明确的心理意象，实际上是不可能的。但是，可以把历史发展的典型阶段挑选出来，它会像望远镜展示出现行秩序的基本构成。譬如，希腊的历史阐明了艺术和不断生长的个人表现力代表什么；罗马的历史则广泛地展示了政治生活的要素和动力。由于这些文明本身较为复杂，研究早期文明中更为简单的狩猎、游牧和农业生活方式，研究铁和铁器使用的影响，等等，或许可以起到把复杂性降为简单要素的作用。

历史教学往往并不十分有效，其原因之一，就在于学生用以获取历史信息的方法：在他们脑海里，没有突出的典型的历史分期和历史要素，所有这些都降至一个僵死呆板的层次上。而获得必要见解的唯一方法，则是把过去和现在联系起来，过去好像就是其中一些要素给放大了的投射的现在。

比较原则和类似原则同样重要。由于现在的生活跟我们很贴近，它在每一点上都与我们密切相关，所以我们不能脱离现在的生活去考察它的真实面貌。没有什么会像特性那样鲜明突出，在研习过去时代中，必须把注意力放在各个历史时期的显著差异上。这样，儿童就获得了一个想象点，由此可以摆脱眼前周遭环境的压力，并对它们做出解释。

历史同样可以用来教授社会进步的方法。人们常常断言历史研究必须从因果观点出发，这一断言的真实性取决于对它的解释。社会生活十分复杂，它的各个方面相互之间以及它与自然环境之间都有机地联系在一起，因此要说这件事或那件事是另一特定事件的原因是不可能的。但是，历史研究能够揭示那些开创过社会进步的伟大新纪元的各种发现、发明和新的生活方式等的主要工具，能够给儿童提供社会进步的各种主要路线，能够向他阐明什么是妨碍社会进步的主要困难和障碍。进步实际上始终是律动的，从生长方面看以及从地位或秩序方面看，应当选出各个典型的历史时期。只有认识到社会动力是始终如一的——千百年来起过作用的影响力现在同样在起作用——并把各个特定历史时期看成提供关于各种根本动力起作用的方式的例证，才能使历史研究再次起到这样的作用。

可见，所有这一切都取决于从社会观点出发去解释历史，就像揭示影响社会发展的动力和描述社会生活自我表现的典型制度那样。文化纪元论的研究方向虽然是正确的，却没有认识到联系现在去研究过去的重要性——就是说，如提供洞见其结构的典型要素的眼界，而过多地以为这些历史分期自身似乎就有某种意义或价值。传记法的运用方式说明了同样的观点。人们在运用传记法时，往往排斥儿童对蕴含在人类群体联合中的社会力量和社会准则的意识（或者至少并不十分强调）。从传记观点出发，儿童容易对历史产生兴趣，这是千真万确的。但是，对待"英雄"如果不联系他所总结和指导他的背后的共同体生活，历史就有沦为纯粹令人兴奋不已的故事的危险。一旦这样做，道德教学本身也降低为从有关的特殊人物那里汲取某些教训，而不是扩展和加深儿童对他生活着的那个世界所包含的社会关系、社会理想和社会手段的想象意识。

我认为，只提供各种例证而不加以展开，是存在某种危险的。但我希望人们记住的是：我并非出于它们自身的原因，而是根据一条一般原则提出这些观点的；这一原则是，历史一旦被当作一种理解社会生活的方式加以教授时，它就有了伦理上的意义。正常儿童不断需要的，并不是如此众多的关于真实、诚实等重要的、孤立的道德课，也不是由特定的爱国主义行为产生的善果等，而是各种社会想象和创造习惯的养成。我的意思是说，儿童应当形成根据整个社会生活去解释发生的各种特殊的偶然事件，去解释出现的各种特殊情境的习惯。当前工业和政治形势在伦理方面的弊端，并不在于有关个人方面实际上过于违反常情，也不在于仅仅忽视了那些平凡的美德（诸如诚实、勤勉、纯洁等）是由什么构成的，以至于不能正确地评价我们生活的社会环境。社会环境极其复杂和混乱。人的头脑唯有受到训练，才能把握各种社会形势，并把它们化解为更加简单和典型的要素，才能充分地把握这种生活的各种现实，以发现生活真正需要的是什么类型的行为（批判的和建设的）。大多数人都是左派，同情传统、冲动或者那些为各种特殊阶层的利益服务的人的要求。与这种高度复杂的社会环境相联系，公民权的训练是形式的和有名无实的，除非它促进了对某种社会形势和各种机构（由它们来修正这种训练）是由什么构成的观察、分析和推理的能力的发展。由于得到正确教授的历史是实现这一目标的主要工具，它具有最终的伦理价值。

我已就学校课程的内容方面谈过了。现在我转入对课程形式的讨论；正如我曾经解释的那样，这个词是对控制各种社会运动所必需的各种工具和方法的意识。不能把学科划分成形式学科和内容学科，每门学科都具有这两个方面。也就是说，它既讨论社会的实际构成，又关注社会自我维持的各种工具和方法。语言和文学最好地说明了这种分离的不可能性。通过语言所含的种种观念，社会结构的延续得以实现。从这点上看，文学学科是内容学科。但语言显然也是一种手段、一种工具。它不仅具有社会的价值，还是一种社会工具。然而，在某些学科中，一个方面或另一方面占有极大的优势；在这个意义上，我们可以特别地称之为形式学科，譬如数学。

我在这一点上要阐明的主题是：数学能否达到其全部伦理目的，取决于人们是否把它当作一种社会工具加以说明。信息与人格、知识与社会行动之间盛行的分离，在此一目了然。数学课一旦脱离它就其在社会生活中的作用而所占有的地位，就会变得十分抽象，即使从纯粹的智力方面看也是如此。人们把它当作某种专门关系和公式加以说明，而与任何目的和用途无关。在初等教育中，识数课深受缺乏动机之害。在这种、那种或者别的某种特别糟糕的教学方法背后的根本错误在于，人们认为数学本身就是目的，而不是达到某种目的的手段。让儿童获知数有什么用途、它真正为了什么的意识，这场战斗就赢了一半。如此一来，这种对作用或理由的意识就暗含着某种主动的目的。这种目的无疑始终是社会的目的，因为它包含着生产某种对他人有用的而且往往是社会性的东西。

在较为高级的算术课中有一件不合理的事情，就是向儿童介绍数字运算的程度；数字运算并没有什么表征独特的数学原理，只不过是表示商业关系中发现的某些一般原理而已。在这些运算中训练儿童，又不注意商业现实（在商业现实中运算才有用），或者不注意社会生活状况（社会生活状况使商业活动变得必不可少），就没有算术上的意义，也就没有一般的意义。要求儿童一连串地演算有关利息、股份、金融和佣金等例题，却又不设法联系算术，努力使儿童具有这些例题所包含的某种社会现实感。算术这方面在本质上是属于社会学的，要么应当把它全部取消，要么应当联系一门相应的关于社会现实的学科予以教授。像我们现在这样驾驭这门学科，就是在重蹈离开水学游泳之覆辙，与之相应的是实践方面和伦理方面的恶果。①

恐怕有个问题一直在纠缠着读者。无论是内容方面还是形式方面，关于地理、历史和数的所有讨论与构成教育之基础的各种原则有何关系？这引起读者给自己提出这个问题（甚至以半形式的方式），说明的恰恰是我试图说明的观点。我们在教育中的观念过于狭隘，过于形式，过于病态了。我们已经把"伦理"一词与某些特殊的行为联系起来了，这些行为被贴上了美德的标签，它们与其他众多的行为截然分开，更脱离行为者表现这些行为通常的意向和动机。道德教学因此跟这些特殊美德的教学联系在一起，或者说，与灌输某些关于这些美德的陈述联系在一起，伦理以一种十分伪善的方式表达出来。在为社会利益和社会目的服务的工作中，最终的道德动机和道德力量不是别的，而是社会智力（观察和理解社会情境的能力）和社会能力（受过训练的控制能力）。没有阐明社会构造的事实，就没有促进社会财富增长的能力，这种训练就没有伦理的意义。

因此，我要你们注意学校道德"三位一体"，以此作为这一部分讨论的总结。我们需要的是社会智力、社会能力和社会兴趣，我们的依据是：（1）本身就是一种社会制度的学校之生活；（2）学与做的方法；（3）学校的学科或课程。就学校在它自身的精神上代表一种真正的社会生活而言，就所谓的学校纪律、管理、秩序等是这种内在的社会精神的表现而言，就所采用的方法诉诸主动的和建设性的能力而使儿童有所给予且有所服务而言，就课程的选择和组织旨在提供材料而使儿童意识到他必须在其中承担职责的世界、意识到他必须实现的关系而言，就这些目的都达到而言，学校是在伦理基础上组织起来的。如果考虑到了各种一般原则，那么所有基本的伦理要求就达到了。其余的一切，不过是教师与儿童个人之间的事情了。

———————

① 随着心理的逐渐成熟，以及自然与之相伴随专化，这些各不相同的手段都会变成目的。就是说，儿童进入青年期时，对数字关系会出于它们的原因而感兴趣。曾经的方法，就成了自在活动。上面的论述并不是直接反对这种可能性，其目的仅在于强调确保充分度过预备期的重要性；在这个时期，形式或手段要与真实的目的或价值保持有机的联系。

||

现在，我转入另一方面——心理学方面——的讨论。我们已对学校的目的和标准必须在学校与社会生活的基本关系中寻求这一原则做了深入的思考；为了给出一个阐明这条陈述意味着什么的例证，我们已尽力把这条原则运用于某些典型的学校特征上。现在我们重提与之匹配的原则：这些目的和目标要在作为个人的儿童中实现，并且通过作为个人的儿童来实现。各种社会价值在被学生个体的生活所接纳和表现之前，是抽象的。因此，我们不得不问：翻译成个人行为语言时，它们意味着什么？这些价值不仅要在个体行为中得以表现，而且要通过个人的努力得以产生。我们不得不把儿童视为行为者或做事者——他在自身的生活中再生产社会的价值成分所凭借的各种方法。

必须从观察个体儿童做起。我们发现儿童身上的某些初始的能力——本能和冲动，我们希望知道它们代表什么——它们表示什么。这就意味着调查它们所能起作用的各种目的，或者说调查使它们变成有组织的行动手段的目的。这种对儿童天然能力的解释，把我们带入了社会生活。在那里，我们找到了儿童天性给我们提出的各种问题的答案，发现了促使我们诊断儿童自发地表现出来的各种征兆和暗示的圆满结果。因此，为了找到儿童各种自发的活动与我们期望这些能力实现的各种目标之间隶属和关联的最容易、最经济和最有效的要点，我们必须回过头来解释个体。现在，我们的职责是把这两者联系起来。只有通过儿童自身，才能做到这一点；教师不能真正地实现这种联系。儿童为他自己而实现这种联系，只有这样才能形成这种联系。此外，即便教师能够实现这种联系，其结果将是不道德的。只有当个体为了他自己而欣赏他正为之工作的各种目的时，只有当他出于个人的兴趣从事工作并献身于这些目标时，才存在道德的生活。因此，为了发现能够把儿童各种自发的和天然的能力调理成各种社会智力和社会感应性的习惯的手段，我们回过头来研究个体。

现在，给我们揭示这样的个体的性质和工作方式的正是心理学。为了从两个特定的方向确立教育的伦理意义和伦理行为，心理学研究在教育中是绝对必要的。

（1）首先，一切行为在根本上都是由各种与生俱来的本能和冲动产生的，要了解这些本能和冲动诉诸什么和依赖什么，就必须了解它们是什么，在儿童发展的各个阶段又是什么。忽视这一原则，就可能导致道德行为的机械模仿；而这些机械模仿在伦理上都是僵死呆板的，因为它是外在的，以个人的外在而不是内在为中心。换句话说，我们必须研究儿童，以获得各种暗示、征兆和启发。切勿把儿童或多或少是自发的行为看作给出教育者的努力所必须符合的固定的道德形式——这样只会导致溺爱儿童；而只能把它们看作需要解释的征兆，是要用指导方式予以反应的刺激，是儿童将来的道德行为和道德品质唯一的根本要素的材料，无论其形态发生怎样的变化。

（2）伦理原则还要用心理学语言加以阐述，是因为儿童为我们提供了实现道德理想唯一可以使用的手段或工具。课程的学科内容无论多么重要，无论做了多么审慎的选择，倘若不按照个体自身的各种活动、习惯和愿望加以改造的话，就没有确定的道德内容。我们必须弄清历史、地理和数学在心理学上意味着什么，也就是说，在我们从中发掘其种种道德可能性之前，它们都是个人经验的方式。

教育的心理学方面，当然归结为考察品格特征以及品格怎样最完善的成长。如果我们根据品格来说的话，可以减少以往讨论的某种抽象性，假如改变不了的话。

常言道，品格发展是学校一切工作的最终目的。难就难在践行这种观点而践行困难的原因，又在于对品格是什么没有一个明确的观念。这好像是一个言过其实和根据不足的断定。如果是这样的话，这个观点还可以这样表述，就是说，我们只是单纯从结果方面去思考品格，在心理学上对于品格作为一种过程、一种运动或动态的行为却没有清晰的观念。我们根据来自品格的各种行为知道品格意味着什么，却没有关于品格作为一个动力系统的内在的确切观念。

因此，我主张根据这种观点给品格特征一个简要的阐述。一般而言，品格意味着社会行为者的力量，即行使社会职责的有组织的能量。正如曾经指出的那样，它意味着社会见识或社会智力、社会践行的力量，以及社会兴趣或社会感应性。用心理学术语来说，它意味着必须有对各种原始的冲动和本能的训练，把它们组织成为各种作为行动的可靠手段的种种习惯。

（1）力量即践行的能力，或者说公开的行为，是品格必不可少的组成部分。在我们的种种道德书籍和道德讲演中，我们可以强调好意等。但我们实际上明白，我们希望通过教育所培养的那种品格不仅要有好意，而且要坚决地实现它们。其他任何人格都是软弱无力的，都是伪善的，而不是善的。个体应当有能力面对和正视生活中的现实矛盾，应当有创造力，有主张，坚持不懈，勇敢而勤勉。总之，应当具有可以称得上是"品格力量"的所有一切。在这一方面，每个人的天资无疑是大不一样的，但每个人总还是有某种冲动、向前的倾向和天然需要等基本资质的。这方面的教育问题是，揭示能力的这种天然储备是什么，进而以这样一种方式（提供既刺激它又约束它的环境）运用它，把它组织成为各种明确保存下来的行为方式——习惯。

（2）然而，除了纯粹的力量之外，还需要有其他东西。纯粹的力量可能是毫无理性的，可能会践踏他人的利益，甚至在指向正当目标时可能以侵犯他人权利的方式去达到目的，更何况纯粹的力量难保有正当的目标。能力可能会被引向错误的目标，导致消极的危害和破坏。正如已经提出的那样，必须对能力加以指导，必须沿着社会途径加以组织，以忠于各种有价值的目的。

这包括对理智和情感两方面的训练。在理智方面，我们必须具有判断力（通常所说的良好的辨别力）。纯粹的知识或信息与判断力的区别在于，前者仅被掌握而未被运用，而判断力则是指导目标实现的观念。良好的判断力就是对个别价值或均衡价值的辨别力。一个有判断力的人，是一个能审时度势的人，是一个能把握眼前的环境和形势而置不相干的或在当时无关紧要的情况于不顾的人，是一个能抓住需要注意的因素并根据各自的要求分清主次的人。关于何为正确的纯粹知识是抽象的，它只不过是一般意义上理解正确之意向而已。无论这些意向本身怎样值得称赞，都永远不能取代这种受过训练的判断力。行为始终是具体的，是明确而个性化的。因此，如果缺乏关于行为发生的环境之实际且具体知识的支持和控制的话，行为必定相对无效和无用。

（3）但对目的的意识，还不止于单纯的理智。我们想象得出，一个人有极好的判断力，却不根据自己的判断行事。人不仅要有力量确保克服各种障碍的努力，还要有精细的个人感应（要有一种情感反应）。实际上，没有这种易感性，是不可能有良好的判断力的。对于周遭环境以及他人的目的和兴趣，如果缺乏快速的、几乎是出自本能的敏感性，判断的理智方面就不会有适当的运用材料。正如知识客体的材料与各种感官有关一样，伦理知识的材料与情感的感应性有关。这种特性难以用语言来描述，但我们都知道苛刻严厉和拘谨刻板的品格与富有同情心的、灵活变通的和坦率的品格之间的天壤之别。抽象地说，前者跟后者一样真诚地献身于各种道德观念；可事实上，我们却更乐于拥有后一种品格而活着。我们仰赖它，借助机智圆通，借助对他人的要求的本能认识，借助调节的技巧所成就的事情；较之于仰赖前者，借助对各种在理性上得到证明的规则和原则的忠诚所成就的事情要多。

这样，我们就获得了检验学校工作的心理方面的伦理标准。第一，目前学校作为一种社会系统，充分重视儿童自发的本能和冲动吗？学校为这些本能和冲动的自我表现和产生自身的结果提供充足的机会吗？撇开量上的考虑，我们甚至可以说，学校原则上忠于主动的建设性能力，而不忠于吸收和学习的过程（获取信息知识）吗？由于我们头脑中的那种自我活动是纯粹的"理智"，与那些通过手和眼起作用的冲动毫无关系，我们关于自我活动的空论难道不是在很大程度上变得毫无意义了吗？

仅就当前学校的教学方法不符合有关这些问题的检验标准而言，倘若没有得到满意的伦理结果，我们不必感到惊讶。我们不能确保积极的品格力量的发展，除非我们乐于为之付出心理上所需要的代价。我们不能窒息和抑制儿童的能力，或者使之逐渐夭折（由于缺少运用的机会），然后又指望儿童具有创造力和永远勤奋的品格。我知道依附于抑制的重要，但单纯的抑制是毫无价值的。只有一种抑制、一种约束稍有一点价值，就是把儿童的能力集中在一个积极目的上的限制和约束。只有防止儿童的本能和冲动放任自流，防止它们耗费在旁门左道上，才能达到目的。在把能力保持在有关的目的上起作用中，就有真正抑制的充分机会。说抑制高于指导能力，无异于说死比活更有价值，否定比肯定更有价值，牺牲比服务更有价值。在道德上有教育意义的抑制，是指导能力的一个要素。

第二，我们还必须检验我们的学校工作是否为形成良好的判断力提供了必要的心理条件。作为各种相关价值的辨别力的判断力，包括选择能力和与标准有关的甄别能力。因此，获取信息永远不能促进判断力的发展，儿童所取得的判断力的任何发展都不是缘于单纯重视学问的教学方法。只有在获得的信息能运用时，才能达到检验的标准。学校愿意做到我们期望的那样吗？我曾听一名很有经验的教育家说，当代教学在智力方面最大的缺陷，可以从儿童离开学校时内心毫无正确观察事物相互关系的能力这一事实中看到。对于他们来说，各种事实似乎同样重要，毫无前景和背景，毫无根据价值大小对事实进行分类并给它们划分等级的本能习惯。这种说法可能言过其实，但就其所含的某种真相而言，它指明了道德弊端跟智力弊端一样严重。

儿童除非在形成和检验各种判断中不断地锻炼，否则是不可能获得判断力的。他必须有自我选择的机会，并尽力将自己的选择付诸实施，从而使之受到最终的检验，也即行为上的检验。只有这样，他才能学会甄别什么选择可望成功，什么选择可能失败；只有这样，他才能形成习惯，不断地把其他孤立的观点和决定这些观点价值的条件联系起来。学校作为一种体制，现在为这类试验提供了充分的机会吗？学校工作除非强调做的方面，强调建设，强调主动的调查，否则，它就没有满足作为品格一个组成要素的判断力的心理条件。

第三，关于易感性和感应性的需要，我将简要地提一下。教育非正规的社会方面，也即审美环境和审美影响，是十分重要的。就学校工作安排得井井有条、按部就班而论，就学生相互之间、师生之间缺乏无拘无束的自由的社会交往而论，儿童这方面的天性要么处于饥饿状态，要么就让他们通过一条多多少少是秘密的途径找到随心所欲的表现方式。在学校体制中，借口注重实践（所谓注重实践不过是狭隘的功利主义而已），把儿童限制在基本的"3R"教育（即读、写、算——译者）以及与之相关的正规学科上，不让他有文学和历史上的蓬勃活力，剥夺他接触建筑、音乐、雕塑和绘画中最美好的东西的权利时，就别指望在品格中的这一组成要素的训练上会有明显的结果。

在教育中，我们需要的是真正地而不是有名无实地相信存在能够有效运用的道德原则。我们相信，就考虑到了广大儿童而论，假使我们长期信奉这些原则，我们就能教授读、写、算。其实，我们并不相信（虽然是无意识地）在道德中还存在别的像这样的承诺的可能性。诚然，我们相信道德法则和道德规则，但它们是不确定的，是从自身发出的东西。它们是如此极端的"道德"，以致与日常生活中的凡务俗事毫无关系。我们所需要的是：经过社会方面和心理方面的阐述，应当把这些道德原则推翻在地。我们务必使道德原则不是专横的，不是"超念"的。"道德"一词并不是指一个特殊的生活领域或部分。我们需要把道德转化为共同体生活的实际环境和动力，转化为个人做事的各种冲动和习惯。

我们要做到的是：认识到道德原则和其他力量在同等意义上都是现实的，认识到道德原则是共同体生活和个人活动结构所固有的。如果我们能在这一事实中获得真正的信念，那么我们就找到了从教育体制中取得它所具有的一切效力的唯一必要的条件。凡是在这种信念中工作的教师都会发现，每门学科、每种教学方法以及学校生活中的每件小事都蕴含着道德的生活。

（杨小微，罗德红等译。选自［美］杜威著.杜威全集：早期著作，第五卷［M］.杨小微，罗德红等译.上海：华东师范大学出版社，2010：41—62.）

学校与社会（1899）^①

一、学校与社会进步

我们往往从个人主义观点去看学校，以为它不过是师生之间或教师和儿童父母之间的事情。因此，最令人感兴趣的当然是我们所熟悉的个别儿童的进步，他的体格的正常发展，他的读、写、算能力的提高，他的史地知识的增长、态度以及敏捷、守秩序和勤劳的习惯的改善——我们正是从这类标准来判断学校的工作，这诚然是对的。但是，眼界需要扩大。最贤明的父母所希望于自己孩子的一定是社会所希望于一切儿童的。关于我们学校的任何其他想法都是狭隘的、不恰当的；如要那样做，就会破坏我们的民主。社会通过学校机构，把自己所成就的一切交给它的未来成员去安排。社会所实现的关于它自身的一切美好的想法，就这样希望通过各种新的可能途径开辟给自己的未来。这样，个人主义和社会主义是一致的。社会只有致力于构成它的所有成员的圆满生长，才能尽自身的职责于万一。这里所指出的社会的自我指导，没有什么会比学校更为重要，因为，正如贺拉斯·曼^②说的："凡是任何事物在生长的地方，一个塑造者胜过一千个再造者。"

---

① 译自杜威《学校与社会》，1900年英文版，第3—28、32—56、59—84、88—96、131—137页。——译者

② 贺拉斯·曼（Horace Mann，1796—1859），美国教育家。——译者

任何时候我们想要讨论教育上的一个新运动，就必须特别具有比较宽阔的或社会的观点。否则，我们会把学校制度和传统的变革看成某些教师的任意创造。最坏的是赶时髦，最好的也只是某些细节上的改善——这就是我们通常过于习惯用来考虑学校变革的那种观点。这好比把机车和电报机看成个人的发明一样。教育方法和课程正在发生的变化如同工商业方式的变化一样，乃是社会情况改变的产物，是适应在形成中的新社会的需要的一种努力。

对于这个问题，我要特别提请你们注意，即按照社会上的重大变化，努力设想一下我们大体上称之为"新教育"的含义是什么。我们能否把这种"新教育"同社会事态的一般进程联系起来呢？如果可能的话，那么"新教育"就会消除和社会隔离的特点，就不再仅仅成为那些具有非常才能的教师处理特定学生的事情了。它将显出作为整个社会进化的重要部分，至少就它的大体来讲是这样。那么让我们先探讨一下社会运动的一些主要方面，然后转到学校方面来，找出学校本身必须循着这个方向做出努力的依据。由于绝对不可能涉及整个的范围，我将大体上把自己限制在近代学校运动中叫作手工训练这一典型的事件。我相信，如果能够把手工训练跟改变了的社会状况的关系显示出来的话，那么我们也就能够据此来看其他教育上的革新。

我不打算就自己不对社会变革的问题做过细阐述这一点进行辩解。我将提到的那些东西，写得非常明白，一目了然。首先引人注意的那个笼罩一切、甚至支配一切的变化是工业上的变化——科学的应用导致了已经大规模地和廉价地使用各种自然力的重大发明，以生产为目的，世界市场、供应这个市场的大规模制造业中心以及遍布各地的廉价而迅速的交通工具和分配方法在发展起来。这个变化，使就它的萌芽时期算起也不过一百多年；许多最重要方面的变化还是最近的事。人们难以相信，在整个历史上有过这样迅速、这样广泛和这样彻底的革命。经历了这场革命，世界的面貌，甚至它的自然形状都在改变着；政治疆界被抹掉或移动了，似乎它们只是绘在地图上的线条一样；人们从世界的各个角落急匆匆地集中到大城市；各种生活习惯也正发生着惊人的突然而彻底地改变；自然真相的研究无限地被刺激着、鼓励着，它们在生活上的应用不仅是切实可行的，而且也为商业上所必需。即使那深入人心的最保守的道德和宗教观念以及各种爱好，也深刻地受到影响。因此，认为这个革命对于教育只有形式上的和表面上的影响，是难以想象的。

在工厂制度之前，存在着家族和邻里制度。今天我们这辈人，只要回溯一代、两代、至多三代以前，就能发现那时候一切典型工业实际上在家庭进行，或者群集在它的周围。穿的衣服，绝大部分是在家庭里缝制的；家庭的成员一般都熟悉剪羊毛、梳理羊毛和纺羊毛以及纺织机的操作。室内照明的整个过程，不是按一下电灯开关就行，而要经历宰杀牲畜、提炼油脂、制成烛芯和制造蜡烛这样长时间的辛勤劳动。面粉、木头、食物、建筑材料、家具，乃至金属用品，如钉子、铰链、锤等的供给，都是附近的作坊生产的。这些作坊，经常供人参观，往往是邻近地区集会的中心。因此，从田间原料的生产到成品的实际应用这一整个过程，都明显地显示出来，不仅如此，实际上每个家庭成员都分担了工作。当儿童有一定的力气和能力时，他们就逐步地被传授各种生产过程中的诀窍。这是直接和自身关切的事情，甚至可以说是到了实际参与的程度。

我们不能忽视这种类型的生活中所含有的训练和品格形成的因素，即养成守秩序和勤劳的习惯，对于世界的责任感以及应当做这些事和生产某些东西的义务感。每个家庭，总有些事情需要去完成，它的每个成员必须竭尽自己的本分，并与其他成员相协作。在行动中具有实效的人格被培育出来并通过行动得到检验。再者，直接地去接触自然、实际的事物和素材，它们的手工操作的实际过程，以及关于它们的社会需要和用途的知识，对于教育目的极为重要，我们对此不能忽视。这一切，都在不断地培养观察力、创造力、建设性的想象力、逻辑思维，以及通过直接接触实际而获得的那种现实感。家庭纺织、锯木工场、磨坊、制桶工场和铁工场的教育力量，都不断地在起着作用。

为灌输知识而组织的实物教学，不管有多少，绝不能代替关于农场和田园的动植物的直接知识，这种直接知识是通过在动植物中的实际生活，照料动植物而获得的。学校中为了训练而设的感官训练的学科，不能与每天亲切有味的普通的职业活动中得来的那种生动的、丰富的感官生活相比拟。文字记忆力在所指定的课业中能得到训练，推理力也能在数理课里得到一定的训练。但是，这同必须去做些事情、有实际的动机在推动并预见到实际的效果从而获得注意力和判断力的那种训练相比较，总是有点间接的、空洞的。当前，工业的集中和分工实际上已经消灭了家庭和近邻的各种职业——至少对于教育的目的来说是这样。但是，哀叹美好的往日孩子们的质朴、谦恭和绝对服从的消失，而一味希望仅仅靠哀叹和说教能把它们挽回过来，那是无济于事的。根本的状况已经改变了，在教育方面也应有相应的改变才行。我们必须认识到由于这个根本改变所得到的一些好处：宽容精神的增长，社会见识的扩大，对于人性的更多的直接知识，从外在的表现识别人的性格和判断社会状况的敏锐性，适应各种不同人格的准确性，接触更多商业上的活动。这些取得的好处，对于今天在城市里成长的儿童极为重要，可是也有一个实际问题，即我们应当怎样保留这些好处，同时又应当怎样把代表生活的另一些东西——严格要求个人负责和培养儿童同外界现实生活有关的各种作业——引进到学校中来呢？

当我们再来看看学校的问题时，我们就发现目前最引人注目的倾向之一，是采用所谓手工训练、工场作业以及家庭技艺如缝纫、烹调等。

这样做还没有充分地意识到：现在学校必须提供过去由家庭负责的那些教育因素，"有目的地"去做；而不是出于本能、经过试验发现这类作业能生动地吸引住学生，并授予他们在任何其他方式里得不到的某些东西。由于教育者对这类作业的真正重要性意识到的还很不够，因此往往以一种漫不经心的、混乱的和不相连贯的方式去从事。用来为它辩解的那些理由是不适当到令人厌烦的程度，甚至有时是绝对错误的。

如果我们仔细询问那些甚至最乐于把这种作业介绍到我们学校里来的人们，我想，我们就会发现这样做的主要理由是，这种作业能抓住儿童强烈的自发兴趣和注意力。它使得他们主动、活泼，而不是被动、呆板；它使得他们更有用、更能干，因此，对家庭也更有帮助；它为他们对未来生活的实际责任在某种程度上做好准备——女孩即使将来不是实际去搞烹调和缝纫，但也成为更能干的家务治理者；男孩（如果我们的教育制度只不过成为职业学校）可以为将来的职业做准备。我不想低估这些理由的价值。我在下一讲里谈到学校对儿童的关系时，还将讨论到对儿童态度的改变的那些理由。但是，总的说来，这种观点乃是不必要的狭隘。我们必须把木工、金工、纺织、缝纫、烹调看作生活和学习的一些方法，而不是各种特殊的科目。

我们必须按照这种作业的社会意义把它们看作社会自身赖以前进的各种过程的模式；看作使儿童确实感到社会生活的一些基本需要的手段；看作使这些需要由于日益发展的人的理解力和创造力而得到满足的方式。总之，把它们看作一些方法，通过它们，学校自身将成为一种生动的社会生活的真正形式，而不仅仅是学习功课的场所。

社会是由一些循着共同的路线、具有共同的精神、并参照共同的目的而活动的个人聚集在一起而成的。这种共同的需要和目的，要求日益加强思想的交流和感情的和谐一致。目前学校不能把自己组成为自然的社会单位的根本原因，正是由于缺乏这种共同的和生产性的活动的因素。在运动场上，在竞赛和游戏中，社会的组织是自发地和必然地产生的。在那里，有些事情要做，有些活动要进行，还要自然地分工，挑选领袖和成员，互相合作和比美竞胜。在课堂里，社会组织的动机和凝固剂也同样是缺乏的。在伦理方面，目前学校可悲的弱点，在于它所致力的是在社会精神的条件显然十分缺乏的情况下去培养社会秩序的未来的成员。

当各种作业成为学校生活的联结中心时，由此而出现的差别是最不容易用语言描述的。那是一种目的、精神和气氛上的差别。当一个人走进忙碌的厨房，在那里，一群儿童正在积极地准备食物，面对着那种心理上的差别，即从多少有点被动的、呆板的接受和拘谨变为生气勃勃的状态，是那么显然而十分使人触动。的确，对于那些把学校的形象僵化了的人来说，这样的改变必定使他们大为惊讶。但是，社会态度的改变同样也是显著。单纯地吸收事实和真理，完全是个人的事情，很自然地流于自私自利。缺乏鲜明的社会动机而只求单纯的学习收获，即使有了成绩，也不能明显地有益于社会。的确，竞赛（就这个名词的坏意义而言）几乎成为衡量成绩的唯一手段，即比较背诵和考试的结果，去识别哪个儿童在强记和积储大量的知识方面所取得的成绩，是否优于其他儿童。这种流行的风气是如此普遍，以致一个儿童对其他儿童的学习做了帮助，就算是犯罪。哪些地方学校的作业只在于学习课文，互相帮助，就不是一种合作的和联合的自然形式，而变成了解除邻近同学固有义务的一种秘密行为。哪些地方主动的作业在进行着，这种情况便都改变了。帮助别人，不是使接受者更加依赖别人的一种施舍形式，而仅仅是一种帮助，使被帮助者舒展力量，继续前进。自由的交往，观念、暗示、心得，过去的成功和失败两方面经验的交流，这种精神却变成了课堂练习的主要特点。即有竞赛，也是个人之间的比较，这不是关于个人吸取的知识有多少，而是按照所完成的作业的质量即真正的社会价值的标准来比较的。在一种非正式的、但更普遍深刻的方式下，学校生活是以社会为基础而组织起来的。

在这个组织里面，我们可以看到关于学校的训练或纪律的原则。当然，纪律只能是和目的有关的东西。如果你的目的是使四五十个儿童学习某些现成的课文，并在教师面前背诵出来，那么你的训练方法必定力求达到这个结果。但是，如果目的是培养一种社会合作和社会生活的精神，那么训练方法必须从这个目的出发并和这个目的相联系。当活动正在进行的过程中，就会缺少一定的纪律；在繁忙的工厂里，就会出现一些纪律不好的情况：不是默然无声，他们不是保持固定的姿态，他们不是叉着手臂，他们不是捧着书本，如此等等。他们在做许多事情，而且由于活动的结果造成了混乱和喧扰。但是，从这种作业当中，从可能产生各种效果所做的事情当中，以及从这些以社会的和合作的方式所做的事情当中，就出现了一种具有它自己风格的训练方法。当我们有这样的观点时，我们关于学校训练的整个概念就改变了。在关键时刻里，我们都认识到，我们所依赖的唯一训练，也就是成为直观的唯一训练，是通过生活本身得来的。从经验中学习，从只是跟经验有关的书本或别人的言论中学习，这并不是一句空话。但是学校却同社会生活的通常情况和动机，如此隔离，如此孤立起来，以至于儿童被送去受训练的地方，正是世界上最难得到经验的场所，而经验正是一切有价值的训练的源泉。只是当传统学校训练的狭隘而死板的形象统治一切时，人们才可能有轻视更为深刻而无限广泛的训练的危险。而这种训练来自参与建造活动，儿童贡献出自己的力量和达到一定成果，这成果，从精神上说，是社会性的；从形式上说，仍然是显而易见的，可以感知的。因此，关于这一形式，要求有责任心，要求有正确的判断力。

因此，我们应注意关于学校采用各种不同形式的主动作业这一重大的事情，通过它们，学校的整个精神得到新生。它使学校有可能与生活联系，成为儿童生长的地方；在那里，儿童通过直接生活进行学习，而不只是学习课文的地方，这些课文，对于儿童将来可能进入的生活来说，乃是抽象的和间接的东西。这样的学校有可能成为一个小型的社会，一个雏形的社会。这就是一个根本的事实，而且，以此为起点，持续不断地和有组织地出现各种教学的活动。在如前所说的工业制度下，儿童毕竟要参与工作，但不是为参与而参与，而是为了生产成品。由此所得的教育成果，虽然切实，但只是偶然得来的和附带的。然而学校里所从事的各种典型的作业是摆脱了经济压力的。其目的不在于生产成品的经济价值，而是要发展儿童的社会的能力和洞察力。这种目的，摆脱了狭隘的功利，开辟了人类精神的各种可能性，使学校里的这些实际活动与艺术结合，成为科学和历史的中心。

各种科学的统一性，可以从地理科学中看出。地理的重要性，在于它显示出地球是人们最永久的根据地。世界如与人类的活动没有关系，就不称其为世界。人类的工业和成就，离开了地球上的根据地，那就什么设想也说不上，更难给它一个什么名称。地球是所有一切人类食物的最后来源。它是人类持久的庇护所和保护者，是人类一切活动的原料，是人类一切成就的人文化和理想化所源出的发祥地。它孕育着伟大的田野、矿山以及光热电的伟大能源；它那海洋、河流、高山、平原等伟大景象，我们一切农业、矿业、伐木业，我们一切制造业和分配机构都只是它的局部成分和因素。通过为这个环境所出现的各种职业，人类造成了自己历史的和政治的进步；通过这些职业，人类发展了关于自然的那种理智的和情感的解释。正是通过我们在这个世界中的活动并同它接触，我们才能认识世界的真义和判断它的价值。

用教育的术语来说，学校里这些作业不应该是一般职业的单纯的实际手段或方法，使学生得到较好的专门技术，如厨工、缝纫工或木工那样，而是作为科学地去理解自然的原料和过程的活动中心，作为引导儿童去认识人类历史发展的起点。这种作业的实际重要性，通过从学校的实际作业中选取的一个例证，将比一般讨论更能说得清楚些。

对于一个通常认识水平的参观者，没有别的事情比得上看到十岁、十二岁和十三岁的男女儿童从事缝纫、织布等工作更使他感动而惊奇。如果我们从儿童准备钉钉纽扣、打打补丁来看这种情况，那么我们所得到的就是狭隘的、功利主义的看法，这种看法不会提供什么理由使这一类作业在学校里占有一个显著的地位。但从另一方面来看，这种作业提供了一个起点，由此出发，儿童可以循着历史上人类的进步足迹前进，能真正懂得所使用的原料和所包含的机械原理。把这些作业联系起来，就无异于把人类历史的发展过程重演一番。例如，首先给儿童一些原料如亚麻、棉花和羊身上剪下的羊毛（如把儿童带到剪羊毛的地方更好），然后要儿童就哪种原料宜于什么用途的观点进行研究。例如，把棉花和羊毛的纤维进行比较。在儿童告知我以前，我并不懂得，棉织业之所以比毛织业发展得迟一些的原因，乃是用手去掉棉籽比较困难。有一组儿童，劳动了三十分钟之久，所得皮棉不到一盎司。他们很快就相信，一个人用手工全天只能得到皮棉一磅，因此推知他们的祖先为什么要穿羊毛衣而不穿棉衣。儿童还发现影响他们用途的别的因素是棉花的纤维比羊毛的纤维短些，一般羊毛长度能达三时，棉花只有三分之一时；棉花纤维平滑，不容易粘连在一起，羊毛纤维比较粗糙，易于粘连，因此，羊毛便于纺织。所有这些，都在教师的提问和暗示的帮助下，儿童们在实际材料中研究所得的结果。

然后，儿童们研究把纤维织成衣料的必经过程。他们重新发明了原始的梳理羊毛的框架，即在两块木板上按上尖钉，以便爬梳。他们又设计了最简单的纺毛程序，这就是利用一块穿孔的石头或其他重体，羊毛通过洞孔，石头快速转动引出纤维；接着，用一个陀螺在地上旋转，儿童们手中抓着羊毛，逐渐拉成毛线，卷绕在陀螺上。然后，教学还使儿童知道了纺织史上别的发明。儿童进行了反复试验，以观察它的重要性和探索它的效果，不仅研究了发明对纺织工业的影响，还研究了它对社会生活方式的影响。就这样，教学重演了从原始的到现代的纺织机全部发展过程，研究了应用科学在使用我们今天有用的物力中的作用。我没有必要详述关于纤维、地貌、原料生长的条件、制造和分配的巨大中心以及与生产机械有联系的物理学等科学问题；也没有必要阐述历史方面的问题，即这些发明对于人类曾经发生的影响。但可利用麻、棉和羊毛纤维做成衣服的演进史来集中阐明人类的历史。我不是说，这就是唯一的或最完善的中心，但这样做确实开辟了人类史研究的某些很实际和重要的途径，使人们注意到更基本的和具有支配作用的影响，而不是注意于通常被当作历史那种政治的和编年的记录。

那么，儿童把棉花和羊毛的纤维用于纺织品这个例子的一些情况（当然，我只讲了它的一两个基本的方面），对于每种作业所使用的原料和应用的程序在某种程度上也是适用的。这种作业给儿童提供真正的动机和直接的经验，并使他接触现实。它起了这一切的作用，另外，把它转化为历史的、社会的价值和等同于科学的东西来看，它的作用范围就更扩大了。随着儿童的心智在能力和知识上的成长，这种作业不仅是一种愉快的东西，而且越来越成为理解事物的媒介、工具和手段，因而相应地改变了它的作用。

其次，这种作业对科学的教学也有关系。在目前情况下，一切活动要取得成功，在某些方面和某种做法上，就必须受科学专家的指导——这是关于应用科学的问题。这种联系应当决定它在教育中的地位。这不仅仅是这种作业，即学校中所谓手工或工艺，能有应用科学的机会，科学阐明这些作业，使它变得更重要而富有意义，不是单纯的手和眼的事情；而且，由此所得的科学的洞察力，乃是自由而主动地参加现代社会生活不可缺少的工具。柏拉图曾在什么地方说过，奴隶之所以为奴隶，乃是他的行为，不是代表自己的思想而是代表别人的思想。我们今天的社会问题，要比柏拉图时期更为迫切，因此做事的方法、目的与理解，必须存在于做事的人自己的意识当中，使他的活动对他自己应当是有意义的。

当我们用这样广泛而富有意义的方式来设想学校中的作业活动时，还经常听到各种反对论调，认为这种作业在学校中不应该占有地位，因为它们是唯物主义的、功利主义的，或者它们的倾向是卑贱的。这真使我惶惑不解。在我看来，持这种反对论调的人，简直是生活在另一世界！我们大部分人生活于其中的世界是这样的一个世界，其中每一个人都有一个任务和职业，都有一些事情要做。有些人是经理，有些人是下属，不过前者和后者重要的事情都是：每一个人都应该受教育，这种教育使他能够在他的日常工作中认识它含有重大而有人生的意义。今天有多少被雇佣的人不过是他们所使用的机器的附属品！这或者一部分由于机器本身或者非常偏重机器生产的制度；但是大部分却是由于工人没有机会发展他的想象力和他的同情的眼光来领略他工作中社会的和科学的价值。目前，存在工业制度基础上的各种冲动，在学龄时期，不是实际上被忽视了，就是确实被歪曲了。除非在儿童和少年时代他们的建设和生产的本能就被有系统地抓住了，除非他们按照社会的方向加以训练，并为历史的解释所丰富，为科学方法所控制和阐明。我们的确甚至不能找出我们经济罪恶的根源，更不能有效地处理它。

如果回溯几个世纪前，我们就发现一种学术上的实际垄断。的确，"有学问"是一个令人高兴的名词。学问曾是一个阶级的事。这是当时社会条件的一个必然结果。绝大多数人缺乏手段去接近知识的源泉。这些知识都积储和密藏在手抄稿本中。其中只有少数是有价值的,而且需要穷年累月和辛勤的预备,才能从中有所收获。因此,不可避免地形成这样的情况,即一种学术上的高级僧侣防守着真理的宝库,而只在极严格的限制下才对人民群众做点施舍。但是如我们曾经指出的,作为工业革命的直接结果,这种情况改变了。印刷术发明了,而且商业化了。书报、杂志大量出版,价格便宜了。由于机车和电报的发明,频繁、迅速和廉价的邮递、电信的交通也出现了,旅行变得更方便了,迁徙自由,随之而来的思想交流也无限地便利起来。一场知识的革命已经发生。学术已进于流通状态。尽管今后仍然有也许永远有个别一类人以从事研究为专门职业,可是,一个特殊的学者阶级从此不可能有了,这是与时代精神不相调和的。知识不再是凝固不变的东西,它已经成为变动不定的东西。它在社会的一切潮流之中积极地活动着。

显而易见,关于知识材料的这个革命,使个人的态度发生显著的变化。知识方面的刺激,通过各种不同的途径,源源不绝地向着人们倾注而来。那种单纯地从事知识的生活,即学者派头的生活,因此得到了完全不同的评价。学究式的人物和院士,不再是光荣的称号,而变成了嘲弄人的名词。

但是,所有这一切,意味着学校态度必须改变,而其中一点,我们没有认识到它的全部意义。我们学校的各种方法以及绝大部分的课程,都是从旧时代承袭下来的,当时作为接近学术的唯一门径的某些符号的学习和自由运用是最为重要的。这些方法和科目虽然表面已经改变了,可是旧时代的各种思想大体上仍控制一切。我们有时听到,初等学校甚至中等学校里所设的手工训练、艺术和科学遭到反对,理由是这些科目倾向于培养专家,因此贬低了我们当前广博的自由文化的结构。这种反对论点,即使不会导致可悲的结果,也将是非常可笑的。今天我们的教育才是非常专门化的、片面的和狭隘的。这是一种几乎完全被中世纪的学术观念所支配的教育。这种教育大体上只能投合人性的理智方面，投合我们研究、积累知识和掌握学术的愿望；而不是投合我们的制造、做、创造、生产的冲动和倾向，无论在功利的或艺术的形式上都是这样。把手工训练、艺术和科学当作技术的和倾向于纯粹专门化的而加以反对这个事实，它的本身，就是为统治当前教育的那种纯粹专门化的目的提供最好的证据。如果教育不是实质上视同纯知识的、学术的研究，那么所有这些教材和方法，将受到欢迎，受到最殷勤的采纳。

当把学术专业看作文化或自由教育的类型时，一个机械师、一个音乐家、一个律师、一个医生、一个农民、一个商人或者一个铁路管理员的训练，就会被看作纯技术的和专业教育的类型。它的结果是我们到处所看到的"文化人"和"工人"的区分、理论和实际的脱离。全国学生中受高等教育的不足百分之一，进中学的只占百分之五，半数以上的学生于读完小学五年级或者在此之前就离开学校了。这一情况的最简单的事实是，在大多数人中间突出的理智的兴趣并不占有主要的地位。他们有所谓实际的冲动和倾向。其中不少人虽有天生的强烈的理智兴趣，但社会的情况却阻碍它的充分实现。其结果，大量的学生一经获得初步的知识，获得足够的在生活上实际应用的读、写、算的符号，就离开了学校。尽管我们的教育界领袖谈论着教育的目的在文化的陶冶，在人格的发展，等等，可是大多数学校里的受教育者，却把它当作获得足够的面包和牛奶以勉强维持一定生活的一种狭隘的实用的手段。如果我们要从不那么狭隘的方面去设想我们的教育目的，如果我们要给教育的过程添加一些活动，而这些活动投合于那些其主要兴趣是要做和制造的人，那么我们就会看到学校所施加于它的成员的影响，将更为生动，更为持久，含有更多的文化意义。

然而我为什么要不厌其烦地做这个说明呢？明显的事实是，我们的社会生活正在经历着一个彻底的和根本的变化。如果我们的教育对于生活必须具有任何意义的话，那么它就必须经历一个相应的完全的变革。这个变革并不是突然出现的，也不是凭着预想目的在朝夕之间就能完成的。这个变革正在进行。我们学校制度的那些改革，通常表现为细节上的变更和学校内部机构的改良（即使那些最积极关心它们的人也这样看，至于那些旁观者就更不用说了），实际上这就是发展的标志和证明。采用主动作业、自然研究、科学常识、艺术、历史，把单纯的符号和形式的课程降低到次要的地位，改变学校的道德风尚、师生关系和纪律，引进更生动的、富于表情的和自我指导的各种因素——所有这一切，都不是偶然发生的，而是出于广大社会发展的各种需要。现在要做的事是把这一切因素组织起来，理解它们的全部含义，把它们所含的观念和理想，彻底地、不妥协地在我们的学校制度中体现出来。这样做，意味着使得每个学校都成为一种雏形的社会生活，以反映大社会生活的各种类型的作业进行活动，并充满着艺术、历史和科学的精神。当学校能在这样一个小社会里引导和训练每个儿童成为社会的成员，用服务的精神熏陶他，并授予有效的自我指导的工具，我们将有一个有价值的、可爱的、和谐的大社会的最深切而最好的保证。

（赵祥麟译）

二、学校与儿童的生活

上星期，我向你们讲的是学校和更广阔的社会生活之间的关系，以及必须对学校工作中的教法与教材进行一定的改革，使它能更好地适应目前社会的需要。

今天，我想从另一角度来看这个问题，并研究一下学校对于儿童在校的生活与发展的关系。由于用一般原理和这样十分具体的事物与幼童联系起来是有困难的，所以，我在这里冒昧地从"大学初等学校"①的工作中得到了许多能说明问题的材料。这样做，在一定程度上你们或许会欣赏这个方法，因为按照这个方法，所提出的思想本身是从具体实践中得出来的。

---

① "大学初等学校"是杜威于1896年在芝加哥大学所建立的实验学校的正式名称。——译者

几年前，我注意到市内几家学校用品商店，想找到从艺术、卫生和教育的观点看来几乎完全适合儿童需要的课桌椅。我们很难找到我们所需要的，最后，一个比较机智的商人这样说："我恐怕我们拿不出你们所需要的东西，你们所需要的东西是儿童能用来进行工作的，而我们这些只是供'静听'的。"这段话道出了传统教育的情况。正像生物学家用一两根骨头就能够重新构成整个动物一样，如果我们留心看看一般的教室，例如按几何图形排列着一行一行的简陋的课桌，紧紧地挤在一起，很少有移动的余地；这些课桌的大小几乎都是一样的，仅能够放置书、笔和纸；另外，有一个讲台，一些椅子，光秃秃的墙壁，还可能有几幅画。我们看了这些情况，就能推断在这样的场所可能进行的唯一的教育活动。这一切都是有利于"静听"的，因为单纯地学习书本上的课文，只是"静听"的另一种形式，它标志着一个人的头脑对别人的依赖性。总的说来，"静听"的方式意味着是被动的和吸收的；也还意味着在学校里有的是督导员、校董会和教师早已准备好的一些现成教材，让儿童以尽可能少的时间获得尽可能多的知识。

传统的课堂很少有给儿童进行活动的余地。工场、实验室、材料，儿童用来建造、创造以及积极地进行调查研究的工具，甚至必需的场地，大多是缺乏的。跟这些活动过程有关的一些必要的东西，甚至在教育上还没有得到确认的地位。那些在报纸上写社论的教育界的权威，一般把这些东西称之为"赶时髦"和"玩花招"。昨天，一位女士告诉我，她参观了一些不同类型的学校，试图找到一所学校，在教师传授知识以前儿童就有自己的活动，或者儿童有要求学习知识的主动性。她说，在她找到第一个实例以前曾参观了二十四所不同的学校。我可以再补充一句，她找到的那所学校不在这个城市里。

从这些排列着固定的课桌的教室，可以看出另一件事，即每一样东西的安排都是为了对付尽可能多的儿童的；是为了把儿童作为一个整体即许多个体的集合体来对付。这又意味着儿童是可以消极地对待的。儿童在活动的一瞬间，他们就表现出自己的个性；他们就不再是一个集体，而是变成我们在校外、在家里、在家庭亲属间、在运动场上和在邻居中所熟悉的具有显著特点的人。

在同样的基础上，可以说明方法和课程的划一性。如果什么都是建立在"静听"的基础上，那么教材和方法就只好划一起来，耳朵和反映耳朵的书本便构成一切儿童相同的媒介物。这样就几乎没有机会来适应每个儿童的不同的能力和需要。教师要求所有儿童同样地在一定时间内获得一定数量——固定的数量——现成的结果和成绩。从小学到大学的课程都是适应这个要求发展起来的。似乎世界上恰恰只有这么多值得学习的知识，只有这么多需要学习的技术上的成就。于是就产生了一个数学上的问题，要按照学校生活的年限把它划分为六年、十二年或十六年。这样，每年传授给儿童的正是知识的总额之中合乎比例的部分，到了学完以后，他们就算是掌握了全部的知识和技能。每小时、每天、每周或每年传授给儿童这么一些东西，如果儿童不忘记先前学过的东西的话，那么最后一切都会进行得很顺利。这一切的结果，正如阿诺德①的报告里提到的，法国的一位教育界权威很骄傲地对他说：有那么成千上万的儿童在一定的钟点内，就是说十一点钟吧，都正在上这样的地理课。在我们西部的一个城市里，它的督导员也惯于对接踵而来的访问者重复着这样一种骄傲的吹嘘。

为了说清楚旧教育的几个主要特点，我或许要说得夸张些：消极地对待儿童，机械地使儿童集合在一起，课程和教法的划一。概括地说，学校的重心是在儿童之外、在教师、在教科书以及在其他你所高兴的任何地方，唯独不在儿童自己即时的本能和活动之中。在那样的条件下，就说不上关于儿童的生活。也许可以谈一大套关于儿童的学习，但认为学校不是儿童生活的地方。现在，我们教育中将引起的改变是重心的转移。这是一种变革，这是一种革命，这是和哥白尼把天文学的中心从地球转到太阳一样的那种革命。这里，儿童变成了太阳，而教育的一切措施则围绕着他们转动，儿童是中心，教育的措施便围绕他们而组织起来。

---

① 阿诺德（Matthew Arnold，1822—1888），英国诗人和评论家。——译者

如果我们从一个理想的家庭找一个例子，这个家庭的父母十分贤明，懂得什么对孩子最有益，并能满足其需要。我们就会看到，孩子是通过与社会的交往和家庭的组织进行学习的。在交谈中，有些对孩子有兴趣和有价值的东西，即陈述、发问、问题讨论，就这样，儿童在持续不断地学习。儿童陈述他的经验，他的错误就得到纠正。另外，儿童参与家务操作，从而养成勤勉、守秩序以及尊重别人的权利和意见的习惯，养成他的活动应服从于家庭的整体利益的基本习惯。参与家务也成为获得知识的机会。理想的家庭将自然会有一个工作的场所，使儿童能发展他的建造的本能。理想的家庭还要有一个小型的实验室，以指导儿童的研究探索。儿童的生活要扩展到户外、公园、郊外的田野和森林，他要远足、散步和交谈，在那里，户外的广阔世界是为他开放着的。

现在，如果把上面所说的这些东西加以组织和概括，我们就有一个理想的学校。这里没有什么神秘，没有什么奇妙的教育学和教育理论的发现。这仅仅是这样的一个问题，那就是以一种更系统、更扩大、更加明智和更适当的方式去做大多数家庭由于各种原因只能以一种比较简单和偶然的形式去完成的工作罢了。首先，理想的家庭必须扩大。必须让儿童接触更多的成人和更多的同伴，这样，可以使他们过着最自由最丰富的社会生活。其次，家庭环境中的作业和亲属关系不是为了儿童的生长而特别加以选择的，它的主要的目的乃别有所在，儿童从家庭里能学到的是偶然碰到的东西。因此，就需要学校。在学校里，儿童的生活就成为决定一切的目的。凡促进儿童成长的必要措施都集中在这个方面。学习吗？当然要的。但生活是主要的，学习是通过并联系这种生活进行的。当我们按照这样的方式，以儿童的生活为中心并把儿童的生活组织起来的时候，我们就不会发现他首先是一个"静听"的人，事实恰恰相反。

人们经常说，教育是"引出"的意思，如果我们简单地和注入式的过程进行比较的话，这是很正确的。但是把"引出"的思想和3岁、4岁、7岁或8岁儿童的日常活动联系起来，毕竟是困难的。儿童已经能跑、能摔、能从事各种活动。他不是完全处于潜伏的状态，因而成人为了逐步引出那些隐藏着活动的幼芽，就必须很小心、很巧妙地对待他，儿童已经具有旺盛的活动力，教育上的问题在于怎样抓住儿童的活动并予以指导。通过指导，通过有组织地使用，他们必将达到有价值的结果，而不是散漫的或听任于单纯的冲动的表现。

如果记住前面所说的这一点，那我感到在许多人的头脑中有关所谓教育最主要的疑难，与其说是已经解决了，不如说是已经消失了，人们经常提出一个问题：如果你从儿童的思想、冲动和兴趣出发，这些思想、冲动和兴趣都是那么粗陋、那么紊乱和分散，那么毫不精练和净化，儿童怎么可能学到那些必需的训练、文化和知识呢？如果除了激发和放任儿童的冲动而别无他法，那么，这个问题或许是提得很好：我们要么不顾和压制儿童的活动；要么放任自流。但是，如果我们有了有组织的设备和教材，那就有了另一条途径。我们就能指导儿童的活动，沿着一定的方向进行，从而把它们渐渐引导到一个随着这条道路能够最终在逻辑上达到的目的。

"如果愿望等于事实，乞丐也早就发财了。"因为愿望不能代替实际，因为要满足一种冲动或兴趣，意味着通过自己的努力才能实现，而努力则会有克服困难，熟悉材料，运用创造力、耐心、坚持和机智的意义，它必然包含着训练——有条不紊地进行工作的能力——以及要有知识。以孩子想要造一只箱子为例，如果停止在想象或希望上，当然得不到什么训练。但是，当他试图实现他的冲动时，就产生一个怎样把这个思想明确起来、怎样拟订一个计划、选择适当的木材、测量需要的部分、给各部分定出必需的比例等的问题。这又包含着准备材料、锯开、刨平、用砂纸擦、把各条边和角配合起来等工序。掌握各种工具和操作过程的知识是不可缺少的。如果孩子满足了他的本能而制成一只箱子的话，他就有很多机会获得训练和毅力，练习克服困难的能力，同时又学到很多知识。

无疑地，自以为喜欢烹调的小孩子对于烹调的意义以及花多少钱或者需要些什么都是很模糊的。这只是一种"好管闲事"的愿望，或者是模仿大人的动作。把我们自己降低到孩子的水平，仅仅是迁就孩子的兴趣，无疑是可能的。

但是，在这时，如果让这个冲动表现出来并加以利用，那就要碰到现实世界的必须适应的困难条件，这就包含了训练和获得知识的因素。最近，有个孩子在一个必须通过长时间的实验方法才能得出结果的过程中感到不耐烦，他说："为什么我们这样不怕麻烦呢？让我们按照烹调书中的食谱就行啦！"教师提问孩子，食谱是从哪里来的；最后通过对话，使孩子认识到如果他们只是按照食谱去做，他们就不懂得他们正在做的事情的道理。因此，他们就愿意继续进行这个实验工作。进行这个实验工作，实际上提供了一个目前在讨论中的要点的实例。那天，孩子们的作业是煮鸡蛋，这是从煮蔬菜到煮肉的一种过渡。为了有一个比较的基础，他们首先总结蔬菜中的食物组成要素，并用来和肉类的食物组成要素做一个初步的比较。由此，他们发现蔬菜的木质纤维或纤维素，在形式上和结构上相当于肉类的结缔组织。他们又发现淀粉和淀粉产物是蔬菜所特有的，蔬菜和肉类的矿物盐是相同的，蔬菜和肉类中都有脂肪——在蔬菜中是少量的，在动物体内是大量的。然后，他们准备研究作为动物性食物特点的蛋白质，这相当于蔬菜中的淀粉，并准备考虑正确处理蛋白质所必需的条件——用鸡蛋作为实验的材料。

他们先是用各种不同温度的水进行实验，发现水从烫、冒泡到沸的过程，并探出各种不同温度对蛋白产生不同的影响。通过这个实验，他们不仅是准备煮蛋，而且要了解煮蛋过程中的原理。我不愿意忽视特殊性事物中的普遍性的东西。如果儿童只想煮一个鸡蛋，于是把鸡蛋放在水里，告诉他三分钟后取出，这对于儿童没有什么教育价值。但是，如果儿童在实现他自己的冲动时，认识有关的事实、材料和条件，然后通过这个认识来调节他的冲动，这样，儿童就受到了教育。对儿童兴趣的激发或放任和沿此方向实现他的兴趣是有区别的，我希望坚持这个区别。

儿童的另一个本能是对铅笔和纸的应用。所有儿童都喜欢通过形式和颜色的媒介来表现自己的。如果只是放任儿童的兴趣，让他无休止地继续下去，那就没有"生长"，而"生长"并不是偶然的结果。但是，先让儿童表现其冲动，然后通过批评、提问和建议，使他意识到他已经做了些什么，他还需要做什么，这样，效果是完全不同的。这里，举一个七岁儿童工作的例子。这不是一个平常的工作，在许多幼童中，这是一个杰作，但可以用来说明我刚讲过的那个原则。他们曾讨论过人类穴居时代社会生活的原始条件，儿童对原始社会生活条件的思想是这样表达的：穴洞以一种不可能的方式很精巧地建立在山边。你们可以看看儿童在幼年期按照传统方法（不是写实的）画成的一棵树——一根直杆和两边横着若干枝条。如果让儿童天天继续重复这种东西，那就是放任他的本能而不是在运用它。然而，我们要求儿童细致地观察一下树木，把看到的和他自己画的进行比较，并对他的工作的各种情况作更精密的更有意识的观察。然后，他就根据观察来画树。

最后，他又结合观察、记忆和想象来画树。他又完成了一幅自由画，表现出他自己富于想象力的思想，但这种思想受到对树的详细研究的制约。结果作成一幅有点像森林的风景画；就这幅画所表达的来说，我认为它像成人的作品一样，颇有诗意；同时，就树的比例来说，所画的树已像真的，不仅仅是象征性的东西了。

如果我们粗略地分析一下学校中的那些有效的冲动，可以归纳为四类。首先是表现在交谈、交际和交流中的儿童的社交的本能，我们都知道，四五岁的幼童都是以自我为中心的。不论提出什么新的主题，如果他说了些什么，总是"我曾见过那个"，或"我的爸爸或妈妈告诉过我"。他们的眼界很狭小，如果他有足够的兴趣把经验讲给人家听，或听取人家的经验，这种经验总是他直接地深深感受到的。因此，幼童的以自我为中心的狭隘的兴趣是能够这样无限制地得到发展的。语言本能是儿童社交表现的一种最简单的形式。所以，语言是一个很大、也许是最大的教育源泉。

此外，是制造的本能——建造性冲动。儿童的动作的冲动，首先表现在游戏、活动、姿态、做手势；然后这种冲动变得更明确，并把材料做成具体的形状和持久的实物，从中寻找发泄精力的机会。儿童的抽象性探究本能还不多。

儿童对研究的本能似乎是在创造性冲动和谈话的冲动的结合中发展起来的。对儿童来说，实验科学和在木匠铺所做的工作，没有什么区别。他们在物理学或化学方面所能做的并不是为了得出技术上的概括，甚至达到抽象的真理。儿童们只喜欢做些事并观察会发生些什么。然而，这可以被利用，引导到使其能得出有价值的结果的道路上去，不用说，也可无目的地任其自流。

还有一种是表现的冲动，即艺术的本能，也是从交际的和建造的本能中发展起来的。这是它们的精华和充分的表达。如果使这种建造合适、完善、自由与灵活，赋予一种社会动机和有说明某事的感觉，那你就有一件艺术作品了。举一个关于纺织—缝纫和编织的例子来说明。儿童在工场制造了一台原始的织机；这里就要运用建造性本能。然后他们希望用这台织机来进行工作，制造些东西。这座织机是印第安型的，他们看到了印第安人所编织的毯子。每个儿童作了一个意思类似那伐乔（Navajo）①毯子的图案，并选择了一个似乎最适合于目前工作的图案。技术资料虽然有限，但色彩和形状是儿童制作的。示图是由一个十二岁的儿童绘制的。经考查，进行这个工作需要耐心、彻底和坚持。这个工作不仅包含着历史方面的技术设计要素方面的训练和知识，而且还要求能适当表达某种观念的艺术精神。

再举一个关于艺术方面和建造方面有联系的例子：儿童们已经学过原始的纺织和梳理，其中有一个十二岁的儿童作了一幅一个较为年长的儿童正在纺织的画。这里，还有一幅不平常的画，它比平常所见的更好。这幅画画了两只手和正在拉出羊毛、准备进行纺织的情况。这幅画是由十一岁的儿童画的。但是，总的说来，特别对年幼的儿童，艺术的冲动主要和社交的本能——想讲述和表现的愿望——联系着的。

现在，我们应记住这四方面的兴趣：谈话或交际方面的兴趣；探究或发现东西方面的兴趣；制造东西或建造方面的兴趣；还有艺术表现方面的兴趣——

①居住在美国亚利桑那、新墨西哥等州的印第安部落名。——译者

我们可以说这四方面的兴趣是天赋的资源，是未投入的资本，儿童的生动活泼的生长是依靠这些天赋资源的运用获得的。我想举一两个例证。一个是一个七岁儿童的作品。这幅作品说明了儿童具有强烈的愿望要讲述，特别是关于人及其有关的事情。如果你观察一下幼童，你就会发现他们对许多事物感兴趣，主要是因为这些作为人事的背景和媒介的事物都与人有联系。许多人类学家告诉我们，儿童的兴趣和原始生活兴趣有某些共同之处。原始人的典型活动，在儿童的头脑中有一种自然的再现；我们可以看到儿童喜欢在场地上建造草屋，用弓、箭、矛等等来玩打猎。问题又来了。

我们应当怎样对待这种兴趣——置之不顾，或者只是鼓励下，让其发展就算了呢？还是掌握它并善于引导，使之前进，使之更有益？我们为七岁儿童计划的一些工作，着重在后一目的——利用这个兴趣，使之成为了解人类进步的一个手段。儿童在直接接触自然界以前，先是想象那些远离他们目前的情况。这种想象使他们追溯到猎民，追溯到住在洞穴或树林里用打猎和捕鱼来获得一种不稳定的生活的人。他们尽量地想象那些适应于这种原始生活的各种自然物质条件，例如，靠近群山的陡峭的树木繁茂的山坡，盛产鱼类的河流。然后，他们进一步想象，从狩猎时期到半农业时期，以及由游牧时期至定居的农业时期。我要指出的一点，就是这样可给儿童很多机会从事真正的学习，有很多机会去探究，最终获得知识。由此可见，这种本能原来只倾向于社交方面的，现在儿童从对原始人及其活动的兴趣，扩展到更广阔的现实世界。举例来说，儿童已具有某些关于原始武器、石箭等概念。这给儿童提供了对材料的脆性、形状和质地等进行试验的机会，当他们检验各种不同的石头、去发现哪一种最适用的时候，终于上了一堂矿物学课。对铁器时代的讨论，引起了一个用泥土建造的相当大的熔炉的要求。由于儿童最初做的图纸不正确，造成熔炉的口和通风筒在大小与位置方面不匹配，就需要有关燃烧的原理、制图的性质和燃料的性质方面的知识。可是，这种知识不是现成的；而是首先感觉到需要，然后通过实验来获得。接着，儿童用像铜一类的物质进行一系列的实验，使之熔化并制成器件，同时，用铅和其他金属进行相同的实验。这个工作也就是一系列的地理课，因为儿童必须想象和发现各种不同的社会生活方式所必需的各种物质条件。哪些物质条件是适合于游牧生活的？哪一些是适合于农业初期的？哪些是适合于捕鱼时期的？这些民族之间的自然的交换方式是什么？通过讨论，明确了这些问题以后，后来他们用地图和沙盘来演示。由此，他们获得关于地球构造的各种形状的观念，同时，他们也看到它们和人类活动的关系，因此，这些关于地球构造的各种形状的观念已不是单纯的外部事实，而是同人类生活和进步的社会概念相融合和联系的观念了。我认为，这样做的结果完全证明一个信念：儿童在一年内从事这种工作（每周共五个小时）中获得关于科学、地理和人类学方面的知识，远远超过他们从那些自称以知识为目的的教学中、仅仅从被指定学习的固定课本中获得的知识。在训练方面，这样做，儿童能得到比为了训练解答任意提出的问题更多注意力集中的训练，得到更多解释和推论，得到敏锐观察和持续思考等能力。

关于这一点，我要提到课堂练习问题。我们都知道，课堂练习一向是——在那里，儿童向教师和同伴炫示他从书本上吸取的一定数量的知识。从另一角度来看，课堂练习已很显著地成为社交的场合；对学校说，课堂练习就是在家里的自然谈话，只是课堂练习较有组织，沿着一定方向进行罢了。课堂练习犹如社会的"情报交换所"，在那里可以交流经验和思想并进行批评，错误的概念得到纠正，以及树立有关思想和研究方面的新方针。

课堂练习这个变化，从对已经获得的知识的考试到自由运用儿童的社交本能，大大地影响和改进了学校的全部语言教学工作。在旧制度下，让儿童完全地自由地运用语言，无疑是一个很严重的问题。理由是很清楚的。在旧学校，很少提供语言的自然动机。在教育学教科书里，语言的定义是表达思想的工具。这对有思想训练的成人来说，或多或少是对的。但几乎已不需要说语言主要是社会的产物，是用来和别人交换经验的手段。离开了语言的自然目的，难怪语言教学成为一个复杂而困难的问题。想一想，把语言当作孤立的事来进行教学，是多么荒谬。如果儿童在进学校以前要做些什么，那就是谈谈他感兴趣的事物。但是，如果在学校里没有什么事物可吸引儿童的浓厚兴趣，语言只是用来重复课文的话，那就没有什么奇怪，祖国语言的教学将成为学校工作中主要困难问题之一。由于所教的语言是不自然的，不是出自表达生动的印象和信念的真正愿望，儿童运用语言的自由就渐渐消失了，直到最后中学教师不得不创造种种办法帮助儿童自然地充分地使用语言。而且，当语言的本能被运用于社交的方式时，就有了不断接触现实的机会。结果是儿童常常在头脑里有事要讲，有话要说，有思想要表达，而思想不称其为思想，除非它是属于自己的。按照传统的方法，儿童必须说些他刚学过的东西。世界上，有话要说和必须说些话是完全不同的。凡儿童有各种不同的材料和事实要讲，他的语言就变得更精练、更完全，因为这种语言受现实的制约并赋予一种活力。正像口语一样，读与写也可以在这个基础上进行教学。这可以采取联系的方式进行（教学和事实联系），作为儿童交流经验的社交愿望的结果，总是通过接触那些确定所交流的真理的事实和力量而得到指导。

我没有时间再谈谈年龄较大儿童的工作，这些儿童的原有天然的建造与社交本能已经发展到一种似乎受科学指导的研究性东西了，但我要举一个依据这种实验工作而运用语言的实例。这项工作是以一个最普通的简单实验为基础的，逐步引导儿童对地质学和地理学的研究。我在这里念几句句子，这些句子我认为既是"科学的"，又是有诗意的。"很久以前，当地球是新的，是熔岩的时候，地球上没有水，而在地球周围直至空中却围绕着蒸气，因为在空中散发着很多气体。这些气体中的一种就叫二氧化碳。这种蒸气变成云，因地球开始冷却，过了一会儿，它开始降雨，落下雨水，把空气中的二氧化碳溶解了。"这里面包含着比在开头可能见到的更多的科学。它代表着儿童三个月来的工作成绩。儿童每天每周都做记录，而这只是一学期工作总结中的一部分。我所以称这种语言是有诗意的，因为儿童有清晰的意象，对想象中的现实有亲身的感受。我从另外两个记录中摘引了几句，进一步表明当语言有生动的经验为背景时，就能生动地运用语言。"当地球冷却到凝结的时候，水在二氧化碳的帮助下把岩石中的钙拉出来，溶在大量的水里，从而小动物就获得了钙。"另一篇是这样的："当地球冷却的时候，钙在岩石中。于是，二氧化碳和水结合起来并形成一种溶液，当它流过时，把钙扯下来并冲入大海，在海里的小动物从溶液中得到钙。"运用这些字眼如"拉"与"扯"和化学上的化合过程联系起来，证明作者有一种亲身的实感，迫使他们做出适当的表达。

假如我没有在其他例子上花很多时间，我一定要指出，儿童怎样从很简单的具体事物开始，被引导到较大范围的研究，并引导到作为这种研究的伴随物的智力训练上去。我只提一提这个工作开始阶段的实验。这个实验在于制造一种用来擦亮金属的沉淀下的白粉。这些儿童用简单的设备——一只大玻璃杯、石灰水和玻璃管——从水中沉淀出碳酸钙；并从这开始，进一步研究各种岩石，如水成岩、火成岩等在地面上形成的过程和它们分布的地段；后来又研究美国地理上的各个点如夏威夷和波多黎各的地理情况；再研究各种不同形状的岩石对人类活动的影响；因此，这个地质学的研究记录最后转移到对现代人类生活的研究。儿童看到和懂得了很久以前发生的这些地质上的各种过程同影响现代各种工业的物质条件之间的联系。

在"学校与儿童的生活"这一章里，可能讲的论点很多，但我只选择了一点。因为我感到，给人们带来更多困难的这一点，比其他任何论点的障碍都大。人们也许乐意承认：最好使学校成为儿童真正生活的地方，并使他们从中获得感到高兴和有意义的生活经验。但是，同时又听到这种质问：在这种基础上，儿童将怎样获得所需的知识；他们将受到怎样必要的训练？的确，对认为正常的生活过程和获得知识与训练似乎有矛盾的许多人，即使不是对大多数人来说，都会有这种问题的。所以，我曾试图以高度的概括和简略的方式（因为只有学校在日常的工作中才能做出详细的有价值的说明）指出这个问题是怎样解决的——怎样才能抓住人类的基本的本能，并通过一种适当的媒介制约这些基本的本能的表现，从而不仅促进和丰富儿童的个人生长，而且更多地得到过去教育认为理想的专门知识和训练。

虽然，我选择了这种特殊的讨论方式（作为对一个几乎普遍提出的问题的让步），我却不愿停留在这种或多或少带有消极和解释的情况。生活毕竟是一件大事；儿童的生活，就他的时代和对生活的范围来说，其重要性并不下于成人的生活。的确，认为对于儿童在丰富的有价值的和扩大的生活中现在所需要的与所能做的事予以明智的认真的重视，和以后成人的需要与可能性会有某些冲突，那真是咄咄怪事。"让我们和儿童生活在一起"，当然首先是意味着我们的儿童一定要生活着——并不是他们被迫在各种不同条件下生活而受到压制和阻碍，最少考虑的条件是跟儿童的目前生活的联系。假若我们在教育上寻求自由王国的话，那我们还要做很多事情——这可以解释为，如果我们了解和同情儿童期真正的本能和需要，并且探求它的充分的要求和发展，那么，成人生活的训练、知识和文化，在适当的时候就都会来到。

说到教养，使我想到我所谈的只是儿童的外部活动——只是儿童对说、做、发现和创造等冲动的外部表现。这几乎不必说了，实际上，儿童生活在想象的价值和观念的世界中，这些想象的价值和观念，只能找到一种不完全的外部的体现。现在我们听到许多关于培养儿童"想象"的言论。于是，我们由于相信想象是儿童的一个特殊部分，能在某一种特殊方面——一般地说；即从非真实的和假造的东西、神话和虚构的故事中得到满足，因而放弃了许多我们的讲话和工作。为什么我们的心如此冷酷而信念如此迟疑？想象是儿童生活在其中的媒介。对儿童来说，凡他注意到的和参与活动的任何地方和任何事物都有丰富的价值和意义。这个学校和儿童生活的关系的问题，归根到底，简单地说：就是我们是否应不顾儿童的自然倾向，完全不和活泼的儿童发生关系而是跟我们所树立的僵死的意象发生关系？还是我们应发展和满足这种自然倾向？倘若我们一旦相信生活，相信儿童的生活，那么，我们所说过的一切作业和措施，以及一切历史和科学都将成为启发儿童想象的工具和培植儿童想象的材料，从而使他的生活丰富而有秩序。我们现在所看到的只是外部动作和外部成果，实际上在一切看得见的结果的后面隐藏着一种心理态度的调整、广大的和同情的想象、对能力发展的感觉，以及竭尽全力把见识和能力与世界、人类的利益一致起来的愿望。假若教养不是一种表面的装饰品，不是一种用在普通木材上的桃花心木的镶饰，那必然是——儿童的想象在适应性方面，在范围方面和在同情方面都得到发展，直至个人的生活为自然与社会的生活的知识所充实。当自然和社会能够进入教室内的时候，当学习的形式和工具服从于经验的内容的时候，就有机会实现上面所说的一致性，然后教养将成为民主的口令。

（金冬日译，赵祥麟校）

三、作业心理学

儿童在座位上如果闲着就要淘气。教师为防止他淘气，叫他做些作业或练习，这不是我所指的作业的含义。我所谓作业的意思是指儿童的一种活动方式。它重演某种社会生活中进行的工作，或者同这种工作相平行。这种作业在芝加哥大学的实验学校里，有用木料和工具做的工场工作；又有烹饪、缝纫和本文所提到的纺织工作。

作业心理学的基本论点是，要在经验的理智方面和实践方面之间保持平衡。既然是作业，那它就是主动的或说是运动的，通过人身上的器官如眼、手等表现出来。但他也包含着对材料的不断观察、筹划和思考，以便使那有关实践或执行的方面得以有成效地进行下去。所以，这样理解的作业，必须同主要为训练一门手艺的工作区分开来。它不同于职业教育，因为它以自身为目的，以观念和体现观念的行动的不断相互作用而来的生长为目的，不以外界功利为目的。

在职业学校以外进行这一类型的工作，全部着重点都放在手工和体力方面，还是可能的。在这种情况下，工作变为只是常规或惯例，它的教育价值消失了。这样的趋势，在出现以下情况的地方，都是不可避免的，例如在手工训练上，仅以知道某些工具的使用，或某些物品的生产作为主要的目的，不是尽可能让儿童担负选择最适宜的材料和工具的需要智力的责任，给他机会做出自己的工作计划和模型，引导他发现自己的错误并寻求改正错误的方法——所有这一切，当然在儿童智力所能及的范围之内。只要以外部成果作为目标，而不是以取得成果过程中的智力和道德的状态和发展为目标，那么这种工作可以称作属于手工的，但称为作业不准确。当然，一切单纯的习惯、常规或惯例的趋势，是造成无意识的和机械性的结果。而作业的趋势，乃是把最大限度的意识贯注到所做的事情里边去。

以上的陈述，使我们有了理由来说明我们为什么如此强调：（1）纺织工作上的个人实验、计划和再发明；（2）纺织工作同历史的发展路线的平行而不相违背。第一点要求儿童在各方面要思维敏捷和机警，以便把外表的工作做得正确。第二点会使儿童所做的工作内容丰富、深化，因为儿童从工作所重演的社会生活里了解和懂得了其中所暗示所渗透的价值。

这样看待的作业，既为感官训练又为思想锻炼提供了理想机会。平时用以训练感官的课程的缺点，在于它们本身以外再无出路，因之也就没有必要的动机。实际上，在个人和种族的自然生活中，总是存在着运用感官观察的理由。人要达到一个目标，就总有某种需要，要四处寻找，以便发现并分辨出对他有帮助的东西。正常的感觉要起提示、协助、刺激的作用，指导他在应做的事务中怎样行动；它们自身不是目的。在感官训练里如果没有真正的需要和动机，就成了单纯的锻炼，容易蜕变为对观察窍门和手段的猎取，再不然，就是追求对感官的刺激。

这一原则，对正常思维同样适用。它不为自己发生，也不以自身而结束。它的发生，是出自要求解决某些困难的需要，出自寻求解决困难的最好方法，进而在心理上对要达到的结果作出设计和规划，决定需要的步骤和先后次序。这种具体的行动逻辑，远在对事物进行纯粹推测或抽象研究的逻辑之前，通过它所形成的思考的习惯，成为抽象研究的最好的准备。

　　作业心理学给予有益启发的另一个教育论点是兴趣在学校工作中所占的地位。那反对在学校工作中给儿童兴趣以较大的或确定的地位经常提到的理由之一，是以兴趣为根据不可能做出适当的选择。据说，儿童有各式各样的兴趣，好的，坏的，以及不好不坏的；这样，就得在重要的与平凡的兴趣之间，在有益的与有害的兴趣之间，在短暂的或兴奋一时的与持久的或始终有影响力的兴趣之间，作出抉择。看来，好像我们不得不到兴趣之外为兴趣的运用寻找根据。

　　毫无疑问，儿童对作业具有强烈的兴趣。所有进行这类作业的学校，只要瞥它一眼，即足以证明。儿童在校外搞的大部分游戏，仅仅或多或少小规模地和偶然地重演社会作业的尝试。我们有一定的理由相信，跟这些作业而来的那一类型的兴趣，都是十分健康的、长久的、真正有教育意义的；通过给作业以较大的地位，我们应该取得引起儿童自发兴趣的极好的或者最好的方法，同时又得到一定保证；我们现在所搞的，并非仅仅是娱乐的、令人激动的、转眼即逝的事情。

　　首先，每一兴趣都产生于某一本能或某一习惯，而习惯最后仍然是以某一原始本能为基础的。却也不能从此就说所有本能在价值上都彼此相等，或者说为了有用于生活，我们就只继承很多须给予满足的本能，而不继承很多须加以改造的本能。但是在作业上找到自觉出路或表现的本能，一定是非常基本而又持久的本能。人生的活动，必须导致把自然界的事物和力量放在我们目的控制之下，使之从属于人生的目的。人历来是为了生活就得工作的，在工作里并通过工作，他们征服了自然；他们护卫了也丰富了自己的生活条件，使他们认识到自己的种种能力——从而使他们从事发明、规划，并为获得技能而感到高兴。粗略地讲，所有作业都可归入围绕着人们与他们所生存的世界的基本关系，取得食物，以维持生命；取得衣、住，以保障和点缀生活，就这样终于安下了长久的家，使所有更高级、更属精神方面的兴趣得以集中。具有这样历史背景的兴趣，必然是有价值的兴趣，这样说，不是没有道理的。

　　其次，在儿童身上发展这些兴趣，不但重演着种族过去的重要活动，而且还重演着儿童目前环境的活动。儿童不断地看着长辈们从事于这种事务，他必须天天同事物打交道，而那些事物正是这种作业的结果。他所接触的事物，除非和这些作业有关对他都没有意义。如果把这些东西从现时社会生活里剔出去，那还有什么留下来的——这并不仅限于物质方面的，还有理智、审美以及道德方面的活动，因为这些东西历来大都是必然地同作业结合在一起的。所以儿童在这方面的本能兴趣，不断地从看见的、感觉到的以及听到的在他周围发生的事物中得到强化。在这一方面，他不断地得到提示；他的种种动机被唤醒了；他的体能被激发了，行动起来了。我们如果假定说，那经常在多方面碰到的种种兴趣，是属于有价值而又持久的那一类型的，也不能说没有道理。

再次，反对教育中的兴趣原则的理由之一是，频繁地用这样或那样手段刺激儿童，会使儿童头脑的结构趋于解体，破坏它的耐久力和严密性。可是，作业（如已讲过的纺织）必然是一种连续不断的事情。它持续的时间，并不是按几天计算，而是按几个月、几年计算。它所表现的不是孤立的和表面性的各种能力的激动，而是人的才能沿着一定的、总的方向的、连续不断的组合。当然，其他任何一种作业，例如运用工具的作坊操作，又如烹饪，都不例外。作业，把形形色色的冲动连接成具有像坚强脊椎的骨架，那它们便不会各不相顾、间歇无常了。如果完全离开了在学校作为中心而开展的、具有规律性和循序渐进的活动方式，而要在学校工作中给兴趣的原则以什么地位，这会不会持久地可靠，也许是大可怀疑的。

（顾岳中译，王承绪校）

（选自赵祥麟，王承绪编译. 杜威教育名篇［M］. 北京：教育科学出版社，2006：12—38，59—63.）

二、中期经典文选

教育学讲座（1901）^①

一、大脑是如何学习的？^②

今天我非常高兴和大家在这儿见面，因为几年前在另一个场合，我曾和在场的不少人见过面。我曾有幸在密歇根大学的课堂上认识了贵院院长，今天很出乎我的意料，看到了一些熟悉的面孔。在场的很多人都是我的朋友，这让我感觉我不是在面对一群陌生人。

我将在接下来几个下午的演讲中，谈谈心理学以及它们与教育的关联。我将围绕大家熟悉的几点内容，谈谈它们如何与大脑的智力发展相关，尤其是课堂教学与大脑智力发展的关系。今天下午，我将就整个心理学领域作个概述，重点谈大脑如何学习。如果说有这么一个学习的、或者说大脑发育的单一过程，就像植物成长的一个过程那样，那么有关这个过程及其发展规律的知识应该对教师很有帮助，正如植物如何汲取养料并成长的知识对科学园丁或农民很有帮助一样。

估计在场的大多数人都是教师，我们对于学习的过程具有特殊的兴趣。当然，学与教的过程是不可分的，就如同买与卖不可分一样。如果没有人卖出，

---

① 原标题为"在杨百翰学院作的教育学讲座"。——本书编译者

② 首次发表于《白与蓝》（White and Blue），普罗沃市，犹他州，第5卷，第2期（1901年11月1日），第5—9、12—14页。这十次讲座作于1901年6月17—21日。

就没人能买入；同样，如果没人学习，那我们就无法教学。我想你们会认识到，事实上，只有当有人在学时，我们才可能教，就像只有当有人买时，我们才能卖出。

学习的主体是大脑，这一点毫无疑问，而且我们每时每刻都在学习。儿童除了接受课堂中的正规教学之外，从早到晚还在不断地学习。我将把这个问题置于更大的视野中，讨论当大脑并没有任何主观的学习意图，而是通过自然的积累吸收知识时，它是如何运作的。当然，婴儿在出生后的最初几年中不具备任何学习的意图，然而问题是：我们的一生中，是否有任何时候的学习能像最初的那两三年那样广泛、迅速地获取知识呢？也许有人会说，我们的学习是无意识的，不预设任何学习的目的。

众所周知，"教育"一词在词源上的一个定义，就是提取。现在通常把教育理解为一种引领的力量。在所有的教育案例中，如果我们仔细想想，会发现儿童的学习在很大程度上并不是依赖他人的提取，而是儿童自身活动的一种外溢（overflow）。儿童能够学习，既不是因为大脑犹如一张白纸，就像人们经常打的一个比喻；也不是因为大脑像蜡板那样，可任凭自然世界在上面留下印记。持这种观点的人，显然从没怎么观察过婴儿。儿童并不是被动地等着接受外界事物留给他们的各种印象，恰恰相反，儿童通常是非常积极主动的，对所有事物都精力充沛，以至于家长所面对的许多难题并不是如何启发儿童的各种活动，而是限制其部分活动。儿童真的是从不停息，因此常常被冠以淘气、调皮的说法。

当幼儿醒着的时候，总是非常忙碌。如果我们分析这种倾向，会发现他的大脑通过身体这个媒介，总是在寻找某物。举例来说，儿童看上去总是对食物充满饥饿感。单凭这一点，他就不是一张白纸。正相反，他的饥饿是一种动力，会促使他积极地寻找食物。同样地，儿童的眼、耳、手指、鼻子都像胃一样有饥饿感，于是他们自然地渴望提供人健康和完整生活的东西，渴望形式、颜色和声音，尤其渴望接触各种事物并用来做些事情。

儿童身上这些不同形式的饥饿感及欲望，我们称为本能。儿童生来就带着许多原初的倾向、本能或冲动；一有任何机会，这些本能总能成功地得以表现。除非受到绝对的压制，否则，儿童的本能注定会自我展现出来。我们称之为本能，是因为儿童自身并不知道可以用本能来做些什么。举例来说，一个儿童渴望用眼睛来看，但他并不知道这么做的目的，也不知道他能获取什么。这些本能促使儿童去摸索、探究、试验。如果我们看一个一岁到两岁半的儿童，我们知道，从他醒来的那一刻起，就总是忙着触碰这个或那个事物，弄碎纸，玩耍各种东西，努力地想要握住手里的东西。如果眼前是个带把手的门，他会想要握住它；如果手上是个刷子，他会想要用来刷东西；他会握住一支铅笔，小手不断地画圈圈，但对这么做的目的毫无一丁点意识——他意识不到自己正在学习，也就是说，正在学着熟悉这个世界。

以上我已简要地概述了关于儿童充沛的精力、本能或冲动的几方面的观点。需要记住的一点是：这些本能是原初的。此外，这些本能会捕捉各种机会表现自身，它们是自发的，必定会自我展现。儿童不会被动地等着被带入某种经历，他会寻求各种经历。在他醒着的每一刻，都表现出这种原初的、自发性的渴望，寻求获得更多经历，从而熟悉这个世界中的各种事物和他周围的人。因此，父母或老师并不一定要凭空地为儿童发明各种活动，也不需要强加灌输，因为儿童身上早已具备这些。老师或父母真正需要做的，只是提供使这些冲动得以自我表现的合适的物品和环境。只有这样，儿童才可能最大限度地表现本能。

儿童虽有饥饿感，却缺乏食物。正因为如此，他凭借活跃的冲动或本能，最大限度地去看、去听、去做。但要真正发挥那些本能，还需要巧妙地为他提供物质材料，即工具。聪明的父母通常将儿童这种自发的本能，很好地加以引导；他们为孩子提供各种物品来满足其需求，例如玩具；尽管如今玩具仍被认为具有负面作用，但这些父母认为，给儿童一些东西在手中摆弄是十分必要的。他们认为，玩具为儿童提供了可以让他们表现自己的材料，正如食物是满足饥饿这一生理需求的必需品。

继续我的上述主题，第一个问题是：当我们从这种无意识的、非正式的学习环境进入学校环境中，这些智力倾向、饥饿或欲望尽管不会像在学前阶段那样，以一种热烈的、活跃的方式表现自身，但是否仍会保持一种苏醒的、富有生机的、敏感的状态，并时时在寻求它们的食粮？如果是的话，那么，教师的任务就不仅仅是激起欲望，或是"提取"（draw out）出这些冲动，而且要提供适当的养料——智力上和精神上的食粮来满足这些欲望。

据此，我们可能会问：一个学习注意力自然集中、活跃，学生个性迥异却气氛友好的课堂环境，相比于一个受到来自教师的持续压制和激励的学习环境，两者之间是否存在显著的差异？这些差异是否并不总有利于前者那种自然的学习方法？第一类学校认识到儿童具有本能，教师的任务就是为这些潜在的本能提供它们借由发挥的材料来鼓励并刺激它们。第二类学校的工作理念则完全是一种神学上有关堕落的假设，这种观点想当然地认为儿童没有想要学习的自然本能或是欲望，因此他们获得的每样东西都必须经由外部灌输或强行植入。我有时想，"传授"（drill）一词就是表达这样一个过程，即把知识灌输进学生大脑的过程。但是，一个孩子的学习从来不是通过这样一种外在输入、填鸭或灌输的方式进行的，而是通过他自身的各种冲动的表达。成长需要来自外部的材料，而活动的欲望必须来自儿童自身。

接下来要讨论的是，这些本能和冲动在极大程度上具有运动的特性。它们通过肌肉来表达。儿童的精神活动在相当大的程度上是通过身体形式来表达的，这种形式就是运动。身体运动是精神生活一个极其重要且不可或缺的特征。它并不像人们通常想象的那样，只是大脑活动一个无关的附属品。身体运动是学习过程中的一个重要部分。心理学家已开始逐渐认识到，过去一味强调感觉的老的心理学观点是多么片面。

你看到这本书或这只手表；你获得了某种感觉。自裴斯泰洛齐[①]（Pestalozzi）

[①] 裴斯泰洛齐（J.H.Pestalozzi，1746—1827），瑞士教育家，西方教育史中第一位提出"教育心理学化"的教育家。——本书编译者

时代以来，人们普遍认识到：要能听和写，仅仅会识字不够，还必须有感觉或感知起作用。这一认识标志着教育观念的一个重大的进步；也标志着我们对于感觉是认知的一半、运动是另一半这个事实的认识取得了重大的进步。举例来说，当我们获得了关于一只手表的颜色的感知——获得了有关颜色、明度和形式的观念时——其中必有运动在起作用。当然，对于成年人来说，这种运动量不大，主要是眼珠的运动；但即使是这细微的运动，也表示我们的大脑正在活动。在感知过程中，大脑从不处于不活动或被动状态。爱的眼神、倾斜的头、轻抚的手都标志着大脑的敏捷状态，所有的身体活动都表明大脑在活动并时刻准备获取各种观念。

我们从人脑的构造中了解到感觉器官与运动器官有非常紧密的联系，这说明任一感觉都将通过运动来得以表达（演讲至此，恰巧一扇窗的玻璃落下）。例如，我们刚才听到了玻璃落下的声音，每个人都有想要立即跳开或至少有转头的倾向。为什么？因为我们的感觉不仅仅独立存在，它是一种行动的开始，这种行动驱使我们去调查、探索并发现更多产生这种感觉的原因。

当然，成年人必须学会控制许多这一类的反应，原因很简单，因为他们常常有许多更具直接吸引力的感觉；为能集中精力在这部分感觉上，他们必须学会取舍。但是对于一个孩子，每个感觉都吸引着他，每个感觉都是一种刺激、一个信号，在召唤他的回应，即通过身体某些部位的运动做出反应。我们通过大量使用手、眼和耳来获取观念。这是一种自然的学习模式。

有教育改革家称这种自然的学习模式是一种"做事"，这种说法有重要的合理性。这一观点可以这样来表述：每个印象无不是一种表达。每个观念之所以能被接受，都离不开相应的表达。这在我们现今的教育系统中，被称为建构性工作。许多手工训练就是依据上述原则，认为单单获取某种感觉的印象并不完整，而必须有对观念更具体的反应；只有通过这种表达，感觉的印象才可称为完整。这种印象或感觉，还只是认知活动的半个圈。想象我们在黑板上画了一个圆圈，一半是印象或感觉，代表了大脑中的输入；另一半则是表达或运动，代表了对刺激的反应的输出。这种输入与输出之间应该保持平衡。

儿童在上学前，就是通过这种方式来学习的。同样的道理，也能解释学校里这么一种现象：当课堂里学习活动并不多时，老师要花很多时间让儿童保持安静。在这样的环境中，儿童被迫以被动的方式学习，他们被要求观察物体或是从书面教材中吸收观点。这些观点自然会引起学生的回应或反应。如果学生没有机会运用所学来做些什么，其结果只能是一种虚假的表达，他并不能真正从所学中获益。这些都只是被动学习的弊端的冰山一角。举个例子，地理课上借助沙和土这些教学工具，其目的并不仅仅是达到更好的解释效果。不然的话，教师只要在课前制作好模型，然后在课堂上展示模型。之所以使用沙和土，主要是让学生可以用这些材料做一些事，这样的效果可能更好。

孩子通过看图、阅读、聆听等类似的活动，努力获得各种观念，但这样得到的印象是模糊的。如果我们允许他把脑中的观念付诸实践，或是做一些与之相关的事情，他自然会找到相应的输出口来表达。

一直以来，人们理所当然地认为，让儿童进行大声朗读的练习，其目的不仅仅是为了找出他们错误的发音，也不是为了使教师检查他们是否做了功课，而主要是为了给孩子提供一个表达所学的机会。当你发现学生正以一种我们称之为自然的或精神性的方式朗读时——即不是以唱山歌的方式朗读，老师实际上给孩子提供了一个自我表达的机会，因为要完成认知活动的整个圆圈，这是最自然的方式，别无其他。老师这么做并不需要有对心理学的自觉认识，原因仅在于他是一名好老师。这种朗读方式很好，使学生获得了满足感；但一旦脑力活动被拦腰斩断，原本的兴趣就将被彻底破坏。

关于真正的大脑活动，还有一种表述，即没有建构，就没有教学。教学是指吸收的东西，建构是指输出，孩子尤其应该有一定量的阅读和唱歌活动。当他们长大些，建构部分会更多地具有智力因素。这并不是说儿童的表现应该仅仅为了让教师了解他吸收了多少，这不是一种自然的过程，也不是孩子学习的方式。这种先将吸收的东西储存起来，然后仅仅为了展示而不加改变地将其取出的方式，同样不是成年人学习的模式。

假设你和一个成年人谈话，你感觉到他在不断地重复相同的话，你马上会失去对话的兴趣，认为对方要么愚笨，要么就是在自负地炫耀。你愿意与之对话的人，他必定是在所学的基础上，建构性地表达自己的想法；这样的表达是个性化的、自发性的，具有一种创造性。当然，表达的事实本身并没被篡改，但谈话者用了建构性的方式来表述，从而使这些想法变成了经他本人思考后的感受。

我们可以把每一次练习都作为一次建构性的训练——能创造出智力的表达。但是，如果一个教师的教学理念是检查孩子在多大程度上能复述所学的东西，就无法实现建构性的训练目的。当我们提问的方式不是单纯地考察死记硬背时，就能够帮助孩子将两个或三个看似无关的事实联系起来。我们应该遵循这样的原则：表达与印象相互作用，完成教学离不开建构。这是大脑学习的自然方式。在我们没有设定具体的学习目标，在无明确意图指导下累积各种观念与事实、掌握各种技能时，大脑就以这样的自然方式来学习。

许多人虽然只受过很少的学校教育，却获得了不同寻常的知识和能力。你们一定认识这样一类人，他们的才能和博学令人敬佩，但他们实际上只受过很少的学校教育。反过来，我们许多人也遇到过另一类人，他们受过很好的学校教育，但对事物的判断常常让人不敢恭维。这两类人的区别让我们得出以下的结论：第一类人，由于环境原因，他们在实践中充分运用所学的有限的每一样东西，因此，即使他们最初拥有的资本并不雄厚，但由于不断地将所学运用到每一次实践中，他们就不断地进步。他们学习新事物，吸收各种养料，从而收获了好的利益。他们将每一次印象都表达出来，其中的一小部分有时效果很好。而从另一方面来说，如果大脑像海绵一样只是吸收信息，那么就有可能因浸水过多而松软无力；这样的大脑所表达出来的，只能是对所吸收的东西的简单输出。

我认为，回应常常只是简单的重复。儿童们学习教科书，仅仅是为了将所学的反馈给老师。我们都知道这种机械压榨式的学习过程的恶劣弊端，因为我们常听到人们议论这种学习方式。我的目的是想告诉大家一个心理学上的事实，即印象只是大脑活动过程中的一半。我们有必要了解大脑所吸收的东西的真正意义，这正是机械背诵的学习方法对培养儿童作用极其微小的原因。

有时候，从生理学角度考虑事情会对我们有所启发，因为一件事如果用物理性的语言表述，常常比用精神性的语言表述更易于理解。如果我们能够看到彼此的大脑的构造，那么应该发现：眼、耳以及身体其他的器官，都经由感官神经与大脑神经中枢相连着，且有能量蕴含其中，产生一种干扰。另一方面，我们发现，神经链又返回到身体肌肉，从而产生运动。根据身体的基本结构，我们自然不会认为大脑是感觉和刺激的终端。假设一个蓄水池内不断有水注入，那一定同时也有管道在放水，这样才能保持池内的平衡。但是，在这个类比中有一处不吻合：人脑获得的印象和产生的反应之间，并不存在一个大坝。

当然，随着孩子长大，反应会逐渐迟钝，也会变得越来越复杂。例如，一个人学医2—3年，没有任何实践经验，但我们发现，医科学生越早开始某种表达，其专业能力表现得越强。同样的结论，也适用于法学院的学生。他们设立模拟法庭，从而获得了必要的锻炼机会，增长了个人的法律经验。我想，你们许多人都曾有这样的经历：当你开始学一样东西时，你对它毫无所知。也许你曾学过4—6年的数学，并掌握了一定的知识，但在教了一年数学课后，你无论如何试图忘掉它都不可能了。教学经历让你获得了表达的机会，你必须将所学的表达出来，这样做才能使所学真正成为你的一部分。

实验室方法的真正价值就体现在这儿。这并不是说一个人可以重新发现那些世界上伟大天才们多年耕耘后才寻求到的真理，而是说通过实验，实际地经历那些真理被发现的系列过程，可以为表达提供一种自然的输出口。只有这样，才能使一个人形成自己的想法。

我当然无需说明，如果不是因为大脑的如此构造，就不会有独特的道德价值属于教育。因此,学习只有通过行为这个媒介,才能真正变为我们自身的一部分,并塑造我们的性格。

关于背诵的各种可能性,我无需谈论过多。我们都知道,如果儿童通过实际的动手活动来使用他们学到的观念,他们会对所学的东西有更好的理解。我曾观察过儿童反复背诵"二二得四",他们一直无法确定自己是否真正掌握了这条运算法则,甚至怀疑这条法则本身的真实性,否则为何要如此费力地来背诵它呢?我们无需让儿童花整整一个月来掌握雪是白的这一事实。我们常常把太多的精力投在反复的学习训练上,仅仅是为了获得更深的印象。一项简单的建构性工作,譬如堆砖头或玩多米诺骨牌,经常能在很短的时间里达到一个月机械式的训练无法实现的效果。我想说的是:如果我们能用更多的时间帮助儿童使用学到的观念,那么,将不需要如此费力地让他们机械式的学习。

我要讨论的第三点是:我一直提到的这种种倾向、本能或原始的力量,将不断地成熟,并在儿童成长的最初阶段具有强大的能量。如果你非常熟悉婴儿的话,你一定会发现,你一刻都无法阻止他们的手去触碰物件。婴儿整个人似乎被一种想要握住东西的强烈的欲望所控制。他想要的仅仅是触碰和抓玩这些东西。这个本能在这个阶段已经成熟了,而在此前的一个月,它没有如此活跃;数月后,将不再活跃。

孩子想要行走和站立的本能,出现在另一个时期。有记录显示,当一个孩子在没有任何练习的情况下想要走路时,会径直站立起来,因为这是本能的需要。这种本能在不断地成熟、发展,一旦时机到了,它立刻显现。在这之前或之后的数月里,这种行走的本能远没有如此的紧迫。

接下来,孩子开始学习说话。他想要重复他听到的所有声音,于是发出各种声响,模仿他听到的不同单词。他要用2—3年时间来形成他的词汇库,然后这种学说话的本能或能力会有些减弱,大脑的关注点转移到了别的方面。当孩子稍大一些以后,我们就很难区分出哪些活动占主导。我们无法像早些年那样能轻易地辨别出它们，但这些本能在一定程度上仍然存在着。当孩子能相对轻松、全面地学习读和写时，我们可以趁热打铁了。我认为，了解、认识这些不同的发展阶段，将是今后儿童研究最主要的优势之一。目前我们对这些连续发展阶段的了解，并不如我们本该知道的那么深入。当然，我们对单个阶段比较了解，例如儿童1至5岁阶段。在这个阶段，我们能够实际地推算出哪个年龄具有最强的某些本能。但是，我们还无法对6至12岁这个阶段达到同样的了解。这方面的研究是每个教师都能有所贡献的，例如，研究儿童在校外时间在想些什么，谈论些什么？他们期望达到的思维方式是什么？他们在玩哪些游戏？为什么他们的活动内容不断变化？我们还可以观察这些自发的活动是如何发展的。

我们的研究对儿童的本能处于最活跃状态或顺其天性时，往往能获得较好的结果，而现在许多人的研究是违反儿童本性的。我们发现，儿童收集东西的本能在某个时期会表现得特别强烈。这可以进一步发展为某种自然研究。这种收集的本能，虽然最初十分盲目，却能被很好利用于收集自然标本，不是为了科学分析意义上的研究，而是为了更加熟悉自然界的事物。

一位最优秀的英语教师说过，我们应该让儿童近距离地接触到各种树木、花朵。我觉得，还应该包括熟悉各类石头和动物。就像儿童通过接触社会大世界，了解各类人一样，他们也应该接触自然世界。这个本能会在某个时段达到顶峰，到那时，儿童应该熟悉所有这些人和事。我认为，儿童还有一种做长除法的倾向，在那个特定阶段，儿童会比其他任何时候对做长除法的题目表现出浓厚的兴趣。过了这段时期，长除法就不再对儿童具有吸引力了；他们厌倦这类难题，这时你就必须让他们干别的事了。

还有一个阶段，儿童会喜欢解谜题。你常常发现他们喜欢算术，那么，当这种解谜题的本能最为活跃时，应该让他们多练习。如果我们能够在这个阶段教他们长除法，使他们对解题感兴趣，而且不为功利，那么，我们就应该将儿童的本能和技能转化为更好地开发智力。在孩子刚进学校时，我们应该加强以下几方面的研究，即通过提供他所需要的材料，找出孩子活动的总体趋势；这个时期，他的兴趣正处于自我确认阶段。因此，孩子的学习兴趣浓厚，学得多，吸收得也比较充分，效果远好于强火猛炮式地灌输各种观念、事实；后者只是一味希望：射出的知识子弹能在儿童脑中留下某种印记。然而，这正是我们的教师现在在做的，课程被塞满了各种学习内容，然后朝着学生"开火"，强加给他们，并盲目地坚信会在学生的头脑中留下一些东西。

当我们更多地了解学生后，会知道他们有哪些主要活动，将能够换上一支来复枪，这样更容易直击目标。我们将根据孩子成长中特别阶段的具体需求，提供智力的和精神的营养。我们必须牢记，如同身体需要大量的食物，人的大脑同样需要大量的食物。当儿童不喜欢学习、反感学习时，必定是哪里出现了某些问题。要知道，食物不会贴着"食物"标签，主动地呈现在我们面前。教师有责任去发现儿童身上具有的各种兴趣和欲望。

当你面对一群听众，要求他们回顾自己的童年，选出对他们帮助最大的教师时，你会发现，他们毫无例外地会说某某老师唤醒了他们，或某某是第一个激励他们的老师。当然，他们的具体表述不尽相同。他们也许已不记得这个老师是否曾纪律严明。他们称赞的好教师，不会是呆板的教师，而是激励他们、打动他们的教师。这些是能发现学生身上最重要的精神特质的教师，并为学生的思想成长提供了必要的养料。孩子自己并不了解这些特点。其他教师也没能发现，但某位特殊的教师通过自然的本能，懂得了孩子在想些什么，并成功地将这些想法联系起来。

这才是教育的伟大目标。教育的主题以及教育内容的选择都不是问题的关键，我们面对的教育对象毕竟是一群男孩、女孩。学习的科目是次要的，儿童才是主要的。善于了解儿童自发性的活动以及他们的想法，并懂得如何提供养料来激励这种成长的教师，即使当其他所有人都消失在远方的雾中，仍然会一直守护在儿童的身边，伴随他们成长。

二、教育的社会性①

熟悉教育理论史的人都会知道，一直以来关于教育的目的和性质有两种观点：一个是社会论观点，认为教育的定义是为生活的社会观做准备，为个体在一个群体或国家中发挥其成员的作用做准备；另一个是对教育的定义更偏重个人。我们都比较熟悉的一个说法是：教育是个人的智力、体力和道德的所有能力的全面发展。上述两种观点各说各的理。总的来说，对于这两种观点，也许我们大家都同意，但如何把第一种观点——教育是为个人在社会生活中发挥其作用做好准备——和第二种观点——教育是个人的全面发展——结合起来，我们并没有一个清晰的想法。

古希腊，尤其是雅典，曾对教育的社会性有一个最高形式的表述或理想，认为学习的全部目标和意义是为了使人能胜任所属群体的公民角色。教育在幼儿的时候就开始进行了，内容包括让他们熟悉文学作品和本民族的宗教经典。那时的儿童既没有需要阅读的书籍，也没有写作课或拼写课，除非是学习他们本民族的历史和文学。我们今天也可以把《伊里亚特》（Iliad）和《奥德赛》（Odyssey）作为文学经典来学习，或者学习其中蕴含的故事或神话；但对于古希腊的儿童来说，它们远不止文学或神话，而是他们的宗教，是伴随他们长大而不断熟悉的东西。这些是他们自己的历史，因此他们学习的所有课程，如果我们可以这么称呼，都饱含了丰富的语言、历史和他们本民族的各种理想。

当古希腊儿童长大后，学习我们称之为高中或大学的课程，这时的教育开始培养他们承担公民、城邦和军队的责任。他们的地理课的大部分内容，是关于他们自己的国家。他们把世界的其余人都视作野蛮人，因此也就没必要、也

---

① 首次发表于《白与蓝》（普罗沃市，犹他州），第5卷，第3期（1901年11月28日），第1—6页；同上书，第4期（1901年12月18日），第13—16页。

无意义去熟悉其他民族的历史或习惯。但是，他们对本国的研究非常细致。之后，他们进入军队；在军队训练中，他们对自己国家的各个地区、大小山峦，以及可抵御敌人来袭的各种防御之地，进行了最为深入的研究。通过这一整套的教育，他们潜心学习自己民族的文明和观念、历史和理想。这一切都集中于唯一的目的：使他们成为自己所属群体的优秀公民，而对除此以外的生活置之不理。

我们很难理解，这样一种限制性的强化式教育到底意味着什么。我们很清楚：自己只是一个大世界中的一小部分，我们的历史是与其他民族的历史联系在一起。我们同样清楚：我们所在的土地只是地球表面的一部分，我们习惯于研究地球所有部分，并把我们自己的国家放置在更大的物理空间中去看待。我们熟悉其他国家的语言、文化，我们将之分类，并研究那些和我们自己的社会生活没有特殊关联的更高级的科学和数学。正因为如此，我们无法知道，像古希腊这样一个有着高度文明、理性和艺术气质的民族，仅仅依靠青少年时期15至20年刻板的、一切为了培养一个小国公民的教育，最终能实现什么样的目标。

以雅典为例，其城邦规模尚不及美国的百来个小镇，人口只有相对一小部分的自由公民。在如此之小的一个群体中，几乎每个人都相互认识，但是雅典人通过自己独特的教育模式，将他们的文化发展到了如此强大的高度，直至今日，整个世界仍会回望古希腊，把它看成孕育了许多科学、哲学和艺术领域最重要的观点的文明之源。

我不打算按照教育演进史来展开讨论，古希腊之后的每一阶段的文明都不得不面对较之希腊人时期更为广阔的领域。罗马人必须迫使自己熟悉希腊语言和文化。他们不得不学习一门外语，所以外语学习变成了罗马教育课程的一部分，这使教育的整个目标发生了极大的变化。它意味着，我们将不再有一种我们称之为完美的本土教育，一种只限于一个民族自己的历史、文学和观念的教育。这种变化意味着人的物质和精神两方面的视野都在拓宽，意味着学习的过程也在拓宽，个人经历之外、不曾接触过的或没有关于其直接知识的事物正逐渐被纳入学习范畴之中，并且以一种比希腊人的教育更为表面化的方式被吸收。

中世纪，野蛮的日耳曼或欧洲民族意识到他们的文明对希腊艺术的依赖，他们的法律、政治、社会组织无不可以与古希腊和罗马人的观念或方法媲美；尤其在精神或理性层面，他们对古希腊和罗马人的依赖性更为明显。

如果我们审视当下，将发现，正如之前提及的那样，我们的精神视域几乎已是无限拓展，我们需要学习整个世界史。当我们提及自己的历史，即美国人的历史时，不会把它看作整个历史的起点和终端。我们甚至不能像古希腊人那样想象每件事都是起源于自身，也结束于自身的一段历史。我们知道，我们的先辈来自异国，带着早已形成的各种习惯、传统和观念。回首几个世纪前，我们知道，我们依赖于那些世世代代居住在欧洲的巴勒斯坦人、希腊人和罗马人，我们的文明来自那些相对遥远的资源。

另一方面，科学工作者一直在调查和探寻，他们发现了一个又一个古希腊人从未曾想象过的世界。对于希腊人，那个小小的半岛已构成了他们实践、教育和生活的整个宇宙。而我们了解的是整个世界，我们探索的足迹已遍布所有的陆地，我们熟悉山峰与河流的走向以及各个城市的位置，我们对宇宙的物质探索正朝着宇航学的方向发展。的确，古希腊人对于太阳、月亮、一些行星及星座有模糊的认识，但即便如此，这些认识也是通过神话与他们自身的历史联系在一起的。当他们远眺宇宙时，觉得自己在某种程度上拥有这些星星，因为这些星体不正象征了他们本民族的英雄，标志了他们的生命轨迹吗？于是，宇宙与古希腊人的距离一下子拉近了，离他们的社会生活不再遥远。当然，他们并不知道这个距离实际上是无限遥远的，也不了解这个世界只是宇宙许多星体中的一个。对于他们来说，所在的世界自然就是宇宙的中心。我们现在知道，世界的边界已在无限度地扩展；在浩瀚的宇宙中，我们自身多么渺小。正如望远镜让我们了解到这个物质世界的包罗万象，显微镜为我们揭示了一个同样无限广阔的微观世界。我们已经能够把体积庞大的物质分解为分子和原子，并且知道它们相互作用所产生的力量远远超出了我们能够知觉的范畴。

那么，这些都意味着什么？当然，一方面，它表明我们不可能再像古希腊人那样，把教育的素材，即我们所学的内容，与当下社会生活的各种理想如此紧密地关联起来。我们手中拥有了所谓的伟大的物质世界、社会世界和历史世界，但同时这个世界又是高高在上、难以企及；我们自身的生活、环境、国家与之相比，只是不完整的一小片，这种反差使如今的教育比以往要艰难得多。因为归根到底，我们要搞清楚：我们学习整个宇宙的历史，研究所有关于地理、社会、政治以及工业历史的伦理意义和现实意义是什么？我们探索遥远的星球，探究那些连显微镜都无法捕捉而只能在理论上存在的微小物，究竟是为了什么？重复一下，我们研究所有这些遥远事物的目的是什么？除非他们能与我们当下的生活建立起某种实际关联。

拥有辉煌成就的古希腊人并不需要面对上述问题，因为我之前已说过，他们研究的世界是他们自己所属的世界，至少他们这么认为，并凭借他们的理想把它变成了这样一个世界。他们学习的每一事物都触手可及，都与他们的生活有着最为紧密的联系，因此学习这些身边的事物，实际上就是在了解他们自己。古希腊人逐渐熟悉了自己社会生活的各种环境，所以能够胜任自己应该担当的角色。但是，我们常常很难想象，知识在整个地质时期中，例如回到早期食肉动物时期，是如何演化的。或者说，中世纪的埃及、叙利亚及其他许多国家又认可什么样的知识呢？这些对于今天的我们又意味着什么？它们和我们的观念到底有着什么关联？古代人以及我们很少了解的各类人群，他们所表达的思想如何能起到我们开篇讨论的教育的第一种作用，即帮助我们在社会生活中承担责任和行使权利？答案是作用很小。所以，当时的学习目的一定只是培养个人的各种能力，也就是说，我们熟悉这个世界，作为个体在其中生存，并且试图了解遥远的过去，这些都没有任何具体的社会作用。这些努力将不会帮助一个人在社会生活中发挥他应有的作用，而是帮助他发展个人的能力。他通过学习这些，获得学科知识，他的理性能力得到训练，掌握了文化，拓宽了视野，可以避免因目光狭隘、持有偏见而带来的危险。

许多教育改革家都强调，教育的最终目的和目标是使个人的能力达到完美。在所有的教育观点中，这个观点或许最为阻碍教育理论思想的进一步发展，但其负面影响也许并未波及教育实践。正因为教育实践和社会学习都极其重要，它们往往不会被反对的理论所推翻。但百年来，特别是自卢梭时期以来，理论家一直坚持认为，教育的目的和目标仅仅是为了个人能力的和谐与全面发展。这两方面因素，在任何一种教育理论中都会涉及。每一种教育目的中，自然少不了对个人的能力发展和个人需要的关注。历史不可能倒退，它正朝着我称之为一种民主的方向前进：从专制君主统治，从对人的理性和自由的绝对压制，逐步发展为给予个人更多的责任和自由、更多的选择，甚至更多的犯错的空间，因为他可以从中吸取教训。教育正为个人提供了更多的实验空间，允许他去发现自己擅长并胜任的工作。我们知道，从政治和理性角度上看，世界的发展已经不再是专制主义，而是朝着承认个人有更多权利的方向进步。在实践层面，这种发展带来了同样显著的直接的社会效益。

我们任何一个人都很难证明自己正是由于学了某个具体的地理知识，或者某段特定的历史，抑或某些数学原理，从而变得更加优秀。我们可以证明的是：总体而言，阅读和算术等基础学科对于社会交往十分必要。但我们却很难指出这些学科除了促进组成社会的个体的发展和文化培养之外，还具备任何直接的社会价值。另一方面，我们当然不会认可一种不能培养个人成为有社会责任感、必要时能服从社会需求并为所从属的社会服务的人的教育。譬如，我们不赞同一种无法培养个人忠诚、奉献、热爱祖国与集体的品质的教育。我们应该认为，这种教育有很大的道德缺陷；因为这种教育所培养的全部的能力并没有教会人们更好、更主动地为社会服务，它实际上在灌输一种自私。

正如我所说，教育理念和实践总是在上述两个因素之间摇摆不定，并相互作用。目前，太多的重心压在教育的社会因素上，个人的权利并未得到充分重视。许多国家的教育要求个人必须完全服从国家，古希腊就是一个例子，尤其在斯巴达，个人受教育的目的只是为了成为一个公民和战士，以保卫自己的城邦。这种教育不允许个人发展自己独立的理性生活。很快，教育的钟摆又甩到了另一端，我们因此看到教育中出现了自私的、极端个人化的倾向。

几周前，我遇见一位由英国政府派遣来美国考察的督察员，她的研究报告的主题是：美国学校采取哪些措施来帮助培养社会意识？通过和她讨论这次考察的目的，我了解到，许多英国教育家（她特别提到了其中一人）对于本国教育中出现的个人主义倾向非常警觉。似乎那儿的学校将整个重心都投在培养学生的个人竞争与发展。他们的整个奖励和选拔体制倾向于支持这么一种观念，即只有出人头地的学生，才是最优秀的。事实上，许多学校传递给孩子们一种理想，即所有人都是凭借个人的成功才立足世界，做一个诚实奋斗的人，不要故意损害他人的权益，但归根到底，要出人头地。从这位督察员这儿，我了解到，英国学生的教育不是让他们懂得别人对你的依赖——也就是合作的必要性。她来美国就是想研究这里的学校如何倡导社会服务和群体生活，是否我们教导学生最主要的目的不只是为了个人积累尽可能多的知识，学习的最终目标也不是个人的出人头地。这位英国督察员说，尽管她承认盎格鲁—撒克逊人的文明一直具有个人主义的特征；但她认为，这一文明已经被推到了钟摆的反方向的一端，至少教育家们认为这是目前英国的现状。

我们已经尽可能地将这两个因素和谐地统一起来。从物质层面看，一个基本问题是如何保障个体的适度发展，这包括个人为自身做出判断和选择的思维与行动力，但这种能力离不开社会性这一中介，受到来自社会需求的制约。这是一个棘手的问题，主要因为我们课程中的很多内容远离了现在的社会生活。宇宙由于时空的无限延伸而变得无比浩瀚，我们很难在知识世界和当下社会以及实际世界中找到联系。然而，除非我们可以找到这种联系，无论直接或间接，否则面临这样一种危险：个人智力发展的代价是缺乏社会意识和对社会事务的关心，而后者本应是对前者的制约。我的问题是：维系社会的共同元素是哪些？倡导社会性的基础是什么？新英格兰地区学校的一位教育主管达顿[①]（Dutton）先生写过一本书，名为《教育的社会阶段》（*Social Phases of Education*）。他在书中提出一个观点：建立社区的各种教育力量之间的联系，是倡导教育社会性的一种途径。他指出，学校毕竟只是众多教育力量中的一类。他十分痛惜现在的学校（至少在书中提到的那个地区）已疏远那些它本该有紧密联系的其他教育力量，例如家庭教育。没有人可以否认家庭教育是最重要的教育影响力之一。几个月前，我参加了加拿大举办的一个教育会议。会上，当地的市长做了一个简短的欢迎辞。他发言中有一些观点，虽然我相信本意是好的，但听来却是极大的讽刺。面对到场的观众，他这样说道："我想告诉家长们，我们的教育理念已取得了重要的进步，尽管有教师为学生们所做的一切努力，但我们的学校仍不能完全撇开家长们的帮助与合作。家长必须和我们同心协力。"

有时候，教育作家在谈到学校的作用时，似乎认为学校教育完全可以与家庭对孩子的教育隔离开。至少在这个国家的一些地方，有一种对教师和家长之间的关系的误解，或是缺乏理解。这种观点认为，家长将孩子身上的坏习惯归咎于教师；而教师则觉得，如果他们具有对孩子的全部掌控权，一切就都没问题了，但事实上，他们在学校的教育受到了家庭的负面影响。如果不是存在双方的相互嫉妒，至少家庭与学校之间仍然缺乏合作。因此，近来教育领域取得的重要进步之一，就是力图打破学校和家庭之间的疏离。

有很多种方式可以建立两者之间的联系。首先，学校正在逐步实行我们称为家庭式学习的模式，一个更体面的名称是家庭艺术或家庭科学。最近十年或十五年的学校教育中，取得最为迅猛发展的首推开设烹饪、缝纫以及家务管理的课程，这些课程让学生感到他们在学校所学的东西是与自己家庭生活有关的，

[①] 达顿（S. T. Dutton, 1849—1919），美国教育家，曾任美国哥伦比亚大学师范学院教授。——本书编译者

因而觉得学习帮助自己对家庭更有用处。这项改革，当然代表了学校认识到自己对学生的家庭和家庭生活有一定的责任和义务。把学习仅限于学校范围，认为它与学生在校外的生活及追求无关，是不够的。各式各样俱乐部等机构的成立，让家长和教师可以聚在一起讨论共同关心的话题。这让大家感觉到，一方面，教师有责任去熟悉学生的家庭生活和成长环境；另一方面，家长有责任了解学校发生的事情，只有这样，双方才会交流想法和观点。我觉得，这些机构的建立，是学校在过去十年，主要是过去三年中取得的另一项迅猛发展的成果。如果我们有统计数据，可以看到，这些把教师和家长聚到一起的机构正加倍地发展起来。我不准备花太多的时间一一介绍这些机构，只是讲几个例子。

一个是图书馆与学校的合作，许多城镇现在设立了公共图书馆。很多图书馆内设有儿童阅览室，并有周到的服务，方便学生借阅与学校课堂学习相关的书籍。博物馆和艺术展览展出的一些主题，也和学校有关。我并不觉得我们这儿必须完全仿效东部地区，因为从本地区的生活条件看，整体文化氛围要比其他地方更融合。因此，我估计你们这儿的学校生活与校外环境之间的关系没有像东部城市那样生疏。但是，每个机构往往不免忘记自己与其他机构间的联系，经常把所有的注意力都集中于自己内部的发展。毫无疑问，对于儿童来说，学校生活因此正在失去其意义，原因就在于，儿童看不到学校生活与他们在课堂外的社会生活之间有任何关联。

孩子们个个显然都是社会存在。他们非常依赖他人。他们既无经验，也没有能力或足够的成熟来独立发展。他们需要别人的建议、引导和认可。如果你观察儿童在校外的表现，就会看到：他们做任何事情时，都会求助于父母或身边的人，希望获得他人对自己的关注和认同。许多时候，孩子很难照料，成人会与他们产生激烈的冲突，因为他们具有强烈的社会性。他们不愿意自立，因为他们对自己所做的事并不满意，除非别人也对此表示出兴趣。随着他们渐渐长大，这种社会性自然会引导他们选择男女同伴。最差的情况是，如果他们没有人管教，又缺乏法律的引导，将会结成某种帮派，过着不如意的社会生活。

儿童对社会影响有依赖性，但许多学校对这种自然倾向并未足够重视。学校教育经常教孩子以一种纯个人的学习方式来阅读、写作和拼写，这种方式并未包含任何社会性的维度。如今，语言成了一种社会性的追求。一个人想要学习写作是基于社会原因，即他可以借此和别人沟通。经商或是建立友谊的需求，使他想要学习写作。如果一个孩子在学习写作时，能感受到这个过程中的社会意义，那么是否这种学习对于孩子就比纯粹的技术性训练更有意义呢？难度在于，我们总是回避答案。我们说："要教孩子读书、阅读、拼写和数字，因为将来他的社会生活会需要这些。"但是，如果在教育孩子时，让他们意识到所学的东西是当下即可用而非将来才有用，这样将会提高他的学习兴趣和对学习价值的认识。

我听一位负责波士顿小学教学的督学说，她曾走访了一些相对贫穷学区的低年级学生，询问他们学习算术、阅读和写作是为了什么，以及他们期望从中学到什么。起初，这些学生回答：这是他们必须要上的课。督学解释说，这不是问题的关键，她想问的是所学的东西在学校以外的用处。学生们无法在短时间内理解这个问题的含义，除了认为将来某个时候用得上，他们也许某一天会成为美国总统。这位督学说，当她接着问学生们学习这些东西在当下有什么用处时，他们回答了很多用途。有的说，他们住得离学校很远，上学有时也许会搭错车，所以他们需要看懂车上的标识。有的说，他们的家长收入不多，所以他们需要学会买打折商品。学生们回答了许多学习阅读和写作带来的用处，但想不出学数学有什么大的社会用处，除了知道在商店购物时如何找零。有一个男孩说，有一次因做错一件事，警察局让他在支付15元罚金和接受15天拘禁中做一选择，多亏他懂得计算得失。这个故事既好笑又令人同情，甚至是一种悲哀。这群10至11岁的聪明的男孩和女孩，当被问及学习给他们的校外社会生活带来什么实际的好处时，给出了如上答案。

我现在必须认真地分析如何在学校中实行教育社会化改革。学校可以帮助孩子了解所学的阅读、写作和算术有哪些直接的社会用途；同时我们必须牢记：语言说到底是为了社会目的而发展的，它是社会交往的工具。通过语言，我们获得别人的观念，也把自己的观点传达给对方。试想，如果缺少语言，我们无法获得他人的经验，社会生活将变得多么狭隘和单调乏味。正是通过语言工具，许多前人的思想被我们了解，他们的伟大精神被保留在了历史和文学中。通过使用语言，我们获得了他人关于我们的经验。孩子在校外生活中，时时都具备学习语言的社会动力，这种动力就是与人对话、交流。

今天下午的发言中，我曾强调利用朗诵或叙述来帮助儿童更好地思维和创造的重要性。同样，我们应当强调在朗诵方法中体现社会性，这是十分重要的。要使儿童感到所学的经验和观念对于他人是有用的，学习并不只是考查他们在多大程度上能够复述所学的东西，而是能否和他人交流自己的观点，以及能否理解别人想要表达的想法。这样的教育会引导儿童认识到，语言像是一个各种观点和经验的交流中心。学校当然是一个社会交往的领域，朗诵也是，两者都应该秉承一种促进思想和经验交流的理念。一个真正的学校必定允许社会性的充分发展，这不是遵守纪律的问题。儿童不会因为校方的强压式教导而改变本性，儿童就是孩子，总是会犯错误，总需要被纠正和照看。归根到底，当目标和目的一致时，才会形成一个自然的基础，从而纠正和解决所出现的错误和困难。纠正错误不一定要通过粗暴的强力，或是通过威胁惩罚的方式，因为在一个自然的学校环境中，彼此都互相了解，都希望能按照事情本该有的方式来发展。

就连算术的发展也是为了社会目的。人们最初发明这门学科，并不是把它作为一门抽象的科学；是生活的实际需求，使人们逐渐发挥了算术的社会功用。例如，古埃及人发明了最初的几何学，因为尼罗河每年河水泛滥，迫使他们必须找到测量地形的方法。亚述文明和古巴比伦文明基于发展建筑的需求，发明了最早的数学。在埃及，会计学的起源也来自实际生活，因为日常交易需要统计牛羊群的数量。许多科学门类都是由于同样的原因发展的；随着世界车轮的前进，这些学科变得越来越技术化和科学化。当我们回顾每一门学科的发展史，都会看到在某一时期，它源自社会生活的需求。例如，生理学和解剖学起源于免除并治愈疾病的需要，植物学起源于农民、花匠以及医学的需求，矿物学和地理学的发展则是由于人们对各种岩石、金属以及它们在社会中的用途有着极大的兴趣。

许多教育哲学家认为，孩子在最初成长期是一个所谓的"野人"状态，如同生物种类逐渐从低级形态发展到高级形态一样，孩子也必须经历类似的进化阶段。我认为，如果我们过多地从字面上理解上述观点，会觉得十分荒谬。我曾听一位先生称赞这个观点是个极好的理论，但我们要记住，时间在这儿起着非常重要的作用。如果说儿童要在15或20年内完成一个生物种类用了两万年走过的历程，那么，他们恐怕必须抓紧时间了。他们必须牢记时间的重要性，尤其当他们在一些最初的发展阶段停留的时间太长时。这个观点纯粹从字面上理解会变得很荒谬，但从某种意义上，儿童最初的各种兴趣和本能必然是渐进的发展，就像生物种类的原始本能发展过程一样。

我们是基于什么立场来讨论不同学科对于生命的技术性、孤立的研究的意义及相互联系呢？就这些学科分支而言，我们也许可以接受一种人种发展理论。我们以最经验的方式，把这些学科分成不同的分支，有的研究阅读，有的研究拼写，还有的研究地理、科学等。这些分类对于一个有足够经验和成熟的心智的人来说，他也许可以理解所有背后的共同基础，但是把一个孩子突然扔进这些分散的、缺乏联系的科目中去学习，是非常有违其本性的做法。孩子的完整性体现在他们与社会生活的联系中。试想一个孩子的校外生活——在上学之前，譬如他已学习了地理，他必须学会确定自己的家和所住街道、他父亲的商店、教堂以及学校的位置。这些都是很自然的地理知识，是有关他的朋友和家人的居住街道的知识。如果他乘火车旅行，他的地理知识会进一步增加。这些内容成为他的社会生活的一部分。

所以通过文学，孩子接触到各种故事，并从中了解到他父母、祖父母的很多情况。人们对父辈们最初的了解，就是通过这种自然的方式。这些都对成长中的孩子产生了一个直接的社会意义和价值。当他走出家门后，通过直接接触大自然来学习科学的最基本常识；他开始认识各种植物、花卉、树木、岩石、花圃和身边所有的自然物，他对这些事物的兴趣都带有社会性。他知道，如果下雨，就不能在外玩耍或出游。他获取的知识都来自接触过的事物。现在，如果我们突然打破一切，让孩子进入学校，学习那些在他看来与其社会生活毫无关联的知识，其结果只能是使孩子觉得这些都过于虚假。这是造成许多儿童对学习毫无兴趣的原因之一。他们认为这些学习过于虚假，因此想要逃脱。

一位曾担任芝加哥劝学委员会委员的女士告诉我，最令她痛心的一个经历是：在她走访过的一个学区里，逃学的是那些最聪明的孩子，而天资平平的却都按时上学。那些逃学的孩子都很聪明、能干，课堂学习对他们都失去了吸引力。他们在街上闲逛，想干些别的事。当学校强制把这些逃学的孩子留在课堂里，往往不到一两周，他们就会成为班上的孩子王。我不认为这种现象很普遍，但它至少传达了一个重要的信息。教育方法应该为学生缺乏学习兴趣承担部分责任。学校让儿童过早地学习太多的知识，而且是以一种技术性的、拼接的教育方式，使他们感觉不到这些学习和日常生活及兴趣有关联。他们感觉不到所学的东西是他们社会兴趣的一部分，两者不是一类。你知道，这种感觉就好像学校内的真实生活与校外的真实生活不属于同一个世界。孩子认为，在校内可行的评判观点无法运用到校外生活中。因此，他在家里和学校里的立场是不同的。

一个最极端的例子也许是：当一个男孩被要求解释什么是血液循环时，他回答血液会先流经一条腿，然后是另一条腿。我想，那个男孩已经被灌输了那么多他无法消化和理解的东西，以至于把课堂上有关腿的知识与课堂外关于腿的了解割断了。他不知道，课堂有时正是通过这种建构方式来传授关于腿的知识的。

几年前一个来自布鲁克林的教师出版了摘自孩子考试卷的答题汇编，引发了许多笑谈。各种奇思怪想层出不穷，很多想法你以为一定来自某个疯人院，但却是出自那些聪明的孩子们。我认为，问题的根源不是智力上的愚笨，而是在于孩子的学习与他们的日常生活之间的距离实在太大了。他们没有将校外生活中常用的感觉和判断力用在学校的学习中。学校所学的目的与校外生活的目的不一样。对于所有的事情，你都可以猜测，也许猜对，也许会得出错误的答案。每一件事成真的可能性都是相同的。

解决上述问题的方法之一，自然是帮助孩子认识到他在学校里学到的知识只是校外生活的一部分，他在校外获得的经验不是确定不变的，所以需要更系统的方式来进行课堂学习，因为归根到底，校内外学习的对象是统一的。我们应该告诉孩子：地理学是有关我们身处其中的世界的一门科学，这门科学涉及的对象是我们日常接触的普通物，如土壤、阳光、热量等，这些同时也是课堂里学习研究的对象。我担心，对于许多孩子来说，他们从未认为地理学与课堂外的世界有任何关联。当然，我们有时候也会把孩子想得过于无知。

一个纽约学校的男孩，当被问到地理学的定义时，他回答说，地理是研究地球表面的科学。他说他从未看见过地球的表面。教师试图帮助他分析，但他仍坚持自己的观点。男孩说："你看，我从未离开过这个城市，除了街道马路，我从没有见过别的。"男孩希望有机会去郊区看一下地球的表面。在这个特殊的例子中，错并不全在教师，他已经尽力了。我认为，有些孩子甚至还不如这个男孩，不会努力去了解自己是否曾看见过地球的表面。

关于这个问题的讨论到此为止了。尽管如何把个人发展与强调社会性教育结合起来仍是个很大的问题，但有时候我们把学校的课堂学习、方法、纪律与校外生活的经历、方法、目标等分隔得太开，反而不必要地加深了问题的严重性。我的建议是：未来教育的伟大任务之一，是打破这些阻碍学校生活与校外更广阔生活建立关联的隔阂；只有这样，后者中最有价值的东西才能进入教室，为课堂带来活力，提高学习兴趣，孩子们也会非常愿意将所学的运用到实践中。

我将用一个我经常讲述的故事来结束本次演讲。芝加哥一所游泳学校上课时，从不要求学生下水。他们教给学生们所有可能用得到的泳姿，并要求学生反复训练。当一个学生被问到一旦下水会发生什么时，他回答："我沉下去了。"

我们在学校学习，是为社会生活做准备。如果学校不具备社会性，没有和外面世界接触并建立关联的观念，那么，我们的学校教育不就变得和那所游泳学校没有区别了吗？我们引导的儿童要经历社会生活的各方面，但儿童实际的学习环境中并不具备从事这些活动的条件，所以一旦他们进入社会生活，就会遇到很大的断层。我不觉得这个断层的距离比在水里做游泳动作和离开水比划之间的差距更大，但想要让断层两边衔接得更紧密，却没有在陆地上训练游泳习惯（dry air swimming habit）来得容易。教育家们常常想了解，学校里的这种训练与教育文化所传授的东西能带来什么。我们并不指望这一状况会保留很长时间。如果学校教育能融入社会生活和社会准则，孩子获得的训练将会逐渐提高和扩展，那么，当他最后面对更大的责任时，就不会有现在的这种断层了。真正的生活就是对一个人已经学到的东西的拓宽，就这么简单。

三、想象①

我接下来的演讲题目是想象，谈谈它的作用和发展的手段。如果改称为形象化（imagery）和想象能力（power of imaging），也许大家更容易理解我所说的想象的含义。有观点认为，想象代表了一种极其神秘和特殊的事物，它必须发明一些特别的、不真实的、非现实的或是幻想的东西。我今天重点谈的是学校中培养想象力，和这个很不相同。我指的想象力，是一种对不在场的事物的理解能力，而不是虚构非真实事物的能力。

我的观点是：形象化描述是教师启发学生智力的最主要的手段，它帮助学生理解那些没有直接被他们的感官感知的事实与素材。当学习历史、地理、文学甚至算术时，学生总是需要理解和掌握许多他未尝亲眼所见的事情。这就产

---

① 首次发表于《白与蓝》（普罗沃市，犹他州），第5卷，第5期（1902年1月15日），第11—16页；同上书，第6期（1902年2月1日），第11页。

生了问题：一个人如何能了解并未呈现在眼前的事情？答案是：通过形象描述力，在人的脑海中构成那些事物的图像。脑海中的形象和图像有许多不同种类。我们最熟悉的是被称为视觉图片的影像，但还有听觉形象，即头脑对声音和音调的复制，以及动作形象和触觉形象，对不同事物的触觉所产生的形象。

假设你想要再现昨天你和朋友聚会的场景。有些人会想象你们和朋友在街上相遇，你们可以毫不费力地勾画出朋友的形象，就好像他真的在场。你们可以看到他的体型、肤色、头发和眼睛，甚至可以看到他着装的款式和颜色等。但是，我敢说，在座的一定有些人只能在脑中勾画出非常黯淡、难以辨识的图像。这些人会记得很清楚他们曾见过此朋友以及说过的话，但他们也许无法形成任何清晰的大脑图像。

每次讲到这个话题，我总会注意到那些无法形成这些大脑图像的人，很难相信其他人可以做到，而具有这种能力的人则怀疑自己是否与常人不同。心理学家对这类大脑图像进行了长时间的研究。高尔顿[①]（Galton）先生约在25年前就开始调查这一课题，他首先在朋友圈子中做了问卷，询问多少人能在脑海中勾画出餐桌的图像，能否看到灯光明暗处的差别和阴影，以及阳光照射到桌上的位置，等等。除此之外，他们是否还能够看到桌上的蔬菜和盘子？如果可以勾画出餐桌的细节部分，他们是一下子看到桌子的整体，还是从局部到整体？高尔顿先生的这些问题先是询问他的科学朋友们，但他们都嘲笑他，对他说：只有疯子，才能看到不在眼前的东西。但高尔顿先生坚持他的研究，并发现他调查的对象中有许多人，至少一半以上，能看到确定的图像，其中尤以儿童和女性为主。尽管在高尔顿先生那些从事抽象科学研究的朋友圈中，具有这种能力的并不多，但对于工程师和建筑师来说，具备这种能力很平常。如果我接下来还能有更多的发言时间——一周而不是一小时，我想要做个现场调查：谁还能勾画出今天早上的餐桌？谁能一下子就看到桌子全貌？有一些人

---

① 高尔顿（F.Galton，1822—1911），英国科学家，倡导优生学。——本书编译者

能。多少人能看到桌子的细节？较少的人能。多少人能看到光线和阴影？大概四分之一的人可以。

因此，我们会发现，这些分级的最末端是那些无法看见任何大脑图像的人。根据我自己的经验，我每次需要先暂停思绪，然后去想事。如果我发出字母"O"的读音，毫无疑问，在座的一些人会在眼前出现这么一个字母，是吗？多少人能看到？（许多人举手）我不知道什么原因？但我看不到。有些人可以。高尔顿先生在其深入的研究中发现，许多人能看到数字形状的图像。有些人，可能不及刚才举手的那么多，可以在眼前勾画出交叉或以其他方式排列的数字。我想要知道，多少人能看到数字？（有一些人举手）有一些。他们其中一定有些人能形象地看到一年中的月份和一周的天数。对于一些人，能凭空看到视觉的数字图像是很自然的。

我认识这么一位女士，她能看到很复杂的数字形状。她讨厌算术，也不懂算术，在店里换零钱都很困难，但她就是能从她看到的数字形状中辨认出数。有时，学校里一些稍稍古怪的孩子，常常能看到这些数字形状。有人认为，这样一种能力如果用在算术上，会有很大的用处。我猜想，类似的这种情况也会出现在许多想要演讲或朗诵的人身上，他们在背诵时，眼前常常好像能看到演讲稿，还有一些人看到的是一个个单词。我曾听过人脱稿演讲，他们把稿子默记在心，演讲到稿子某一页的底端时，必须让脑子暂停，以便翻到下一页再继续。

现在让我们回到听觉图像。如果让你再一次想象与一位朋友的会面，在座有些人能清楚地看到朋友的图像，另一些人能听到谈话，他们不单单记得这位朋友的嗓音，而且似乎能听到他讲的内容、说话的节奏等所有的细节。有些人可以轻而易举地在脑中响起音乐旋律，所以当你想到某个音乐时，你可以在一定程度上反复听到。我很想知道，在座多少人能反复在脑子里听到他们朋友的说话声？（一些人举手）不少人。当然，我们讨论这些不同的图像，并不是说同一个人不能具备两种类型。他们也许能，也许不能形成视觉和听觉图像。

接下来是动作图像，正如它们的名称，这类图像是关于运动和触觉的。这类大脑图像的获取比较难，所以我肯定能看到这类图像的人没有刚才那两类人多。假设我们先不去看挂在那边的《西斯廷圣母》画，先只是想象。首先，你知道它的位置。这时，如果你能仔细观察自己，就会看到一种强烈的本能想要朝那个方向转头或移动手臂。尽管我没有做很多动作，但当我说到那幅画时，仍然是朝着它的方向。我的动作是朝着那个方向的。如果你在脑中想象那幅画，我想有些人不但能够看到画中人，而且能感觉自己在一定程度上模仿着其姿势。至少当我在具体描述时，有人会感觉到，譬如手臂的弯曲，似乎正抱着个婴儿。我想知道，有人有类似的感觉吗?（一些人举手）有不少人呢!

我曾问过关于米勒[①]（Millet）的画作《晚祷》（Angelus）的类似问题。我发现，班上的许多人都感觉到自己似乎也想要摆出弯腰、恭敬的姿势。有一位年轻女子的触觉非常敏感，她说她能感觉到脚下泥土的凹凸不平。她是个很诚实的年轻女子，她说自己的脸颊一侧很不舒服，因为能感到想象中的阳光直射在一侧脸上。这位女子对触觉图像具有超常的敏感。如果你观察任何一个依靠双手完成精细活的人，例如绘画或雕刻者，你会发现他具有非常精细的敏感度，能区分出我们完全感觉不到的不同物体的触觉力。回到我们先前与朋友交谈的实验，你可以想象他把手放在你的肩膀上，有人甚至能感觉到手的重量。或者如果你想象自己把手放在他的肩上，你会感觉到手往前伸的动作，尽管你的手并没有动。

有一位教儿童绘画的教师，他的学生经常能画出很好的艺术作品。他告诉我：如果儿童在画人物之前，先模仿他们的动作，摆出姿势，这样画出来的人物效果往往比直接就动笔画更有生命力和灵气。通过这样的动作练习，儿童很明显有了对姿势及动作图像的一种感觉，这帮助了他们的绘画。这是一种规律。班上凡是在画画前模仿人物摆造型的儿童，比那些只是通过观察来临摹的

---

① 米勒（J.Millet，1814—1875），法国现实主义画家。他1859年创作的《晚祷》（亦译为《晚钟》）是19世纪最受欢迎的作品之一。——本书编译者

儿童要画得好。

这些例子可以说明什么是形象化想象，它是一种确定性的东西，不是运用模糊、神秘的力量来虚构事情或是实现非现实的妄想。我所指的想象力，是一种对非当下显现的事物作形象化想象的方式。假如我们的经验完全来自当下的感知，那么，它会非常有限。如果不具备这种想象力，外面的世界就会被遮蔽。甚至当我们记住事情时，也是通过形象记住的。我要特别强调这一点：我们对事情的记忆力，是依赖于我们能形象地描述事情。即便当我们思考和运用理性时，同样使用形象。

几何学是阐明演绎推理的一个很好的例子，即使在学这门学科时，学生也必须有一个黑板上或者纸上的图形来作为思考的心理符号。现在通过视觉化的训练，许多人能够不需要画出实际图形，仅仅想象其视觉图像就可以了。我猜想，许多优秀的视觉工作者如果更多地借助视觉图片或形象而不是图纸，一定会成为几何学高手。因此即使是运用抽象的理性，人们仍然必须借助形象。教师们经常惊奇地发现：虽然一些男孩、女孩在其他学科上表现得很聪明，在智力和理性方面并没有欠缺，但他们总学不好几何。通常来说，原因就在于他们缺少想象力。如果他们能够形象化地想象一个事物，就可以理性地思考它。正因为他们不能够想象，因此头脑中就没有什么可以用来思考。当需要想象的事物变得越来越复杂时，这种情况就更加突出。教师经常让学生做一些全面的视觉想象的小练习，训练他们形象化地想象这些图形，这会对他们的智力活动有极大的帮助，因为这种训练将提供给学生足够的活动素材。即使一个人可能具备好的理性能力，但如果他没有形成想象或思考的图像，他的理性活动也就没有工作对象。

弗兰克·豪尔（Frank Hall）先生是一所盲人院的主管，他曾多次注意到缺乏视力对于精神活动和心理习惯的影响。作为一名极富思想的主管，他开展了针对这种精神疾病的细致研究。之后，他通过观察一所公立学校的儿童，掌握了这个疾病其他方面的表现，并撰写了一篇有新意的关于《算术中的想象力》的论文。

想象力和算术这两者在许多人看来，是对立的。很多人认为，算术涉及冷冰冰的事实和逻辑关系，可是通常学不好算术的原因是学生缺少适当的想象力。教师不应该一开始就教孩子算术符号，除非这些符号能用来代表某种形象。我们当然不需要教孩子去想象数字33，他们也可能无法形成一个清晰的数字形象；但这并不意味着我们在教数字33时，不需要提供一些几何图形来帮助孩子们理解，譬如用正方块来代表十位数，用小一些的积木来代表个位数。无论如何，算术学不好的原因通常是缺乏想象力。

给孩子们的数字形象不应该是不相称的。例如，一个教师要求班上的同学举例说明三个单元的一半，即一又二分之一，学生们必须根据这个题讲一个故事。一个学生回答："我有三粒弹子，把其中的一半给了别人，只剩下一粒半的弹珠。"如果我们问这个学生剩余的东西是否能用，他会意识到自己闹的笑话，但他的智力条件一点不差。因此，如果你给孩子一些数字，他们会拿出纸和笔来演算，也许还会问你想要他们做乘法题还是加法题。他们不会停下来在脑中构思一下你说的内容，而会立即着手计算数字。一位学校主管告诉我，他曾在一个数学尖子班上问了这么一个问题："你的车上能载20头奶牛。每头牛价值20美元，你载满这辆车需要多长时间？"大约有3/4的学生拿出了纸笔，马上开始计算。孩子们往往会被这一类他们完全理解不了的问题所难倒。他们认为，如果问题中包含数字，他们就能进行计算。另一个教师向这位主管讲述了她课上遇到的类似问题。主管想测试这位教师的想象力，这时正好有一个车队经过，主管就问："你认为那辆车上的木头有多长？"这位教师说，她不能确定是否有十万或百万英尺长！我也许不应该在这个公开场合猜测，一辆两匹马的马车究竟能载多少英尺长的木头。

有时候，我们会要求儿童回答总共需要用多长的地毯来铺满一层地板。他们会立即开始计算长度，而不是先停下来想象一下把一卷卷的地毯在地上铺开的场景。在这个例子中，计算部分往往并不难，常犯的错误在于：儿童在开始回答之前，没有先想象一下问题的各种条件。他们没有把问题中的语句翻译并转化为实际的事实。而想象力恰恰是这么一种工具，借助它，我们把抽象的术语、符号和公式翻译为各种现实条件。孩子经常搞不清码、杆等长度单位，因为他没有关于杆的形象，缺乏确定的想象，这也就妨碍了他的学习。

我还要指出，从另一方面看，学生花在具体物体上的学习时间过多了。教师知道不适宜过早地教学生抽象的公式，因此从具体的物体开始教起，这是对的；但是，他们在这方面滞留的时间太长了。他们应该引导孩子尽快地接触图形。我认为，让孩子一直长时间地观察房间里放置的杆子，与从来不让孩子有机会接触任何杆子，两者都不利于孩子的学习。更好的方法是：让孩子先熟悉具体的物体，然后再接触这些物体的图形。同样道理，在早期算术教学中，如果总让孩子用牙签、扣子这些实物来代替数字进行运算，那么，孩子的想象力会逐渐减弱，无法离开实物进行思考。教师没有真正培养学习的能力。如果孩子在熟悉实物一段时间后接触图形，不再依赖实物，他会学得更加自如，也更加独立。

有一位观察十分仔细的教师。经常在教师会议上提到想象力的问题。她曾问过教五六年级的教师，班上的学生如何回答一个房间有几个面的问题，例如铺了地板的底面、贴了壁纸的侧面墙以及天花板。这个问题涉及房间一共有多少平方米，以及学生认为它共有几个侧面。那些教师说，学生通常的回答是：一个房间有四个面，而不是六个面。这位教师接着问，那些上过幼儿园——曾经玩过魔方，反复数过魔方有几面——的学生是否也会答错？回答是他们也答错了。这些孩子重复在这个问题上出错。教师最后的结论是：尽管他们玩了两三年的魔方，但从没有人教他们如何形成关于魔方的图形。聪明的孩子只需要数过魔方两三次，就能形成魔方的大脑图像。如果他偏巧忘了魔方一共有几个面，他只要数一下自己想象的魔方图形有几个面即可。当他进入学校后，没有人会给他一个魔方实物来数数；如果他会形象思维，也就不需要这个实物。即使他遗忘了，只要运用想象力，就能随时算出魔方一共有几个面。

还是这位教师，她出了一道较难的智力题——让三至六年级的学生想象一个三英寸大小的立方体。不允许学生们用笔或纸，只能依靠形象思维来想象这个图形。接着，教师让学生把立方体的外表面都涂满红色，然后切成若干个一英寸的立方体。教师问：一共能切成几个小立方体？你会马上发现，知道3乘以3得9、3乘以9得到27是一回事；而能形象化地想象出把立方体切成3小条，每条各有3小块，一共得到27个小立方体，则完全是另一回事。这还只是第一步。接下来的问题是：这些小立方体中有多少是四面都涂红的？有一部分学生回答对了。又有多少小立方体是三面涂红的？一面涂红的？全都没涂红的有几个？

类似的训练有很多，但都有一个前提，即训练者必须能够借由想象来理解、思考各种条件。我花了很多时间来讨论算术中的想象力，因为如果我能说服大家认识到想象力对于算术学习的重要性，我就不担心你们会承认它对于地理、历史、文学和科学同样重要。当你们遇到更棘手的难题，例如商业、银行业中涉及运算的题目，你会发现，难度往往不在于纯计算；而是学生对于这些问题涉及的背景知识，根本没有任何经验可以借助。他们也许见到过银行，但不知道里面做些什么。学生讨论票据、折扣、汇票等词语，但却从没见过这些实物。即使他们有过很少一部分的经验，也很难凭借足够的想象建构力，将这些汇总成较为完整的事实。

两个孩子，一个智力一般，另一个虽能够背诵课文，但缺乏同等的思维能力和独立性；两人的区别主要在于，后者不具备一种想象建构能力。一个较聪明的孩子在解决问题之前，会先考虑这个问题涉及哪些方面，并加以想象。最近有一位教育学家提出，我们在孩子最初的学习阶段有些拔苗助长，我们教给他们东西，还未等他们有足够时间吸收，就向他们提问。孩子之所以困惑，其中很大的原因是他们不得不迅速对问题做出回应。我们应该给他们充分的时间，去想象一下这些问题的真正含义。关于算术中的想象力的讨论就到这儿。接下来，我将谈谈其他学科中的想象力的价值。

正如前面所说，如果你认可它在算术中的价值，就不难理解它在其他学科中的作用。拿地理学来说，你学习有关地峡、岩洞、河流、湖泊的知识。对于孩子来说，除非他在脑海中想象这些名词所对应的形象化的图形，否则学习这些的意义是什么呢？有人也许会说，整个地理学几乎就是培养想象力，其中很大程度是锻炼视觉想象力。我认识这么一位女士，她到过很多地方旅行，尤其对巴勒斯坦的许多描述非常生动。她经常被问道，为什么能对见过的地方有这么清晰的记忆。她回答说，自己根本不记得那些地方。但每当她谈到某个具体的地方时，她眼前就会浮现该地方的画面；她只是将她看到的描述出来，就好像她真的身临其境。我可以保证：在座的一定有些人很自然地擅长视觉想象，我只需让大家描述某个地方就能判断。几乎没有人仅靠抽象记忆就能记住一个复杂的地形，除非他已经无数次地观察过这个地形，已经形成系统的印象。但另一方面，如果他具有强大的视觉想象力，他只要看过一次，这个地貌的图形就会留在他脑海中。在这个意义上，他根本不需要刻意去记住它——只需要想象力的召唤。所有优秀的地质学家都擅长视觉想象，伟大的地理学家也是如此。两个智力相当的人，去过同样的地方，其中一人只能描述他所见的很少一部分，原因就是他的视觉想象力较薄弱，而另一个人也许理性能力不及前者的一半，但关于旅行所见的记忆和描述能力却远胜过前者。但也许前者更擅长讲述他的经历、那些已经发生的事情，因为他能运用许多描绘动作和声音的词汇来叙述。因此，一个不擅长视觉想象的人，不应该觉得自己没什么头脑。

还是回到地理学的讨论。有两种观点鲜明的主张：一种认为，要让儿童清晰地表述某样东西，他必须曾见过它，或是类似的事物。在这儿，你不需要花太多力气向在座的各位解释什么是山。一个研究所所长在访问一个山区后，竟然花了整整两天的时间向所里的教师们介绍山丘这个概念！除了地理学中的许多概念外，还有一些事物需要孩子在先熟悉实物的基础上，形成比较清晰的想象。另一种观点是主张学习要先具体后抽象，换一种表述可能更好，就是我们必须先依赖感官的感知来熟悉事物，然后尽快地进入借助想象力来思考的阶段。感知的价值从长远来看，有助于为孩子提供各种学习素材、数据和工具。

如果是学习地理学，孩子应该有户外远行的经历，这样才能形成对地理名词的想象；他还必须学习如何运用想象的图形，如何构造、重构或者调整它们，以形成他从未实际看见过或感知过、只是出现在想象中的效果。

即使在物理地理学中，想象力同样重要。许多儿童很难理解风流和洋流的理论，因为他们无法想象这些东西。他们没有见过这些。如果他们见过，就能很快掌握其中的原理。我这儿要稍稍扯开话题，讲一讲物理学中遇到的同样问题。假设学生很难理解泵的机械原理。你经常会看到一个相当聪明的孩子，他似乎就是理解不了这个原理。我想有四分之三的可能性，问题不是出在孩子的理性思维能力或他的智力，而是他缺乏想象力，或者说他无法形成关于泵如何工作的形象思维。如果他可以观察到这些机器，看到随着泵的柄上下运动会产生什么；如果他能够看到活塞和阀门的位置，他就能像其他人一样来解释它们的原理。他只需要跟随自己想象的图形，一步步地说出他看到的工作流程；他看到泵的一连串运行过程，他的回答就会符合逻辑。

再说一下历史学习中的想象力。许多历史知识对于学生来说只限于文字，除非学生受过训练，学会想象历史中的人物和场景。如果学生学习历史时没有那么浮光掠影，如果能用更多的时间来学习一些虽小却意义重大的历史事件，多鼓励他们并创造机会让他们重构这些历史画面，甚至让他们通过叙述或表演来重现历史场景，那么，他们就会对这些历史人物有感性的了解，也会形成对这些历史事件发生时的情景及环境的最强烈的视觉形象。我想，你们一定会同意，即使他们在学习历史过程中并没有掌握太多的史实，但就他们了解的那一部分历史，也会变得对他们更有意义，成为他们人生的一部分。

同样，想象力在文学中也很重要。教师常常希望儿童能理解一首诗的优美，但总是无功而返。儿童当然希望可以取悦老师，因此他们经常假装读懂了诗的优美；但事实上，诗对于他们只是一群词语，因为他们无法获得想象。就拿四至六年级读过的那些简单的诗来说，教师不应该过多地谈论语词的运用，而应该下功夫教会儿童形象化地想象诗中描绘的一个个场景。我相信，只需要一至两个这样的实验，你就会发现文学对儿童的意义比过去重要得多。我们可以用惠蒂尔[①]（Whittier）的《雪界》（Snow-Bound）这首诗，或者我们在学校阅读课上读过的朗费罗[②]（Longfellow）、惠蒂尔或霍姆斯[③]（Holmes）的任何一首诗，只需要问几个语法结构或字面含义的问题，然后花更多的时间来帮助孩子们想象整首诗呈现的画面。

我要提醒一点：有时候，过多地询问孩子有关他们所想象的图形的问题并不恰当。你要求他们发挥想象，但不希望他们凭空瞎想。教师都知道想象与幻想的区别。如果教师每隔几分钟就询问儿童他们想象到什么东西，你会看到儿童痛苦地在教室里左右环顾，绞尽脑汁地捕捉自己的想象而不是关注想象到的图形本身。我们并不需要过多地向儿童强调想象，最好是建议某个场景并给他们充分的时间去独立地想象。许多儿童自然地就具有很强的视觉想象力。这个能力随着年龄的增长，会逐渐减弱而不是增强。我宁愿不过多干涉儿童们的想象，而是让他们自愿站起来告诉大家看到了什么。

我要再次回到理性这个问题，因为有一种普遍的看法认为理性和想象没有什么关系。对理性最一般的理解是：取两个事实，并从中得到与前两者都不同的第三个事实。这种表述是正确的、符合逻辑的。它说出了当我们运用理性时发生的变化。的确，我们先有两个事实，继而获得第三个事实：但上述表述没有说明我们是如何运用理性的。在我们从两个事实中得出第三个事实的过程中，我们的头脑里发生了哪些变化？这种表述是逻辑上的而不是心理学上的定义。教师往往对后者更感兴趣。我认为，当我们运用理性时，头脑里首先有两个不同的事实，然后借助我们称之为理性的这个能力，形成这两个事实的想象，最终两个形象交织并融合成一个新的形象。所以，当我们发现儿童很难

---

① 惠蒂尔（J.G.Whittier, 1807—1892），亦译为"惠蒂埃"，美国诗人。——本书编译者
② 朗费罗（H.W.Longfellow, 1807—1882），美国诗人。——本书编译者
③ 霍姆斯（O.W.Holmes, 1809—1894），美国诗人和医生。——本书编译者

从逻辑角度理解和解释一件事时，百分之九十九的情况是：问题的解决不在于纠正理性能力本身，而应该回到想象，这是理性思考的基础。在大多数的情况下，如果对该件事最初的想象能变得更明确和更清晰，那么就会发现理性思考的过程自然会变得很顺利。

[**杜威博士针对一个提问的回答**]：要求儿童对每件事都拟人化，是绝对错误的。如果他们这么做，这些事物本身就不会和儿童产生任何关联。认为儿童如果不通过拟人化就不会对事物感兴趣的想法，是错误的。

四、习惯①

"习惯"这个主题已经被讨论过太多次，太为人们所熟悉了，因而也许不是一个很吸引人的话题；我不知道是否能在你们已经听过的东西之外，再为它添加任何内容。尽管如此，对这个主题的考察，将让我从稍许不同的观点出发，呈现出一些我联系其他讲座谈到的心理学原理。我以为，虽然这个话题很平淡，但比起形成习惯在教育中的价值，没有哪个主题得到过更广泛的讨论，人们也没有对哪个要点采取过更极端的观点。一种观点说，性格本身由习惯构成，既然教育的目标是塑造性格，教育的目标就可以说在于形成习惯。我们都知道，课堂里有多少时间实际上是用来形成某些习惯的：守时、服从、对某些规则的遵守、阅读、写作、数字②的使用等。

在另一个极端，我们看到卢梭③的观念。他说，他要让理想的小学生形成

---

① 首次发表于《白与蓝》（普罗沃市，犹他州），第5卷，第9期（1902年3月15日），第4—9页；同上书，第10期（1902年3月28日），第1—3页。

② 原文为figures，可能指数字，也可能指图表、图案，这里无法判断。——译者

③ 卢梭（J.J.Rousseau，1712—1778），法国教育思想家，倡导自然教育，代表作《爱弥儿》（*Émile, ou De l'éducation*）。——本书编译者

的唯一习惯，就是完全不形成习惯的习惯；他要尽一切可能防止这个小学生的活动发展成习惯。既然我们看到如此极端的观点，就看到了一个值得调查的悖论。为什么一些人把形成习惯看作教育的目的，而其他人——卢梭和在他之前的一些改革者——把习惯评价得这么低，可以说如此蔑视习惯，以至于要劳心劳力地把它们清除出教育过程？有一句谚语说，习惯是好仆人、坏主人。那些认为习惯在教育中很重要的人，无疑把习惯当作有机的用具[①]，心智通过它们落实各种观念。拥有习惯就是掌控了一群仆人，他们接受我们心智的命令，在我们旁边静候，直到我们做出决断并形成计划，然后他们负责履行我们作出的决定。他们负责执行计划，因而让心智的高级机能不管履行、执行的细节，从而为心智的这些高级方面减轻负担，让它们重新致力于反思、考虑尚未解决的事情。

　　另一方面，当卢梭及其追随者要把教育中习惯的形成降到最低时，我以为，他们考虑的是：习惯会变得过于固定，以至于是它们主宰我们，而非我们主宰它们。习惯在任何行动中都是心智运作的一种惯例或常规。它标明了一条途径，其中的活动几乎是无意识或自动地进行的。现状是，形成习惯的方式，可以是限制选择，限制考虑、反思和探究。这样的情况把我们变成习惯的奴隶，变成惯例的造物。我们让习惯得以形成的方式，可以是令它们限制我们：令我们无法接着产生新想法，或在应当改变行为模式时做出改变，无法切换到其他的路径，因为我们已经留下了太深的车轮印，一旦走进去就陷在里面了。所以，习惯是好仆人、坏主人。这就提出了疑问：习惯如何才能是仆人？换一种方式说，课堂里的什么方法倾向于把习惯固定下来，以至于令它们限制从而妨碍我们的成长，封闭我们的个性？我们在形成习惯时应当防备什么危险？你们十分频繁地听人说，习惯是通过重复形成的。这确实是通常形成习惯的说法。为了强调我的观点，以便你们明白我要说明什么，我想说：在形

---

　　① 原文为organized，后面杜威会把习惯和organization联系起来，在那里译为组织。——译者

成习惯之后，才有重复。正常来讲，我们并不是因为重复才形成习惯，而是因为形成了习惯才重复。一个单单由重复形成的习惯，很有可能是那种不值得期待的习惯——它可能是我们的主人而非我们的仆人。

有一次，我听一位先生就动物习惯的形成作讲座。他讲了一个故事来表明通过重复形成习惯的方式。他说：他的一个朋友有一条小狗，关在很高的栅栏里。栅栏有一个门，上面有门闩，小狗一直尝试跑出来。一天，它碰巧打到了门闩，门打开了，它跑出来了。第二天，小狗尝试开门，又碰了门闩，它没花太多时间就打开了门。日复一日，小狗更快地去打门闩；直到最后，它只要愿意，任何时候都会径直扑向门闩，打开门跑出来。主讲人说，这很好地例证了形成习惯的方式：只需要重复最初碰巧做出的行动，不用任何意图或目的。

现在正是对这个故事的思考，促使我对通过重复形成习惯这个理论提出疑问。我提出另一个准则来代替这一个，那就是：习惯是通过成功形成的，不是通过重复而形成的。假如那条小狗重复第一天的行为，那它很可能至今还在栅栏里。它会仅仅持续一遍遍地做整件事情。它根本不会形成径直扑向门闩、打开门跑出来的习惯。孩子以及狗最初的活动包含了大量多余的活动。当我们最初开始做任何事的时候，我们采取的动作比必要动作多得多。正在学习写字的小学生扭着身子，斜着脸，伸出舌头，身上所有的肌肉都在动；当他逐渐学会时，身体活动就限定在最有效的那个途径中。要花时间学会清除所有多余的活动，神经电流仅仅发送到那些与写字有关的手臂和手指肌肉中。他在什么程度上限制了身体活动，就能在什么程度上自由地思考他要写什么。另一方面，初学者被单纯的运动本身占据了，以至于没有把意识留给其他任何东西。

我的观点是：如果我们持续重复最初的做法，就完全无法形成习惯，或者会形成非常笨拙的习惯。实际上，我们形成习惯是通过清除第一次尝试中过多的活动，通过强调特定的活动，它导向我们想走的方向。每个尝试过学习骑自行车的人，都能很好地例证这种清除和强调。想想你们记事以来获取过的某个习惯。你们知道，你们是从混乱状态开始的。当你们骑上自行车时，费了大量过于艰苦的工夫；你们经历了许多不必要的运动，才能上路。一个开始写字的孩子扭曲着身体，在他自己和他的目的之间挣扎。在形成一切习惯时，都是这样。选择必须在重复之前，并且始终比重复更加突出。

这种选择的基础是什么？成功。那条小狗的一种动作比其他动作更成功。它打到门闩的部位——鼻子或爪子——成为最突出的感觉部位，因为它由此得到了它想要的东西。与成功动作对应的感觉部位获得了更大的重要性，其他部位则相反。对这个成功活动的感受或想象，在小狗的意识中留下了一种知觉；正是从这种知觉出发，它开始了下一天。正是通过建立这种意识——这种对成功活动的感受——并清除全部其他意识，它最终获得了习惯。

我想请你们把上述说法从小狗的身上转到正在养成习惯的孩子的身上，看看恰好相同的原理是否也能成立；然后问一下你们自己：由于高估重复的相对重要性，而没有强调对做事的正确方法获得一个清晰、确定意识的重要性，我们的学校实践是否受到了损害？我说成功而非重复是形成习惯的真正原理，就是指这个。在形成习惯时，一个行为如果真正做成了某件事情，而且给孩子留下了做成某件事情的感受，还留下了如何做成的观念，抵得上一百次乏味的、例行的重复。

我几天前说，我见过孩子们操练二二得四，一直练到我确信他们要怀疑这东西是不是真的。这个例子就是由重复形成习惯，而不是通过对数字关系的感受形成习惯。我几天前听一位教师说，她在孩提时代能完美地记住整个乘法表，除了七乘以八。她是天生的好心理学家，当时就对自己说："我决不能在这件事情上再浪费时间，必须学会它。"她没有一遍遍地重复七乘以八等于五十六，而是仅仅把它写了一遍，然后努力地看着它，对自己说再也不会去想它了，这次要一劳永逸地掌握它。尽管她只是一个相比之下很小的孩子，但她的感觉很对，她认识到获得数字习惯的恰当方式是完全集中注意力，直到对要学习的东西有了心智的把握，于是一次完整的、强烈的经验就免除了重复。

我们都听说过宗教中的无意义重复。我们在课堂里也有太多同样的记忆重复或语音重复。我要说，大约四分之三的重复没有内在的必要性，或者如果必要，那仅仅是因为我们没有把条件调整好，以至于孩子无法第一次就做对。如果他第一次就做对了，而且他的兴趣处于白炽状态，我们就能发现，把它转变为习惯所必需的重复量会大大减少。但是，我们行动的原则是：孩子无论如何都必须做无数次，于是即使他第一次投入的注意力不超过大约十六分之一，也没有多大差别，通过全然机械的重复，这个东西迟早会种进他的心里。

现在看看在尝试由重复形成习惯时，宝贵的时间有多少浪费。在这种浪费之余，还没能培养孩子集中注意力；但即使这样，也不是最大的恶。如此形成的习惯成了我们的主人，而非我们的仆人。它们缺乏灵活，缺乏弹性，因为里面的心智极少或没有。你们都知道——可能你们自己就有这种经验——有的孩子通过一遍遍地念乘法表来学习它；如果他们想知道七乘以九是多少，必须经过整个念诵，直至抵达想要的位置为止。这种习惯必然是机械的。

不过，在一种意义上，习惯应当是机械的。实际上，拥有习惯的目标到底无非是拥有一种机器，它会照管我们的观念，为我们执行它们，不用我们顾虑它。危险在于，习惯在为我们固定目的的意义上变得机械了。心不在焉的人一直行走，仅仅因为他已经开始行走了。习惯不是落实他的目的，而是为他给出目的。我们发现，孩子们已经获得了阅读、写作、绘图的习惯，却无法使用这些习惯，无法应用它们。它们不是灵活的用具，他们无法让它们在各处适应自己的目的。他们的思想以及外部活动沿着某种例行的常规运作。

因此情况就是：习惯成了心智能力的一个阶段。它们标明了心智成长的实际限制。我认为，正是因为卢梭看到了那些结果，所以他走得太远，以至于说他要形成的唯一习惯是不形成习惯的习惯。习惯让人缺乏独立，因为他没有力量让习惯适应自己。成长意味着我们达到新的站点。我们拓宽视野，进入新环境。现状是：如果我们要对付这些新环境，必须有能力改变我们的习惯。我们如果不带着习惯，就做不了任何事情。习惯是我们的工具，如果我们不带着工具箱，自然就很无助。这些工具应该便于调整，不仅能应付我们已经感到习惯的直接目的，而且能应付可能出现的新目的、新目标。

我认为，我们经常把太多的重心放在单纯的信息上面。观念每每变得完全自动了。例如在算术中，人们认为孩子必须记住数字组合，以便不假思索地说出它们。这样培养的孩子会比不这样培养的孩子学得更快，却会犯更多的错误。假设他有一长列数字要加起来，而他已经被培养得完全不思考了，或者也许他去想某个别的东西了，于是错误溜了进来。你们不觉得是这样吗？你们的意识完全休息了，所以你们犯错误、出岔子。假如你们花一点点力气来做这件事，并且花足够的力气用心对待，你们就不会出错。在做求和运算时，思考的孩子无疑会比不假思索时更慢，但是他们更精确。不精确的算术组合很难说是值得期待的东西。要说迅速做事而不论对错这种做法有某种优势，那是荒谬的。任何做法的一大本质当然应该是绝对精确，这需要一定量的注意力。我们只有带着已经在手上的习惯或力量，带着已经合乎情理地为我们掌握并熟悉的东西，才能做到专注。

要说习惯，你们可以换一种方式讲：习惯应当带着注意力并通过注意力形成；不是由机械的重复形成，而是通过在任何给定的实例中，把我们的意识集中到带来成功的东西上面，这样才能形成。必须给孩子留下清晰的、积极的、生动的——真正意义上的生动意味着有生气，意味着对生命力至关重要的东西①——感受，让他感受到如何赢得他争取的东西。任何稍有经验的人都可以到三四年级中去，听小学生们朗读五分钟，就能明白他们的阅读是怎么教的。可能读得非常精确，单词的发音可能很正确，可能不大有严重的错误；但完全不主动，没有真正的生命，没有个性，没有情感。你们会明白，孩子没有伸出心智的触手，没有认同于他朗读的东西。当你们看到这种结果时，可以像从第一天就关注他们一样确信，他们的阅读是通过重复来教的。

我不会讲那些关于习惯通常讲过的要点，因为我认为，你们理所当然已经

---

①原文为that which is vital with the living，其中vital既表示至关重要，又表示有活力。——译者

合乎情理地熟悉它们了。除了要通过成功来形成习惯这个想法之外，我关于这个主题实际上还有一点想法——也许还有两点。我应该就这一点多说两句，再接着说另一点。用什么替代重复？重复在哪里出现？重复是后出现的，是因为习惯形成了才出现的。但是你们说，形成习惯时必须有一定量的重复。虽然在有些情况下，第一印象十分强烈、生动，以至于一劳永逸地固定了习惯，但这并不是常情。我们一般必须有一定量的重复。那么，什么可以防止它变得机械？那就是：防止它成为纯粹的重复。重复要有变化。训练与重复、应用与重复之间存在着差别。仅仅一遍遍地、一天天地念"二乘以二等于四"，就是纯粹机械的重复。但是给孩子使用这个知识的机会，创造多样的题目，让他不求助于已经获取的真理就无法解决这些题目——这就是训练。这里有重复的一切积极价值，却没有任何让事情变得纯粹机械的危险。

现状是：这同一个原理在值得学习的东西上面没有不适用的。但是，这需要教师一方更机智：发明或提出与先前的情景有点差别的情景。死记硬背式教学的恶果恰好从这种变更中溜进来了：比起给问题赋予上述变化、迫使孩子使用他已经学到的东西而非进行机械的应用，一遍遍地做同样的事要更容易。

操练的价值和必要性是个老问题。操练当然仅仅是机械重复，为了固定一种必要的习惯，它应该是必要的。操练不过是通过重复而形成习惯这种做法的通用名称。聪明的操练和不聪明的操练——后者让心智处于被动——之间的差别是：一个没有包含多样的要素，另一个则有。我要用"练习"这个观念来替代"操练"这个观念①；要让孩子说他必须说的东西，但要在略微不同的处境下。如果处境改变了，而且在这些改变的处境中给他机会说他知道的东西，就没有过分重复的危险；但一旦脱离了新要素，仍然叫孩子一遍遍地念，去掉了他已经拥有的改动，这时必定在阻碍成长。心智不能站定不动；它如果不前进，就会后退。不存在半途的终点。心智必定要么进步，要么僵化，封闭在它

---

① 原文分别为exercise和drill。——译者

自己制造的或学校制造的外壳中。

我说过，还有一点，那就是：习惯的自然来源是孩子拥有的某种本能或冲动。如果你们听了我的第一讲，请回顾一下冲动的原始禀赋这个观念，这些冲动力求满足它们自身。现状是：最必要、最有价值的习惯，仅仅是这些原始冲动的系统组织、归类和整理。也就是说，习惯的源泉在我们自己的性情当中。它不是某种从外面强加的东西。教孩子阅读的方式可能无非是一种钻井式的[①]劳作，可是孩子的阅读习惯应当仅仅是组织、掌控原始的语言本能和冲动。依我看，既然人类已经发展出全部数学原理，人的本性中就必定有内在的数学本能或冲动；孩子应当有可能重现这些数字关系，不是把它们从外面强加给他，而是把它们从内部发展出来。习惯不过是组织一个人的自然力量和倾向——天生的、然而不完美的力量。这样一来，习惯就没有限制自由的危险，只要以恰当的方式建立它。

重新回到两种类型的朗读。你们听见孩子们在课堂里自然地朗读——我们也可以用"精神地"[②]这个术语。他们带着思想和情感朗读。在另一个课堂里，他们机械地朗读。精神的朗读，是在组织孩子自己的自我。它不外在于他，而是他自己精神和存在的展现。朗读不过是他自己精神的绿叶与繁花。另一种朗读即机械的朗读，是某种由某个外在原因拴在孩子身上的东西。即使它是必要的，这种朗读在某种意义上也是受到限制的，因为它是从他自身之外压在他身上的东西。

我们都知道自己喜欢、仰慕那样一种人，他们的思想、观念就是他们自身的表达。我们知道他们是真诚的、真挚的；即使在某些技术领域，他们没有与其他人同等的能力，但是思想、观念也足以提供某种保证，因为它们是从他们

---

①原文为drilled-in，drill既表示操练，又表示钻探。——译者

②原文为spiritually。自然和精神本来完全不同，在这里却可以相互替代。杜威似乎觉察到了，不过只是点到为止。这几句话多使用传统哲学术语。——译者

自身生长出来的。反之，对于有些人，我们不知道有多少出自他们自身，有多少是二手的。要防止这种二手的、从而或多或少人造的观念表达，唯一的办法是在学校以及其他地方确保习惯的培养无非是本能和冲动的组织，而本能和冲动对于这个存在者自身的本性是很平常的；不能理所当然地以为所有学校科目都是外在的、人造的，因而必须从外面注入。

我现在要为习惯这个话题留下两点想法。第一点想法是：建立习惯的基础应该是成功，是要选择标明了功绩、成就的东西；重复这个要素应该是次要的，事实上把它称为对选定做法的练习、使用或应用，也许更好。第二点想法是：真正的习惯不仅建立在成功或成就而非重复上面，而且是从自然本能中建立起来的。

我要为后一点想法再讲一个确实的例证。这个例子是讲或使用清晰语言的习惯。有人几天前提出，孩子天生没有讲话能力。他只有通过与他人的接触，才获得语言能力。那么从这个观念就会得出：语言是某种由他人授予他、注入他或拴在他身上的东西。完全相反，孩子确实有某种确定的语言倾向。他发出各种各样的噪音和声音；但如果他没有与他人产生恰当的关系，从他的特殊倾向中就绝不会出现任何东西。它会保持在缺乏清晰表达的状态。他有冲动去聆听他人的讲话，通过调整、整理、协调并组织这些原始的、自然的倾向——它们如果单独拿出来，就不会有任何意味——他最终获得了清晰讲话的能力。他绝不会仅仅从自己的冲动中获得它，当然也不会从外面获得它。没有哪种疫苗或接种，可以把讲话能力从一个意识注入另一个意识。它必须是内部的产物；这种产物是要抓住每一个原始的倾向，按照某些路线建设性地组织它们，直到它们变成积极的力量。在一切其他方向上，对于孩子也是这样。我们常常不想让他活动在自己本能倾向的层面上：因为我们认为他的本能是低级的、粗糙的，所以一点也不管它们；我们拿出自己的想法和倾向，自以为比他的想法和倾向高出很多；我们把它们硬塞给孩子。我们在什么程度上取得成功，他就在什么程度上成了机器人。如果我们让孩子像我们遇见他时一样保持自然，那么为了达到任何目的，必须联系到他自己的冲动，并向前、向外引导这些冲动。

有一个话题与习惯紧密相连，我现在要最后说几句，那就是模仿。模仿在形成习惯时的恰当地位是什么？我想，你们会看到我刚刚说的联系。模仿可以被当作一种手段，以此牢记另一个人的方法和活动。可以单单通过模仿来教孩子阅读、写作和数字；也就是说，令他照着教师那样做，或者照着课本给出的模板那样做。于是，他的活动被局限为重现、复制或模仿给定的模板。现状是：当我们以这种方式对待模仿时，它就成了一种限制、一种对个性的妨碍，从而导致奴性的、自私的人格。无论你的人格可能有多好，你在道义上都没有权利通过全然的模仿把它强加到另一个人身上；因为它绝不会成为他的一部分，可以说会成为一种限制。

另一方面，有可能用模仿唤醒另一个人，增加他的力量，而非仅仅促使他复制你的力量。这出现在如下时刻：教师不是对孩子说："现在只要抄这个，只要像我一样做，你们就没问题了"，而是以更完美的方式做这件事，仅仅给孩子更清晰的想象、更高的理想、一点额外的激励或鼓励的话，让他为自己去解答它。当教师为孩子提供目的而非手段时，他是在限制孩子正当的理智和道德成长。但如果他对小家伙说："就是这个东西，或多或少要像这样做"，然后着手设下范例，以便在他那里激发出做它的向往、欲望、冲动，那么，所谓的模仿就不是奴性的、机械的，而是成为实现并组织孩子自身力量的手段。

举例说，这种事情在学习阅读时出现了。我不知道下述方法在这里是否流行，它在这个国家流行于我们那里，尤其是在对待外国孩子的时候。他们不能非常清晰地发"th"组合的音。他们把"this"和"that"说成"dis"和"dat"，于是教师叫孩子把肌肉恰好这样放，然后复制她夸张的发音动作。他们最终懂了，可以说出"this""that"了（主讲人这时模仿着夸张的发音），然后自始至终一直用这种方式。你们听到他们说这些单词和类似的单词——他们机械地记牢了它们——就能分辨出来。他们从未让任何个性或精神性进入这些单词，因为他们把它们作为固定的模板记牢了，于是阻止了任何真实的、有机的联系或吸纳。

唱歌也是一样。教师当然可以先唱，然后请孩子们把他唱的作为模板加以复制；但如果他们真的复制了，歌曲的生命也就流失了。教唱歌的时候可以鼓动、提示、激发、激励；在这种情况下，如果限制还可以称为限制的话，那也是用作一个模板，以便获得力量更好地表达或展现；否则，这些力量会继续锁闭在他们自身的内部。用词语往往不容易进行区分；但是，一种类型的模仿是教师仅仅提供目的，他说："像我一样做，我的目的就是你们的目的，你们只要复制它、重现它。"另一种方式要教师不是给出奴隶般模仿的模板，而是把孩子引向他自身的意识，向孩子显示他的才能是什么，他自身中潜伏的力量可以有什么结果。这种模板激励孩子发挥这些力量；任何时候，当他得到了自己的结果，无论是不是通过教师的提示、协助才能做到，你们都可以确信：这个模板不是外在的模板，而是他自己想象或理想的唤醒或提升。

所以，虽然习惯是我们心智组成中最机械的部分；虽然这个部分能够恰当地培育，它代表的路线就是我们无意识的思想、反思和选择——但只有当它出于自由而得到培育时，才对我们有益。连牡蛎也长着自己的外壳。这个外壳在某种意义上局限、限制了牡蛎，但也可以说是牡蛎自身力量的发展、展现。孩子们难道不至少等同于牡蛎吗？如果牡蛎能够创造协助它生命发展的东西，难道不该认为孩子有能力从内部组织习惯——甚至机械的习惯——以便它们一直保持为内在人格的外在标志，并且灵活得足以响应人格的进一步需求？在其他任何条件下，习惯都无法成为进步的助手，而只会成为它的限制。

（李宏昀、徐志宏、陈佳、高健等译。选自［美］杜威著.杜威全集：晚期著作，第十七卷［M］.李宏昀，徐志宏，陈佳，高健等译.上海：华东师范大学出版社，2015：187—218，252—261.）

儿童与课程（1902）①

理论上的深刻分歧从来不是无缘无故和虚构的。这些分歧是从一个真正的问题的各种相互冲突的因素当中产生的——问题之所以是真正的，因为这些因素，按照实际来看，是相互冲突的。无论什么意义深长的问题，都包含着暂时相互冲突的种种因素。解决的办法，只有离开已经固定了的那些名词的意义，从另一种观点看，也就是用新的眼光看待这些因素。但是，这样的改造意味着思想上的艰苦努力。一味坚持早已说过的东西，四处寻找支持它的东西，以防非难，较之试图抛弃已形成的观念和摆脱已熟悉的事实要容易得多。

于是许多派别产生了，各种不同意见的学派出现了。各个学派都挑选能迎合自己的一系列因素，然后把它们上升为完全的和独立的真理，而不是把它们看作一个问题并需要加以校正的一个因素。

教育过程中的基本要素是未成熟的、没有发展的人，和在成人的成熟的经验中体现出来的某些社会的目的、意义和价值。教育过程就是这些因素应有的相互作用。作为促进最充分的和最自由的相互作用的这样一种相互联系的概念，便是教育理论的主要之点。

但是，这里需要思想上的努力。把各种因素孤立起来看，坚持一个要素而牺牲另一个要素，使它们相互对立起来，这较之发现每个因素所属的现实要容

①原书于1902年在芝加哥大学出版，译自劳伦斯·A.克雷明编《杜威论教育》，1959英文版，第91—111页。——译者

易得多。抓住儿童天性里的某些东西，或者抓住成人已发达的意识里的某些东西，而且坚持那个因素是整个问题的关键，这是容易的事情。当发生这种情况时，一个真正严肃的实际问题，即它们的相互作用的问题，便变成一个因不现实的因素而不能解决的理论问题。不是坚定地把教育的各种因素作为整体来看，我们就只能看到种种相互冲突的名词。我们在儿童与课程、个人的天性与社会的文化这些问题上，就看到这种情况。一切教育主张的其他分歧都包含着这种对立的情况。

儿童生活在个人接触显得十分狭隘的世界里，除非这种生活密切地和明显地涉及他自己或者家人和朋友的幸福，其他各种事物很难进入他的经验里。儿童的世界是一个具有他们个人兴趣的人的世界，而不是一个事实和规律的世界。儿童世界的主要特征，不是什么与外界事物相符合这个意义上的真理，而是感情和同情。学校里见到的课程所提供的材料，却是无限地回溯过去，同时从外部无限地伸向空间。人们在儿童离开他所熟悉的几乎不多于一平方里左右的自然环境以后，便使他进入一个辽阔的世界——甚至可以说，使他进入太阳系的范围。儿童的小小的记忆力和知识领域被全人类的长期的多少世纪的历史压得窒息了。

还有，儿童的生活是一个整体，一个总体。他敏捷地和欣然地从一个主题到另一个主题，正如他从一个场所到另一个场所一样，但是他没有意识到转变和中断，既没有意识到什么割裂，更没有意识到什么区分。儿童所关心的事物，由于他的生活所带来的个人的和社会的兴趣的统一性，是结合在一起的。凡是在他的心目中最突出的东西就暂时对他构成整个宇宙。那个宇宙是变化的和流动的，它的内容是以惊人的速度在消失和重新组合。但是，归根结底，它是儿童自己的世界。它具有儿童自己的生活的统一性和完整性。儿童一到学校，多种多样的学科便把他的世界加以割裂和分解。地理是从某个个别观点选择、摘录和分析成套的材料；算术是另一个部门；语法是另一个科目，等等。

　　还有，在学校里，这些学科中的每一门都被归到某一类去。各种事实是从它们在经验中原来的地位割裂出来，并根据一些一般原则重新排列。把事物归了类，并不是儿童经验的事情：事物不是分门别类地呈现出来的。感情上的生动的联系和活动的连结，把儿童亲历的各种经验综合在一起。成人的心理如此习惯于按逻辑顺序组成的事实，以致它不认识——也不能理解——那种直接经验的事实，在它们能表现为一门"学科"，或知识的一个部门之前，必须经历多少的分析和重新组合。对于学者来说，一个原则必须加以识别和明确；各种事实必须根据这个原则，而不按照它原来那样加以解释。它们必须在一个完全抽象的和理想的新的中心重新汇集起来。所有这一切，意味着一种特殊的、智慧的、兴趣的发展，它意味着不偏不倚地和客观地观察事实的能力；那就是不问这些事实在儿童自己的经验中的地位和意义怎样。它意味着分析和综合的能力。它意味着高度成熟的智慧的习惯和科学研究的特定的技术和设备的运用。一句话，已经归了类的各门科目是许多年代的科学的产物，而不是儿童经验的产物。

　　儿童和课程之间这些明显的脱节和差别，也许几乎可以无限地扩大。但是，我们这里已经有着足够地基本的分歧：第一，儿童的狭小然而是关于个人的世界和非个人的然而与空间和时间无限扩大的世界相反；第二，儿童生活的统一性和全神贯注的专一性与课程的种种专门化和分门别类相反；第三，逻辑分类和排列的抽象原理与儿童生活的实际和情绪的结合相反。

　　由于这些冲突的因素，产生了各种不同的教育理论派别。一个学派把注意力固定在课程教材方面，认为课程教材比儿童自己的经验的内容重要得多。他们好像说，生活是琐碎的、狭隘的和粗糙的吗？于是各门科目把具有极其完备的和复杂的意义的这个伟大的宇宙揭示出来。儿童的生活是利己主义的、自我中心的和冲动的吗？于是在这些科目里可以找到一种客观宇宙的真理、法则和秩序。儿童的经验是混乱、模糊和不稳定，受当时的幻想和环境所支配的吗？于是各门科目提供了一个在永恒的和一般的真理的基础上安排好的世界；在那个世界里一切都是经过衡量的和精确的。因而引出的教训是，不顾和忽视儿童个人的特点、狂想和经验。它们正是我们需要摆脱的东西，必须把它们遮盖起来和消除掉。我们作为教育者的任务正是以稳定的和妥当安排的现实代替这些表面性的和偶然性的事情，而这些在各门科目的课文里是可以找到的。

把每个论题再分为若干科目，把每个科目再分为若干课时，每个课时再分为若干特殊的事实和公式。让儿童一步一步地去掌握每一个割裂开来的部分，最后他便经历了整个领域。道路从它的全程来看似乎是那样漫长，可是作为一系列的个别步骤来看，就容易获得通过。因此，重点就放在教材的逻辑的分段和顺序性上。教学的问题是采用具有逻辑的段落和顺序的教科书的问题，是以类似确切的和渐进的方式在课堂上提供各部分教材的问题。教材提供目的，同时也决定方法。儿童只不过是未成熟而有待于成熟的人，是知识浅薄而有待于加深的人；他的经验狭窄而有待于扩大，他的本分是被动的容纳或接受。当他是驯良的和服从的时候，他的职责便完成了。

另一个学派说，不是这样。儿童是起点，是中心，而且是目的。儿童的发展、儿童的生长，就是理想所在。只有儿童提供了标准。对于儿童的生长来说，一切科目只是处于从属的地位，它们是工具，它们以服务于生长的各种需要衡量其价值。个性、性格比教材更为重要。不是知识和传闻的知识，而是自我实现，才是目标。具有世界上的一切知识而迷了路，在教育里就像在宗教里一样是可怕的命运。而且，教材对儿童永远不是从外面灌进去。学习是主动的。它包含着心理的积极开展。它包括从心理内部开始的有机的同化作用。毫不夸张地说，我们必须站在儿童的立场上，并且以儿童为自己的出发点。决定学习的质和量的是儿童而不是教材。

唯一重要的方法是心理因素的扩展和类化作用的方法。教材只不过是精神的食粮，是可能具有营养作用的材料。它不能自己消化；它不能自动地变为骨骼、血和肉。学校里任何僵死的、机械的和形式主义的东西的根源，在儿童的生活和经验从属于课程的情况下恰好找得到。正因为这样，"学习"已经变成令人厌烦的同义语，一堂课等于一种苦役。

这两种类型的理论所提出的这种课程与儿童根本对立的观点，可以用一系列其他的名词加以复述。"训练"是那些夸大学科作用的人的口号；"兴趣"是那些大肆宣扬"儿童"的人的口号。前者的观点是逻辑的，后者的观点是心理的。前者强调教师必须有充分的训练和学识，后者强调教师必须具有对儿童的同情心和关于儿童的天赋本能的知识。"指导和控制"是这一个学派的口号，"自由和主动性"是另一个学派的口号。规律是这里所维护的；自发性是那里所宣称的。一个学派认为许多在苦痛的和艰难中造成的那种旧的和保存下来的东西是可贵的，而那些新的、变动中的和进步的东西却博得另一个学派的喜爱。死气沉沉和墨守成规，乱作一团和无政府主义，是两个学派反复来回的指控。一方面关于无视神圣权威的职责的指控，只能遭到另一方面的残暴的专制压制个性的反击。

这种对立的观点是很少达到它们的逻辑的结论的。常识在这些结论的极端对立面前畏缩不前了。当常识徘徊摇摆在前后矛盾的、折中方案的迷宫里的时候，就只好把这类对立观点交给理论家了。使理论和实际常识紧密结合的需要，提醒我们回到最初的命题；这里我们有着在教育过程中必须相互联系的一些因素，因为这恰恰是关于相互的作用和适应的问题。

那么，问题是什么呢？问题就是要摆脱那种偏见，以为在儿童的经验和构成科目的各种不同形式的教材之间，存在着性质上（不同于程度上）的某些鸿沟。在儿童方面，问题是要看到，儿童经验本身怎样早已包含着正如组织到系统化的科目中去的那些同类的因素——事实和真理，更重要的是要看到，儿童经验的本身怎样早已包含着在发展和组织教材达到现有的水平中已经起着作用的那些态度、动机和兴趣。在各门科目方面，问题是怎样以儿童生活中起着作用的各种力量的结果来解释它们，并发现介于儿童的现在经验和这些科目的更为丰富而成熟的东西之间的各个步骤。

抛弃把教材当作某些固定的和现成的东西，当作在儿童的经验之外的东西的见解；不再把儿童的经验当作一成不变的东西；而把它当作某些变化的、在形成中的、有生命力的东西；我们认识到，儿童和课程仅仅是构成一个单一的过程的两极。正如两点构成一条直线一样，儿童现在的观点以及构成各种科目的事实和真理，构成了教学。从儿童的现在经验进展到以有组织体系的真理即我们称之为各门科目为代表的东西，是继续改造的过程。

从表面上看，各门科目如算术、地理、语言、植物等，它们本身就是经验。它们是种族的经验。它们体现了人类一代一代的努力、斗争和成就而积累起来的结果。各门科目把这个结果，不是仅仅作为一种积累，也不是作为一堆五花八门的片断的经验，而是以一些有组织的和系统化的方式——那就是作为通过反省思维而构成的东西呈现出来。

因此，进入儿童的现在经验里的事实和真理，和包含在各门科目的事实和真理，是一个现实的起点和终点。把一方和另一方对立起来就是使同一成长中的生活的幼年期和成熟期生活对立起来；这是使同一过程的前进中的倾向和最后的结果互相对立，这是认为儿童的天性和达到的目的处于交战的状态。

如果情况是那样的话，那么儿童和课程两者之间相互关系的问题呈现了下列情况：从教育上讲，在一开始就能够看到终点？会有什么用处呢？它将怎样帮助我们在处理生长的早期阶段能够预见到后来的情况呢？如我们已经同意的，各门科目代表了儿童直接的粗糙的经验中固有的发展可能性。但是，它们毕竟不是现在的和直接的生活的一些部分。那么，为什么或怎样重视它们呢？

提出这样一个问题就意味着自身已经有了答案。如果经验是正常地和健全地进展，那么看到结果，就是知道现在的经验朝哪个方向进展。对我们简直是那么遥远而没有意义的那个遥远的目标，当我们一经用它作为确定现在行动的方向时，就变得具有极大的重要性。照这样的理解，教材不是有待于完成的遥远的和渺茫的结果，而是对付现在的一种指导方法。换句话说，成人心目中系统的和精确的经验对我们具有的价值，在于按照儿童生活直接所表现的那样来解释它，而且还继续对它进行引导和指导。

让我们探讨一下关于"解释"和"指导"这两个概念。儿童现在的经验绝不是自明的。它不是终极的，而是转化的。它本身不是完成了的东西，而只是某些生长倾向的一种信号或标志。只要我们把自己的目光仅仅限于儿童此时此地的表现，那么我们就处于混乱和被引入歧路。我们就不能理解儿童经验的意义。从道德上和理智上对儿童的极端轻视和对他们过于热情的理想化，都有它们的共同错误的根源。两者都来源于把儿童的生长各阶段看成某些不相联系的和固定的东西。前者没有看到，希望包含在那些把它们孤立起来看是没有希望的和令人讨厌的感情和动作里；后者没有看到，即便是那些最令人喜悦的和美好的表现，不过是一种信号，而且当它们一旦被看作一些完成了的东西时，它们就受到糟蹋和损坏。

我们所需要的是使我们能够解释和评价儿童现在出现的和消失的那些因素，以及他的力量和弱点的种种表现，我们是按照它们在比较大的生长过程中占有的地位加以解释和评价的。只有这样，我们才能有鉴别。如果把儿童现在的各种倾向、意图和经验从它们在生长过程中所占的地位以及它们在一种发展的经验中必须完成的作用孤立开来，那么一切都处于同等的水平，一切都同样的好或同样的坏。但是，在人类的活动中，各种不同的因素具有不同程度的价值。有些儿童行为是一种衰退的倾向的预兆；它们是一种机体作用的残余，这种机体已经完成了它的任务，而且正在失去重要的作用。对于这类素质给以积极的注意，就是把发展抑制在低级的水平上。这是故意地保持一种发展不完全的生长状态。其他的一些活动是儿童的力量和兴趣达到顶峰的标志；对于它们就得应用"趁热打铁"的箴言。关于这些活动，也许是机不可失。这些活动，如果加以选择、利用和重视，也许标志着对于儿童的整个一生有益的一个转折点；如果忽视了，机会一去，不复再来。其他的一些行动和感情是象征性的；它们代表黎明时节闪烁着的光辉，只是在遥远的将来将不断地照耀。关于这些活动，目前没有什么可做的，只有给予充分的机会，至于明确的指导，要等待将来。

总的说来，正如"旧教育"的缺点是在未成熟的儿童和成熟的成年人之间作了极不合理的比较，把前者看作尽快和尽可能要送走的东西；而"新教育"的危险也就在于把儿童现在的能力和兴趣本身看作决定性的重要的东西。其实，儿童的学习和成就是不固定的、变动的。它们每日、每时都在变化着。

如果儿童研究留给人们一个印象，即一定年龄的儿童具有一种关于各种意图和兴趣的积极特征，正好照它现在那样予以培养，那么，这将是有害的。实际上兴趣只不过是对于可能发生的经验的种种态度；它们不是已经完成了的东西；它们的价值在于它们所提供的那种力量，而不是它们所表现的那种成就。把一定年龄的儿童所表现的现象作为自明的和独立自主的，就不可避免导致放任和纵容。任何一种能力，无论是儿童的或成人的，如果在意识上满足于一时的和现有的水平，就是放任。这种能力的真正意义是在于为达到较高级的水平提供一种推动力。这正是要努力做到的事情。用现在的水平迎合儿童的兴趣意味着刺激；它意味着利用能力，以便继续不断地挑逗它而不引导它向着一定的成就。实际上，继续不断地提出、继续不断地开始种种并不能有所成就的活动，正如按照更完美的思想和意志所设想的利益继续不断地压制主动性一样，是同样有害的。这好像叫儿童总尝味道，却不让他吃；总是使儿童的味觉在情绪上被挑逗起来，但从来没有得到内在的满足，而这种满足乃是来自食物的消化，并把它转化为有用的能力。

与这样的观点相反，另一种观点认为科学、历史和艺术的教材足以把真正的儿童给我们展现出来。我们对于儿童的倾向和行为，除了把它们看作是萌芽的种子、含苞待放的蓓蕾及其所结的果实，我们不知道它的意义是什么。视觉所及的整个世界远不足以回答儿童生性爱好光亮和形式的意义这个问题。要我们充分解释在儿童颇为简单的要求里究竟包括什么，整个物理科学一点也不多，儿童所要求的是说明吸引住他的注意的一些偶然的变化。当儿童在作画或乱涂一通时，要使我们能衡量儿童心里所激起的冲动的价值，拉斐尔[①]和科罗[②]的艺术一点也不多。

关于应用教材来解释这方面的问题就说这么多。把教材进一步应用到引导或指导方面，只是同样的思想的引申。解释事实是在它充满活力的运动中去看它，是在它和生长的关系中去看它。但是作为正常的生长的一部分去看它，就要获得指导它的基础。指导并不是从外部强加的，指导就是把生活过程解放出来，使它最充分地实现自己。上面说的由于儿童的现在经验离成熟的经验很远于是轻视它，以及对儿童的天真的不能解释的怪想和行为过于热情的理想化，在这里以略微不同的语句再说一下。有那么一些人，在这两者之间，即或者从外面强迫儿童，或者让他完全自流，看不到第三种的可能。因为看不到第三种的可能，这些人选择这种形式，那些人选择另一种形式。两者都陷于同样的根本性的错误。两者都没有看到发展是一个特定的过程，有着它自己的规律，只有当适当的和正常的条件具备时才能实现。真正地来解释儿童在计算、测量和匀称地排列事物的现在粗糙的冲动，要包括数学上的学问——一种数学的程式和关系的知识。这种知识在民族历史中正是从这样粗糙的开端中产生出来的。看到介于这两个极端之间的发展的整个历史，就是看到儿童在现在和在这里需要采取什么步骤，并看到儿童需要怎样使用他的盲目冲动，以便使它明朗起来并获得力量。

再说一遍，如果"旧教育"倾向于轻视能动的素质和儿童的现在经验固有的那种发展的力量，而且因而认为指导和控制正是武断地把儿童置于一定的轨道上，并强迫他在那里走，那么"新教育"的危险就在于把发展的观念全然是形式地和空洞地来理解。我们希望儿童从他自己心中"发展"出这个或那个事

---

① 拉斐尔（Raffael Santi，1483—1520），意大利文艺复兴时期画家。——译者
② 科罗（Jean Baptiste Camille Corot，1796—1875），法国风景画家。——译者

实或真理。我们叫他自己思考，自己创造，而不提供发动并指导思想所必需的任何周围环境的条件。没有一个东西能够从无中发展出来，从粗糙的东西发展出来的只能是粗糙的东西——而且，当我们依靠儿童实现的自我作为终极的东西，并要求他从已实现的自我中构思出自然和行为的新的真理时，这种情况确是会发生的。希望一个儿童从他自己小小的心灵发展到一个宇宙，就像哲学家力图完成这种任务一样，当然不会有效果的。发展并不是指仅仅从心灵里获得某些东西的意思。它是经验的发展，发展成真正需要的经验。而且，除了当那种教育的媒介物已被提供出来以外，这是不可能的，而这种媒介物使所选择的有价值的能力与兴趣发生作用。这些能力和兴趣必须运用，至于怎样用将完全依靠周围的刺激和它们所使用的材料来决定。因此，指导的问题就是选择对本能和冲动的适当的刺激的问题，在获得新的经验中是需要运用这种刺激的。至于哪种新的经验是合宜的，哪种刺激是必需的，除非对于所要达到的发展有所理解，这是不可能知道的。一句话，除非当成人的知识被用来揭示儿童面前展开的可能的前程，是不可能知道的。

也许有必要把经验的逻辑的方面和心理的方面区别开来并相互联系起来——前者代表教材本身，后者代表教材和儿童的关系。经验的心理的叙述依照经验实际生长的情况；它是历史性的，它记录了实际采取的步骤，即有效的和成功的以及不确定的和迂回曲折的步骤。另一方面，逻辑的观念把发展看作已经达到某一确定的完成的阶段。它忽视了过程，只考虑结果。它从事概括和整理，于是把已经取得的成果同这些结果起初所由来的实际步骤脱离开来。我们也许可以把逻辑的经验和心理的经验两者之间的区别与一个探险家的一些笔记和一张地图两者之间的区别，做一比较。一个探险家在一个新的国家披荆斩棘竭力寻找道路中写一些笔记；在他彻底勘探了这个地方以后，绘制了一张精美的地图。这两个方面的经验是相互依存的。如果探险家没有探索出或多或少是意外的和迂回的道路，就不会有那些事实可以用来绘制很完美的和有关的地图。但是，如果不把这个探险家的旅程同别的探险家所经历的类似的漫游相比较，相印证，那就没有人能够从这个探险家的旅程中获得收益；除非那些已发现的新的地理实况，已渡过的河川，已攀登过的山峰等，不是作为个别旅行者旅行中完全偶然的事情，而是（完全除去探险家的个人生活）同其他已经知道的类似的事实联系起来加以考察。地图把个人的经验加以整理，并把它们相互联系起来，而不顾它们最初发现的当地的、暂时的情况和偶然的事件。

关于经验的这种系统的叙述的用处是什么？地图的用处是什么？

我们可以先谈一下地图并不是什么别的东西。地图不是个人经验的代替品。地图不能代替实际的旅行。一门科学或学术的一个分支，一门学科的有逻辑、有系统的材料，终究不能代替个人具有的经验。一个下坠体的数学公式不能代替对下坠体的个人接触和个人直接经验。但地图是一个总结，一个对已往经验有准备、有顺序的观察，是用来作为对于将来经验的向导；它指出了方向；它便于控制；它节省人力，防止无益的彷徨不前，并指出最迅速地和最可靠地达到预期效果的途径。通过地图，每个新的旅行家可以使自己的旅行从别人的勘探的结果中得到帮助，而不必浪费精力和时间，徘徊不前——要是没有前人经验的客观的和概括的纪录的帮助，他将会被迫再次徘徊不前。我们称之为一门科学或一门科目的东西，是将过去经验的最后结果用一种将来最合用的形式表现出来。它代表一种可以立即生息的资本。它在每个方面节省人们的脑力劳动。记忆可使人少费气力，因为事实被组合起来围绕一些普通的原理，而不同于他们最初发现的各种不同的偶然事件单独地拴在一起。观察是有帮助的；我们知道探索什么和在什么地方探索。在一堆乱草里寻找一枚针和在整理得很好的橱子里寻找一个文件是有区别的。推理是有方向的，因为人们的思想是自然地沿着所展现的一条明确的总的道路或路线行进，而不是从一个偶然的联想到另一个偶然的联想。

那么，关于逻辑形式表演的经验不能说就是最后的东西。它的价值不是在于它本身；它的重要意义在于它的立场、观点和方法。它是介于过去比较偶然的、暂时的和绕了弯路的经验与将来比较有控制的和有系统的经验之间的东西。它给予过去的经验以一种基本的形式，使得过去的经验就未来的经验来说成为最合用、最有意义和最有成果的东西。它引进的抽象、概括和分类等概念都有着正确地观察事物的意义。

于是对经验加以系统化的结果并不是与生长过程相对立。逻辑的并不是注定反对心理的。全面的调查和分类排列的结果在生长过程中占有一个极重要的地位。它标志着一个转折点。它表明在检验将来所做的势力中，我们会怎样从过去的努力中获得好处。最广义地说，逻辑的立场，它的本身便是心理的，就它在经验的发展中所处的地位来说有着它的意义；它的根据是在对于它所保证的未来的生长起了一定的作用。

因此，就需要把各门学科的教材或知识各部分恢复到原来的经验。它必须恢复到它所被抽象出来的原来的经验。它必须心理化；反过来，变为直接的和个人的经验，在其中有着它的根源和意义。

那么，每种学科或科目都有两个方面：一方面是就科学家作为一个科学家来说；一方面是就教师作为一个教师来说。这两方面决不是对立的或互相冲突的，但又不是直接地完全相同的。照科学家看来，教材不过代表一定的真理，可用来找出新问题，开展新的研究，并贯彻执行以达到验证的结果。对科学家来说，科学中的教材是自身独立的，他把其中各种不同的部分相互归类，并联系新的事实以相印证。作为一个科学家，他从不超越他的特定范围之外，即使有的话，也只是搜集更多的同类的事实。教师的问题就不同了。作为一名教师，他并不关心对他所教的科目增加些新的事实，提出新臆说或证实它们。他考虑的是科学的教材代表经验发展的某一阶段或状态。他的问题是引导学生有一种生动的和个人亲身的体验。因此，作为教师，他考虑的是怎样使教材变成经验的一部分；在儿童的可以利用的现在情况里有什么和教材有关；怎样利用这些因素；他自己的教材知识怎样可以帮助解释儿童的需要和行动，并确定儿童应处的环境，以便使他的成长获得适当的指导。他考虑的不限于教材本身，他是把教材作为在全部的和生长的经验中相关的因素来考虑的。这样来看，就是使教材心理化。

前面所论述的关于课程与儿童的相互冲突，是由于没有把教材的双重的特点记在心里。教材，完全按照给科学家用的那样，对儿童的现在经验便没有直接的联系。它处在儿童的现在经验之外。这不仅是个理论上的危险。实际上我们在各方面都受到威胁。教科书和教师互相竞争，把专家所坚决主张的教材提供给儿童。教材经过一些改变或修改，只是消除某些科学上的困难，而且一般地把它降低到更低的智力水平。我们没有把教材转化为生活的名词，而只是把它作为对儿童现在生活的一种代替品或一种外加的附属品直接提供出来。

三种典型的弊病因而产生。第一，与儿童已经看到的、感觉到的和爱好的东西缺乏任何有机的联系，致使教材成为单纯的形式和符号。从某种意义上说，过高地估计形式的和符号的东西是不可能的。真正的形式，实在的符号，乃是掌握和发现真理的方法。它们是人们用来最可靠地和广泛地伸展到未被探讨的领域中去的工具。它们是工具，是用来使过去的研究中已经成功地获得的任何现实的东西发生作用。但是，只有当这种符号真正有所代表——当它用简单的形式代表或总结个人所经历过的实际经验时，这种情况才会发生。如果一种符号是从外界引进的，而不是被引导到原始的活动中去，如我们所说的，便是一种空洞的或纯粹的符号；它是僵死的和贫乏的东西。那么，任何事实，无论算术、地理或语法，如果不是从儿童生活中由于本身的缘故占有重要地位的东西逐渐被引导进去，就被迫处于这个境地。它不是现实的东西，而只是可能被经历到的现实的符号，如果一定的条件得到满足的话。但是，把别人所知道的那些事实出其不意地提供出来，一味要求儿童学习和强记，就使得那些条件不能满足。这就宣告使事实成为象形文字；要是有标准答案的话，它将会指出是什么意思。可是解决问题的线索这样缺乏，它始终是折磨心灵的无用的古董，是加给心灵的可怕的重担。

这种从外部提供的教材的第二种弊病是动机的缺乏。不仅没有那种过去曾经有所感受的事实和真理，以吸收和类化新的东西，而且没有热情，没有需要和没有要求。当教材已经心理化时，这就是把它作为儿童的现在的各种倾向和活动的结果来看，这就容易看清当前某些智力上的、实际上的或伦理上的障碍，如果所说的真理被掌握的话，这就能够更适当地加以处理。这需要提供学习的动机。一个属于儿童自身的目的将推动获得达到目的的方法。但是，当教材以课文的形式直接提供出来，作为课文来学习时，需要和目的的联系的链环就显然不存在了。我们所说的机械的和死板的教学，就是缺乏这种动机的结果。所谓有机的和生动的意思就是它们的相互作用——就是指精神的需要和材料的提供之间的相互作用。

第三种弊病是，即使用最逻辑的形式整理好的最科学的教材，如果以外加的和现成的形式提供出来，在它呈现到儿童面前时，也失去了这种优点。为了排除难以领会的地方以及减少随之而来的困难之点，教材必须受到一些改变。那么会出现什么情况呢？那些对于科学家最重要的以及在实际探究和分类的逻辑性中最有价值的东西被阉割了。那些真正激发思想的特点被遮掩起来了，而且那种组织的功能也不见了。或者，正像我们通常说的，儿童的推理能力、抽象的和归纳的才能没有充分地发展。因此，教材的逻辑的价值被舍弃了。尽管它只是从逻辑的观点构成的东西，但只是作为"记忆"用的素材而提供出来。这是一种矛盾。儿童既得不到成人的逻辑的系统阐述的好处，也得不到他自己固有的领悟和反应的能力的好处。因此，儿童的逻辑被阻碍和抑制了；如果儿童所得的不是非科学的东西，那就是一两个世纪以前具有科学生命的东西的最平凡的和最普通的残余——一些别的人在前人早已经历过的经验的基础上加以公式化的变了质的回忆，那么我们就算是很幸运的。

一系列的弊病并没有到此为止。相对立的、谬误的理论毫不掩饰地互相利用，这实在是太普通的事。心理的考虑也许会遭到忽视或被推在一边，但它们不能被排除出去。把它们从门里赶出去，它们又从窗子里爬进来。学习的动机必须以什么方法和在什么地方引起注意，心理和教材之间的联系必须建立起来。问题不在于没有这种联系能否进行下去，唯一的问题是这样的联系是从教材本身与心理的关系中产生出来，还是为外部力量所强加并把它们拴起来。如果课文的内容在儿童发展的意识中占有适当的地位，如果它是从儿童自己过去所做的、所想的和所经受的当中产生出来，能应用于今后的学业成就和知识接受，那么就没有必要为了引起"兴趣"而求助于各种策略和手法。心理化的教材是有兴趣的——这就是把教材放在整个有意识的生活之中，以便它分享生活的价值。但是那种外部提供的教材，它所设想的和所产生的观点与态度与儿童没有丝毫关系；它所产生的动机对儿童也格格不入。这样的教材就不会有它自己这样的地位。因此，不得不求助于外部的力量把它推进去，求助于人为的练习把它打进去，以及求助于不自然的手段把它引诱进去。

这种利用外部的方法给予教材某些心理上的意义，有三个方面值得说一说。熟悉会引起满不在乎的态度，但它也引起某些东西如爱慕之情。我们习惯于所佩戴的项链，一旦解下来，感到若有所失。这是一个古老的故事，即通过习惯作用，我们最后就能接受最初呈现的外貌丑陋的东西。因为无意义而不愉快的活动如果坚持下去，也许会产生好感。假如环境连续提供所需要的工作方式而排除另一种方式，人们也可能对一种例行的和机械的程序发生兴趣。我常听说，有人捍卫和赞扬愚笨的手段和无谓的练习，因为"儿童对于这类东西有'兴趣'"。是的，这正是最糟糕的；人的心理不让它用于有价值的事情，对适当的行为没有要求，就降低到让它随便做什么的水平，而且必然对狭隘的和阻碍生长的经验发生兴趣。心理的一般规律是在它自己发挥作用中感到满足，如果对于心理十分重要的和有意义的事情被拒绝的话，心理就试图以留给它的种种正规的活动来满足自己——除了在那些不能自己适应的过于紧张的活动的情况以外，这往往是成功的；而正是那种过分紧张的活动，便形成学校所产生的不守秩序的和不符合社会要求的现象。形式地理解符号和反复记忆的兴趣，在许多学生中成为对现实的那种原始的、生动的兴趣的代替品，这一切都由于课程教材同个人的心理具体状况缺乏联系。于是，对某些使教材和心理保持有效关系的代用的结合物必须加以发现和仔细研究。

教材中生动的动机的第二个代替物是起对照效果的东西；使课文的教材发生兴趣，如不在材料的本身，至少要同另一种经验相对照。学习课文较之受责骂、受嘲讽、课后留校、扣分数或留级有兴趣。有许多以"训练"为名被采用的东西，有许多以反对软教育，并打着努力和责任的旗号而引以自豪的东西，只不过是从兴趣的相反方面——恐吓及对身体的、社会的和个人的各种痛苦的厌恶引起"兴趣"。教材并不引起兴趣，也不能引起兴趣；它并不发生在生长的经验中，也没有产生什么结果。因此，要利用无数的外部的和不相关的东西，这些东西全凭遭受挫折而重新振作起来，也许有助于把经常在那里游荡的儿童心理推回到教材中去。

可是，什么是人性，人性趋向于在愉快的而不是不愉快的以及在有乐趣的而不是在痛苦之中寻求动机。正因为这样，便产生了对兴趣这个名词作错误理解的近代"兴趣"的理论和实践。教材依然是那种教材，就它本身的性质而论，只不过是从外部经过选择加以系统化罢了。仍然是那么多的地理、算术和语法等科目，而没有那么多的关于语言、地球和数量的实物的潜在的儿童经验。因此，困难是不能使儿童的思想集中到课业上来，这些作业引起了一种反感；儿童的注意力往往是散漫的，因为其他的动作和思想拥进来把课业挤走了。正当的解决办法是改造这种材料，使它心理化——重复一遍，那就是在儿童的生活的范围内吸取它，发展它。但让它照旧不动是更为容易和更为简单，于是用机巧的方法引起兴趣，使材料有兴趣；用糖衣把它裹起来；用起调和作用的和不相关的材料把枯燥无味的东西掩盖起来；最后，似乎是让儿童在他正高兴地尝着某些完全不同的东西的时候，吞下和消化一口不可口的食物。但是，这是多么相似啊！心理的类化是意识的问题；而且，如果注意力不曾直接用于实际的材料，那么这些材料就不能为儿童所领悟，更不能对儿童的能力起什么作用。

那么，儿童与课程的这个争论怎么样呢？结论应该是什么呢？根本的错误在我们所提出的那些原来的辩解中，是以为我们没有其他选择。除非要么放任儿童按照他自己的无指导的自发性去发展，要么从外面把命令强加给他。行动是反应；这是适应，是调整。不可能有这样的东西，如单纯的自我活动——因为一切活动都是在一个生活环境里，在一个情境里，并参照它的周围情况而发生的。但是，此外，也不可能有这样的东西，如从外面把真理强加上去，或者从外面把真理嵌进去。一切依靠着心灵自身在对来自外部呈现出的事物的反映中所经历的活动。现在，构成科目的系统知识的财富的价值，使得教育者可以决定儿童的环境，从而拐弯抹角地去指导他。它的主要价值，它的主要表现是为教师，不是为儿童的。它对教师说：这些东西是儿童在真、美和行为各方面可能有的才能和成就。现在要注意，每天的情况应该如此，使他们自己的活动不可避免地朝着这个方向进行，自动地朝着这样的高峰进行。让儿童的本性实现自己的使命，这是在世界本身所拥有的科学、艺术和工业中对你显示过的。

这个问题是儿童的问题。他的现在的能力要自己表现出来；他的现在的才能要发挥作用；他的现在的态度要实现。但是，除了教师能了解——机智地和彻底地了解体现在我们叫做课程里的种族经验以外，教师既不能了解儿童现在的能力、才能或态度是什么，也不能了解怎样使它表现出来，发挥作用，并得到实现。

（顾岳中译，赵祥麟校。选自赵祥麟，王承绪编译. 杜威教育名篇［M］. 北京：教育科学出版社，2006：64—81.）

教育学中理论与实践的关系（1904）[①]

如果不对（1）理论和（2）实践的本质与目标各自作一番初步的探讨，想要界定理论与实践的恰当关系，即使是可能的，也将是困难的。

一、我不需要论证就可以假定，对教师充分的专业指导并不完全是理论性的，而应当包括一定数量的实践工作。关于后者的首要问题，在于这些实践工作的执行所要达成的目标。人们也许会持有以下两种如此极其不同的主导目标，以至于会改变实践工作的数量、条件与方法。一方面，我们可以把让教师学会使用必要的教学工具之训练，对课堂指导和管理的技巧之掌握，以及教学工作中的技能和熟练，作为目标而开展我们的实践工作。以这种观点看来，实践工作在本质上终归是学徒式的。另一方面，我们也可以提议把实践工作看作提供真正且重要的理论指导的工具，即让教师获得关于教育主题和原则的知识。这是一种实验式的观点。

这两种观点的差异是明显的；而且，这两种目标共同提供了所有实践工作都要服从的限定条件。从其中一种观点来看，目标在于塑造和训练现实中的教师；这个目标，从直接和根本的意义上是实用性的。从另一种观点看来，直接目标，即作为达成最终目标的途径，是提供良好技艺的思维方法与材料，而不

[①] 本文仅代表作者的个人论点，而不代表任何特定机构的官方论点；因为作者认为，讨论一下自己认为重要的原则而不是规定一套程序的体系，将会更有益处。本文最早刊登于国家教育科学研究学会的《第三年度年鉴》（*Third Yearbook* of the National Society for the Scientific Study of Education），1904年，第1部分，第9—30页。

是像往常那样，力求立即培养出一个有效率的技工。如此理解下的实践工作在执行中主要关注它所引起的理智反应，即让学生①更好地掌握他所学的教材的教育意义，以及科学、哲学和教育史的教育意义。固然，结果并非是唯一的。如果说类似于实验室帮助学习物理和化学的学生获得对它们的原理更深刻理解的实践工作，却未能帮助学生获得有关指导和管理班级的技能，那将是难以理解的。如果获得这一技能的过程没有能够启发和丰富对教材和教育理论的指导，则同样是很奇怪的。虽然如此，分别以两种不同的观点作为主导的实践工作，在理念和执行中存在着根本的差异。如果说实践的首要目的是获得履行教师职责的技能，那么用于实践的时间数量，引入实践工作的场合，实施、监督、批评和联结实践工作的方法，将会与以实验式的理念为主导的方法有着广泛的不同；反之亦然（viceversa）。

在这一问题的讨论中，我将试图阐述我称之为实验式的东西，以区别于学徒式的观点。虽然我首要地立足于大学，但我将坦率地说（以作为必要的修正），我所谈到的同样适用于师范学院。

（一）我首先要引证其他专业学院的例子。我怀疑，作为教育者，我们是否始终如一地牢记着这样的事实，即培训教师的问题是更加一般的事务，即专业培训的一个分支。我们的问题类似于培训建筑师、工程师、医生、律师等职业的问题。此外，既然（这似乎是令人惭愧且难以置信的）实际上人们最容易忽视特定的专业准备在教育职业中的必要性，教师就更有理由发掘他们从其他职业更为广泛且成熟的经验中学习到的东西。如果我们现在转向对其他职业培训历史的考察，能够发现以下几个显著的趋向：

1.要求获得更多数量的学术知识，这是进入专业工作的前提。

2.在应用科学和技艺中，发展出特定的工作方法是专业工作的核心。例

---

①本文中的"学生"，主要指为今后从事教学工作而进行教学实习的师范学院的学生，而不是一般意义上的学生。——译者

如，我们可以将化学和生理学在当今医学培训中所占据的地位与"实践"和"药物"（*materia medica*）在上一代所占据的地位作一番对比。

3. 实践的和半专业的工作安排基于如下假定（时间限制等因素被考虑在内），即当专业学校给学生提供了典型且集中而非大量且细致的实践活动时，对学生是最有益的。总之，它致力于学生对实践技能的个人独立运用所要求的理智方法的掌握，而非立即成为技能的熟练掌握者。这种安排必然涉及专业常规程序和技巧掌握在相当程度上的推迟，直到学生毕业后开始从事他的职业。

这些结果对我们更加重要，因为其他的专业学院大多和教师培训学院处于同一出发点。它们的历史表明，人们曾经认为学生在起初应当被要求尽可能熟练地掌握实践技能。在导致专业学院如此坚定地从这一立场转向实践工作应当以激发和阐明思维方法为目标的原因中，我们可以列出以下两点。

首先，学院可支配的时间是有限的，因此必须高效率地使用时间。我们没有必要假定学徒模式本身就是一件坏事。相反，它可以被视作一件好事；但学生在培训学院花费的时间毕竟是短暂的。既然时间是短暂的，发挥出它最大的功用就成为一个紧迫的问题；而且，相对而言，对这段短暂时间的合理利用就在于打下科学的基础。这些是人们无法在专业的实际工作中充分获得的，而专业生涯却能够给人提供获得和完善专业技能的时间。

其次，学院没有能力为最好的技能学习和应用提供令人满意的条件。与真正的实践相比，法学院和医学院至多只能提供与现实相差甚远的模拟条件。对这些学院而言，尝试提供学生在现实工作中不知不觉且不可避免就能充分掌握的技能，就好比让文法学校花上几个月试图传授（这种传授通常是十分失败的）学生在银行和会计所里花几个星期就可以学会的商业会计技能。

人们或许会说，这个类比不适用于教师培训学院，因为这些机构有模拟和实践的部门，提供给教师们在现实职业生活中会遇到的相同条件。然而，这仅仅是就以奥斯威戈模式[①]（Oswego pattern）而组织的师范学院而言，也就是说，只有在这样的学院里，小学教师才被给予足够的时间来完全掌管课堂上的教学与纪律，而不会受到听课教师的干扰。在其他情况下，学校一些最基本的重要特征则被削减或取消了。多数"实习学校"不过是折中的产物。理论上，它们接近于正常的环境。实际上，"孩子们的最大利益"被如此严格地保障和监管，以至于这个环境类似远离水池而学习游泳。

从现实的教学活动中去除"实践工作"的方法，让人乍一看并不感到惊讶。维持教室纪律的职责之取消，无时不在、随时准备提出建议并将事情揽入自己手中的专家，封闭式的监督，教学对象的规模缩小等，不过是这些方法的一部分。"课程计划"的话题，会涉及其他话题。在这里，它们也许会被暗中作为某一方式来使实习教师所面临的情境成为不真实的。如果实习教师准备了一系列或多或少确定的课程，得到有关这些课程计划的评价，并且以能否实施预定计划来判定他在教学上的成功，那么，他与那些依照与学生的交流中获取的经验而制定和修改课程计划的实习教师们所持有的态度，则是完全不同的。

一种是在现实教学所提供的条件下发展教材，通过教师的自发和反思的批判发挥效用；另一种是在对更高级的教学管理者评判（假定的或者现实的）的密切关注下发展教材，或许很难找到如此相去甚远的两类路线了。在实践教学问题中，那些与维持教室或课堂纪律的职责更为相关的方面在过去曾引起很大的重视，而那些更加细致且意义深远的有关思维职责的事情却常常被忽略。在那里，人们只考虑确保某些条件来使教学实践成为真正的学徒制。

（二）强调教师需要精通教学和管教，这让实习教师把注意力放错了位置，而且朝向错误的方向——也许不是完全"错误"的，但从需求和机会方面

---

① 奥斯威戈模式（Oswego pattern），美国教育家谢尔登（E. A. Sheldon，1823—1897）1853年在纽约州的奥斯威戈创办师范学校，采用裴斯泰洛齐教学法进行师资培训。这一方法后成为闻名整个美国的奥斯威戈模式。——本书编译者

来看，相对而言，则是错的。实习教师时常会面临并解决以下两个问题，这两个问题极为广泛和严肃，需要深入且专心地对待。这两个问题如下。

1. 从教材的教育价值和用途来掌握教材，或者可以说，通过教育原则在教材中的应用来掌握教育原则，而这也是教导内容和纪律与管理之基础。

2. 掌握课堂管理的技巧。

这并不意味着这两个问题是互不相干或彼此独立的。相反，它们是紧密联系的。然而，学生们无法同时给予两者相同程度的关注。

刚开始教学的教师首次面对有三四十个学生的课堂时，对他们来说，最为棘手的问题是不仅仅要完成教学任务，还要承担维持课堂秩序的责任。年长的教师已经掌握了同时做两三件事情的必备技能，比如：在全班朗诵的时候，既照顾到整体，又注意到个人；有意识地完成每天、每周、每个月的教学计划，同时把当前的事情先处理好。这样的年长老师，很难了解刚刚从业的教师所面临的困难。

教学如同演奏钢琴，存在着技巧。这种技巧如果要在教学中发挥功用，则要依赖于基本原则。但是，学生可能只是学到了方法的外在形式，却无法将它们真正地运用到教学中。正如每位老师都熟知的，孩子拥有内在和外在的注意力。内在注意力意味着对身边事物无保留、无限制、全身心地投入。它是对智力直接且私人性的运用。因此，它成为智力成长的基本条件。了解这类智力应用，识别它是否存在，明白它是如何被激发和维持的，如何通过得到的结果检验它，以及如何检验由它引起的明显效果，这些是教师工作最高级的特征与评判标准。这意味着对心灵活动的洞察，区分真实行为与伪装行为的能力，以及鼓励真实行为而阻止伪装行为的能力。

另一方面，外在注意力则是将书本和老师看作独立的对象。它表现为某些惯常的姿态和肢体表达而非思维的活动。小孩子们很擅长表面上对学校课程的形式表现出通常人们所期望的那种注意力，而内心却将其思想、意象和情感倾注在那些与课程毫无关联却对他们更加重要的主题上。

然而，过早地注重维持教室秩序这一紧迫且实际问题的教师，几乎必然将外在注意力看作最为重要的。教师还未曾接受提供心理洞察力的培训，从而使他能够立刻（几乎是自动的）判断：在某一特定时刻，哪些种类和模式的教材能够保持学生的注意力有效且健康地向前发展。但却清楚地知道：他必须维持秩序，必须保证学生们的注意力集中在他所给出的问题、建议、指导、评论，以及他们的"课程"上。因此，这种境况内在地导致了教师在外在注意力而非内在注意力方面获得其技巧。

（三）随着将注意力集中在次要的问题上而忽略首要的问题，如此形成的工作习惯越来越具有经验性而不是科学性。实际上，学生不是根据他被要求遵循的原则调整教学方法，而是根据自己在经验中认识到的得失不断进行调整。比如，他看到在维持班级纪律上比自己更成功和有经验的教师的做法，以及其他人对他的嘱咐和指导。这样，教师的主导性教学习惯最终形成了，相对来说，却没怎么参照心理学、逻辑学和教育史的原则。在理论上，这些原则是占主导地位的；在实践中，推动力是手段和方法，它们是从盲目的实验中获得的，从不合理的事例中得来的，从或多或少是任意的和机械的规律中得到的，从他人基于经验的建议中得来的。这样，我们至少能在很大程度上解释这种双重性和无意识的口是心非，这两者是教师行业最严重的弊端之一。一方面，人们对某些崇高、抽象的理论热情高涨，如自我活动、自我控制、思维和道德上的原则。另一方面，教学实践很少留意正式的教育学信条。理论和实践没有在教师个人的经验中得到同步发展，也没有得到整合。

最终，教师的教学习惯可以建立在两个基础上。它们在理智的启发和不断批判下形成，并且应用于已有的最好条件。但这仅仅是在实习教师熟知他所教导的题材，并且掌握有关心理和伦理的教育哲学的条件下，才是可能的。只有当这些因素被纳入思维习惯中，并成为观察、洞见、反思时的基本倾向的一部分，才能自动地从而积极有效地得到运用。而这意味着，实践工作首先应当考虑的，是将这些专业学生培养成善于思考和思维敏捷、具备教育学知识的学生，而不是帮助他们立即就精通教学工作。

直接技能会随着能力不断增长而获得。那些从专业学院毕业并拥有管理班级能力的教师，在最初的时间里，一天、一周、一个月甚至是一年里，比起那些在有关儿童发展的心理学、逻辑学和伦理学方面掌握更多重要知识的教师，可能显得更有优势。但是，以后的"进步"，只有通过教师业已掌握的自我完善和提高的技能才可能达到。这些人似乎知道如何教学，但他们却不是教育学的学生。即使他们继续学习教育学书籍，阅读教师期刊，到教师学院进修等，也无济于事；因为问题的根本不在于这些，除非他们继续学习题材和心理活动方面的知识。除非教师成为这样的学生，他才可能继续改进学校管理机制，但是他终究不能成为真正的教师、启迪者和灵魂的导师。培训学院的老师总是坦率地承认，他们对自己的学生日后的发展是多么地失望，即使是对那些比较有前途的学生也是如此！那些学生刚开始时，似乎很成功；然而，他们不能保持稳定的进步，这让人意想不到，而且似乎很难解释。在某种程度上，这是不是由于在初期的实践工作中过早地强调对直接教学技能的掌握而造成的？

我还可以继续指出其他弊端，它们在我看来，或多或少都是同一原因所导致的。其中包括教师们思维独立性的缺乏，即他们思维上的盲目屈从。一方面，师范学院和教育期刊上的"模范课程"标志了那些不惜一切，为了取得即时的实践效果而仰仗权威的教师们的心态；另一方面，也表明了我们的教育组织不加考察与批判地接受任意一种保证良好效果的方法或手段的自发态度。已经是教师的和打算成为教师的人们，簇拥着那些能明确而清楚地指导他们如何教学的人士。

教育发展遵循这样一种趋向，即从一种路线转到另一种路线，在一年或七年的时间内采用这种或那种新的教学研究和教学方法，然后又突然转向另一种全新的教育原则，这是由于教师们缺乏独立思想所导致。教师们，尤其是那些身负行政职务的教师们，倾向于关注职业的程序细节，花费大量精力去制定表格、规章和条例以及填写报表和统计数字，这些同样表明思维活力的缺失。但是，只要教师们能够抱着自己永远是教育学的学生的精神，这种精神就能打破客观环境的束缚与扰乱，并且使自身得到体现。

二、让我们从实践方面转向理论方面。为了使实践工作真正实现教育实验的目的，那么，理论的目标与核心必须是什么？在这里，我们具有这样一种信念，即理论指导仅仅是理论性的、深奥的、远离实际的，因此相对而言，除非学生被立即推向教学工作，否则理论指导对教师的教学工作是无用的；而只有"实践"，才能为专业学习提供动力，并为教育学课程提供素材。人们通常声称（或者至少不自觉地假定），除非让学生进行教学工作来即时且同步地巩固理论知识，否则的话学生将缺乏研究教材、教育心理学和教育史的专业动机，而且将缺少有关它们与教育之间关系的认识。但事实真是这样的吗？还是恰当的理论指导本身就包含了实践性的因素与内容呢？

（一）既然本文无法涵盖教育哲学和教育科学的所有方面，我将从心理学的观点谈起。我认为，这是所有教育学理论指导中最有代表性的方面。

首先，初学者虽然没有直接的教学经验，但从自身经验中获得了大量极其实用的知识。有人认为，除非学生立即通过自身实践教学来检验和阐明所学的理论，否则，理论指导便仅仅是抽象且一无是处的。这种论调忽略了课堂中的思维活动与一般经验中的思维活动之间的连贯性。它忽视了这种连贯性对达成教育目的的极端重要性。持有这种论点的人们，似乎把课堂内的认知心理与其他场合下的认知心理隔绝开来。

这种隔绝不仅不是必要的，而且是有害的，因为它抛弃或轻视了学生拥有的最重要的财富（不仅是最重要的，还永远属于那个学生），即他的自我指导和个人经验。我们有理由假定（因为学生并不低能），他已经从生活中学到了知识，并且还在日复一日地学习。他肯定会相应地从自己的经验中得到大量的实际资料，用以阐明理论原则和学习过程中智力发展的法则，并且给予这些原则或法则以生命力。而且，由于没有人是在理想环境中长大的，每个初学者都有许多实际经验，并用它们解释发展受阻——失败、适应不良、退步，甚至是堕落。现成的资料是病态的，也可能是健康的。它能体现和说明在学习问题中的成功和失败。

然而，没能将这个实践经验的主体考虑在内，不仅仅是一个严重的错误（这违反了从已知到未知的原则）。这种忽视还会导致在当前的教育方法中的一些严重弊端继续存在。正因为学院没有引导学生认识到他自己在过去和现在的成长与在学校中的成长所遵循的是同一法则，也没有引导学生认识到在幼儿园、操场、街头和客厅所遵循的心理学和课堂心理学是同一性质的，学生不自觉地假定了教室内的教育属于完全不同的类别且遵循着特有的规律。[①]不自觉地，但同样是确定无疑地，学生们开始坚信特定的学习"方法"和专门适用于学校的教学方法，这些方法适用于特定的场所并有着特殊的应用。因此，他开始坚信材料、方法和手段对达成教学目的的效用性，但他却从未意识到应该信任他在学校外所获得的经验。

我认识一个师范学院的教师，她总是说，当她无法让她的学生们懂得关于孩子们的某些事情时，她会要求她的学生转而想一想自己在日常的家庭生活中所熟知的侄子、侄女或表弟、表妹。我认为，无需过多的论述，就能证明学校内和学校外学习连贯性的断裂，导致了教育中的资源浪费和错误的努力方向。我更愿意利用这个假定（我认为它将会被普遍接受）来强调，灌输给实习教师们对课堂心理学这样一种生硬且错位的理解是有害的，而这种理解之所以生硬且错位，是因为学生不知道如何预先从他们最为了解的自我经验中选择和组织相应的原则和材料。[②]

从这个基础出发，我们在对他人教学的观察即课堂观摩中转向教育心理学

---

① 在这里，"成人"心理学发挥着效用。一个不了解自己的人很难了解他人。然而，成人心理学应该与儿童心理学一样具有一般性。

② 如果我一直重复"经验"这个词，或许会避免误解。它并非指我心中的形而上学的内省，而是指转向自身经验的过程，并考察它们是如何发展的以及什么东西促进或者抑制了这个有机体内部的和外部的动力与束缚。

的探讨。但是，我希望在这里指出我已经提到的关于实践工作的相同原理。对模范教师或重要教师之教学活动的最初观察，不应当是以实用为导向的。学生不应该为了积累成功教学的方法而观察优秀教师是如何教学的。他们应该去观察心灵的互动，去观察老师和学生是如何彼此回应的——心灵之间是如何沟通的。他们应该首先从心理学而非"实用"的角度来进行观察。如果人们强调后者甚于前者，那么模仿原则将必然会在观察者未来的教学中起着过分夸大的作用，从而牺牲他们的个人洞见和主动性。学生在这一阶段的成长中，最需要的是能够洞察彼此进行着思维交流的人们心中在想些什么。他们需要学会从心理学的观点去观察，这极为不同于仅仅观察特定教师如何在展示某一特定主题时获得的"良好效果"。

毋庸置疑，具备了心理学之观察和解释能力的学生，将会进而关注教育中更加技巧性的方面，即优秀教师在任何科目的教学中所运用的各种方法与手段。如果得到适当的准备，这不一定会导致学生成为模仿者或传统及范例的追随者。这些学生有能力将优秀教师所具有的重要的实践手段与他们自己的心理学知识相匹配，而且不仅仅只看到它们的确发挥功用这一简单的事实，还能了解这些手段是如何并且为什么能够发挥功用的。这样，他们就能独立判断和评判教学手段的正确应用和改善。

我在前面假定了对两种因素的重视，使教育心理学区别于普通意义的心理学。首先是对特定目的即成长与发展的重视，同时也是对它们的对应物即停滞与适应的重视。其次是对社会因素的重视，即对不同心灵的彼此互动的重视。我认为，我们绝对无法直接从纯粹的心理学数据中得出任何教育程序和教学格言。未经整理的心理学数据（也就是我称之为纯粹的心理学数据）涵盖着人的所有心理活动。如同思维的发展和进步、思维的停滞与衰落，也同样遵循着心理规律。

我们无法从物理学中总结出实践性的格言，例如建议人们遵照重力法则行走。只要人们行走，他们就必然是在这一法则所揭示的条件下行走。同样的，只要人们进行思维活动，他们就必然遵循着正确的心理学理论所陈述的那些原则。试图将这些心理学原则直接转化为教学规则既是多余的，也是没有意义的。但是，当一个懂得机械原理的人想要达成某种目的的时候，他会知道将哪些条件考虑在内。他知道如果想建一座桥，那么就必须用特定的方法和特定的材料来建造，否则，他所得到的将不会是一座桥，而是一堆垃圾。这同样适用于心理学。给定某个目的，例如促进健康的成长，心理学的观察和反思能帮助我们控制相关的条件。我们会明白，如果我们想达到那个目的，就要按照一定的方法去做。教育心理学的特殊标志在于：它将心理学材料置于如何促进成长并避免停滞与浪费这一问题之下。

我谈到社会因素的重要性是另一标志。当然，我不是说一般的理论心理学忽视了心灵间互动的存在和重要性——尽管可以说，直到现在，社会因素在心理学中还没有得到重视。我的意思是：与心理学家不同，对教育者而言，考察某人的思想受到另一个人的思想自觉地或不自觉地提供的刺激时做出的回应是很重要的。从教师的立场看来，不用多说，学生们所表现的所有习惯都被看作对某些人或某一群人所提供给他们的刺激的反应。因此，教师应该考虑的最重要的事情在于：就他目前与学生的关系而言，他自己的说话和行为方式推动或抑制了哪些态度和习惯。

如果这两个关于教育心理学的假定得到认可，自然而然，只有遵循这样的步骤，即从学生自己的心理成长经验中所包含的价值和规律开始，进而逐渐过渡到他所知甚少的对于他人情况的了解，最后再试图影响他人的心理活动，教育理论才是最有效的。只有这样，学生才能养成对教师而言最为重要的心理习惯，即对内在注意力而非外在注意力的关注；或者说，教师的重要职责在于指导学生的心理活动，而且在这之前，他必须首先了解学生的心理活动。

（二）我现在转向教材或者学术知识，希望表明恰当的教材并非如人们有时所想的那样，是纯粹理论性的，或者是与实践毫无关联的。我记得，一个毕业生曾经调查过他所在学院的主要教师们是否接受过专业培训，以及是否学习过教育学。他将一份基本上是否定性的调查结果送到了当地的教育组织。有人或许会说这没什么，因为众所周知，仅仅就教学而言，大学中的教学本来就很糟糕。然而不可否认，大学里的确有些不错的教学，而且那些从未接受过教育实践和教育理论之指导的教师也有着一流的教学。

这个事实是我们不能忽视的，就像我们不能忽视另外一个事实，即在教育学产生之前，就已经有了很多优秀的教师。我并不是主张取消教育学培训——这是我最不愿看到的。我认为，上面所提到的事实证明了学术知识本身或许是用来培养和塑造优秀教师的最有效的工具。如果说它在不自觉和无确定意图的情况下就发挥了如此大的功用，那么我们绝对有理由相信：如果老师们从培训学院里获得这些知识，并能因此有意识地思考它与心理活动的关系，学术知识将会比我们通常所想的更具有教育学价值。

人们有时认为，学术知识似乎与方法无关。即使当人们不自觉地采取这种态度时，也会使方法成为外在于教材知识的附加物。它就必然相对独立于教材而被阐释和获得，进而被应用。

究其本性而言，构成实习教师之教材的知识体系必须是系统性的教材。它不应当是一堆混杂的废物。即使它（如同历史学和文学）不能被严格地称之为"科学"，也同样是依据一定的方法而制定的材料，这种方法就是参照控制性的理智原则筛选和安排材料。因此，教材中也存在方法，这种方法是人类迄今为止所发展出来的最高级的科学方法。

我们不能过分强调这种科学方法就是心理方法本身。[①]这种使教材成为研究分支的分类、阐释、解释和归纳方法，并不处于脱离心理的事实之中。它们反映了教师在努力处理经验所提供的原始材料并使它们能够满足和激发积极思考之必需条件时心灵的态度和运作。既然如此，如果通过这种方式，学生未能持续获得心理活动方面最好的实物教学（object-lesson）（这标志着心理成长和

---

①埃拉·F. 扬（Ella F. Young）教授在《教育学中的科学方法》中，值得注意地发展了这一观念。对此，我十分感激。

教育进步），那么就意味着在专业培训的"学术"方面存在问题。

我们有必要认识到，教师使自己习惯于更高级的心理运作方式是很重要的。一个教师在将来越是有可能从事基础教学，这种锻炼就越是必要的。否则，当前初等教学的传统倾向于谈论并且描绘儿童假定的理智水平，并且这种传统还将继续。教师只有在更高级的思维方法下得到全面训练，并且时刻牢记充分和真实的思维活动意味着什么，才可能真正尊重孩子们心灵的真诚与力量。

当然，这种观念会受到以下论点的挑战，即教材的科学编排（这构成实习教师的学术研究课题）与适合于略欠成熟的学生的教材编排原则是完全不同的，以致对更高级别的学术知识的过多、过早熟悉，可能会阻碍对儿童和青年进行教育的教师的活动。我不认为有人会主张教师真的完全知道什么才是对他们有益的，但也许可以合理地说：特定形式的心理习惯的持续学习，可能会使那些较年长的学生摆脱较年轻的学生的心理冲动和习惯。

然而，我认为在这一问题上，师范学院和教师学院有一个最大的机遇，这一机遇不仅关涉教师的培训，还涉及与教师培训无关的大学和高等院校中教育方法的改革。师范学院和教育学院校的职责在于使学生能够看到并感受到：这些研究是以思维运作之重要体现的方式来展示有关科学、语言、文学和艺术的题材，从而使他意识到它们不仅仅是为专门知识的应用而服务的技术手段的产物，而且代表了基本的心理态度与运作。事实上，特殊的科学方法和分类不过是以最具体的方式表达和阐释了简单而常见的思维活动模式在令人满意的条件下同样能够做到事情。

总之，对未来教师的"学术"指导，应该将教材带回它日常的心理根源。①只要这一目标能被达成，上面提到的那些依据对教材的高级处理和低级处理之隔阂而得出的反对意见就会失去说服力。这并不是说，以相同的模式展

---

① 似乎没有必要再提及哈里斯（Harris）博士不断提到的观点，即师范培训应当给予即使是最基本的事物以更高的关注与综合。

示相同的教材假如对师范学院的学生是合适的，也一定适用小学生或高中生。但是，这的确意味着：如果习惯于从教材的功能与心理反应、态度与方法之间关系的角度来看待教材，他会敏锐地察觉四岁的儿童或十六岁的青年理智活动的迹象，并且能够被训练来自然而然地评估适合于用来调动和引导心理活动的教材。

这样就解释了为什么有些教师虽然违反了教育科学所制订的规则，但却依然获得成功。他们充满了探究的精神，并且不管做什么或如何做，他们对这种精神的存在或缺失都十分敏感。他们能够成功地唤醒和激发他们所接触的人去进行同样机警与热烈的心理活动。

这并不是在为这些不规范、不成熟的方法辩护。但是，我想重申刚才的论点：如果说某些教师单纯依靠丰富的知识和直觉洞察学生的思维活动，并且在没有确定的理论原则指导下就已经取得如此多的成就；那么，如果同样的学术知识能够被更加自觉地使用，即明确地联系心理学原则而得到运用，它肯定会发挥更大的功用。

我在上文提到师范学院拥有改良一般教育的机遇时，我的意思是，如果有关教材的指导（不论在何处）仅仅使学生获得有关外在事实和规律的特定知识，甚至提供如何运用这些材料的理智方法，那么它就是不充分的。不仅师范学院，而且所有专业的高等院校都有责任让学生们意识到：心灵被训练来能够有效地控制其自然的态度、冲动和回应，这才是所有科学、历史和艺术研究最为重要的目标。

当前的学术知识与方法的分离在两方面都是有害的，这既不利于高等学术教育，也不利于教师培训。不论是为了最终目的，还是为了实用或专业的目的，我们在使用教材时都应当把教材理解为心灵寻求和处理事物之真理的方法之客观体现。这是能够消除这种分裂的唯一途径。

从更加实用的角度说，这一原则要求学生们使用一本新教材（从而提升他们的学术知识并更加清楚地意识到方法的本质）时，应该结合教导他人的经验而进一步组织这一教材。作为"实习"学校和"实验"学校的小学和中学的课程，应当与专业学院的老师所提供的教材指导保持最紧密而有机的联系。如果在某个学院中的情况并非如此，这要么是因为在培训课（training class）中，教材是被孤立的，而不是被作为心理方法的具体表达展示给学生的；要么是因为实习学校受到某种有关教学材料和方法的惯例和传统的制约，没有采用有效的教学方法。

事实上，众所周知，有两种原因导致了当今教学的现状。一种，既定的条件导致在小学教学中教材微不足道的地位和内容的贫瘠，强调进行机械的反复练习，而不是心理活动；并且导致了在中学教学中对某些传统文化科目的专业掌握，而这些科目被当作是同一知识体系中的独立分支！另一种，对科学（教材的学术方面）的分支的传统划分，倾向于将师范学院中的教学目的理解为特定技巧或信息的获得，从而或多或少地脱离了它们激发和引导心理能力的价值。

当今最为需要的是融合与集中。如果小学和中学要逐步地在理智上引入更有价值和意义的教材，就需要使教材和思维而非"训练"保持一致，这个目标要求大学教材的完全孤立的专门化现状被取消，而且使人们关注教材在表达心理活动之基本模式中所起到的重要作用。这些模式之所以是基本的，在于它们不仅是心灵处理日常经验提供一般材料时所要遵循的，而且在处理科学的系统化材料时也要遵循。

（三）如上所述，这一点要求在培训学生的时候，把学生在实习学校和实验学校的学习过程与进入他们视野的更广阔的学习领域联系起来。但是，考虑到小学和中学对教材的需求，这种联系需要连续地、系统地实施。习惯于为某个年级做单独的、孤立的教学计划，只用于几天或者几周的教学，不仅不能达到目的，而且可能很有害处。我们不能让学生抱着这样的态度，也就是抓着他们得到的教学材料不放，想尽各种方法看看能否把那些材料立即变成课程并且应用于教学。我们需要的，是把整个课程看成持续的、反映心灵自身发展的增长。所以，在我看来，这就要求对小学和中学的课程进行连续的、纵向的考虑，而不是横截面式的考虑。要引导学生明白以下这一点：地理、自然研究或者艺术中的相同教材，不仅仅是在某个特定年级逐日发展，而且是在整个学校发展中逐年发展；在他受到足够的鼓励去试图为这个或者那个单独的年级而采用课程计划中的教材之前，他们就应该了解这一点。

三、如果我们试着把已经提出的几点归纳起来，那么，教学实践应该是如下所述——虽然我有点担心，下面的方案也许显得有些刻板而不那么令人满意。

第一，实习学校应该主要用于观察。而且，观察不是了解教师教学效果如何，也不是为了得到对教师自身有用的"分数"，而是为了得到心理观察和反思的材料以及关于学校整体教学活动的一些观念。

第二，通过让那些已经获得心理学的洞察力以及对教学问题有很好了解的学生做助教，他们能更加深入地了解儿童的生活和学校的工作。这一阶段的学生不会承担直接的教学，但是能够帮助正式的教师。辅助的方式多种多样，且能够真正起到作用——不管对学校还是对儿童都有用处，给这些受训学生带来的价值也比公认的要多。[①]给予落后的孩子或者曾经辍学的孩子特别的关注，在工艺方面帮助准备材料，这都是一些可行的方法。

第三，这种实践经验能使这些未来的教师对课堂教学和管理的看法和理解，从偏向心理上和理论上的视角转为更加技术性。在初期，非正式、逐渐地接触教学，让学生头脑里充满了材料。这些材料不知不觉地被吸收并组织起来，为教师的工作提供了背景，也促使他们承担更多的责任。

如上文已经讨论的那样，这些学生在做助教的同时，肯定也会帮忙选择和组织教材。开始组织教材的时候，他们至少会参照几个年级来强调不间断和连

---

①什么是实习学校真正需要完成的工作，这个问题对其道德影响和使"实习"状况与真实教学趋同都很重要。

续的增长；此后，他们会专心地找出补充材料和与辅助教学内容有关的问题。如果有需要的话，他们会精心选择材料来让自己的助教工作更加深入。或者，对于更高一级的学生，他们可能会为课程和研究做出可供选择的科目规划。

第四，当学生通过做助教准备好去承担更多的责任时，就可以进行实际的教学了。基于之前的准备，实习教师在教材、教育理论和前文提到的观察上都很过硬了，这时应该给予他们最大限度的自由。他们不应该受到严密的监督，也不应该在教学内容和方法上受到过于挑剔的批评。学生们应该知道，人们不仅允许他们发挥自己的智慧和主动性，也希望他们能发挥自己的智慧和主动性。而且，在对他们进行评价的时候，他们控制局面的能力要比按部就班实施某个特定的教学方法或计划更为重要。

当然，他们也应该与资深的老师一起对完成的工作和获得的教育效果进行讨论和评价。但是，应该给实习教师足够的时间，允许他们从突发事件带来的冲击和新环境中恢复过来；并且要让他得到足够的经验，能够理解批评对已完成工作的根本意义。与此同时，应该要求专家或者监督者引导学生批判地评价自己的工作，找出成功和失败的地方及其原因，而不是过于挑剔和具体地批评他们工作的某个方面。

理所当然的是（可惜，并不是所有的情况都是如此），批评的目的是让学生从原则角度思考自己的工作，而不是就事论事引导他认识某些方法是好的或是坏的。不管怎样，最滑稽的思想评价莫过于要学生上几堂课，基本上每堂课都全程监督他，而且几乎每堂课结束都评价他讲课的方式。这样的评价方法，可以让学生掌握一些诀窍和手段，但是不可能培养出有思想且独立的教师。

而且，尽管对学生的培训（像已经提到的那样）应该足够广泛或是持续不断，让学生熟悉工作且积累大量经验，可是培训应该有明确的目标，而不是杂乱无章。对于教师来说，更重要的是承担责任，不断地发展某个主题，体会那个主题的发展；而不是针对更多的主题，教授一定数目（必然是在较小的范围内）的课程。换句话说，我们想要的不是那么多具体的技能，而是要了解一个主题在教育发展上的意义；并且，在某种典型的情形下，对控制方法的掌握会成为教师自我评价的标准。

第五，如果实际情况允许——也就是说，如果培训期足够长，如果实习学校足够大，能容纳的学生数目达到要求，而且能完成所需的工作——经过上述学习阶段的学生应该准备好进行特定的学徒式工作。

假定学校的条件允许真实的而非外在形式的实习教学，并且假定学生在实习之前已经完成了教育理论、教育史、教材、观察和实验式的实践活动等培训，那么请不要把我前面所说的话理解为要取消实践教学，因为这些实践教学活动是用来让个人掌握教学和管理的实际技巧。教师一定会在将来掌握教学技能；如果条件适宜，在培训或类似的过程中掌握这些技能是有许多优势的。通过实习期的考验，我们会尽快发现和筛选掉那些不适合教学但却有可能成为教师的人，我们可以在他们进入教育机构之前就将其筛选掉。

然而，即使是在学徒期，给予学生所能承担的责任和主动性也是非常重要的，而且对他们的监督不能时刻不停或者过于紧密，批评也不能太局限或者太具体。这种过渡性实习期的好处，不在于监督者自己成为老师，让学生延续他们的理念和方法；而在于学生通过与成熟和富有同情心的老教师长期接触，得到启迪和启发。如果公立学校的情况是恰当的，如果所有的学校管理者和校长都具有相当的知识和智慧，而且如果他们有时间和机会用自己的知识和智慧影响寻求他们帮助的年轻老师的发展，那么，我想，学徒期的用处将会被简化为使年轻教师能够尽快适应角色并把不适合教学的人及时筛选掉。

我总结一下，可以说，我不认为自己在论文中提到的原则有多么理想化。现在，师范学院里旨在改进教材范围和质量的运动正在稳步进行，势不可挡。级别较高的师范学院实际上已经被称为"初级学院"①（junior college）。也就是说，他们提供两年的课程，这些课程在很多情况下已经达到正规大学的

---

① 原译文译为"大专"。——本书编译者

水平。这些学院的老师逐渐拥有相同的学术培训经历，这是大学教师应该有的。许多学院已经超出这样的水平；今后十年的显著趋势，必将是许多师范学院宣布有权授予正规大学的学士学位。

所以，论文中探讨的学术方法在不久的将来会得到保证。如果加上另外两个因素，就没有理由不实施本文所阐述的理论联系实践的观念。第一个必要的因素是作为观察和实习之学校的小学和中学需要采用先进的教育模式，而这种教育模式与培训课程中关于学术题材和教育理论的教导是相符的。第二个必要的因素，是心理学和教育理论方面的学习活动，把关于教学题材的标准指示与中小学教学活动之间的关系变得既具体而又重要。

如果要证明不可能实现前面阐述的观念，我认为，理由不可能来自外界的条件，而是那些校内或校外的权威认为培训学院的真正作用就是满足人们已经意识到的需求。当然，在这种情况下，培训学院的教学就是简单地延续现有的教育实践之类型，并偶尔简单地改进一下细节。

相应地，本文所隐含的假设是：教师培训学院没有完成去接受和遵循现行教育标准的全部职责，而且领导教育事业应该成为它们必不可少的职责。我们需要做的，不仅仅是培养出能够更好地完成当前任务的教师，而是改变教育的观念，从而促进教育事业的发展。

（徐陶译，赵敦华校。选自［美］杜威著. 杜威全集：中期著作，第三卷［M］.徐陶译，赵敦华校.上海：华东师范大学出版社，2012：187—202.）

实用主义对教育的影响（1908）^①

论文一

按照实用主义的观点，智力或者思想的力量是在有机生命体为确保其功能得以成功发挥所作的斗争中发展出来的。如果从宽泛的意义上说，这可能会被喻为"关于历史的经济学解释"理论。按照这个理论，任何一个特殊社会结构的基本特征，只有通过首先对这个社会是如何解决维持其自身存在的问题——它如何承担起"创造生活"的首要职责——的研究，才能被最好地理解。类似地，相继的社会状态的转变和进化，依赖于新的因素和力量的引入工业生产和交换，以至于人们的价值观即价值判断，以及对力量的定位——对自然的控制并因此而对其他事物的控制——都会发生改变。于是，通过在某种程度上相似的方式，实用主义主张：个体有机生命的所有更高成就，都源于维持生命功能这个问题的紧张和压力。因为生命仅仅作为"创造生活"的有机体，通过对环境的正确处理以及对后者进行符合自身最终目的的恰当调整，才能继续存在下去。用最简单的话说，就是：个体生命的生物学问题与社会的经济学问题完全是同一个问题。在每一种情形中，目的都是支配自然环境的资源和力量，以使它们都为生命功能服务。

---

① 首次发表于《教育进步杂志》，第1卷（1908年12月），第1—3页；第1卷（1909年1月），第5—8页；第1卷（1909年2月），第6—7页。

现在，这种要求在攫取、消化等的过程中与事物直接发生联系，使资源服从于功能的这种直接方法的局限性也非常大。神经系统的进化，表现了对这种间接控制——它是通过根据过去和现在对当前环境，以及根据眼前和长远对感觉到和观察到的事物的处理来实现的——的优越性的发现。

以此为根据，通过理论的和深思熟虑的精确性反映一个外部世界，并不是思想的职责。选择与最有效地维持生命功能相关的一切东西，并对所选择的东西进行安排——这种选择和安排不是根据某些外部的模式，而是与推动一个有机生命的所有可能活动的全部实际实现有关的——才是它的职责。因此，知识并不试图用模仿一部百科全书的形式来拷贝这个世界的所有方面。它是对人类过去在实现调整和适应过程中所取得的最成功的成就的反映，以某种形式表示出来以便有助于在将来维持和促进对环境进行更好的控制。

这个关于智力与知识本性的理论，与其他两个理论——这两个理论，过去已经实际地分割了它们之间的这个领域——形成了对比。一个理论，它可能被称为纯粹理性主义的先验理论，它是：心灵是一个非物质实体，它暂时地栖居于一个物质的有机体，拥有思想或理性作为其独立的和先天的能力，并通过其自身能力的运用创造知识，这恰恰是因为生产知识正是思想的本性。知识，根据这种观点，完全是其自身实现的一个目的。它只是描述了这个产生于一种纯粹理论能力运用的沉淀物而已。或许，它在活动中可能得到某些有效的运用，但这完全是偶然的——它是一种事后的再思考。只要理性的这种纯粹理论能力已经表明了自身，知识就完全是靠自我实现的。

另一种对立的观点是：心灵是一张白纸，或者是某种被动的类似蜡块的东西，物体可以在上面留下自己的印迹；并且，这些后来所留痕迹的积聚就构成了知识。这种观点是斯宾塞进化理论的基础；按照这个理论，精神的本质和能力是通过环境力量的持续影响发展出来的，更为暂时的特征正在消去其他特征的影响，而较恒久的特征则把智力铸成了它们自己的相似性。根据这种观点，知识是在意识中对已经存在的现成外部世界的一个复制或复写版本。

现在，关于心灵和知识的这种实用主义观点赞同后一种解释，因为它把心灵看作是发展的，并且着力强调了有机体和环境之间的关系。但是，它却认为，心灵的进化是源于生命通过让环境服从自己而不是通过让自己适应于一个从外部起作用的强制性力量来维持并丰富自身功能的一种固定不变的倾向。因此，它认为，智力不仅仅是一个进化的结果，而且是一个引导进化过程的因素；因为它把智力视为一种生命功能的进化，以至于这些功能可以被最有效地履行。与此类似，根据这种观点，知识并不是一个其真理性将根据它相对于一个原初物的逼真度而被判定的拷贝；它是成功行动的一个工具。

我们不会根据手或眼是先前一直存在于环境中的某些东西的拷贝来恒定它们的价值，而是根据它们作为调整工具的价值来判定其价值的。根据实用主义的观点，这种情况与知识是相同的。检测其价值、其正确性和真理性的东西，是其把生命存在的行动引向成功的有效性程度。

因此，我们称之为"理论"和纯粹科学的东西，并不是孤立的或者先验理性按照其自身的一个先天法则而进行的纯粹理论式的训练。它们只是关于最有效和最富成果的行动的条件和结果的一种没有偏见、公正的观点的产物。因为，一个行动的成功，可能会从一个狭隘或宽泛的立足点出发而被判断。当一个个人孤立于他作为其中一个成员的社会来观察与他个人目的和需求相关的一切东西时，他就不会获得科学的知识，而只能获得意见和教条式的知识。当这个个人从他行动的条件和结果与共同体行动的成功或福利的关系这个立场出发来考察自己行动的条件和结果时，他就会得到对于人类而言，可能从之出发而进行认知的最普遍、最一般的（或者客观的）观点。接受这种社会性的而不是纯粹个人观点的结果，就是最好意义上的知识——即科学。而且，历史也已经表明：科学的进步，就是更为一般或社会性观点对纯粹个人的观点、意见以及仅仅一个阶层的观点——教条——所取得的渐进性胜利的表征。纯粹知识，简言之，就是以最普遍和最有效地适用和服务于社会进步而不是以其他人为代价从而得到保证的个人利益为基础的知识。因此，它并不完全反对实用的和有用的知识。

由于教育的一个基本职责就是心灵的训练——因为事实上，当我们在心灵与性格的有机关联中考察心灵的时候，这是教育的唯一职责——所以，一个已经改变的关于心灵的本性和目的的观点，就会带来在教育理念和教育实践上的极大变化。过去，教育几乎已经完全被我已经指出的那两个关于心灵——关于一种纯粹理性或一个完全被动和接受性的容器——的旧观点所联合支配。一般而言，"闲暇阶层"的教育，流行的"文化"观念，都是基于这个尽可能脱离物质条件以及因为与它们相关而受到污染的心灵观念，它的最高目标就是出于自身兴趣的知识生产。另一方面，"大众"的教育已经被视为一个过程——通过这个过程，他们特定的环境特征被内在地植于他们之中，直到他们的心灵被塑造为被动和顺从地一致于他们有关的存在类型为止。实用主义的心灵观念与教育的独特关系，必须在另一篇文章作进一步讨论。

论文二

在这个杂志12月份那一期上，我这样指出：在过去，教育理论与实践都与两个不同的关于心灵本性的理论有关。一个理论就是：心灵的最高才能就是理性或纯粹思想，这种才能的运用产生知识。这个观点，与知识是自身的目的而与社会运用和应用无关这种观念是一致的；它导致这样一种教育理论，该教育理论的反对者指控它是学院式的和学术性的，而它的支持者则总是以"文化"和一种"自由主义""人文主义"的教育作根据为之辩护。这种类型的教育，几乎已经完全在目标是培养英国传统意义上的"绅士"——即统治和闲暇阶层——的学校中盛行了。

另外一种心灵哲学，把心灵视为完全被动的某种东西。它因外部感觉和影像而留下印记，这些感觉和影像随后被整理而形成知识和信念。这种观念实际上主要盛行于大众或"较低阶层"的教育中，其结果或多或少是被有意识地设计的，是让他们成为现存秩序的消极被动和心甘情愿的支持者。因为较低级学校中的孩子被教授的这些东西，绝大部分都不是自然的对象和事件，而是知识和计算技巧的符号——语言的书面和印刷形式以及算术的基本原理。结果是双重的：一方面，它培养了精神的依赖性和顺从性。对通过学校教师和教科书呈现出来的材料的顺从或服从的吸收，已经成为这些学校的传统和约定俗成的优势。另一方面，初级教育的社会和经济条件，致使绝大多数初级学校的孩子在离开学校的时候已经达到这样的程度，即他们拥有了足够的阅读、书写和计算的能力，这可以让他们在所属的经济岗位上发挥更大的作用；但是，却不足以激励或促使他们（除了极少数特例之外）达到这样的程度，即他们是自己的身体和精神力量方面的掌控者。

于是，就像我在早先文章中建议的那样，实用主义的心灵和知识理论不仅适合一个不同的教育实践方案，而且还适合一种追求这种教育实践的不同的社会目标。实用主义心灵观就是：智力，首先是作为在对不断提升其复杂性的积极作用的需求中进行再适应和再调整的机能而被发展出来的。一个变形虫几乎不需要心灵和知识。它的功能是简单的，在很大程度上未分化的，并且是在一个简单的、基本上全部是同一类的中介中发挥的。人生活在一个高度分化的环境中，生活在一个自然和社会世界中；在这里，有无穷多样的因素都需要被考虑到；而且，在这里，生命的维持和目标的成功实现，依赖于把各种各样的因素精巧而又眼光长远地组合起来。文明的每一个进步，每一次进步的社会变革，都增加了起作用的因素的数量，并且增加了使它们相互之间保持和谐平衡（或者就像我们说的那样，技术上的协同）的难度。原始人的餐食、衣服、蔽身之所，相互之间都发生关联，不过这些只是数量很少的因素，几乎发生于一个很短的历史时期之内，发生在寥寥几平方公里的地域之内，并且包括人们的协作，但最多也只有很少人参与。一个现代城市居民需求的相应满足，甚至是一个最贫困的居民，都是这些因素——它们的作用几乎遍布整个世界，覆盖了一个包含很多年持续活动的时期，并且要求成千上万人之间的相互协调的综合与协调。

到目前为止，这是对发展的一般法则唯一的解释。现代天文学家和化学家不仅有数千种情况等待处理——而他们的先辈却只有一种，而且还面临对每一个新情况的澄清和分组问题，使之符合其他情况的问题，一个或许要求对旧情况进行纠正和重新分类并对新情况做出解释的过程。譬如，按照这种方式，达尔文发现的新情况，不仅仅是在旧情况的基础上有所增加；而且这些情况的发现，迫使我们对每一个先前已知的植物学和动物学细节彻底地进行一个重新检验和重新申述。无论在什么地方，我们都会发现，有机体的进化既在增加参与进来的因素和细节的数量，也在增大保持所有这些因素相互之间平衡协调的任务和问题的难度。否则，单纯的数量增加和部分之间的不相似，将会导致彻底的混乱和因重负而崩溃。因为人类机体拥有如此多的比变形虫和牡蛎更加专门化的组成部分或器官，故而它更容易面临其他动物所没有的合作活动失调和失败的危险。在比较现代社会与原始群落时，情况同样如此。

实用主义的理论指出：心灵和智力，正是有机体在自然和社会中成长过程的伴随物。心灵，可以说，就是记录说明那些已经增长的条件的差异和倍增，以及为了行动的目的和手段而进行预先统筹和安排——这将使那些各种各样的因素相互之间得以保持真正的协调一致——的一个工具。这说明了这样一个事实：所有的智力都包含这样一个特殊的混合，即消极的教育理论所强调的感觉和接受性因素，与纯粹理性活动理论所强调的积极理智因素的一个特殊混合。感觉的功能，就是为被正确指导的行为——譬如，将会使生命功能得到正确调整的行为——提供刺激物。至于知识，感觉则指示出有机体必须对此作出反应的那些事物的状况。感觉的目标，不是去反映甚或记录整个外部世界，而是要让个体行动者认识到这个环境中的那些事物；这些事物威胁到了这个行动者的安宁福祉，或者为在特定时间内个体的生命调整提供所需的资源。如果我们认为感觉的意图完全是给出关于外部世界的知识的话，那么，可笑的是：它们并不胜任这个目标。如果我们把感觉视为用以把威胁性的危险物警告给一个行动者，以及唤起那些将会使这个行动者能够保护自己并避开或者摧毁这些障碍的反应的工具，那么，它们就能很好地胜任这个目标。

然而，当情况变得复杂时，一个有机体会得到许多关于需要注意的那些事物情况的报告，如果这个有机体能坚持住的话，就是非常多样和不能和谐共存的。对于这个有机体而言，突然间对它们都做出反应是不可能的；但是，它随意武断地选择一个或者少数几个而忽略其他的情况却可能是致命的。选择过程中出现的一个失误，必定会破坏这个有机体。因此，思想就发展成了一种衡量这些需要注意的各式各样刺激物的重要性的方法。判断，在平常的使用中，恰恰就是估价要求被注意和做出反应行为的事物的相对价值的能力。从长远看，一个微弱的声音或许会比一个洪亮的声音来得更为重要；对于有机体的福祉而言，一缕暗淡之光可能比一缕明亮光线更有更大的重要性。思想需要看轻它们的直接力量，并且需要根据它们间接的和长远的结果来解释它们自己。想象力对各种彼此冲突的刺激加以衡量，发明方法以减弱那些或许只是暂时更加剧烈的刺激，并精心制作似乎无足轻重的报告。因此，想象和思想都是根据其可能的未来结果来估价所观察对象的方法。它们都是关于当前条件就未来发展显示或预示了什么的预测、试验性的预言或推测。所有的观念都具有科学家称之为"工作假设"的性质；都是关于在未来条件下将会发生什么的预测；都是还要被用以引导和指导行动，以至于出现有可能我们想要的情况就会实现的预测。真正"起作用"的那些观念，当它们实现以后，将来的事件就会对它们进行检验的那些预测，关于成功按照所期望的方向改变条件的行为的那些计划和方法，都是正确的；适用于判断和观念的这个"真理"术语，除此之外，就再没有其他什么意义了。

现在，我简要地谈一下这个心灵概念与那个教育方法问题的关联，而把它与这个研究素材的关系以及与学校目标的社会和道德基础的关系留给更晚出的一篇论文来处理。

1. 任何一个教育过程都要从做某件事情开始；而且，必要的感知、记忆、想象和判断训练，也将从所做事情的情况和需要出发而生发出来。所做的事情不应该是任务指派者所武断强加的任务，而是某件原本就很有意义的事情；并且具有这样一种性质：学生本身能充分地认识到它的重要性，以至于对它产生了必不可少的兴趣。这就是这个孩子获得他最初的能力训练以及他所有关于这个世界最初知识的方式。在实现其获得、运用、丢弃的本能式意向过程中，一个孩子学会了认识他的四肢及其功能，并熟悉了事物的属性——它们的坚硬度、颜色、形式、大小以及其他属性。他开始并不知道这些事物，也没有任何一位老师为他开设发现它们性质的课程。他是从做某件事情开始的，而且这些结果必然会产生。

在生命最初的一段时间里，一个孩子本能的热心和自然环境被调整得如此之好，以至于这种教育训练能以极快的速度进行下去；并且，相对而言，几乎没有任何监督和引导。这样一个时期到来了。在这个时期里，一个更加富足、丰裕和经过更仔细选择和安排的环境，需要提供最富教育性活动的刺激因素和条件——一个比普通家庭环境更复杂多样、却不像一般的社会生活那样复杂多样、混乱无序、无法抗拒和过于专门化的环境。

自觉的教育是从这一点开始的。如果它是其应该是和即将成为的那种教育的话，那么，这种教育就在于对物质和技术环境的选择和安排。用这一个关于自然的最辉煌成就的模式来唤起并发挥孩子的生活功能——换句话说，就是向他建议值得做的事情，并使他专心致力于做这些事情。教师将是目前更有能力、更富经验的社会成员；但是，他们却将作为工人同伴和游戏同伴——贯彻游戏和工作活动计划过程，以及在与这些孩子一起建立一个缩微世界，作为他们参与活动的明确结果和报酬过程中的同事——而出现。

2. 感觉训练将不可避免地产生于对各式各样活动的参与。玩弹球和球类的男孩，给洋娃娃打扮和卸装并给她做衣服的女孩，都获得了感觉的训练。这种训练更加有效，因为对于某些行动计划的执行而言，它是偶发附随的，并且自身并没有被设定成一个特殊任务或目标。泥塑模型，园艺、木材和金属的商店经营，烹饪，编织，等等——这些都是培养观察能力和对感觉的精确解释的常规方法。人类并不是为了知识而获得其最初的信息储备，也不是因为自然对象自身而在心灵上留下了印记；其理解植物、动物、石头、金属、气候等，是因为关于这些事物的知识是解决食物、住所、衣服、社会协作和防卫等问题所需要的。

3. 更高智力水平方面的教育，一般观念和原则的储备，对反思和慎思习惯的要求，都将被置于同一基础之上。所有的思考在开始的时候，都是计划、预测、形成目标，以及选择和安排出最经济和成功地实现这些目标的方法。相比较而言，在我们目前的学校系统中，发展这种思想所必需的实践活动的机会很少被提供出来。独立处理材料的机会，获取成果、监测和纠正错误的决心和责任，都是罕见的。所以，思考的能力仍然在相当大的程度上没有被开发出来，除了少数大生适合于更加专业和纯粹理论性学科的人——其思考高度集中于事物的符号而不是事物自身的那些孩子和青少年——之外。这些人自然地进入专门的学术研究和思想者的阶层。无疑，这个世界很大程度上归功于它的纯粹"研究人员"和学者；但是，如果他们从教育中获得了思考其抽象观点与社会问题之间关联的习惯，那么，世界还要在更大的程度上归功于他们。实际上，他们已经在很大程度上逃避进了一个孤立和偏远的阶层——也就是说，社会意义上的孤立和偏远，在这里，他们的思想成果相当"安全"，因为它们并没有被从符号转化成行动事实。

在一个实际上包含实用主义思想观念的教育计划中，智力的教育将会因此具有下列特征：（a）它将全部产生于学生自己从事的活动的需要和机会。这个原则将会是普遍性的。目前，在某种程度上，它已经在较低层次目标的幼儿园、较高目标的科学实验室以及在商店经营、烹饪等人工职业活动中被零星地表达出来了。（b）信息将不会被作为自在目的而被收集、堆积并被灌输给学生，而会围绕着活动的开展聚集起来。为了做什么事情都取得成功，有些信息是当下需要的；一个不懂得关于土壤、种子、量度、植物及其生长、雨水和阳光情况等知识的孩子，不可能成为聪明的园丁。但是，致力于持续开展这样一种活动，将会使心灵对与当下需求没有直接联系的很多事物产生好奇并对之开放。在这片和其他土地上从事农艺的方法，这个职业的历史演变与之相关的社会和经济问题，对于一个已经形成个人对一种相似活动——对于一个仅仅听说和阅读过它们的二手材料的人而言，是不能了解它的——的兴趣的人的心灵而言，都是一种自然的兴趣和路径。在学校有组织地致力于某些持续性的职业方向的过程中，一个主要的目标就是：这些能为各种各样的事实与观点的收集和组织提供自然的导向。（c）在这个基础上开展的教育将会这样教导心灵：所有的观点、真理、理论等，都具有工作假设的性质。人类进步的主要障碍就是心灵的这个教条式习惯，这样一种信念：某些原则和观点拥有这样一种终极价值和权威，以至于它们将会没有任何疑问、没有任何修正地被接受。心灵的实验性习惯把观点和原则视为解决问题和组织材料的试验性方法，这是最近才出现的。以实用主义观念为基础的教育，将不可避免地培养出这样一些人——他们认识到通过把他们的观点和信念付之于实践应用来持续检验它们的必要性，以及根据这个应用的结果修正他们的信念的必要性。

总结论文

在一般地谈论实用主义理论及其与教育方法的特殊关联之后，我打算简单地谈一下它与教育的素材或者研究的课程材料之间的关系。在近两三个世纪，教育改革者已经就它的人为性和远离生活对传统的研究计划提出了反对。首先，他们反对它的文字和语言特征，反对这样一个事实：它是如此排他地致力于学习的符号。这种抗议已经或多或少地产生了效果，来自自然的内容（科学）和人类生活的内容（历史）也已经被引入了学校。然后，就有了对这些研究的排他性信息特征的反对——反对对记忆的强调和知识的堆积，以及对将会与当前的社会需求有更直接和更有用联系的内容的需求。工业制图、手工艺训练、各式各样艺术的入门都已经被引入，以满足这种需求。如果把诸音乐学科和其他的"纯粹"艺术增添到最终在学校中从事的学习系列的话，那么，我们就不会就已经爆发的对一个缺乏统一和集中性的分散教师和学生的活动并使之精疲力竭的超负荷课程的反对之声感到惊奇了。这儿甚至还有向旧式的基本知识的单调学习的简单性回返的呼声。然而，就没有确保内容有组织性和目的的统一性的其他途径了吗？

从整体上看，人类的教育已经通过所从事和发展出来的这些职业而获得了。在社会中得到发展的这些行业、职业、一系列的活动，都已经为知识提供了社会性激励以及知识得以组织的中心。如果职业成为教育的基础，那么，学校工作将遵守社会和精神发展的自然法则。这种改革已经开始被引入了。福禄培尔[①]（Froebel）已经在他的幼儿教育计划中隐约地发现了这种观念，尽管他的计划因为太过浪漫空想和富有象征性从而不可能使这种观念得到充分表达。工程和技术院校在这里进行着对科学社会效用的研究，这说明高层次学校中同一个原则的另一方面。在小学和初中，对园林、园艺、烹饪、纺织以及木材和金属营销不断增长的强调，就是同一个运动的另一个征候。目前，这个让我们期望的趋向产业化教育的运动的终极价值和命运，将取决于它是否切断了进入阶段教育——在这种情况下，这种运动迅速终止将会更好——的方法，或者它是否承认在典型、持续的系列活动中进行训练的重要性，这些活动对每个人来说都有社会价值。

认为职业活动只具有单一的功利性或经济性价值，是一个致命的错误。它们首要的价值是教育性的。这种价值在于对儿童思维的训练，因为与值得做而吸引他们的事物密切相关的，而不是通过在一定程度上是形式化的任务和操练对思维能力的训练。这并不排除而是包括一个宽泛、自由的知识方案。所有典

---

① 福禄培尔（F.W.A.Froebel，1782—1852），德国教育家，一生致力于幼儿教育的实践和理论研究，创办了世界上第一所幼儿园。——本书编译者

型的社会性职业，都依赖于科学的洞见和信息。商店营业、纺织、园艺等的主要价值之一，即使在小学也是这样的：它们把自然事实和力量引介给学生，并给他们一个彻底获悉这些具体事实以及自然规律的动机。这些职业——借助于它们，人们已经通过获悉自然的秘密而征服了自然，并学会为了共同的目的而与其他人合作——的历史发展，为研究历史提供了钥匙；它指出了，在从过去延续下来的大量事实中，哪些是重要的，哪些是无关紧要的。对典型职业的彻底掌握，把学生引向了对社会状况和当前目标的研究；引向了这些事实——它们一经分类，就形成了社会学、政治经济学、公民学和政治学。美术也自然地被包括在内；因为，正如莫里斯（Morris）和其他人已经指出的那样，所有观点的外在体现，当它在活动中被自由、愉悦地实现时，都趋向于获得一种艺术的性质。简而言之，不存在这样一种科学、历史或艺术，过去的教育经历已经显示了它们的价值，而职业教育却不具有这种价值。旧的价值将会被保存下来，但是将会围绕一个新的原则而被集中起来，并获得一个崭新动机的生命力。

最后，这样一种教育将会改变学校的精神主旨。因为后面这些活动将会与人类的普遍兴趣和活动一起持续下去，学校将不再拥有伦理学和道德训练的特殊法典，只要学校是封闭的，它就一定具有这样的特征。它将会把道德目标和社会同情、合作与进步的力量都整合进自身。职业把人们自然地聚合成群，形成一个有所区分而又协调合作的自觉力量群体。像目前那样表面上只为了个人目的而被探求的知识、学校教育的成就、审美文化，都将会导致利己主义、社会的分层和对抗。

（陈亚军，姬志闯译。选自［美］杜威著. 杜威全集：中期著作，第四卷［M］.陈亚军，姬志闯译.上海：华东师范大学出版社，2012：142—151.）

教育中的道德原理（1909）^①

一、学校的道德目的

一位现代英国哲学家曾促使人们注意道德观念和关于道德的观念之间的区别。"道德观念"，是不论什么样的那种观念，在行为中见效果，使行为有所改进，变得比另外的情况下更好。同样地，人们可以说，不道德的观念，是不论什么样的那种观念（不论数学的、地理的或生理学的），它们使行为变得比另外的情况下更坏；而非道德的观念，可以说，是那样的观念和见解，不影响行为，既不更好，也不更坏。再说"关于道德的观念"在道德上可以是无关的，或者不道德的或者道德的。关于道德的观念，关于诚实、纯洁或仁慈的见解，在性质上是不能自动地使这些观念变为好的品性或好的行为。

在道德观念，即不论什么样已成为品性的一部分，因而是行为的工作动机的一部分的那种观念，和关于道德行动的观念，即可能永远不起作用和无效，好像很多关于埃及考古学的知识的那种观念之间的区别，对于讨论道德教育，是十分重要的。教育者的职责——无论家长或教师——就是务必使儿童和青年生动活泼地获得最大可能数量的观念，使其成为主动的观念和指导行为的动力。这个要求和这个机会，使道德的目的在一切教学中、不论在什么课题中都

---

①译自杜威《教育中的道德原理》，1909年英文版，第1—27页。——译者（原译文译为《教育上的道德原理》。——本书编译者）

处于普遍的和统治的地位。要是没有这个可能，一切教育的最终目的是形成人格，大家所熟悉的这句话，将是伪善的装腔作势；因为正如每个人知道的，教师和学生直接的和即时的注意，大部分时间必须放在知识的内容方面。经常把直接考虑道德问题放在最主要的地位，这是不可能的。但是把目标集中于学习、获得智力，以及吸取各种教材的方法，这些方法使行为更有见识，更加前后一致，更为精力旺盛，却不是不可能的。

上述"道德观念"和"关于道德的观念"之间的区别，为我们说明了在学校里的教师和校外的教育评论家之间存在连续不断的误解的根源。校外的教育评论家审视学校的计划、学校的课程，找不到任何余地进行伦理学的教学或"道德教育"。于是他们坚持认为学校对于人格训练什么事情也没做，或几乎什么也没做；他们强调甚至激烈地批评了公共教育中道德方面的缺陷。另一方面，学校教师埋怨这些批评是不公正的，并且坚持说他们不只"教道德"，而且每周五天，每天每时每刻都在教道德。在这个争论里，教师在原则上是对的；假如他们是错了，不是由于没有另外安排只能用于教授关于道德的特别时间，而是由于他们自己的品性，或他们学校的气氛和理想，或是他们的教授方法，或是他们所教的教材，都不是这样详尽足以使所得的知识效果与品德教育有机结合起来，成为他们在行为里的工作动力。因此，用不着讨论所谓直接的道德教育（或最好称为关于道德的教育）的限度或价值，可以从根本上说，将通过教育使道德成长的整个领域进行考虑，直接道德教育的影响，即或是最好的，也总是相对地在数量上比较小、在影响上比较轻微。因此，这个更大的、间接的和重要的道德教育领域，通过学校生活的所有机构、手段和资料，对儿童们人格的成长所能产生的作用，就是我们现在的讨论的主题。

二、学校集体给予的道德训练

不能有两套伦理学原则，一套为校内生活，另一套为校外生活。因为发生行为是一个人，因此行为的原则也只是一个。讨论学校的道德教育，好像学校本身是一个单独的机构这个倾向，是很不幸的。学校以及管理学校的人的道义责任是对社会负责。学校基本上是社会建立的一个机构，从事一项特定的工作——执行某种特殊功能，以维持生活和促进社会福利。教育制度不承认这个事实遗留给它一种伦理责任，是不负责任的。它没有做到使它所以存在而应该做和自称要做的事情。因此，一般地说，学校的全部机构，特别是它的具体工作，都需要时时从学校的社会地位和功能方面来加以考虑。

公共学校制度的道德工作和价值，在总体上，要根据它的社会价值来衡量，这个观点自然是一个众所周知的见解。可是，它经常被理解得太狭窄和太严格了。学校的社会工作常被局限于公民权的训练，而公民权又被狭义地解释为能够明智地投票，能够服从法律等。但是这样限制和束缚学校的伦理责任是无益的。儿童是一个独立的人，他必须或者像一个整体的统一的人那样过他的社会生活，或者忍受失败和引起摩擦。从儿童所有的社会关系里挑选一个，并且单凭这一个社会关系来规定学校的工作，就像制定一个巨大和复杂的体育锻炼制度，而它的目的却只简单地要求发展胸肺和呼吸的能力，不管其他器官及其功能。儿童是一个有机整体，包括智力方面、社会方面和道德方面，同样也包括体育方面。我们必须从最广义方面把儿童看作社会的一员，并且要求学校采取必要的措施，使儿童能够明智地认识他的一切社会关系，并用他的一份力量来维护这些关系。

从整个实际上交织在一起的相互有关的体系中，把正式的公民关系隔离开来；假定有某种特殊研究或处理方法能使儿童成为一个良好的公民；换句话说，假定一个良好的公民不只是完全有能力的和社会有用的一员，不只是一个全部身心力量都在控制之下的人；这是一个有妨碍的迷信，希望很快能从教育讨论中消失。

儿童不只是要成长为一个投票者、一个守法的人；他也要成为家庭中的一员，他自身很可能要跟着负责对未来儿童的抚养和训练，从而维持社会的继续。他将成为一个工人，从事有利于社会并维持他自己的独立和自尊的某种职业。他将成为某个特定邻里和团体的一员，无论在哪里，必须为生活的意义贡献力量，为文明增加礼仪和光彩。这些是朴素的和形式上的陈述，但假如我们用我们的想象把它们描绘成具体的内容，我们便会有一个广阔多彩的情境。让儿童适当地参与所说的各种各样的活动，就意味着让他们进行在科学上、艺术上、历史上等方面的训练；意味着让他们掌握探究的基本方法和交际与通信的基本工具；意味着让他们具有一个经过训练的和健全的身体、机敏的眼和手；意味着有勤勉、坚韧的习惯：总之，具有种种有用的习惯。

再者，儿童将成为其中一员的社会是美国，是一个民主的和进步的社会。儿童必须接受有关领导能力的教育，也必须接受有关服从的教育。他必须有管理自己和指挥别人的能力、行政管理的能力、担负负责岗位职务的能力。这种有关领导能力的教育，其必要性在工业方面和在政治方面同样重大。

新发明、新机器、新的运输和交往的方法，正在一年一年改变整个行动的面貌。教育儿童在一生中固定地守在任何一个位置上，是绝对不可能的事。如果教育有意无意地在这个基础上进行，其结果将使未来的公民在一生中没有一个位置能够胜任，只能使他成为懒汉、食客或是前进运动中的一个真正阻力。他不仅不能照顾自己和照顾别人，他还变成一个需要受人照顾的人。这里同样，学校在社会方面的伦理责任必须用最广泛和最自由的精神来解释；这对于儿童训练是相同的，要给予他自制的能力，使他可以自己管理自己；不仅使他能适应正在进行的变化，还使他有力量去形成和指挥这种变化。

离开了参与社会生活，学校就没有道德的目标，也没有什么目的。只要我们把自己关闭在一个孤立机构的学校里，我们就没有指导原则，因为我们没有了对象。例如，教育的目的据说是一个人的全部能力的和谐发展。这里没有明显提到社会生活或社会身份，然而很多人认为我们已经有了一个足够的和完全的教育目的的定义。但是假如离开社会关系而下这个定义，我们便无法说明任何一个所用的名词意义是什么。我们不知道能力是什么，我们不知道发展是什么，我们不知道和谐是什么。能力只有根据它所能派的用场，必须为某项功能服务，才是一个能力。假使我们不考虑社会生活所提供的用途，我们就只有用旧的"官能心理学"来说明能力是什么和特别的能力是什么。把原则贬低到只列举许多官能，如知觉、记忆、推理等，然后说这些能力中每一个都需要发展。

于是，教育变成一种锻炼。敏锐的观察和记忆能力，可以靠学习中国文字得到发展；敏锐的推理可以从讨论中世纪经院哲学的细微区别中获得。简单的事实是，正如没有原始的做铁匠、做木匠，或操纵蒸气的官能一样，也不存在孤立的或观察，或记忆，或推理的官能。官能只不过是指特别的冲动和习惯为了完成某种特定的工作而协调或组织起来。为了有方法可以断定训练精神能力究竟意味什么，我们需要知道个人必须运用观察、回忆、想象和推理能力的社会环境。

这个教育的特别定义的举例，对于我们无论用什么观点去探讨这个问题，都是有好处的。只有当我们根据学校活动所涉及的较大范围的社会活动来解释时，我们才找到判断它们的道德上的意义的任何标准。

学校本身必须比我们现在所公认的在更大程度上是一个重要的社会机构。我听说在某个城市有一所游泳学校，在那里，不到水里教学员游泳，只是反复练习那些游泳所需要的各种不同动作。当一个受过这样训练的年轻人被询问他进到水里做了什么，他干脆地回答"沉没"。故事碰巧是真的。要不然，它看来是个寓言，为了表示学校与社会的伦理关系而特意编出来的。学校不能作为一个社会生活的预备，除非在它本身内部，重复社会生活的典型环境。现在大部分是在从事西西弗斯①式劳而无功的工作，正在努力使儿童形成习惯，在社会生活中应用，可是几乎看来是小心地和有目的地防止训练中的儿童和社会生

---

①西西弗斯（Sisyphus），希腊古时的暴君，死后堕入地狱，被罚推石上山，但石在接近山顶时又滚下，于是重新再推，如此循环不息。

活有生动地接触。为社会生活做准备的唯一的方法，是参加社会生活。离开任何直接的社会需要和动机，离开现存的社会环境，以建立社会有益的和经用的习惯，不折不扣地是用通过水外的动作教儿童游泳。最最必需的条件不加考虑，结果也就相应地是片面的。

学校中智育和道德训练、获得知识和性格成长的可悲的分离，只是把学校设想并建造成一个在自身内部就有社会生活和价值的社会机构的失败的一个表现。除了学校是个雏形的、典型的社会生活之外，道德训练必定部分是病理的和部分是形式的。当把重点放在矫正错误行为而不是养成积极服务的习惯时，训练是病理的。教师关心学生的道德生活，频繁地采取警惕学生不能遵守学校规则和秩序的形式。这些规则，从当时儿童的发展观点来判断，或多或少是传统的和专断的。这些规则所以必须制定是为了现存的学校工作方式可以进行；但是这些学校工作方式，缺少内在的需要，这种缺陷自身，从儿童方面讲，反映出一种感觉，学校的道德纪律是专断的。迫使教师注意失败而不是注意健康成长的任何情况，会给予虚伪的标准，其结果将造成歪曲和误解。注意错误行为应当是偶然的，而不应成为一个原则。儿童应当对他自己做些什么有个正面明确的意识，才能从参照他必须做的工作的观点以判断他的行为。只有这样，他才有一个生动的标准，才能使他转变失败为考虑未来。

说学校的道德训练是形式的，我指的是被学校通常重视的道德习惯可以说是特别造成的习惯。即使是敏捷、整齐、勤奋、不干扰别人的工作、忠实于担负的任务等学校特别谆谆教诲的习惯，其必要也只是因为学校的制度如此，并且必须保持原样不动。假使我们承认学校制度是神圣不可侵犯的，这些习惯代表永久的和必需的道德观念；但仅就学校制度本身是孤立的和机械的来说，坚持这些道德习惯或多或少是不真实的，因为与它有关的理想本身就不是必需的。换句话说，那些责任明显是学校的责任，而不是生活的责任。假如我们拿这种情况和有良好秩序的家庭比较，我们会发现儿童在那里所认识的责任和义务，并不属于作为一个特殊的和孤立的机构的家庭，而是从家庭参加的和家庭对它做出贡献的社会生活的真正本性中自然流露出来的。儿童在学校里应当对正当行为有同样的动机，并用同样的标准来判断，正如成人在他所属的更广泛的社会生活里一样。对社会福利的兴趣，即一种理智的和实际的，同样也是感情的兴趣——就是说，一种发现一切有利于社会秩序和社会进步的事物，并实行这些原则的兴趣，——这是一种道德习惯，假如一切特殊的学校习惯要被生命的呼吸活跃起来，它们就必须和这种道德习惯联系起来。

三、来自教育方法的道德训练

学校的社会性质作为道德教育的基本要素，这个原理也可以应用到教学方法问题上来——不在它们的细节，而在它们的总的精神。那么，重点落在创造和贡献上，而不落在吸收和单纯学习上。我们未能认识后面的这些方法本质上是多么个人主义的，它们多么无意识地，但是肯定地和有效地反映到儿童的判断和行动的方式中去。想象40个儿童天天都读同样的书，预备和背诵同样的功课。假定这个过程构成他们的工作的极大部分，并且他们一直从他们在学习时间里能吸收什么和在复习功课时间里能回答什么的观点被人们做出判断，几乎没有什么机会作任何社会分工。每个儿童没有机会做出某些特殊的东西，使他可以贡献给共同的存货，而他却转过来分享别人的产品。所有的人都规定做相同的工作，并生产同样的产品。社会精神没有培养，——事实上只要纯粹的个人主义的方法在起作用，它就因为不用而萎缩。为什么在学校里朗读是拙劣的，一个理由是运用语言的真正动机——交换意见和学习的愿望——没有被利用。儿童完全知道，教师和他所有同学在他面前，和他有着同样的事实和想法；他完全没有给他们任何东西。可以提出疑问，道德上的不足是否和智力上的缺乏同样大。儿童生来就有一个自然愿望，要贡献，要做事，要服务。当这种倾向没有被利用时，当情况是如此而别的动机取而代之时，一种积累起来的反对社会精神的影响比我们能想象的要大得多——特别是当工作的负担一周又一周、一年又一年地落到这一边以后。

但缺乏培养社会精神还不是事情的全部。必须寻求某些刺激，使儿童坚持他的学习。这充其量将是他对教师的热爱，同时又不愿违反校规的感情，这样，消极地，即使不是积极地，对学校的利益也有所贡献。就其本身而言，我也没有什么来反对这些动机可说，但它们是不够的。一件要做的工作和对第三者的感情之间的关系是外部的，不是内在的。因而不论什么时候，外部的情况变化了，它就会跟着毁坏。此外，这种对一个特殊个人的依恋，虽然有点社会性，却可以变得如此隔绝和排他，在性质上将成为自私的。无论如何，儿童应当逐渐解除这种相对地说来是外部动机，进而到为了它自己的缘故，赞赏他必须做的事情的社会价值，因为这对生活有更大的关系，不是只约束到两三个人。

但不幸的是，动机并不是永远相对地是好的，而是和显著自私的低级动机混合起来的。恐惧是个动机，几乎肯定要加入——不一定是肉体的恐惧，或是害怕处分，而是害怕失去别人的称赞；或是害怕失败，害怕得这样厉害甚至成为病态，或者使人气馁。另一方面，竞争和对抗进来了。正因为所有的人都正做相同的工作，并且被评价时（在课堂答问或考试中涉及评分和升级），不是从他们的个人贡献的观点出发，而是从比较的成功的观点出发，过分地求助于超过别人的优越感，而胆怯的儿童却受到压抑。儿童是用他们理解同样的外界标准的能力来评定。弱者逐渐失去他们对力量的感觉而接受一个继续不断和持久自卑的地位。对自尊的和尊重工作的影响就用不着细谈了。强者听到荣誉，不是在于他们的力量而是因为事实上他们是更强些。儿童过早地投身到个人主义竞争的领域，而这是向着一个方向，在那里竞争是最少适用的，也就是在智力的和艺术的事物上，它们的规律应是合作和共同参与。

次于消极的吸收和为外部地位的竞争的祸害，也许是永远不变的把重点放在为一个遥远的未来作准备所造成的祸害。儿童大多生活在直接的现在，当凭着一个对他们很少甚至没什么意义的暗淡的和靠不住的未来而对他们呼吁的时候，我在这里很难估计能力和精神有多少浪费掉。放在我心上的是，当工作的动机是为了将来而不是为了现在的时候，习惯性的拖延就会发展；以及当工作不是根据现在的需要和现在的责任为基础，而是参考一个外部的结果，如考试及格、升级、进中学和读大学等，来进行估价时所产生的虚假的判断标准。经常有一种印象，认为没有一件事情本身是值得做的，而只是为了别的什么作一个准备，而这接着又只是为更远的真正严肃的目的作准备，谁能估计从这种印象所引起的道德力量的损失呢？此外，通常将会发现，对于那些要求进步、想超越别人的自私愿望已经是一个非常强烈的动机的人，远期的成功将是最受他们欢迎的一个目的。对那些个人野心已经非常强烈的人，这描绘出将来胜利的辉煌图景，或将受到感动，而对别的一些本性大变的人却不会有反应。

我不能停下来描绘另外一面。我只能说，引用每一种吸引儿童活跃的能力，诉诸他建造、生产和创造的才能的方法，都标志着一个机会，可以把伦理的重心从自私的吸收转到社会性的服务。手工训练意义不止于用手操作，也不止于智力训练；在任何优秀教师手中，这种训练很容易而且几乎是当然的有助于社会习惯的发展。从康德的哲学以来，美学理论说艺术是普遍性的，已经是句平常话了；它不是纯粹个人愿望或嗜好的产物，或仅仅能为个人所有，而是有一种价值为一切发现它的人所共享。即使在学校，那里把最多的注意力给予道德的考虑，学习和答问的方法可能重视欣赏而不重视力量，强调一种吸收别人经验的情感的准备，而不强调有启发的和有训练的才能，去推进那些在另一种情况下和过去的时间里，使那些经验值得持有的价值。无论如何，由于学习和行动的脱离，虽有个别教师的努力，结果使教学和品德的隔离在我们学校里继续着。把真正的道德成效联系到单纯的学习过程和联系到伴随学习的习惯的尝试，只能造成一种受拘泥形式、任意专断和过分强调不一致的影响的训练。那样多的成就表明，学校活动的方法里包含着有可能为互惠、合作以及积极的个人成就提供机会。

（顾岳中译，王承绪校。选自赵祥麟，王承绪编译.杜威教育名篇［Ｍ］.北京：教育科学出版社，2006：82—91.）

教育中的兴趣与努力（1913）

有教育意义的兴趣的类型①

活动的概念作为一项重要教育原则，并没有什么新颖或惊人的东西。特别是"自我活动"这个观念，长期以来一直是最高教育理想的名称。可是人们解释活动的意义，常常过分看重形式，过分从内在方面去看，因此始终是一个空洞的理想，对实际毫无影响；有时还变成一个空洞的词句，只得到口头上的推崇。要使活动的观念发生效力，我们必须充分地从广义方面去理解它，理解为包括能力的生长在内的一切行动——特别是认识行为意义的能力。它不包括外部强制或命令下所完成的行动，因为这种行动对于执行者的心理来说是毫无意义的。它也不包括瞬间行动停止时即已结束的刺激所引起的零乱的反应，换句话说，就是不能将一个活动着的人引导到未来比较广阔的领域的那种动作。它也不包括业已变成例行性质或机械性质的习惯行动。不幸，出于外部的强制，由于单纯爱好兴奋以及出于习惯上的机械势力的行动非常普遍，这些例外动作涉及的面很广。不过这些例外动作所涉及的范围，是不发生什么教育过程的。

剩下的真正具有教育意义的兴趣的那种活动，因年龄、个人天赋、以往经验以及社会机会的不同而有无数的差异。要将它们编列出来是难以办到

---

① 译自杜威《教育中的兴趣与努力》，1913年英文版，第65—89页。——译者（原译文译为"教育上的兴趣与努力"。——本书编译者）

的。不过我们可以区别出它们某些较为一般的特点，由此也许可使兴趣和教育实践的关系在一定程度上更为具体地显示出来。鉴于从形式上的意义来理解自我活动，有一个主要理由是无视于身体和肉体本能的重要性，我们也不妨从这个最直接最实在的意义上开始讨论活动的兴趣。

（1）大家都知道，人类的幼儿必须学习其他动物幼崽依靠本能或经过简单尝试即会做的事情的大部分。根据这个事实，可知人类后代在学习这些事情的过程中，激发自身学习其他事情的需要，并且获得学习的习惯——即对学习的爱好。尽管这些道理相当熟悉，我们却常常忽略它们对于身体活动的事实所具有的意义。根据这些道理，首先一点，既然身体活动是必须学习的，那么这活动从质量上说来就不只是体格上的，同时也是心理上的、智力上的了。给人类幼儿提出的第一个问题就是学习运用感觉器官——眼、耳、触觉等以及运动器官——各种肌肉，使它们互相联系配合。自然，某些控制能力的获得并不包含很多的心理上的实验活动，而是由于生理上各项联系的成熟。但当小孩学习到某种眼睛活动，意味着某种形式的胳臂移动、手指握紧，还学习到这个活动随后引起某种形式的手指探索，最后体验到光滑的感觉，等等。这时还是存在着一个真正的理智因素的。在上述这些事例中，不只是简单地获得一项新的身体上的能力，同时也是智力上的学习，有些东西被认识到了。一岁半儿童智力发展的速度，成长中的幼儿在他的各项活动中所显示的全神贯注的状态，随着控制其动作的能力的增长而得到的欢乐——所有这些事情，对于兴趣的性质，对于（从外部看来）属于体力方面的各种行动所具有的智力意义，都是很明显地用实例作了说明。

当然，这个成长阶段出现在儿童入学之前，至少在他们进入称为学校的任何方面之前。但是这个行动在学校里进行学习的分量和方式，对于显示校内包括感觉和动作锻炼的各种类型的作业的重要性来说，是最有意义的。实行自我活动的学说（连同它所提出的心理上的首创精神和智力上的自力更生，和它的反对注入和消极吸收的思想），所以进展微小，其原因之一（如前文已经指出的那样）正好在于人们原来认为自我活动的能力是可以单纯从内部取得的，而无需通过游戏、构造各种物体以及操作各种材料和工具，以身体动作相互配合。只有具有特殊智力的儿童才可能不要感觉器官和肌肉参加活动而获得心理活动的能力。然而，小学教育上有多少在用各种训育方式企图压制所有一切身体活动啊！在这种制度下，难怪人们看到儿童天生厌恶学习，或者觉得智力活动不适合他们的本性，必须强迫或巧妙地哄骗他们来参加这个活动！因此，教育家就责怪儿童，或者责怪人性乖张，而不去抨击使学习脱离天生动作器官的应用，致使学习出现既困难又繁重的情况。

裴斯泰洛齐和教育学上主张感官训练及直观教学的一些学派的学说，是最初对一个内心抽象因而纯属形式的自我活动的概念的统治地位，提出挑战的重要力量。可是，不幸的是当时的心理学还是与一种错误的生理学和一种错误的阐明身心关系的哲学结合在一起的。感官被看作知识的入口、门径和通路，或者至少是知识的原料。当时还不晓得感觉器官只是从刺激到运动反应的通道，还不晓得只有通过这些运动反应，特别是通过对于感觉器官刺激和运动反应相互适应的考虑，才出现知识的成长。关于颜色、声音、接触等的感觉性质之所以重要，不在于它们单纯地接受和积累，而是在于它们和获得明智的控制的各种类型的行为的联系。如果不是经过主动反应而使各种不同的性质相互发生意义，从而紧密结合成为先后连贯的若干整体，那么，婴儿即使对个别事物——如帽子、椅子、橘子、石头和树——也是不会认识的。甚至在一般墨守成规的学校里，把抑制所有类型的运动活动视为主要责任，可也还是允许按照情况进行肉体活动，如自己阅读时，眼、唇等的运动；朗读、计算、书写、背诵等活动在身体上的调节，比较通常在凝神注意时所见到的更为重要。不过，动作的出路是如此稀少和如此偶然，有许多精力仍未利用，因此，就会随时发泄成为恶作剧或更坏些的行为；同时在心理上则出现毫无控制的幻想、空想以及各种精神恍惚的状态。

其次，一大进步来自福禄培尔和幼儿园运动，一个更为真实而较少武断的关于活动的概念发展起来了。游戏、竞赛，既要求建造又要求操作的各种连续性的作业活动，事实上自从柏拉图以来，就被认为在教育上具有根本的重要性的了。身体功能的锻炼对心理成长的作用，实际上是众所公知的。可是这个原则的应用仍然受到错误的生理学和心理学的阻碍和歪曲。在实现目标的过程中，自由而充分地掌握身体上许多器官，掌握物质的资料和工具，由此对成长直接做出贡献，这一点还未被人们理解。因此，游戏、竞赛、作业以及恩物的利用等在物质方面的价值，还是从间接的考虑——即象征主义来解释的。当时认为教育上的发展，不是因为直接做了什么，而是由于各种活动以某种形式象征性地代表的某些哲学上和精神上的根本原则。这个对幼儿园活动的价值来源的曲解，除了引入一种不真实性和情感因素的危险之外，如果对材料和活动的选择与组织没有什么非常决定性的影响，问题也不会那么严重。福禄培尔的学生不能自由地按照他们本身的价值去对待游戏和作业的方式，他们必须联系某一假定的包藏着的绝对整体的展开的规律，按照某些被说成是象征主义的原则进行选择和安排。校外某些为经验表明具有重大价值的进行活动的原料和方法被排除了，因为象征性的解释的原则不适用于它们。再说，这些原则导致过分偏爱几何学的抽象形式，坚持严格采用一种苦心经营的技巧来安排活动。只是在前一世代内，科学和哲学有了发展，这才促使重视各项活动的直接价值，比较自由地利用游戏和作业活动。福禄培尔的原理用这种较为自由和更科学的方法表达了出来，无疑地代表着历史上认识到身体活动对教育发展所具有的各种可能性的最大进步。蒙台梭利的方法基于同样的认识，增加了技术知识的好处；假如能够抵制或克服了那个使这些方法变成孤立的机械训练的倾向（一个不幸随着每个明确提出的体系的传播而产生的倾向），那么这些方法，无疑可以提供更多的办法，用于幼儿，或者用于年龄较大而感觉运动发展较慢的儿童。

（2）在以上关于体力活动的讨论中，绝大部分使我想到身体的各种器官，特别是直接用以应付简单材料或至多如铅笔、刷子等简单工具时双手的活动。当运用某种工具或使用一种材料到另一种材料上面去、而由此达到对外界物体的控制时，就出现一种包含着身体感觉运动器官的高级运动形式。使用锯子、手钻、刨子，使用新型材料，等等，说明工具的介入。在缝纫中使用一根线，做饭或其他简单实验中应用热度和湿气，说明使用一个东西（或力的形式）以引起另一个东西的变化。在这个活动形式和方才讨论过的更直接的活动形式之间，无论在实际上或在原则上，自然都没有十分清楚的区别。身体上的许多器官，特别是双手，可以看作一种通过尝试和思维来学得其用法的工具。各种工具不妨看作身体器官的一种延长。不过工具使用的不断增长，开辟了一条新的发展路线，它的结果是那么重要，因而值得给予特别的重视。由于发现和应用了器官以外的工具，这才使种族和个人的历史上有可能发生长时间持续的复杂活动——就是说，在长时间耽搁以后才产生结果。同时，我们已经知道，就是这个持续的耽搁需要增加智力的使用。使用工具和用具（广义地说）比熟练运用天然器官要求更大程度的技巧——或者可以说，这里包含着越来越复杂地使用后者的问题——由此引起一系列新的发展。

大略地说，使用这种介入的用具，把竞赛和工作同游戏区分开来。有一段时间，儿童由于能运用他们的双手，并以运转和输送的方法所能引起的变化而得到满足。其他变化凡是他们做起来不能那样奏效的，他们就满足于想象，无需一个实际的物质上的变更。让我们"玩玩"——让我们"装作"这样那样的事情，这就可以满意了。一个事物可以用来代替另一事物而不管实际上是否适当。比如当儿童们做准备开饭时摆好餐具的游戏时，叶子变成盘子，光亮的石子当作食品，木片作为餐刀和叉子。在自由玩耍中，各种东西是可以按当时的心情或需要来改变其性质的：一会儿把椅子当作运货车，一会儿当作一列火车，一会儿又当作船舶，等等。但在竞赛中有许多规则必须遵守；使用物件必须按照一定的方法，因为它们是完成一定目的的工具，例如棍棒是用以打中棒球的球棒。同样，随着儿童能力的成熟，他们就要求真的碟子、真的食品了；假使他们能真的点火烹调，那就更加满足了。他们要求用适合他们的目的而且真能完成一定结果，而不是仅在幻想中发生效果的东西。在这里可以看到，变化是随着在心里较长时间记住一个目的的能力而渐生出来的。正如我们所说，幼儿都不耐烦，急于要看到结果。他不能等待获得适当工具，再用适当方法使用这些工具，以达到目的：不是因为他在生理上比年岁大的人缺乏耐心，而是因为尚未达到的目的几乎一下子就从他心上溜掉了。为实现他的目的，他的"办法"是一击幻想中的魔杖就把理想变成事实。可是如果理想继续存在较长时间，那就可以被利用来造成一个实际情况的变化——这是一个几乎总是需要工具的介入或使用介人的用具的过程。

要给使用起媒介作用的手段或使用工具的行动定个名称，好像没有比工作更合适的了。不过，照这样子进行的工作，必须与劳动以及苦役和贱役区别开来。劳动指的是一种形式的工作，其所完成的直接结果，只在作为交换其他东西的手段时才具有价值。它是经济名词，应用于那样的工作即对生产品支付代价，而付出的钱则用以换取更多有直接价值的东西。苦役则是在工作中须作不寻常的艰苦努力，甚至筋疲力尽。贱役是其本身就是十分讨厌的一项活动，它是在某种纯属外部需要的强制下执行的。因此，区别游戏和工作，不能根据从事者对所做的事情是否存在直接兴趣。一个儿童运用工具制造某种东西，譬如造一只船，可能对他所做的事情直接发生兴趣，就好像他正在划船一样。他所做的事情，不是单纯为了获得一个外部的结果——船——也不是单纯为了后来划它。完成了的产品以及把它派做什么用途的思想可能在他头脑里出现，但这样想着乃是为了加强他的直接的建造活动。在这个事例里，他的兴趣是自由的。他有一个游戏动机，就原则来说，他的活动本质上是艺术的。这种活动和比较自发的游戏的区别，在于理智的质量；一个较远的目的，在恰好的时候就会引起一系列的动作并加以调节。当儿童已准备进行这种工作时，如果不引导他从事这种工作，那就简直是蛮横地阻挠他的发展，是在他准备按照一种想法而行动之后迫使他的活动限于一种感官刺激的水平。一种活动方式，在它那特定时期是十分正常的，到了一个人已经成熟到宜于从事包括更多思想的活动以后，如果仍然坚持做下去，那就变得支离破碎的了。我们还必须记住，从目的近的一个行动转到目的远的一个行动，这个变化不是立刻发生的，也不是对一切事物同时都有这样的变化。一个儿童可能随时会参与使用像剪刀、油漆和漆刷等工具的作业，参与摆好餐具、烹饪等，可是，对于其他活动，则仍然不能在事先做好计划和安排。因此，认为幼儿园年龄的儿童只能从事假装游戏，而小学儿童则应当坚持工作而不做游戏，这是没有根据的。只有对于象征主义的错误理解导致前面一点结论，同时也只有错误地把兴趣和游戏同平常的娱乐混为一谈导致后面一点结论。有人说，人之所以是人，只由于他游戏；这种说法含有对方才用过的游戏的意义的一些改变。可是，广义地理解，全神贯注于一个人所做的事情——即从兴趣洋溢的意义上来看，这个说法是正确的，是一个不言而喻的道理。

按照下过的工作的定义，工作是指包括使用各种介入的材料、用具以及使用各种有意识地用以获得效果的技巧的一切活动。它指的是任何形式使用工具和材料的表现活动和建造活动，任何形式的艺术活动和手工活动，只要这些活动自觉地或细心地为达到一个目的而努力。它们包括油漆、绘画、黏土造型和歌咏，只要活动之中自觉地注意到方法——注意到执行的技巧。它们包括各种不同形式的手工训练、木工、金工、纺织、烹饪、缝纫等工作，只要在工作中间能想到要求达到的结果，而不是奉命工作或不需要思想的照样模仿。它们也包括科学研究上手工方面的工作，如搜集研究资料，管理仪器，开展研究工作和记录实验情况所需要的一系列的行动。

（3）由于这后面一种兴趣——发明的兴趣或寻究在一定情况下发生了什么的兴趣——取得了重要性，随着就出现第三种兴趣——纯粹属于理智的兴趣。我们在措辞上应当谨慎。理智的兴趣不是现在才显示出来的新事物。我们在讨论关于婴儿的所谓体力活动的发展以及关于儿童、青年和成人的建造工作的时候，曾试图表明，理智表现为对于一种活动的结果的清楚理解以及对于活动方法的寻求和配合使用，应当作为这些活动的一个必要组成部分。不过在一个过程的完成中，理智的兴趣可能成为次要的和辅助的。但它也可能成为居于支配地位的兴趣，因此，我们并不为了要使一种活动得到成功而设想一些事物并发现它们，我们是为了发现某些事物而组织活动。这一来，纯粹属于理智的或理论的兴趣就可以看清楚了。

正如在理论上没有明确的界线可以划分一样，在实践上也没有明确的界线。预先计划，注意发生的事情，将这事情同努力的目标联系起来，这都是一切理智的或有目的的活动的组成部分。教育家的职务，就在于注意使表现实际兴趣的条件能够做到鼓励一个活动在这些智力方面的发展，从而使它逐渐转到理论形式上去。大家都知道，科学的基本原理是同因果关系联系着的。在这个关系中，兴趣从实践方面开始。某些结果被认定了，要求实现它，为此而努力奋斗，并且注意到产生它的各种条件。最初，达到目的的兴趣占优势；但随着这种兴趣逐渐同有思考的努力相结合，集中于目的或效果的兴趣必然转移到关于实现它的方法——原因——的兴趣上面去。凡是凭着理智使用工具进行工作，搞园艺、烹调等方面，将兴趣从实践方面转移到为发明而进行试验，乃是比较简单的事情。当任何人对一个问题作为一个问题而发生兴趣并且为解决这个问题而从事探究和学习的时候，兴趣显然是属于理智的。

（4）社会的兴趣，即对人的兴趣，是一种强烈的特殊兴趣，也是和上边所提到的那些兴趣纠缠在一起的。幼儿对成人的关注，是异乎寻常地强烈。他们之所以依靠大人，如果不是为了别的，而只是为了取得支持和指导，那也就为他们提供了一个自然基础，从而要关注成人，要和他们结成亲密的关系。这样，明显的社会本能，如同情、模仿、喜欢别人对他的赞许，等等，就发挥作用。儿童和成人的接触，是连绵不断的；实际上就不存在孤立的儿童活动。一个儿童自己的活动和旁人的活动，是如此紧密地联结在一起，旁人所做的事情是如此深刻地和多方面地触及他，以致只有在很短的时间里，也许是在双方意志冲突的片刻间，一个儿童划出一条鲜明的界线：旁人的事情确是他们的那边，他自己的事情绝对是他的一边，一个儿童的父母、他的兄弟姐妹、他的家、他的朋友，总之，全是他的；他们全部包括在他自己的概念范围以内。假如当真能够把他们从他自己的概念里剔除出去，从他的期待、愿望、计划和经验剔除开去，那么，关于他自己的概念，便要失却很多的内容了。有许多旁人的事情，一个儿童因受经验和智力的限制，还不能把它们变成他自己的事情；但是，就在这个限度内，儿童把旁人的某些事情看成自己所做的事情，要比成人来得自然，来得强烈。他还没有和成人发生业务上的竞争，他所遇到不同情他的事情的人是少数的；在他所有的经历中，他感到最有意义、又最有报偿的是直接地和想象地参与到旁人的活动中去。在这些方面，儿童要比一般成人在兴趣方面更具有社会性了。

这样，这种社会性的兴趣，就不仅混合和渗透在儿童对自己的行动和遭遇所具有的兴趣之中，而且还充满在他对事物的兴趣之中。成人习惯于在他们对事物的关系同他们对人的关系之间，作明显的区别；他们的一生工作，主要是一心一意地沿着事物本身那样对待事物的这条路线走下去。儿童不是这样，当他们参加和影响成人行动时，他们对事物的关注的程度很高；他们的既是个人的又是社会的兴趣，对目的物放射光芒，并对其赋予意义和价值的程度也很深，要使成人对此加以认识，那可就难了，实际上也是不可能的。我们对儿童的种种游戏作片刻的思考，便可发现那些游戏在很大程度上是社会活动的可爱的和戏剧性的重演；因此便提供了这么一个线索，即儿童们对事物关注的程度，是从他们对于人们对事物做些什么，以及用事物做什么的观念得来的。所谓儿童们的万物有灵论的趋向，他们把自然物体和事物人格化的倾向，归根到底，大多数并没有什么其他意义，而是他们的种种社会兴趣的显露。他们并不那么当真地把事物都看成活的，只是，当儿童处在成人所体现出来的种种兴趣的包围当中的时候，他们才对事物有兴趣。要不然，事物就会像以前那样，充其量也只是与他们无关的东西。

无疑地，儿童对完全抽象的智力的学科感到厌烦，只不过说明给他们提供的东西——事实和真理——是同他们的人事关系的内容脱离开来的。当然，这并不是说，无生命的事物应该给予神话般的或幻想性的人性；不过这可不排除在讲授无生命的事物时，应该尽可能讲得活像这些事物在人生中实际上所担任的角色那样。例如，儿童在学习地理课时，一般地说，在一开始时，他们的社会兴趣非常的高，达到浪漫的程度。一想到要学习远方的人怎样生活，怎样处世，便激起他们无限的思维活动。然后，提供给他们的却是抽象解说、条目分类；再不然，就是一些关于陆地和江河外貌的以及大陆结构等自然界的真相，几乎完全是死气沉沉的东西。再后来，教师反而责难儿童如此缺乏学习的兴趣，殊不知，课程对儿童们熟悉的东西丝毫未触及。其他像物理、化学等自然科学有足够的事实和原则是与人的利害相关的，在那些科学的教学法中，可适当采用，作为基础训练。

这里无须再多说了，只要把社会兴趣与道德兴趣之间的密切关系略提一下就够了。在直接兴趣与义务背道而驰的情况下，没有什么强烈的义务要求比得上由于认识到与它有联系的别人感兴趣的事情而提供的那种义务要求一样强烈。那抽象的义务观念和其他抽象的观念一样，自然是毫无推动力的。社会兴趣具有强烈的支配力量，只要一发生联想，就转化为道德上所要求的东西。这种强烈的间接兴趣就这样抵制那种直接倾向的相反的吸引力。关于道德概念，只剩一点，还须略加说明，这就是如果把兴趣作为天生的自私或利己主义的解释，那是与目前所说的一些事例完全不相容的。一说到兴趣，它必然指的是发生在带有向前活动的事物上面的兴趣，或者是发生在表示它有所满足的事物上面的兴趣。因此，兴趣的性质，要看事物的性质而定。如果它们是低级的、无价值的或纯粹自私的，那么，他的兴趣也必然是这样，而不是相反。对别人、对他人的活动和目的强烈的兴趣，是使个人的活动更开阔、更丰富、更有启发作用的自然源泉；当物理的、手工的、科学的兴趣和种种事物打成一片的时候，有助于自我的不断扩大。

（顾岳中译，王承绪校。选自赵祥麟，王承绪编译. 杜威教育名篇［M］. 北京：教育科学出版社，2006：92—102.）

明日之学校（1915）①

一、教育即自然发展

"我们对于儿童毫无所知，只用我们错误的见解去办教育，愈办愈错了。那些最聪明的著作家，竭尽心力，去讨论一个人所应知道的是什么，却不问一个儿童所能学习的是什么。"这几句话在卢梭所著《爱弥儿》一书中是有代表性的。卢梭以为当时教育的败坏，都因父母和教师只想着成年人的造诣，而一切改革的成败，则全在大家能否集中注意于儿童的能力和弱点。卢梭一生所说的话、所做的事，有许多是愚蠢的。但他认定教育应当根据受教育者的天赋能力，研究儿童以发现这些天赋的能力，这种主张却是现代一切发展教育事业的努力的基调。他的意思是说，教育不是把外面的东西强迫儿童或青年去吸收，而是要使人类与生俱来的能力得以生长。从这个观念出发，就产生卢梭以后许多教育改革家所竭力强调的种种主张。

首先，他使人注意到从事教育的人常常忘记的一个事实，就是：学校内所学的东西至多不过是教育的一小部分，还是粗浅的一部分，然而在学校所学的东西却在社会中造成种种人为的区别，使人们彼此划分界限。结果我们就轻视日常生活所得的经验而把学校中的学习夸大了。但是，我们要纠正这种夸大，办法不在于轻视学校中的学习，而在于注意考察我们从日常生活中得来的极多

---

① 译自杜威《明日之学校》，1915年英文版，第一章"教育即自然发展"第1—16页。——译者

极有用的训练，从这中间寻出教训来，使我们知道学校的教学工作应怎样进行才是最好。未进学校以前的几年，儿童的学习进行得快而且稳，因为这时的学习是和他们自身能力所提供的各种动机以及自身处境所促成的各项需要密切关联着的。卢梭差不多是第一个认为学习是一种必需；它是自我保存和生长过程的一部分。如果我们要明白教育怎样才能最有成效地进行，让我们求助于儿童的经验，在这里，学习是一种必需；而不是求助于学校里的实际做法，因为学校教育大部分是一种装饰品、一种多余的东西，甚至竟是一种不受欢迎的强迫接受。

但一般学校进行的方向总是与这个原理相反。他们不去研究儿童在生长中所需要的究竟是什么，只是拿了许多成人所积聚的学问，和生长的需求毫不相关的东西，想把它强加给儿童。卢梭说："一个成年人确实必须知道许多对儿童似乎无用的东西。可是，成年人所应当知道的一切，难道儿童都该学、都能学吗？把做儿童时用得着的东西教给儿童，你可以见到那已是很够他忙的了。为什么要叫他去求那也许终身用不着的学问，而忽略了那些足以满足他现时需要的学问呢？但是，你要问：等到要用的时候再去学那应当知道的东西，不嫌太晚吗？这个我不能说。但我知道，教得太早是不行的，因为我们真正的教师是经验和感情，即使是成人，要不是适合他本身的情况，也绝不会去学他那应该学的东西。儿童知道他一定要成人；他可能有的关于成人的种种思想，都是使他受教育的机会，但对于他所不能领会的那些思想，却不应该使他知道。我的全书，只是反复阐明这个教育上的根本原理。"

我们大家最常犯的最大错误，恐怕就是忘记学习是应付种种现实情况的一种不可缺少的事。我们竟武断人心自然厌恶学习——这一点正同断定人的消化器官厌恶食物、必须哄骗或威吓使他不得不吃一样。看了现在的教育方法，我们可以知道确有人相信人心是反对学习的，是不愿操心的。殊不知这种嫌恶的发生，实际上就是对于我们所用方法的一种谴责，证明我们现在所提供的教材，是人心在当前的生长状态中所不需要的，要不然就是提供不得其法，把真实的需要蒙住了。我们再进一步讨论。我们说只有成年人才能真正学习成年人所需要的东西。成年人如果继续保持着他学习的欲望，要比没有到成年时期就给予他成年人的学问知识而丧失了他的求知欲念，一定更加愿意学习他所应学的东西。我们缺乏信心，而又不轻易相信。我们不断地对我们成年人所知道的东西感到不安，深恐儿童永不会去学它，除非儿童在智力上或实际上运用到这些东西之前，就用训练的方法把它灌进去。如果我们能够真正相信，注意当前生长的需要，就可以使儿童和教师都有事做，并且对将来需要的学习能够给予最好的可能的保证，那么，教育理想的革新也许早就成功，而我们所渴望的其他改革，也大都自然而然地跟着来了。

这样看来，怪不得卢梭劝我们必须情愿失去时间。他说："那最大最重要而又最有用的教育法则就是：不要爱惜时间，要失去时间。假如一个婴儿能从母亲怀里一跳出来就到达了通达理性的时期，那么现在的教育就是很适当的了；但是他自然的生长，要求一种完全不同的训练。"他又说："我们现在所用的方法全是残酷的，因为它是为了遥远而不可捉摸的将来而牺牲现在。我从远处听见那老是拖住我们的假聪明大声喊叫，认为现在不值什么，气也透不过来地去追逐那赶不上的将来；这种假聪明，把我们引离唯一的立足地，却又永远不能引导我们到达别的什么地方。"

简言之，如果教育就是人类天性能力的正常生长，那么，注意他在生长过程中每天所具有的特殊形式，是使成年时期的种种成就牢固可靠的唯一方法。人的长成是各种能力慢慢地生长的结果。成熟要经过一定的时间，揠苗助长没有不反致伤害的。儿童时期的意义实在就是生长和发展的时期。所以，为了成人生活的造诣而不管儿童的能力和需要，是一种自杀的政策。因此卢梭说："应当尊重儿童时期，不要急于断定他是好是坏。没有到你接代自然的职务时，你要让自然有时间去做它的工作，以免干扰它的措施。你以为你知道时间的价值，唯恐荒废它。你没有认识到误用时间比虚掷光阴浪费更大，教育不当的儿童离开美德比从没受过教育的儿童离开得更远。你怕他虚度童年，未做一事。什么叫虚度！难道快乐不算什么吗？终日跑跳不算什么吗？他一生永远不会再有这样忙碌的时候了。……假使有人唯恐荒废他一部分时间而不愿睡眠，你以为这个人怎么样？"尊重儿童时期，就是尊重生长的需要和时机。我们可悲的一种错误，就是急于得到生长的结果，以致忽视了生长的过程。他又说："自然要求儿童在成年以前保存儿童的本色。如果我们想要颠倒这个程序，就会产生一种不自然的果子，没有成熟，没有果味；这种果子，不到成熟早就烂了。……儿童自有儿童的思想、见解和感情。"

指导自然生长的教育和强行注入成年人造诣的教育，二者之间还有一层不同之处应当注意。后者很重视积累许多符号式的知识，强调知识的量而不是知识的质；所要求的只是表现作业的成绩，而不是个人的态度和使用的方法。至于启发式的教育方法，则其所注重之点是要真切而广泛地亲自熟悉少数典型性的情境，以求掌握处理经验中各项问题的方法，而不是要积聚许多现成知识。照卢梭的说法，儿童容易屈从我们那些错误方法，这是我们经常受骗的根源。我们懂得——或自以为懂得——某些词句是什么意思，因而当儿童用词适当时，我们就说他也有同样的了解。他说："儿童学习东西表面上容易，实是他们的不幸。我们没有看到那样容易就会了，这足以证明他们没有好好学习。他们那光洁的头脑仅仅如镜子一样把我们所指示的事物反映了出来而已。"当时的教学方法，不使儿童自己去领会事物的关系，只从事物的表面指示一下。卢梭有一句简短的话描写了这种方法的缺点。他说："你以为你在那儿教他世界是什么样子，其实他只是在学地图。"从这个学地理的例子类推到整个广泛的知识领域，你就会明白，从初等小学到专门学校，我们的教学工作多半是怎么一回事了。

在卢梭的心中，有与这个相反的方法。他说："在学习各种科学的许多捷径中间，我们非常需要一条捷径使我们能够使用困而后知的方法。"他这意思当然不是为了学习困难故意把学习的内容弄得很艰深，不过要避开那种重述现成公式的假学习，而用慢而稳的自行发现的方法去代替它。课本和课堂讲授讲的是别人发现的成果，似乎可以作为获得知识的捷径，但其结果正像镜子里毫无意义地反映出来许多符号一样，学生对于事物本身一点也没有了解。再进一步，就弄得学生思想混乱；使他把内心本来所有的一点把握失去了；他的辨别真伪的能力被伤害了。卢梭说："第一句叫学生记忆的意义不明的话，或者第一件叫他盲从而不让他自己了解其意义的事物，就是使学生判断力毁灭的开始。"又说："你把思考的事情全都替他做完了，你还要他去想什么呢？"（我们不要忘记，课本中组织好了的教材和预先排定的功课，都是代表他人的思想。）"此外，他所有的一点推理能力，你再叫他用于对他似乎极少用处的东西上去，这一来，你叫他不相信他自己心中所有理智的工作就做完了。"

以知识本身作为目的，"浩如烟海，深不可测"。如果在卢梭时代是这样，那么，卢梭以后科学日益发展，就更可确信把单纯积累知识和教育等同起来乃是荒唐的。对于现行教育常有的批评，说教育不过是替大量杂乱的科目留下一种肤浅的印象，这个批评是公正的。但要补救这种弊病，却不是回到那种机械贫乏的读、写、算的教学上去所能奏效的，而是要放弃我们想把全部知识都列入课程以期"包括一切"的狂热愿望。我们必须除去这种有害无益的奢望，而代之以较好的理想：把少量典型性的经验加以充分运用，使学生掌握学习的工具，同时提供种种环境，使学生渴求更多的知识。照传统的教学法来教，学生学习的是几张地图而不是学习世界——学的是符号而不是事实。学生所真正需要的，并不是关于地形学的精密知识，而是要晓得自己去寻求知识的方法。卢梭说："你的学生学习地图；我的学生制作地图。这就是你的学生有知识和我的学生无知识的区别。"所以学校中求知识的真正目的，不在知识本身，而在学得制造知识以应需求的方法。

二、民主和教育①

传统的教育，训练儿童恭顺、服从、小心从事，因为命令去做不得不做的功课，不管目的在哪里，这是适合于贵族社会的教育。这些性格特点，都是国民的生活和各种制度都由一个首领去策划和管理的国家所需要的，但在民主国家里，它们就同社会和政府的成功的管理相抵触了。关于民主，我们有一个有名的简单定义，即"民治，民有，民享"，这定义大约可以给我们提供一个了解民主社会最好的线索。社会和政府的管理，要由社会的各个成员去负责。所以各个成员一定要受到一种训练，使他能够承担这种责任，使他对于人民全体的情况和需要具有正确的观念，并且发展那些能够保证他适当参与政府工作的品性。假如我们训练我们的儿童使他们去奉行命令，使他们做事不过是因为受命去做，不能给他们以独立行动和独立思考的信心，那么，我们就是在革除现行制度的弊端和建立民主理想的真理的道路上安放一个几乎不能越过的障碍。我们的国家，是建立在自由基础上的，可是我们为将来的国家进行训练的时候，却尽可能少给它自由。儿童在校内，一定要给他们自由，以便当他们管理国家的时候，懂得使用自由是什么意思，并且一定要让他们去发展那些积极的品性，如主动精神、独立性、足智多谋等，然后才能够避免民主政治的滥用和失败。

广泛认识民主与教育的关系，可算是现今教育趋势中最有趣味、最有意义的一点。它说明了对于普及教育日渐增加兴趣的原因，同时对于上面所说的种种变革，又增强了科学上和心理学上的论据。以教科书为唯一方法的教育，只能适合于社会上一小部分的儿童，这些儿童，由于环境关系，没有必要参与实际生活，同时又对抽象观念发生兴趣，这一点是毋庸置疑的。不过就是对于这

①译自杜威《明日之学校》，1915年英文版，第十一章"民主和教育"，第287—316页。——译者

一类的人，这种教育在他领会知识上也留下了许多大缺陷；它对活动在智力发展上所起的作用没有给予相当的位置，并且是沿着学生的自然倾向施以训练，对于那些习惯于抽象观念的人，没有去发展他们所缺乏的实践的品性。对于兴趣并不偏重抽象方面，不得不在某些实用性质的职业中，经常用双手做工度日的多数人，必须有一种教育方法把生活上纯属理智和理论的方面与他们自己的职业沟通起来。随着民主思想的传播，以及对于各种社会问题相应的觉醒，人们渐渐觉得，不管所属阶级是什么，人人都有权利去要求一种使他可以应付自己需要的教育，而国家为其自身的利益，应当满足供应这个要求。

　　不久以前，学校教育还只能满足一种人的需要，就是那些为知识本身而求知识的人，如教师、学者和研究工作者。用双手做工的人也必须进行训练的思想，现在还是很新颖。在学校中刚刚才开始承认掌握生活上物质方面的事物也是知识。不过几年前，学校还把数量最多、全世界都靠着他们供给必需品的一种人忽略了。其所以如此，有一个原因就是民主制度本身还是一种比较新的东西；民主政治未发生以前，大家都不承认那些用双手做工的多数人有供应自己的更大的精神需要的权利。他们的职务，几乎也就是他们生存的理由，乃是去满足统治阶级的物质需要。

　　在最近的一百五十年中间发生了两种大变化，把人们生活及思想的习惯都改变了。我们已经见到这两种变化中的一种，即民主理想的发展如何要求教育上的改革。还有一种变化，就是因各种科学发明而发生的变化，也一定要在教室中反映出来。把一个人所有的历史知识拼合起来，拼成一张蒸汽机和电气未发明以前的社会略图，也不见得能够把这些发明以及类似的发明所产生的社会中的根本变化充分地描写出来。从教育的观点看来，最重大的一个变化，就是人世间的事情大量增加，这些事情，无论何人，即使对于生活的平常境遇要应付得妥当，也一定要把它当作知识的一部分。这些事情如此之多，想要在学校时间内从课本上把它们统统教全，简直是可笑的。但是那些学校不是老老实实地面对这个变化，从而改变它们的课程，教学生从宇宙本身去求学问，只是不停地尽量多教事实。学校中出现的一些改变，不过是设想出若干增多消费事实的计划。可是科学所要求的改变是较彻底的改变；照这个改变的现在情形看来，它是遵循这本书内所指出的一般路线进行的。这个改变，从各种学校的课程上可以看出，不但是把引起社会变化的种种科学规律增添到课程中去，而且把直接教授生活中各种事实的实际工作代替书中所述各种事实的研究和记忆。

假如学校要承认各阶级学生的需要，给学生一种训练，保证使他们成为有成就的、有用的公民，那就一定要给他们一种工作，这工作不但可以使他们体格健全、道德完善，对于国家和他们的邻居有正确的态度，而且可以使他们能充分地驾驭物质环境，在经济上有独立的能力。对于各种专门职业的准备，教育向来是关注的；可是我们看到，对于产业工人的将来，教育恰恰是忽略了。现代工业因为各种科学发明而日趋复杂，渴望真正成功的工人，必须要有一种普通教育的良好基础，在这个基础上培养他的专门技能。而人性的复杂，又使初学者同样必须找到适合他的爱好和能力的工作。一般教育原理的讨论，仅仅涉及应付这两个需要的实业教育或职业教育。至于专门行业和专业训练的各种问题，就完全不在这本书范围之内了。话虽如此，某些和推进狭义的工业训练的运动相关联的事实，对于范围较广的问题也有直接关系。因为，现在已有很大的危险，就是这种工作既经推广之后，可能忽略在葛雷和芝加哥两处所做的那种真正教育性质的工作，而赞成职业训练。

有势力的城市居民很容易把注意力集中到技术工人的需要上，而把一般的教育改革忽略了。前一种需要能够使他们注意，是由于他们自己的经验，也许由于他们的利己心。他们看到德国把技术方面的职业训练发展到了成为国家推动商业上的竞争的资本的那个程度，留下了深刻的印象。最直接并最切实的问题，莫如建立一种补习学校的制度，借以提高那些早年离校而现年在十四至十八岁之间的工人的素质，同时设立各种独立性质的学校，直接准备各种行业的工场工作，而让现存许多学校在实际上保持原状去预备学生升入高等学校，或去参加少用双手做工的职业。

固定阶级的形成是民主的致命伤。财产的差异，大群不熟练工人的存在，对用手工作的蔑视，使生活能逐步提高的训练难以获得，这一切都起着产生阶级的作用，并且扩大各阶级之间的鸿沟。政治家和立法机关能够做些什么，以对抗这些恶势力。明智的慈善事业也能尽一点力。但是彻底解决问题的唯一的根本机构是公立学校制度。每个美国人都自豪于过去那种成就，即能在极其复杂的居民中养成一种团结友爱的精神，从而使共同利益和共同目标的观念压倒那些要把我国人民分为各种阶级的强大势力。生活上日益复杂，兼以社会上贫富悬殊，就使民主的进行也日益困难。以前只需一种制度，使所有的各个体都混合在内，就足以应付需要，现在这种日子已经迅速地过去了。教材和教学方法一定要积极地、不是缩手缩脚地与目的相适应。

对于父母闲暇较多的儿童是一种制度，对于雇佣劳动者的儿童又是一种制度，这是一定不可能的。这种办法所逼出的有形的分离，对于人类相互同情心的发展固然不大相宜，不过这还是最小的害处。更大的害处是对于一部分人施行过分属于书本的教育，对于另一部分人则施行过分属于"实际"的教育，结果造成心理和道德习惯的分裂、理想和观点的歧义。

经院式教育所产生的未来公民，对于用手做的工作没有一点同情，对于了解当前时代社会政治上最严重的困难问题，也绝不给予一点训练。职业训练产生出许多未来的工人，这些工人假如没有这种训练，也许不能有这样多切实有用的技艺，不过他们并没有因此开阔境界，也看不到他们所做的工作在科学上和社会上有什么重大意义，他们所受的教育不能帮助他们适应自己的环境。把公共学校制度分成两部分：一部分继续施行传统的方法，偶尔也有几处改良；另一部分则去应付那些准备从事体力劳动的人，这是一种社会宿命论的办法，完全和民主精神格格不入。

以机会均等为理想的民主主义，要求一种教育，这种教育要把学问和社会应用、理论和实际、工作和对于所做工作的意义的认识，从头就融为一体，并且大家一样。我们在这本书内所讨论的这种学校——现在正在迅速地在全国范围大量开办起来——正显示着这个全民机会均等的理想怎样变为现实。

（顾岳中译，王承绪校。选自赵祥麟，王承绪编译. 杜威教育名篇［M］. 北京：教育科学出版社，2006：103—112.）

民主主义与教育（1916）

一、教育是生活所必须[①]

（一）生活由传递而更新

在最广泛的意义上，教育乃是社会生活延续的工具。在近代城市，和在野蛮部落一样，一个社会团体的每一位成员，生来都是未成熟的，无能的，没有语言、信仰、观念或社会标准。每一个传递本团体生活经验的个人，总有一天要死亡。但是这个团体的生活仍要继续下去。

一个社会团体的成员有生有死，这种无可避免的事实，决定了教育的必要性。一方面，团体中未成熟的新生成员，即团体未来的唯一代表，和团体中有知识和懂得风俗的成年人，彼此之间有巨大差别；另一方面，这些未成熟的成员，不仅需要在形体上有适当数量的人保存下来，而且必须接受教导，把成熟的成员的兴趣、目的、知识、技能和习惯接受下来，否则这个团体将停止其特有的生活。即使在野蛮部落，如果听任未成熟的成员自行其是，他们也远不能达到成年人的成就。随着文化的发展，未成熟成员的原有能力和成年人的标准和风俗之间，距离日益扩大。仅仅在形体上成长，仅有最低限度的生活必需品，将不足以使这个团体的生活绵延下去，需要做出审慎的努力，进行深思熟

[①] 译自《民主主义与教育》，1916年英文版，第一章"教育是生活所必需"，第3—11页。
——译者

虑的工作。新生的成员，他们对团体的目的和习惯不仅毫无所知，而且漠不关心，必须使他们认识这些目的和习惯，并使他们感兴趣。教育，而且只有教育，能弥补这个缺陷。

生物的生存需要通过传递过程，社会的生存也是这样。这个传递过程的进行，通过把老一辈的行为、思想和感情的习惯传给新一代。如果即将离开团体生活的社会成员，不把理想、希望、期待、标准和意见传给才进入这个团体的成员，社会生活就不能存在下去。要是社会的成员能永生不死，他们可能教育新生的成员，但是，这个工作将是出于个人兴趣，而不是出于社会需要。现在，这个工作乃是社会必须做的事。

如果有一次瘟疫突然夺去社会成员的生命，显然，这个团体将永远被消灭。但是，社会的每个成员的死亡，和突然的瘟疫使全部成员死亡，同样是肯定无疑的事。然而成员的年龄长幼不同，事实上有些人出生，有些人死亡，这就可能使社会结构通过理想和习惯的传递不断地重新组织。但是，这种更新并不是自动进行的。除非尽力做到真正彻底的传递，否则最文明的团体也将逐步退化到未开化的野蛮状态。事实上，人类幼年未成熟到这种程度，如果任其自然，没有别人的指导和帮助，甚至保存身体所必需的初步能力也无法获得。人类幼年的原有实力，远不及很多低等动物的崽，就是维持身体所必需的能力，也必须通过教导才能得到。那么，人类要获得一切技术的、美的、科学的和道德的成就，该要经过多少的教导啊！

（二）教育和传达

社会不仅通过传达、通过传递而继续生存，而且可以公正地说，在传递中、在传达中生存。共同、社会和传达这三个词，不但字面上有联系，而且人们有了共同的东西，才能生活在一个社会里；而传达乃是他们获得这些共同东西的方法。他们为了组成社会必须有的共同东西，乃是目的、信仰、志愿和知识，一种共同的了解，即社会学家所谓共同的心理。这种东西不能像砖瓦那样一块块地由一个人传递给另一个人；也不能像人们把一个馒头切成小块那样让大家分享。保证各人能参与共同了解的那种传达，使他们能获得相同的感情的和理智的倾向，即对种种期待和要求做出相同的反应。

不但社会生活和传达是一件事，而且一切传达（因此一切真正的社会生活）都具有教育意义。接受传达的人，他的经验丰富了，并且有所变化。他分享别人所想到的和所感到的东西，从而或多或少地改变了他自己的态度。传达的人，也不是不受影响。你试把某种经验，特别是较为复杂的经验，完整地和准确地传达给别人，你将会发现你自己对待你的经验的态度在发生变化；要是不变，你会感到惊异。要把经验传给别人，必须把它整理好。要整理好经验，就要置身于经验之外，为别人设身处地想一下，看它和别人的生活有何接触点，以便把经验整理成这样的形式，使他能领会经验的意义。除了常识和吸引人们注意的话以外，要使别人理解自己的经验，必须富于想象力地吸收一些别人的经验。一切传达好像艺术一样。因此，可以公正地说，任何社会安排只要它确实具有社会性，或大家参与其事，对于参与的人来说，都具有教育意义。只有当它变成一个模子，照章办事的时候，它才丧失它的教育力量。

总的来说，不但社会为了它自己的永存，需要教导和学习，就是这种共同生活的过程，也有教育的作用。它扩大经验，并使经验有启发性；它刺激想象力，并使想象力丰富；它使人们对言论和思想的准确性和生动性具有责任感。一个真正在身心两方面都过着孤独生活的人，很少有机会或简直没有机会思考他过去的经验，汲取经验的意义。社会中成熟的人和未成熟的人的成就，彼此不相等。这就不仅需要教导青少年，而且要求这种教导提供很大的刺激，把经验化为这样的程序和形式，使它容易传达，最为有用。

（三）正式教育的位置

因此，只要一个人真正是在生活，而不只是维持生命，他在和别人共同生活中所得到的教育，和对青少年进行的深思熟虑的教育，两者有显著区别。前一种教育是偶然的；这种教育是自然的教育，也有其重要性，但它不是人们结合的明确理由。

从广义的教育含义中，可以分出一种较为正式的教育的概念，即直接的教导或学校教育。在不发达的社会团体中，很少正式的教导与训练。在野蛮社会，依靠某种组织，维持成人对团体的忠心，他们依靠同样的组织，向青少年灌输必需的倾向。除了在吸收青少年为正式的社会成员的入社仪式中所进行的教导以外，他们并无特别的方法、材料或制度用来进行教育。他们多半依靠儿童通过参与成人所做的事去学习成人的风俗，获得他们的情感倾向和种种观念。这种参与，有一部分是直接的，就是参与成人的职业，做一名学徒；有一部分是间接的，通过戏剧性游戏，儿童模仿成人的动作，从而学会成人的行为。对野蛮人来说，要找一个地方，专供学习之用，除学习外无所事事，似乎是十分荒谬的事。

但是，随着文明的进步，儿童的能力和成人的期望相距愈远。除了不十分先进的职业以外，要通过直接参与成人的事业去学习，越来越困难。成人所做的事，有很多在空间和意义上是那么遥远，游戏式的模仿，越来越不能再现它的精神。因此，有效地参与成人的活动，依靠预先的训练，以养成有效地参与成人活动的能力为目的。有意的机关即学校，和明确的材料即课程，就筹划出来了。教授某种事物的任务委托给专门的人才去做了。

没有这种正式的教育，不可能把复杂社会的全部资源和成就传递下去。同时，这种正式的教育，由于儿童掌握了书籍和知识的符号，也为他们开辟了一条获得经验的道路，如果听任他们自己在和别人非正式的结合中去拣取一点训练，就得不到这种经验。

但是，从间接的教育过渡到正式的教育，带来了许多明显的危险。参与实际的事务，无论是直接的或是游戏性质的，参加者至少是亲临其境的，有生气的。这些特点，在某种程度上，可以补偿参与机会比较少的缺点。与此相反，正式的教育容易变成脱离现实的和呆板的，用日常贬低的话来说，变成抽象的和书本的。低等社会所积累的知识，至少是能见诸实行的；这种知识能化为品德；因为这种知识被用来应付迫切的日常事务，所以具有深刻的意义。

但是在文化发达的社会，许多应该学习的事物，都是贮存于符号之中。这种材料远没有转化为熟悉的动作和对象，它们是比较专门的、肤浅的。用现实标准来衡量，它们是做作的，衡量的标准是和实际斗争的联系。这种材料自成一个世界，不为平常的思想和表达的习惯所吸收。所以常有一种危险，正式教育的教材仅仅是学校里的教材，和生活经验的材料脱节。永久性的社会兴趣很可能看不到。一般学校里所特别注重的，多是一些没有转移到社会结构中去的东西，大部分是表现于符号的专门知识的材料。这样，我们就要提到平常的教育概念：这个概念忽视教育的社会必要性，及其与影响有意识的生活的一切人类社会的一致性，把教育等同于传授有关遥远的东西的知识以及利用语言符号以传达知识，即等同于获得一些书本知识。

所以，教育哲学所要研究的最重要的问题之一，就是要在非正式的与正式的、偶然的与有意的两种教育形式之间，保持恰当平衡的方法。如果学生获得的知识和专门的从事智力工作的技能不能影响社会倾向的形成，那么，平常的重要经验就没有什么意义，这样的学校教育只能制造学习的"骗子"，即自私自利的行家。一种是人们有意识地学到的知识，因为他们认为这是通过专门的学习任务学习到的；一种是无意识地学到的知识，因为这是通过和别人的交往在品格的形成中吸收到的。随着特殊的学校教育的发展，要避免这两种知识的割裂，这个任务日益困难了。

本章提要 生活的本性就是力图使自己继续生存。因为只有通过不断地更新，才能达到这种连续性，所以生活乃是一个自我更新的过程。教育之于社会生活，正如营养和生殖之于生理的生活。这种教育首先就是通过传达进行传递。传达乃是一个参与经验的过程，直到个人经验变成公共所有为止。它能改变参与双方的倾向。每一种人类社会组织形式的深远意义，在于它能改进经验的质量，这个事实，在和未成熟的成员相处时最易认识。就是说，虽然每一种社会安排都有教育的效果，在成人和青少年结合时，这个教育效果才开始成为社会组织的目的的一个重要部分。由于社会的结构和资源日益复杂，正式的或有意的教导和学习的需要随之增加。随着正式的教学和训练的范围的扩大，在比较直接的结合中所获得的经验与在学校所获得的经验之间，就有发生不能令人满意和脱节的危险。由于过去几个世纪以来知识和专门技能的迅速发展，这种危机从来没有比现在更加严重。

二、教育是社会的功能[①]

……

（三）社会环境的教育作用

我们以上讨论的结论是，社会环境通过每个人所从事的种种活动，以养成个人行为的理智的和情感的倾向。这种种活动能唤起和强化某种冲动，并且有某种目的，产生某种结果。一个生长在音乐家家里的儿童，他在音乐上的能力，不可避免地将被激发起来，比在另一环境中可能被激发的其他冲动所受到的刺激，相对地说要格外多些。除非这个儿童对音乐感兴趣，并获得一定的能力，他将自外于集体，不能参与所属团体的生活。一个人与别人有了联系，对于他周围的生活，不可避免地有所参与；社会环境不知不觉地没有任何特定的目的地对他们施加教育的或陶冶的影响。

在野蛮的和未开化的社会，这种直接的参与（构成前面所说的间接的或偶然的教育），几乎成为教育青少年的唯一力量，使他们获得团体的信仰和习惯。甚至在今天的社会，就是一直受到学校教育的青年，这种直接的参与，也提供给他们基本的教育。根据团体的利益和职业，有些事物成为喜爱的对象，

---

①译自杜威《民主主义与教育》，1916年英文版，第二章"教育作为社会的功能"，第19—27页。——译者

有些事物成为厌恶的对象。社会团体并不能创造爱和恶的冲动，却能提供冲动依附的对象。我们团体或阶级做事的方式，往往能决定注意的适当对象，从而规定观察和记忆的方向和范围。一切外来事物（即在团体的活动以外的事物），往往在道德上是被禁止的，在理智上是受怀疑的。例如，有些东西，我们很明白，但在过去的时代，却无人认识，这种情形，我们似乎难以置信。我们往往以为这是由于我们的前人天生愚笨，我们自己天赋优越。但是，原因应该是他们的生活方式并不注意到这种事实，他们的心思专注于别的事物。正如我们的感官须有可以感觉的事物去刺激它们，所以，我们观察、回想和想象的能力不能自发地起作用，要现在的社会职业提出要求，使它们起作用。我们的倾向的主要结构，都是这种影响所形成，与学校教育无关。有意识的、审慎计划的教导所能做到的，最多是使这样形成的能力不受拘束地得到更充分的锻炼，排除一些不良的东西，提供适当的事物，使活动更富有意义。

（四）学校是一个特殊环境

成年人有意识地控制未成熟者所受的教育，唯一的方法是控制他们的环境，他们在这个环境中行动、思考和感受。我们从来没有直接地进行教育，而是通过环境间接地进行。我们是否允许在偶然的环境进行教育，还是为了教育的目的设置特殊的环境？这有很大的差别。就教育的影响而言，任何环境，除非它是按照教育的效果审慎地加以控制的以外，否则都是偶然的环境。一个开明的家庭与一个没有文化的家庭的区别，主要在于家庭占优势的生活和交往的习惯，是考虑了它们对儿童发生的关系，是经过一番选择的，或者至少是经过这方面的考虑的。但是，学校仍然是一种典型的环境，设置这样的环境以影响成员的智力的和道德的倾向。

一般地说，学校的出现，正值社会传统日趋复杂，一大部分社会遗产有了记载，通过书面符号，进行传递。书面符号甚至比口语更属于人为的或传统的性质，不能在和别人的偶然交往中学会。另外，书面形式所选择和记录的内容，往往是和日常生活无关的事情。尽管有些东西暂时无用，而一代一代积累起来的成就，却都储藏在书面符号里。因而，一旦社会在相当程度上有赖于它本土以外和不属于这一代人的东西，就不得不依靠固定的学校机关，保证适当地传递社会的一切文化遗产。举一个明显的例子：古代希腊人和罗马人的生活，对于我们自己的生活，有过深刻影响，但是，他们怎样影响我们，却不在我们平常经验表面显露出来。同样，现在仍然生存但在空间上离我们比较遥远的人民，如英国人、德国人、意大利人，他们直接关系到我们的社会事务，但是如果不予以明确地说明和注意，他们也不能理解相互影响的性质。恰恰因为同样的情况，我们不能信赖日常团体能使青年人了解那些遥远的物质力量和无形的结构对我们活动所起的作用。因此，设立了专门的社会交往方式即学校来关心这点事情。

这种形式的团体，和一般生活上的团体比较起来，有三个特殊的功能，应予注意。

第一，复杂的文化无法全部吸收。似乎可以说，必须把它分成若干部分，逐步地、分阶段地吸收。我们现今社会生活的种种关系如此众多，错综复杂，就是把儿童放在最适宜的地位，也并不能让他很快地参与到很多重要的关系中去。既然他不能参与到这些关系中去，文化的含义也就不会传达给他，也就不能变成他自己心智倾向的一部分。这就好像只见森林不见树木。商业、政治、艺术、科学和宗教，都要青少年注意，结果青少年陷于混乱，无所适从。我们称为学校的社会机关，其首要职责，就是提供一个简化的环境。它选择相当基本且为青少年所能反应的种种特征，然后建立一个循序渐进的程序，利用先前掌握的要素，作为了解比较复杂的事物的手段。

第二，学校环境的职责，在于尽量排除现存环境中无价值的特征，不使其影响儿童的心理习惯。学校建立了一个纯化的活动环境。学校的选择工作，其目的不仅在于简化，而且在于清除糟粕。每个社会都有一些无关紧要的东西，过去留下的废物，以及肯定是反常、阻碍社会进步的东西。学校有责任不使这些东西掺入它提供的环境，从而力所能及地抵制它们在社会环境中的影响。学校选择一些精华，专供学校应用，极力加强它们的力量。一个社会愈进步，它就认识到它的责任不是要把它现有的全部成就都传递下去，保存起来，只是要把有利于未来更好的社会的那部分加以传递和保存。学校就是社会为达到这个目的而设置的主要机构。

第三，学校环境的职责，还在于对社会环境的各个要素保持平衡，使每个人都有机会不受社会团体的限制，接触更广阔的环境。"社会"这个词，容易使人误会，因为它往往使我们设想，有一件东西与这名称相符。其实，近代社会，或多或少松散地联系着社会的许许多多方面。每个家庭和它邻近的朋友，就构成一个社会；并在社会环境中，受到各种各样的影响，学校要对这些影响进行调节。家庭中实行一种准则；街道实行另一种准则；工厂或商店实行第三种准则；宗教团体实行第四种准则。一个人从一个环境到另一个环境，受到具有对抗性的拉力的牵制，有处于分裂状态的危险，使他在不同场合有不同的判断和情感的标准。这种危险，就给学校一个有稳定作用的和一体化的职责。

本章提要　社会连续的和进步的生活所必需的青少年态度和倾向的发展，不能通过信仰、情感和知识的直接传递而发生，必须通过环境的中介才能发展。环境即生物实行其特有的活动时有关的种种情况的总和。社会环境即任何成员进行活动时所结成的伙伴的一切活动。个人参与某种共同活动到什么程度，社会环境就有多少真正的教育效果。由于个人参与共同活动，就把激起这种活动的目的，变成他自己的目的，熟悉参与这种活动的方法和材料，获得所需要的技能，浸透着这种活动的情感精神。

随着青少年逐步地参与他们所属团体的活动，活动对他们倾向的形成，在不知不觉中起着更为深刻和更为密切的教育作用。但是，由于社会日益复杂，必须提供一个特殊的社会环境，专门培养青少年的能力。这个特殊环境有三个比较重要的功能：简化和整理所要发展的倾向的各种因素；把现存的社会风俗纯化和理想化；创造一个比青少年任其自然时可能接触的更广阔、更美好的平衡的环境。

三、教育即生长[①]

……

（三）发展的概念的教育意义

本章到这里为止，很少谈到教育。我们一直在讨论生长的条件和含义。但是，要是我们的结论是正确的，它们就带来明确的教育结果。当我们说教育就是发展时，全看对发展一词怎样理解。我们的最后结论是，生活就是发展；而不断发展，不断生长，就是生活。用教育的术语来说，就是：（1）教育过程在它自身以外无目的；它就是它自己的目的。（2）教育过程是一个不断改组、不断改造和不断转化的过程。

（1）当我们用比较的术语，即从儿童和成人生活的特征来解释发展时，所谓发展就是将能力引导到特别的渠道，如养成各种习惯，这些习惯含有执行的技能、明确的兴趣以及特定的观察与思维的对象。但是，比较的观点并不是最终的。儿童具有特别的能力；忽视这个事实，便是阻碍儿童生长所依靠的器官的发育或使它们畸形发展。成人利用他的能力改造他的环境，因此引起许多新的刺激，这些新的刺激又指导他的各种能力，使它们不断发展。忽视这个事实，发展就受阻挠，成为被动的适应。换言之，常态的儿童和常态的成人，都在不断生长。他们的区别不是生长和不生长的区别，而是各有适合于不同情况的不同的生长方式。关于专门应付特殊的科学和经济问题的能力的发展，我们可以说，儿童应该向成人方面发展。关于同情的好奇心，不偏不倚的敏感性和坦率的胸怀，我们可以说，成人应该像儿童那样成长。这两句话都是同样正确的。

---

①译自《民主主义与教育》，1916年英文版，第四章"教育即生长"，第59—62页。——译者

我们本章已经评论过三种思想，这就是：① 把未成熟状态仅仅看作没有发展；② 把发展看作对固定环境的静止的适应；③ 关于习惯的僵硬性。这三种思想，都和生长或发展的错误观点有关——都认为生长或发展乃是朝着一个固定目标的运动。它们把生长看作有一个目的，而不看作就是目的。这三种错误思想在教育上相应的错误就是：第一，不考虑儿童的本能的或先天的能力；第二，不发展儿童应付新情境的首创精神；第三，过分强调训练和其他方法，牺牲个人的理解力，以养成机械的技能。这三件事都是把成人的环境作为儿童的标准，使儿童成长到这个标准。

人们不是无视自然的本能，就是把它们看作讨厌的东西——看作应该受压制，或者无论如何应该遵守外部标准的可憎的特性。因为把遵守看作目的，所以青年人的个性都被忽视，或被看作调皮捣蛋、搞无政府主义的根源。同时，又把遵守等同于一律。从而导致青年对新鲜事物缺乏兴趣，对进步表示反感，害怕不确定和未知的事情。由于生长的目的在生长过程之外，就不得不依靠外部力量，诱导青年走向这个目的。当一种教育方法被污蔑为机械方法的时候，我们可以肯定，这就是依靠外部的压力来达到外部的目的。

（2）既然实际上除了更多的生长，没有别的东西是与生长相关的，所以除了更多的教育，没有别的东西是教育所从属的。有一句平常话说，一个人离开学校之后，教育不应停止。这句话重要的含义是，学校教育的目的在于通过组织保证继续生长的各种力量，以保证教育得以继续进行，从而使人们乐于从生活本身学习，并乐于把生活条件造成一种境界，使人人在生活过程中学习。这就是学校教育的最好的产物。

当我们不把成人成就作为固定标准进行比较并用来解释未成熟状态时，就不得不放弃把未成熟状态看作缺乏所需要的特性的见解。抛弃了这种见解，我们也就不得不放弃一种习惯，把教学看作把知识灌进等待装载的心理的和道德的洞穴中去填补这个缺陷的方法。因为生活就是生长，所以一个人在一个阶段的生活和在另一个阶段的生活，是同样真实、同样积极的，这两个阶段的生活，内容同样丰富，地位同样重要。因此，教育就是不问年龄大小，提供保证生长或充分生活的条件的事业。我们对未成熟状态，先是觉得不耐烦，愈快过去愈好。于是，用这种教育方法教育出来的成人，回顾儿童期和青年期，感到无穷遗憾，只看到失却机会和浪费能力的景象。在我们承认生活有它自己内在的品质，而教育的任务就在于发展这种品质以前，这种讽刺性的情境将会持续下去。

认识到生活就是生长，这就能使我们避免所谓把儿童期理想化，这种事情实际上无非是对懒散的放任。不要把生活和一切表面的行动和兴趣混为一谈。我们虽然不能断定，有些看来仅属表面的玩笑，是否就是某种初生而未经训练的能力的预兆；但是我们必须牢记，不要把表面现象认为就是结局。它们不过是可能的生长的预兆。要把它们转变成发展的手段和使能力进一步发展的工具，而不要纵容它们，任其发展。过分注意表面现象（即使用指责和鼓励的方式），也许使这些现象固定，从而使发展阻滞。对家长和教师来说，重要的事情是注意儿童哪些冲动在向前发展，而不是注意他们已往的冲动。尊重未成熟状态的正确原则，不能比埃默森①下面一段话再好的了，他说："尊重儿童。不要过分摆起家长的架子。不要侵犯儿童的孤单生活。但是对于这个建议，我却听到有人叫嚷：你真要放弃公私训练的缰绳吗？你要让儿童去过他自己激情和奇想的狂妄生涯，把这种无政府行为称为尊重儿童的天性吗？我回答说，尊重儿童，尊重他到底，但是也要尊重你自己……关于儿童训练，有两点要注意：保存儿童的天性，除了儿童的天性以外，别的都要通过锻炼搞掉；保存儿童的天性，但是阻止他扰乱、干蠢事和胡闹；保存儿童的天性，并且正是按照它所指的方向，用知识把儿童天性武装起来。"埃默森接着指出，这种对儿童期和青年期的敬重，并不为教师开辟一条容易而悠闲的道路，"却立刻对教师的时间、思想和生活提出巨大的要求。这个方法需要时间，需要经常运用，需要远见卓识，需要事实的教育，还需要上帝的一切教训与帮助；只要想到要运

---

①埃默森（George Barrell Emerson，1797—1881），美国教育家。

用这个方法，就意味着高尚的品格和渊博的学识了"。

本章提要　生长的能力需依靠别人的帮助，也有赖于自己的可塑性。这两种情况，在儿童期和青年期达到顶点。可塑性或从经验学习的能力，就是形成习惯的意思。习惯使我们能控制环境，并且能为了人类的利益利用环境。习惯有两种形式，一是习以为常的形式，就是有机体的活动和环境取得全面的、持久的平衡；另一种形式是主动地调整自己的活动，借以应付新的情况的能力。前一种习惯提供生长的背景；后一种习惯构成继续不断的生长。主动的习惯包含思维、发明和使自己的能力应用于新的目的的首创精神。这种主动的习惯，和以阻碍生长为标志的墨守成规相反。因为生长是生活的特征，所以教育就是生长；在它自身以外，没有别的目的。学校教育的价值，它的标准，就看它创造继续生长的愿望到什么程度，看它为实现这种愿望提供方法到什么程度。

四、教育即改造[①]

……

（三）教育即改造

生长的理想，和前面所讲的两种教育思想不同，这两种思想，一种主张教育就是从内部将潜在能力展开，另一种主张教育就是从外部进行塑造工作，不管是靠生理的本质，还是靠过去的文化遗产。生长的理想归结为这样的观点，即教育是经验的继续不断的改组或改造。教育始终有一个当前的目的，只要一个活动具有教育作用，它就达到这个目的，即直接转变经验的性

---

①译自《民主主义与教育》，1916年英文版，第六章"保守的教育与进步的教育"，第89—93页。——译者

质，婴儿期、青年期、成年期，它们的教育作用处于相同的水平，就是说，在经验的任何一个阶段，真正学到的东西，都能构成这个经验的价值，也就是说，任何一个阶段的生活的主要任务，就是使生活过得丰富生活自身就可以感觉到的意义。

这样我们就得到一个教育的专门定义：教育就是经验的改造或改组。这种改造或改组，既能增加经验的意义，又能提高后来经验进程的能力。

（1）经验的意义的增长，是和我们对于所从事的种种活动相互关系和连续性的认识相应的。活动开始，是一种冲动的形式；这就是说，这时的活动是盲目的。这种活动不知道它在干什么；就是说，不知道它和其他活动有什么相互的作用。一个具有教育或教学意义的活动，能使人认识到过去未曾感觉到的某些联系。重提一下我们举过的简单例子，一个儿童伸手去碰火光，烫痛了。从此以后，他知道某一接触活动和某一视觉活动联系起来（反过来，某一视觉活动和某一接触活动联系起来），就意味着烫和痛；或者，知道光就是热的来源。这与一个科学家在他的实验室里通过各种活动学到更多有关火焰的知识，在原理上毫无区别。他也是通过做一些事情认识到过去曾被忽略的热和其他事情的联系。这样，他的活动在和这些事情的关系上，获得更多的意义；当他必须做这些事情时，对于他正在做什么，知道得更清楚；他能设想一些结果，不仅仅让结果自行发生。这几句话，说法不同，但都是关于同一件事情。这样一来，火焰获得了意义；所有关于燃烧、氧化作用以及有关光和温度的知识都可以变成有关火焰的知识内容的本质部分。

（2）有教育作用的经验的另一方面，是增加指导或控制后来经验的能力。我们说一个人知道他在做什么，或者说他能设想某些结果，这当然就是说，他更能预料将会发生的事情；因此他能预先准备，以便获得有益的结果，避免不良的结果。这样，一种真正有教育作用的经验，一种有教育意义和足以提高能力的经验，不仅与机械的活动不同，而且与任性的活动有别。① 任性的活动，当事者"不顾发生的结果"；他只是任性去做，回避把他的行动和行动的结果联系起来（这种结果就是这个行动和其他事情有联系的证明）。对于这种无目的的、杂乱无章的活动，人们往往为之蹙额皱眉，看作故意捣蛋、漫不经心或无法无天。但是有一种错误倾向，就是孤立地在青年自己的性情中寻找这种无目的活动的原因。而事实上，这种活动是爆发性的，由于不能适应环境而发生。无论何时，人们在外来的命令下行动，或者按别人的指示行动，没有他们自己的目的，看不到这个行动和其他行动的关系，他们的行动就是任性的行动。一个人可以通过做一件他所不了解的事情有所学习；甚至最明智的活动，有许多是我们无意中做出来的，因为我们有意识地想做的事，有极大部分关联并没有被发觉或预料到。只是因为事情做了以后，我们看出了从前没有见到的结果，才有所认识。但是，学校很多工作就是制订规则，要求学生照做，甚至在学生做了以后，还不引导他们去发现所用的方法和结果——例如答案——之间的联系。就学生来说，整个事情只是一个把戏和一种奇迹。这种活动本质上是任性的活动，并且要养成任性的习惯。② 机械的活动、自动的活动，可能提高做某一特定事情的技能。就这一点看，机械的活动也许可以说具有教育效果。但是这种活动不能使人对活动的意义和联系有新的认识；它只是限制而不是开拓意义的领域。因为环境是要改变的，我们行动的方式也必须改变，以便成功地保持和各种事物的平衡联系，孤立的、一律的行动方式，在紧要关头，会造成惨重的损失。这种自吹自擂的"技能"，原来是十足的愚蠢无能。

　　教育作为继续不断改造的思想，和在本章与前一章所批判的其他片面的观点的本质区别，是这个思想把目的（即结果）和过程视为一件事。这句话在字面上自相矛盾，但只是字面上矛盾。这句话的意思是，经验作为一个活动的过程是占据时间的，它的后一段时间完成它的前一段时间；它把经验所包含的、但一直未被察觉的联系显露出来。因此后面的结果揭露前面的结果的意义，而经验的整体就养成对具有这种意义的事物的爱好或倾向。所有这种继续不断的经验或活动是有教育作用的，一切教育存在于这种经验之中。

　　还有一点要指出，经验的改造可能是个人的，也可能是社会的（这一点以后还要详论）。在以前各章，为简明起见，我们的讨论多少有点把未成年人的教育、把他们所属的社会团体的精神灌输给他们，看作似乎就是使儿童赶上成年人的能力倾向和机智。在故步自封的社会，在把维护已有的风俗习惯作为价值标准的社会，这种观点基本上适用。但是这个观点不适用于进步的社会。进步的社会力图塑造青年人的经验，使他们不重演流行的习惯，而是养成更好的习惯，使将来的成人社会比现在进步。长期以来，人们表示要有意识地利用教育，使青年人在不应产生社会弊病的道路上开始，以消除这些显著的社会弊病。同时，他们还设想使教育成为实现人类更好希望的工具。但是，我们无疑还远没有实现教育作为改进社会的建设性机关的可能功效，也还远没有实现使教育不仅阐明儿童和青年的发展，而且阐明未来社会的发展，这些儿童和青年将是这个未来社会的成员。

本章提要 教育可以从追溯既往和展望未来两方面解释。这就是说，我们可以把教育看作使未来适应过去的过程；也可以把教育看作利用过去成为发展中的将来的一种力量。前一种教育，在以往的事物中寻找它的标准和模式。心智可以看作一种从提示某些事物得来的内容。在这种情况下，先前的表象构成后来的表象要加以同化的材料。强调未成熟的人的早期经验的价值是非常重要的，特别是现在有一种轻视早期经验的倾向。但是这些经验并非由外面提示的材料构成，而是由于先天的能力和环境的相互作用，这种相互作用逐步地改变着先天的能力，也逐步地改变着环境。赫尔巴特关于通过表象形成心智的理论的缺点，在于忽视这种经常的相互作用和变化。

这同一个批判的原则，也可应用于把人类历史的文化遗产——特别是文学作品——作为教材的教育理论。这些文化遗产脱离与个人进行活动的当前环境的联系，它们就变成一个敌对的和使人分心的环境。它们的价值在于可以用来提升我们必须在当前积极地去做的那些事情的意义。以上几章所提出的教育思想，可以正式概括成经验的继续不断的改造的思想。这个思想和把教育作为遥远将来的预备、作为潜在能力的展开、作为外部的塑造工作和作为过去的复演等观点区别开来。

五、教育上的民主概念①

······

（二）民主的理想

我们以上所提出的标准的两个要素都说明民主主义。第一个要素表明，我们不仅要有数量更大和种类更多的共同利益，而且更加有赖于认识共同利益乃是社会控制的因素。第二个要素就是，不仅在各社会团体之间要有更自由的相互影响（这些社会团体在闭关自守时代，曾彼此隔离孤立），而且要改变社会习惯，通过应付由于多方面的交往所产生的新形势，使社会习惯不断地重新调整。这两个特征，正是民主社会的特征。

在教育方面，我们首先注意到，由于民主社会实现了一种社会生活方式，使各种利益互相渗透，特别注意进步和重新调整，所以民主社会比其他各种社会更加关心审慎的和有系统的教育。民主政治热心教育，这是众所周知的事实。根据表面的解释，一个民选的政府，除非选举人和受统治的人都受过教育，否则这种政府是不能成功的。民主的社会既然否定外部权威的原则，就必须用自愿的倾向和兴趣来替代它；而自愿的倾向和兴趣，只有通过教育才能形成。但是，还有一种更深刻的解释：民主主义不仅是一种政府的形式；它首先是一种联合生活的方式，是一种共同交流经验的方式。各个人参与某一种有兴趣的事，每个人必须使自己的行动，参照别人的行动，必须考虑别人的行动，

---

①译自《民主主义与教育》，1916年英文版，第七章"教育上的民主概念"，第100—102、112—116页。——译者

使自己的行动有意义和有方向，这样的人大量地在空间上扩大开去，就等于打破阶级、种族和国家之间的屏障，这些屏障过去使人们看不到他们活动的全部意义。这些数量更大、种类更多的接触点，表明每个人必须对更多种类的刺激做出反应；从而鼓励每个人变换他的行动。这些接触点使各人的能力得以自由发展，只要行动的刺激是片面的，这些能力就依然受压制，因为这种刺激必须在一个团体里，而这个团体由于它的排他性，排除了很多社会兴趣。

共同参与的事业的范围扩大，和个人各种能力的自由发展，这是民主主义的特征。这种事情当然不是仔细考虑和有意识努力的产物。相反，这是利用科学、控制自然能量而出现的制造业、商业、旅游、移民和交通的发展所造成的。但是，在获得更大的个性化和更广的共同利益以后，就要加以维持和推广，那就是审慎努力的事了。显然，凡是不容阶级划分存在的社会，必须注意给大家以平等和宽厚的条件求得知识的机会。一个划分成阶级的社会，只须特别注意统治阶级子弟的教育。一个变动的社会，有许多渠道把任何地方发生的变化分布出去。因此就必须教育成员，发展个人的首创精神和适应的能力。否则，他们将被突然遇到的种种变化所迷惑，看不出这些变化的意义和关联。结果将是一片混乱，人们盲目的、由外部势力指挥的活动的成果，将为少数人所盗用。

从以上简短的历史评述，应该得出两个结论：第一个结论是，诸如个人的教育观和社会的教育观这类术语，一般说来，如果离开了上下文，就毫无意义。柏拉图的教育理想，认为个性的实现和社会的团结与稳定，应该同等对待。他的处境使他不得不主张阶级划分的社会，使个人淹没在阶级之中。18世纪的教育哲学，在形式上是高度个人主义的，但是这个形式是一种崇高的和慷慨的社会理想所唤起的。这个理想就是，要组织一种社会，包括全人类，并提供人类无限完善的机会。19世纪早期德国唯心主义哲学又一次力图把两个理想同等对待。一是有教养的个性自由的和完全的发展，一是社会的训练与政治上的服从。这派哲学把民族国家作为实现个性和实现全人类理想的中介。因此，这派哲学的令人激动的原则，同样可以正确地用两种说法来表达，一是用古典的术语，即"个人一切能力的和谐发展"；一是用比较新近的术语，即"社会的效率"。所有这一切，都加强本章开头所讲的话：教育是社会的过程，也是社会的功能。这个概念，除非我们说明我们所设想的社会的性质，并没有明确的意义。

以上考虑，为我们第二个结论铺平道路。在民主主义的社会中，为民主主义社会设置的教育，有一个基本的问题，是由于民族主义的目的和更广阔的社会目的的冲突而提出的。以前世界主义的和"人文主义"的概念，缺陷在于意义含糊，又缺乏一定的执行机关和管理机构。在欧洲，尤其在大陆各国，这个注重为人类福利和进步而教育的新思想，成了国家利益的俘虏，被用来进行社会目的非常狭隘而且具有排他性的事业。把教育的社会目的和教育的国家目的等同起来，结果使社会目的的意义非常模糊。

这种混乱现象，符合现在人类交往的情况。一方面，科学、商业和艺术超越了国家。这些事业的性质和方法，大半都是国际性的。它们要求居住在各国的人民之间互相依赖和合作。同时，政治学上国家主权的思想，从来没有像现在这样被强调。各个国家都处在被抑制的敌视和互相备战的状态。每个国家都以为是自己利益的最高裁判，以为各国当然有绝对属于自己的利益。对于这种事情产生疑问，就是怀疑国家主权思想本身，而国家主权的思想却被认为是政治实施和政治学的基本思想。一方面是范围较广的联合、互相协助的社会生活，另一方面是范围较狭的排他性的、因而含有敌对性质的事业和目的，这两个领域之间的矛盾（因为的确是矛盾），要求在教育理论上，对教育的社会功能和社会的检验标准中所用"社会的"一词的意义，有比过去更为明确的概念。

一种教育制度，能否由民族国家实施，而教育过程的全部社会目的又不受限制、不被约束、不被腐蚀呢？这个问题，在对内方面，必须面对由于目前经济状况所造成的各种倾向，这种倾向使社会分成若干阶级，其中某些阶级不过是别的阶级达到更高的文化的工具；在对外方面，这个问题关系到，无论是对国家的忠诚和爱国主义，还是对不同国家的政治分野，最终能使人们为共同目的团结起来的事物将以更高的忠诚协调起来。这个问题，无论哪一方面都不是仅仅用消极的方法就能解决的。仅仅注意使教育不被一个阶级积极地用来作为更加容易剥削另一个阶级的工具，这还不够。学校设施必须大量扩充，并提高效率，以便不只在名义上，而是在事实上减轻经济不平等的影响，使全国青少年为他们将来的事业受到同等的教育。要达到这个目的，不但要求有适当的学校管理设施，并辅以青年能够利用的家庭教育，而且要求对传统的文化理想、传统的课程以及传统的教学和训练的方法，进行必要的改革，使所有青年能继续在教育影响之下，成为他们自己经济和社会的职业的主人。这种理想的实现，也许要在遥远的将来；但是，除非民主主义的教育理想能越来越大地支配我们的公共教育制度，那么，这种理想只是一种可笑而又可悲的幻想。

关于一国与别国的关系，同样可以应用以上原理。只是讲一些有关战争的恐怖和防止可能刺激国际猜忌和仇恨的一些事情，还是不够的。凡是能使人们不受地理限制地团结起来从事协作性的人类事业的事情，必须加以强调。就全体人类相互之间的更充分、更自由和更有成效的联合和交往而言，国家主权属于次要的和暂时的性质，这个思想必须灌输给学生，成为有效的心理倾向。如果有人认为这方面的应用似乎和教育哲学很少联系，这个印象表明，他们还没有适当领会前面所阐述的教育观点的意义。这个结论和把教育作为解放个人能力、朝着社会目的向前生长的观点是密切联系的。否则，教育的民主主义标准就不能彻底地应用。

本章提要　因为教育是一种社会的过程，而世界上又有各式各样的社会，所以教育批判和教育建设的标准，包含一种特定的社会理想。我们选择了两点，用来测量社会生活的价值，这两点就是：一个团体的利益被全体成员共同享受到什么程度；一个团体与其他团体的相互影响充分和自由到什么程度。换言之，一个不良的社会，对内对外都设置重重障碍，限制自由的往来和经验的交流。倘若有一个社会，它的全体成员都能以同等条件，共同享受社会的利益，并通过各种形式的联合生活的相互影响，使社会各种制度得到灵活机动的重新调整，在这个范围内，这个社会就是民主主义的社会。这种社会必须有一种教育，使每个人都有对于社会关系和社会控制的个人兴趣，都有能促进社会的变化而不致引起社会混乱的心理习惯。

我们曾根据这个观点研究了历史上三种有代表性的教育哲学。柏拉图教育哲学的理想，在形式上与我们所讲的观点很相似，但是在他把这个理想付诸实施时，却把阶级作为社会的单位，而不是把个人作为社会的单位，从而放弃了这个理想；18世纪启蒙时期的所谓个人主义，把社会看得和人类一样广大，个人是人类进步的器官。但是，这一派哲学缺乏任何发展其理想的机构，它的求助于自然，就是证明；19世纪的制度化的唯心主义哲学，把民族国家作为实现其理想的机关，弥补了这个缺陷。但是，在实施中又把社会目的的概念限于同一政治单位的成员，重新引进了个人屈服于制度的思想。

六、教育上的目的①

（一）目的的性质

以上各章有关教育的论述，实质上预示了关于民主主义社会教育含义的讨论的结果。因为，我们假定教育的目的在于使个人能继续他们的教育，或者说，学习的目的和报酬，是继续不断生长的能力。但是，除非一个社会人与人的交往是相互的，除非这个社会的利益能平等地分配给全体成员，从而产生广泛的刺激，并通过这些刺激，适当地进行社会习惯和制度的改造，否则这个思

① 译自《民主主义与教育》，1916年英文版，第八章"教育上的目的"，第117、124—129页。——译者

想不能适用于社会的全体成员。而这样的社会就是民主主义的社会。所以，我们探索教育目的时，并不要到教育过程以外去寻找一个目的，使教育服从这个目的。我们整个教育观点不允许这样做。我们所要做的，是要把属于教育过程内部的目的，和从教育过程以外提出的目的进行比较。当社会关系不平等、不均衡时，一定会出现后一种情况。因为，在这种情况下，整个社会的某部分人，将会发现他们的目的是由外来的命令决定的；他们的目的并不是从他们自己的经验自由发展而来，他们有名无实的目的，并不真是他们自己的目的，而只是达到别人隐藏着目的的手段。

……

（三）教育上的应用

教育的目的并没有什么特别。它和任何有指导的职业的目的正好一样。教育者和前面所说的农民一样，也有一些事情要做，有一些做事情的手段，有一些待排除的障碍。农民所应付的环境，无论是障碍还是可以使用的力量，都具有它们自己的结构和作用，和农民的任何目的无关。例如种子发芽、雨水下降、阳光照耀、害虫吞食、疫病流行和四季变化。农民的目的，只不过是利用这种种环境，使他的活动和环境的力量共同协作而不相互对抗。如果农民不顾土壤、气候以及植物生长特性等条件，规定一个农事目的，那便是荒谬的。农民的目的，只是在于预见他的力量和他周围各种事物的力量结合的结果，并利用这种预见指导他一天天的行动。对于可能结果的预见，使他对自己所要做的事情的性质，进行更审慎、更广泛的观察，以便拟订一个工作计划，即规定一个行动的程序。

教育者也是这样，不管是家长还是教师。如果家长或教师提出他们"自己的"目的，作为儿童生长的正式目标，这和农民不顾环境情况提出一个农事理想，同样是荒谬可笑的。所谓目的，就是对从事一种事业——不管是农业还是教育——所要求进行的观察、预测和工作安排承担责任。任何目的，只要能时时刻刻帮助我们观察、选择和计划，使我们的活动得以顺利进行，这就是有价值的目的；如果这个目的妨碍个人自己的常识（如果目的是从外面强加的，或是因迫于威势而接受的，肯定要妨碍个人自己的常识），这个目的就是有害的。

我们要提醒自己，教育本身并无目的。只是人，即家长和教师等，才有目的；而他们的目的，也不是像教育上的抽象概念。所以，他们的目的有无穷的变异，随着不同的儿童而不同，随着儿童的生长和教育者经验的增长而变化。即使能以文字表达出最正确的目的，除非我们认识到它们并不是目的，而是给教育者的建议，在他们解放和指导他们所遇到的具体环境的各种力量时，建议他们怎样观察，怎样展望未来，和怎样选择，那么这种目的，作为文字，将是有害无益。正如一位近代作家说过："引导这个男孩读斯各脱①写的小说，不读旧的斯留斯写的故事；教这个女孩缝纫；使约翰根除横行霸道的习惯；准备这一班学生学医——这些都是我们在具体的教育工作中实际所有的无数目的的几个例子。"

牢记以上这些条件，我们将进而提出一切良好的教育目的所应具备的几个特征。

（1）一个教育目的必须根据受教育者的特定个人的固有活动和需要（包括原始的本能和获得的习惯）。我们前面讲过，把预备作为教育目的，有不顾个人现有能力而把某种遥远的成就或职责作为目的的倾向。总的来看，人们有一种倾向，考虑成年人所喜爱的事情，不顾受教育者的能力，把它们定为教育的目的。还有一种倾向，就是提出千篇一律的目的，忽视个人的特殊能力和需要，忘记了一切知识都是一个人在特定时间和特定地点获得的。成人的见识范围较广，对观察儿童的能力和缺点，决定儿童的能力强弱，缺点的大小，具有很大价值。例如，成人的艺术能力，可以表示儿童的某种倾向能有多少成就；如果我们没有成人的艺术上的成就，我们就没有把握了解儿童期的绘画、复

---

① 斯各脱（Walter Scott，1771—1832），苏格兰诗人及小说家。——译者

制、塑造和着色活动的意义。同样，如果没有成人的语言，我们就不能了解婴儿期咿呀学语的冲动有何意义。但是，把成人的成就作为一种参考，用以度量和观察儿童和青年的活动，这是一回事；把成人的成就定为固定的目的，不顾受教育者的具体活动，那完全是另一回事。

（2）一个教育目的必须能转化为与受教育者的活动进行合作的方法。这个目的必须提出一种解放和组织他们的能力所需要的环境。除非这个目的有助于制订具体的进行程序，除非这些程序又能检验、校正和扩充这个目的，那么这个目的便是没有价值的。这种目的不但无助于具体的教学任务，并且阻碍教师应用平常的判断，观察和估量所面临的情境。这种目的，除了与固定目标相符的事物以外，其他事物概不承认。每一个呆板的目的，只是因为它是硬性规定的，似乎就不必审慎注意具体的情况。因为这种目的无论如何必须实施，注意那些不值得考虑的细节，有什么用处呢？

从外面强加给教育目的的缺陷，根子很深。教师从上级机关接受这些目的；上级机关又从社会上流行的目的中接受这些目的。教师把这些目的强加于儿童。第一个结果，使教师的智慧不能自由发挥；他只许接受上级所规定的目的。教师很难免于受官厅督学、教学法指导书和规定的课程等的支配，使他的思想不能和学生的思想以及教材紧密相连。这种对于教师经验的不信任，又反映对学生的反应缺乏信心。学生通过由外面双重或多重的强迫，接受他们的目的，他们经常处于两种目的冲突之中，无所适从。一种是符合他们当时自己经验的目的，另一种是别人要他们默然同意的目的。每一个发展中的经验，都具有内在的意义，除非我们承认这个民主主义的标准，我们将会在思想上被适应外来目的的要求陷于混乱。

（3）教育者必须警惕所谓一般的和终极的目的。每一个活动，无论怎样特殊，就它和其他事物的错综复杂的关系来说，它当然是一般的，因为它引出无数其他事物。一个普通的观念，就它能使我们更注意这些关系来说，愈一般愈好。但是"一般"也意味着"抽象"，或者和一切特殊的上下前后关系分开。这种抽象性，又意味着遥远而不切实际，这样又使我们返回到把教和学仅仅作为准备达到和它无关的目的的一种手段。我们说，教育确实有它自己的酬报，这就是说，除非所说的学习或训练有它自己的直接价值，否则，这种学习或训练就没有教育意义。一个真正一般的目的，能开拓人们的眼界；激发人们考虑更多的结果（即联系）。这就意味着对各种手段进行更广泛、更灵活的观察。例如，一个农民，他所考虑的相互影响的力量愈多，他直接的应付能力就愈大。他将发现更多可能的出发点和更多的方法，达到他所要做的事情。一个人对将来可能成就的认识愈全面，他当前的活动就愈少束缚于少数可供选择的方法。如果他了解得很透彻，他几乎可以在任何一点开始行动，并且继续不断地、有成效地把活动持续下去。

所谓一般的目的或概括性的目的，意思不过是对现在活动的领域进行广泛的观察。有了这种了解，我们将就当代教育理论中流行的比较重大的目的，选取几个来讨论，并且研究这些目的能否使我们明白教育者真正关切的当前各种具体的目的。我们先提出一个前提（其实从以上所述，立即产生这个前提），就是对于这些目的，用不着选择，也不必把它们看作互相竞争的对手。当我们实际上有所作为时，我们必须在一个特定的时间选择一个特定的行动，但是无论多少概括性的目的，都可以同时存在，并行不悖，因为它们不过是对同一景色不同的看法。一个人不能同时攀登几个山峰，但是在攀登不同的山峰时，各种景色互相补充：它们并不揭示互不相容、互相竞争的世界。或者，用稍稍不同的说法，一种目的的说法，可以暗示某些问题和观察；另一种目的的说法，可以暗示另外一些问题，要求进行别的观察。因此，我们的目的愈一般愈好。一种说法可以强调另一种说法所忽略的方面。众多的假设能给科学研究工作者多少帮助，众多的目的也能给教师多少帮助。

本章提要　一个目的所表明的是任何自然过程的结果，这个结果是被意识到的，并成为决定当前的观察和选择行动的方式的一个因素。目的还表明一个活动已经变成明智的活动。明确地说，所谓目的，就是我们在特定情境下有所行动，能够预见不同行动所产生的不同结果，并利用预料的事情指导观察和实验。所以，一个真正的目的，和从外面强加给活动过程的目的，没有一点不是相反的。从外面强加给活动过程的目的，是固定的，呆板的；这种目的，不能在特定情境下激发智慧，不过是从外面发出的做这样那样事情的命令。这种目的，并不直接和现在的活动发生联系，它是遥远的，和用以达到目的的手段没有关系。这种目的，不能启发一个更自由、更平衡的活动，反而阻碍活动的进行。在教育上，由于这些从外面强加的目的的流行，才强调为遥远的将来做准备的教育观点，使教师和学生的工作都变成机械的、奴隶性的工作。

七、教育与职业[①]

（一）职业的意义

目前，各派哲学理论的冲突，集中在有关职业的因素在教育上的适当地位与作用的讨论。毫不掩饰地说，基本哲学概念的重大分歧，在这个问题上表现它们主要争论之点，也许使人怀疑：因为用来阐述哲学观念的模糊的和一般的术语，似乎和职业教育的实际的和具体的细节，彼此相距太远。但是，教育上的种种对立，如劳动与闲暇的对立，理论与实践的对立，身体与精神的对立，心理状态与物质世界的对立，回顾一下这些对立背后的理智的臆断，就可以明白，它们最终表现为职业教育与文化修养教育的对立。按传统习惯，人们经常把文化修养和闲暇、纯属沉思的知识，以及不包括主动使用身体器官的精神活动等概念联在一起。近来，文化修养也和纯属个人修养以及培养某种意识状态

---

①译自《民主主义与教育》，1916年英文版，第二十三章"教育的职业方面"，第358—374页。——译者

与态度联在一起，既与社会指导分离，又与社会服务无关。文化修养已经成了社会指导的避风港，而就社会服务必要来说，它又成了一种安慰品。

这些哲学上的二元论和整个职业教育问题深深地纠缠在一起，要把职业的意义解释得充分些，以避免给人以这样的印象，即以职业为中心的教育，要不是纯粹具有金钱性质，就是具有狭隘的实用性质。一种职业，只不过是人生活动所遵循的方向，使这些活动由于活动的结果而使个人感到活动有意义，同时使他的朋友感到活动有好处。职业的对立面既不是闲暇，也不是文化修养。它的对立面，在个人方面，是盲目性、反复无常和缺乏经验的积累；在社会方面，是无根据的炫耀和倚赖他人而寄生。职业是一个表示有连续性的具体名词。它既包括专业性的和事务性的职业，也包括任何一种艺术能力、特殊的科学能力以及有效的公民品德的发展，更不必说机械劳动或从事有收益的工作了。

我们不仅要防止把职业的概念局限于立即生产有形的产品的职业，也不要认为职业的分配是相互排斥的，认为每个人只有一种职业。这种严格限制的专门化是不可能的；要想教育人们只着眼于一种活动，没有比这件事更荒谬的了。首先，每个人必然有种种职业，他对每一种职务都应明智并使之有效；其次，任何职业，若与其他有兴趣的事情隔离，就丧失它的意义，变成机械的忙碌。（1）没有人只是一个艺术家，其余一无所能。要是他真到这个地步，他就不是一个发展了的人而是一个怪物。在他一生的某一时期，他必定是家庭的一员；他必定有朋友和伴侣；他必定要么自己供养自己，要么受人供养，这样，他就有了一个职业。他是某一有组织的政治团体的成员，等等。我们当然并不把他和别人所共同的职务称为他的职业，而是把他某个杰出的职务称为他的职业。但是，当我们考虑教育的职业方面时，不应受名称字面的牵制，以致忽略并实际否认他的其他许多职务。（2）一个人作为艺术家的职业，只是他的多种多样的职业活动中特别专门化的一个方面，所以，他在这个职业中的效率——合于人的意义的效率，决定于它和其他许多职务的联系。一个艺术家的艺术作品，如果不只是技术上的成就，他必须有经验，他必须生活。他不能在他的艺术中找到艺术活动的题材；这种题材必须是他在别的关系中所受痛苦和所享快乐的反映——这又为他的各种兴趣的敏感和同情所决定。对于一个艺术家是这样，对于任何从事其他专门职务的人，也是这样。按一般习惯原理，无疑有一种倾向，所有特异的职业，在它专门化的一面，都会成为过分强调、过于排斥一切、全神贯注的一个方面。这就是说，仅注重技能或技术，而牺牲所包含的意义。因此，教育的任务，不是要助长这个倾向，而是要预防这个倾向，使科学研究工作者不仅是科学家，教师不仅是教书匠，牧师不仅是穿着牧师服装的人，等等。

（二）职业的目的在教育上的位置

职业有各种不同和互相联系的内容，一种特殊的职业有它的广阔背景，牢记这一点，我们将进而研究个人比较特异的活动的教育。（1）职业是唯一能使个人特异才能和他的社会服务取得平衡的事情。找出一个人适宜做的事业并且获得实行的机会，这是幸福的关键。天下最可悲的事，莫过于一个人不能发现一生的真正事业，或者发现他随波逐流或为环境所迫，陷入不合志趣的职业。所谓适当的职业，不过是说一个人的能力倾向得到适当的运用，工作时能最少摩擦，本人得到最大满足。对社会其他成员来说，这种适当的行动，当然意味着他们得到这个人所能提供的最好的服务。例如，人们通常相信，即使从纯经济的观点看，奴隶劳动终于是一种浪费——没有足够的刺激去指导奴隶的精力，结果造成浪费。此外，由于奴隶限于若干规定的职业，必定有许多才能未能用于社会，因此这是绝对的损失。如果一个人不能在工作中发挥自己的特长，在某种程度上也发生这种情况，奴隶制度不过是明显的例证，如果职业受人轻视，而对于本质上人人相同的文化修养还保持着传统的理想，他就不能在工作中完全发挥他的特长。柏拉图曾经说过，教育的任务在于发现各人的特长，并且训练他尽量发展他的特长，因为这种发展最能和谐地满足社会的需要。在这里，柏拉图提出了教育哲学的基本原理。他的错误不在他的理论，而在他对社会所需要的职业的范围的狭窄的看法，使他看不到每个人的无限变异的能力。（2）作业是有目的的、继续不断的活动。所以通过作业进行的教育，比任何其他方法把更多的有利学习的因素结合进去。作业能唤起人的本能和习惯，使它们发挥作用，它是同被动地接受相对的。作业有目标；又要完成结果。所以，作业促使人思维；它要求稳定地保持目的的观念，使活动不致成为机械的或任性的。既然活动必须是一种前进的运动，从一个阶段到另一个阶段，所以在每一个阶段都需要观察和机灵，以克服困难，发现实行的方法，并使方法合用。总之，如果作业的进行，目的在于活动的实现，而不只在于外部的产品，这种作业就能满足本书前几章在讨论目的、兴趣和思维时所提出的要求。（参看第八章、第十章、第十二章）

一种职业也必然是知识资料和观念的组织原则；也是知识和智力发展的组织原则。职业给我们一个轴心，把大量变化多样的细节贯穿起来；它使种种经验、事实和知识资料的细目彼此井井有条。律师、医生、某部分化学实验室的研究工作者、父母、热心本地公益的公民，都各有一种经常起作用的刺激物，使他注意和联系一切和他的事业有关的事物。他们从自己职业的动机出发，不知不觉要搜集一切有关的资料，并且保存起来。职业好像磁铁一样去吸收资料，又好像胶水一样去保存资料。这样组织知识的方法是有生命力的，因为是和需要联系的；它表现于行动，又在行动中重新调整，永远不会停滞。如果事实的分类、选择和整理，是有意识地为了纯粹抽象的目的而进行的，无论在可靠性和效果上断然比不上迫于职业的需要而组织的知识；比较起来，前一种知识是刻板的、表面的、无趣味的。（3）通过作业进行的训练，是唯一适当的职业训练。本书曾经提出过一个原理（参看第六章），说教育过程就是它自己的目的，尽量直接利用现在的生活，可以为将来的任务得到唯一充分的准备。这个原理可以完全有效地应用于教育的职业方面。无论何时，人类占优势的职业就是生活——就是智力的和道德的生长。在儿童期和青年期，由于他们相对不受经济的压迫，这个事实是赤裸裸的，没有隐蔽的。预先决定一个将来的职业，使教育严格地为这个职业做准备，这种办法要损害现在发展的可能性，从而削弱对将来适当职业的充分准备。现在再把前面多次讲过的原理重复一遍，这种训练，也许能培养呆板的机械的技能（就是培养这种技能也毫无把握，因为它使人感到枯燥无味，使人厌恶，使人漫不经心），但是，它将会牺牲使职业在理智上有益处的敏捷的观察和紧凑、机灵的计划等特性。在一个专制的社会，阻碍自由与责任感的发展，经常是有意识的目的；少数人制定计划，发号施令，其余的人不过服从指挥，并且被蓄意限制在狭隘的和规定的努力渠道。这种制度，无论可以怎样巩固一个阶级的特权和利益，但显然限制被统治阶级的发展，同时僵化和限制统治阶级通过经验学习的机会，从两方面妨碍整个社会的生活。

唯一可供选择的办法，就是使一切早期的职业预备都是间接的，不是直接的；就是通过从事学生目前的需要和兴趣所表明的主动的作业。只有这样，教育者和受教育者才能真正发现个人的能力倾向，指示在今后生活中应选择何种专门的职业。不但如此，能力和能力倾向的发现，只要生长在继续，将是一个经常性的过程。如果有人设想为成人生活选择的工作，在某一特定日期发现之后，可以一劳永逸，这是一种传统的、武断的见解。比方说，有一个人发现自己对有关工程的事物有理智的兴趣，也有社会的兴趣，并且决定把工程当职业。他这样做，最多不过是画出一个将来发展方向的轮廓。这是一种用来指导将来活动的草图。这样发现的专业，就好比哥伦布①踏上美洲海岸时，就说是发现了美洲。未来无限的更为详尽和广泛的探险还有待于进行。如果教育者以为职业指导可使人对职业做出确定的、无可改变的和完全的抉择，那么，无论教育和所选职业，都很可能流于呆板，阻碍将来的发展。在这个范围内，所选择的职业将使有关的人永远处于从属的地位，执行别人的聪明才智，而那些发号施令的人的职业，却允许他们更加灵活地活动和重新调整。虽然平常习用的

---

① 哥伦布（Columbus，1446?—1506），意大利航海家。——译者

语言不能把灵活地重新调整的态度称为选择一个新的未来的职业，而实际上确是这样。如果说成人还必须注意要他们的职业不压制他们，不使他们僵化，那么教育者当然必须格外审慎，务使青年的职业预备能继续不断地重新组织它们的目的和方法。

（三）目前的机会与危险

从前的教育，名称上不叫职业教育，实际上具有职业的性质。

1. 群众的教育显然属于实利的性质。这种教育，与其称为教育，毋宁称为学徒制度，再不然也可称为从经验中学习。学校专门教读、写、算三事，教人能读、能写、能算，这是一切劳动的共同要素。在别人的指导下，参加某种特别的工作，这就是校外的教育。这两方面的教育相互补充；学校中所进行的狭隘的和形式的工作，正如明白称为学徒制度的一样，也是学徒制度的一部分。

2. 统治阶级的教育，在很大程度上，实质上也是职业教育——只是碰巧他们的统治和享乐的事务不被称为专业。因为他们只把包含体力劳动的事情称为职业，这种工作，只是为了糊口，或者换成工资，或者对特别的人员尽个人的服务。例如，长时期来，内外科医生的专业，几乎和仆役或理发师的职业被列入同一个等级——一部分是因为这种职业全是与肉体有关，一部分是因为这种职业为获得报酬给特定的人服务。但是，如果我们仔细研究一下，就可知道，指挥社会事业的职务，无论关于政治方面或关于经济方面，无论在战时或平时，和其他职业一样，也是一种职业。从前的教育，凡是没有全部按传统办理的地方，高等学校基本上是为这种职务做准备的。此外，炫示夸耀，个人修饰，显赫的社会交游和招待应酬，以及花费金钱，也已经成为明确的职业。高等教育机关，不知不觉中已被用来为预备这类职业贡献力量。就是现在，所谓高等教育，也是专为某一阶级（人数比过去少得多），主要也是为有效从事这类职业做准备的。

就其他方面讲，现在所谓高等教育，特别是研究院的工作，大多是训练教学和专门研究的职业。由于一种奇怪的迷信，主要和培养摆阔懒汉、教师、作家和领袖人物有关的教育，都是被认为是非职业性的，甚至被认为具有特殊的文化修养性质。那种间接使人适宜于著作事业的文学训练，无论是著书、写报纸社论或撰期刊文章，尤其容易有这种迷信：很多教师和作家，他们写文章为文化修养教育和人道主义教育辩护，抵抗专门化的实用教育的侵入，他们称自己的教育为自由教育；却没有认识到，这种教育主要就是训练他们的特定职业的。他们不过已经习惯于把他们自己的职业看作本质上是文化修养性质的，而忽视其他职业也有文化修养的可能性。这些区别的根源无疑是由于一种传统，就是当一个人的工作对特定的雇主负责，而不是对终极的雇主即社会负责时，才承认他的工作是职业。

可是，目前有意识地强调职业教育，要把过去默认的职业的含义显示出来，审慎地实施，有几个明显的原因。

第一，在民主主义的社会，凡关于体力劳动、商业工作以及对社会所做的有实质的服务，逐渐受人尊重。在理论上，我们现在都希望，无论男女都能有所作为，报答社会对他们理智方面和经济方面的支持。劳动受人推崇，为社会服务是很受人赞赏的道德理想，虽然还有人非常羡慕能过懒散和奢侈生活的人，但是比较好的道德情感却已经在谴责这种生活。一个人利用时间和才能担负社会的职责，现在比过去更受一般人承认了。

第二，过去一个半世纪内，属于工业的职业，已经获得极其重要的地位。制造业和商业不再是家庭和地方性质、因而多少是偶然的事业，而变成世界范围的事业了。这些事业逐渐吸收了很多人的最优秀的才能。制造家、银行家和工业界巨头，实际上已经替代世袭的地主贵族，成为社会事业的直接指导者。社会改造这个问题，显然是工业问题，涉及劳资关系的问题。工业上很多引人注目的制作法的社会重要性大大增加，不可避免地使学校教育与工业生活的关系问题重要起来了。这样大规模的社会改造的发生，不会不向从不同社会状况继承下来的教育提出挑战，不会不对教育提出很多新的问题。

第三，我们曾经反复提到这样一个事实：现在工业主要已经不再是习惯传下来的以经验为根据的、比较粗糙的程序了。现在工业的技术是工艺学的技术了，这就是说，根据数学、物理、化学和细菌学等的发现所制造的机械。经济的革命，提出许多问题要解决，对机械的应用产生更大的理性的尊重，从而激发了科学的发展。在工业方面，也因科学的发展收回了复利的报酬。结果，工业方面的职业，有了比过去多得无限的理智的内容、和大得无限的文化修养的可能性。需要有一种教育，使工人了解他们职业的科学的和社会的基础，以及他们职业的意义。现在这种教育的需要变得非常迫切，因为没有这种教育，工人就不可避免地降低到成为他们所操作的机器的附属品的角色。在旧社会制度下，一种行业的所有工人，他们的知识和观点，大体相等。他们个人的知识和独创性，至少也有小范围的发展，因为，他们的工作是工人直接使用工具做的。现在，操作工人必须使自己适应于机器，而不是使工具适应于他自己的目的。现在工业在智力活动方面的可能性，虽然成倍地增加，但是，就广大群众来说，工业的状况往往使工业的教育作用不及为本地市场从事手工生产的时代。因此，要实现工作中内在的智力活动的可能性，这个任务就交回给学校了。

第四，在科学方面，知识的研究已更属实验性质，更少依靠传统的书本，更少和推理的辩证方法相连，更少和符号相连了。结果，工业的职业所含的题材，不但给我们比过去更多的科学内容，而且使我们有更多的机会去熟悉产生知识的方法。工厂中的普通工人较多地受到当前经济的压力，当然不能和实验室的工作者具有相同的产生知识的机会。但是，在学校，学生的主要有意识的事情是增长见识，在这种条件下，可以使学生接触机器和工业上的各种制作法。工厂车间和具备上述条件的实验室的分离，主要是传统的习惯，实验室的优点，在于允许对于问题所暗示的任何理智的兴趣探究到底；工厂车间的优点，在于重视科学原理的社会意义，有许多学生，还可以因此激发更为活跃的兴趣。

最后，学习心理学，特别是儿童心理学的进展，与工业生活上愈益增长的重要性是一致的。因为近代心理学特别强调探索、实验和尝试等原始的、不经学习的本能的重要性。近代心理学揭示，学习并不是一种现成的叫作心智的工作，心智本身却是原始能力所构成有意义的活动的一种组织。我们在前面曾经说过，工作对年龄较大的学生，正如游戏对年幼的学生一样，对于未经训练的本能的种种活动具有教育意义的发展作用。而且从游戏过渡到工作应该是逐步的，不包含态度的激烈改变，而是把游戏的要素带到工作中去，同时，为了提高控制的能力，再加以继续不断的改组。

读者会说，上面五点实际上重述本书前一部分的主要论点。无论在实际方面和哲学方面，解决目前教育状况的关键，在于逐步改造学校的教材和方法，以便利用代表社会职业的各种形式的作业，并阐明其理智的和道德的内容。这种改造工作，必须降低纯粹书本式方法——包括教科书——和辩证的方法的位置，使它们成为明显地发展前后连贯和逐渐累积的活动的必要的辅助工具。

但是，我们的讨论已经强调了一个事实，就是，仅仅按照各样工业和专业现在的做法，给予学生技术上的准备，教育改造是不能成功的；仅仅在学校照样模仿现有的工业状况，教育改造更难成功。问题不在于使学校成为工商业的附属机关，而在于利用工业的各种因素使学校生活更有生气，更富于现实意义，与校外经验有更密切的联系。这个问题是不容易解决的。经常有一个危险，就是教育将会永远沿袭为少数人而设的旧传统，不过在默认我们现在有缺陷的工业制度的没有改革、没有合理化和没有社会化的种种方面的基础上，或多或少适应新的经济状况。具体地说，有一种危险，把职业教育在理论和实践方面解释为工艺教育，作为获得将来专门职业的技术效率的手段。

这样，教育将变成原封不动地永远延续社会现有工业秩序的工具，而不是改造这种工业秩序的手段。我们所要求的改造，不难正式加以解释。这种改造标志着一种社会，其中人人都应从事一种职业，使别人的生活更有价值，更能认识联结人们的纽带，打破人与人之间的隔阂。这种改造意味着一种事态，每个人对他的工作的兴趣，不是勉强的，而是明智的，即每个人的工作都是和自己的能力倾向志趣相投的。不言而喻，我们现在离这样的社会状况还很远；从字面和分量上讲，我们也许永远达不到这种状况。但是，在原则上，我们已经成功的社会改革的性质是符合这个方向的。要实现这样的社会，现在有更充分的资源，为过去任何时候所不及。如果我们真有实现这种社会的聪明的意志，在前进的道路上并无不可逾越的障碍。

实现这种社会改革的成败，取决于我们是否采用可以实现这种改革的教育方法，其他事情还在其次。因为这种改革实质上是心理倾向的性质的改革——这是一种有教育意义的改革。这个意思并不是说，我们可以离开工业状况和政治状况的改革，用直接的教训和规劝改变性格和心理。这种看法，是和我们关于性格和心理就是参与社会事务的反应的态度这一基本思想相矛盾的。我们可以在学校造成我们所要实现的一种社会的缩影，由此塑造青少年的心灵，逐步地改变成人社会的更加重大和更难控制的特征。

现在社会制度的最大祸害，不在贫穷，不在贫穷所遗留的苦难，而在于事实上有许多人他们的职业都不是他们所喜欢的，他们从事这些职业，不过是为了自然增长的金钱报酬。这种说法，在感情上似乎有点苛刻。因为这种职业常常令人厌恶，使人心存恶意，玩忽职守，逃避职责。他们既不专心工作，又不愿意工作。另一方面，有一些人，他们不但物质条件比较好，还极度地，如果不是独断地，控制着很多人的活动，而自外于平等的和普遍的社会交往。他们沉溺于纵容娇养，炫耀示人；他们企图借显示权力和较多的财富与享受，给人留下印象，以缩短他们和别人的距离时，这种限制是不可避免的。事实上，具有直接的社会同情心和人道主义倾向等优点的人，往往是经济上不幸的人，他们并没有经验过片面地控制别人事务的坏影响。

任何从现有工业制度出发的职业教育计划，很可能表现并延续这个制度的阶级划分和缺陷，因而成为实现社会宿命论的封建教条的工具。那些能达到自己欲望的人，将要求一种自由的和文化修养性质的职业，将要求能使他们直接关心的青年有指挥能力的职业。把教育制度割裂开来，使处境比较不幸的青年主要受特殊的工艺预备教育，便把学校视为一种机关，把旧时劳动与闲暇的划分、文化修养与社会服务的划分、精神与肉体的划分、被指挥阶级与指挥阶级的划分转移到号称民主主义的社会中去。这种职业教育，不可避免地忽视所用的材料和制作法与科学和人类历史的联系。把这些联系包括到狭隘的工艺教育中去，不过是浪费时间；注意这些联系，是不切"实用"的。这些联系应留给那些有闲暇可以自由支配的人——这种闲暇，是由于优越的经济力量而得的。这些联系甚至很可能对统治阶级的利益有危险，因为这样一来，就要唤起那些在别人指挥下工作的人对现状不满或"超越身份"的奢望。但是如果教育承认职业的全部理智的和社会的意义，这种教育就要包括有关目前状况的历史背景的教学；包括科学的训练，给人以应付生产原料和生产机构的智慧和首创精神；包括经济学、公民和政治学，使未来的工人能接触当代的种种问题以及所提出的有关改进社会的各种方法。总之，这种教育将训练未来的工人适应不断变化的情况的能力，使他们不会盲目地听天由命。这种理想，不仅要和现在种种教育传统的惰性作斗争，还要和那些盘踞着指挥工业机构的人作斗争，这些人认识到这样的教育制度倘能普及，将危及他们利用别人以达到他们自己目的的能力。

但是，正是这个事实，预示着一个更为平等和更为开明的社会秩序，因为这个事实足以证明社会的改造要依靠教育的改造。因此，这个事实也能鼓励那些相信能有一个更好的社会秩序的人们，从事促进职业教育。这种职业教育，并不使青年屈服于现今制度的要求和标准，而要利用科学和社会的因素发展他们的胆识，并且培养他们实际的和执行的智慧。

本章提要 职业就是指任何形式的继续不断的活动。这种活动既能为别人服务，又能利用个人能力达到种种结果。职业与教育的关系问题，把前面所讨论的各种问题集中到一点上，如关于思维和身体活动的联系，个人的有意识的发展和共同生活的联系，理论的修养和具有具体结果的实际行为的联系，谋生和闲暇的有价值的享用的联系等问题。一般地说，人们所以不肯承认教育的职业的方面（小学教育中实利性质的读、写、算三科除外），是由于保存着过去贵族的理想。但是，现在有一种所谓职业训练的运动，这种职业训练如果实行，会使这种思想强固起来，适应现有工业制度。这个运动会继续把传统的自由教育或文化修养教育授予少数在经济上能够享用的人，而把别人控制的预备各种特殊职业的狭隘的工艺教育授予广大群众。当然，这种计划表明只是在延续旧时的社会阶级区分，并且把理智和道德的二元论也保存下来。但是，在目前的社会条件下，这种计划已经没有继续存在下去的理由了。因为，现在的工业生活很依赖科学，并且密切地影响各种形式的社会交往，因此我们有机会利用工业生活来培养青少年的心理和性格。此外，工业生活在教育上的正确运用，将提高人的智力和兴趣，再加上行政方面的设施，就足以改变现在工商业制度有害于社会的弊端。工业生活在教育上的正确运用，将使日益深厚的社会同情心用于建设方面，而不让它成为盲目的慈善情感。工业生活在教育上的正确运用，将使那些从事于工业职业的人，有参与社会制裁的愿望与能力，有变为主宰工业命运的主人翁的能力。同时，还将使从事工业职业的人，对于机器生产和分配制度所具有的技术的和机械的特点，都了解它们的意义。以上是就经济机会较差的人讲的。对于社会中享有特权的那部分人，把工业生活正确运用在教育上，能提高他们对工人的同情，使他们产生一种心理倾向，在有用的活动中发现文化修养的因素，并提高他们的社会责任感。换言之，现在职业教育问题所以占有极其重要的位置，因为它要集中全力解决两个基本问题：离开人类利用自然的活动最能练习人的智力呢，还是在人类利用自然的活动的范围以内最能练习人的智力呢？个人的文化修养在利己的条件下最能获得呢，还是在社会的条件下最能获得呢？本章对于这一层没有详细讨论，因为这个结论不过总结了本书第十五章至第二十二章的讨论。

（王承绪译。选自赵祥麟，王承绪编译. 杜威教育名篇［M］. 北京：教育科学出版社，2006：113—140，171—184.）

教育的平衡、效率与思维（1916）^①

有两个特征交集在一起，需要予以平衡，这样我们才能使个性得到适当的和完满的发展，因此，在所有的教学中，我们应当经常记住两个因素，而且还应当记住，我们不能试图去发现和发展一个，而忘记发现和发展另一个，我们应当使两者一直保持着平衡。

我把这两个因素称作效率（efficiency）和思维（thought）。

效率，即做可掌控事情的技能及良好、有序和有效的方法。

另一个是思维，即认识到我们所做事情的意义，为我们的行动制定一个清晰的、深思熟虑的综合性计划或目的。

无论是在学校内还是学校外，在商界、政治界还是在科学界或艺术界，我发现，无论在哪里，要真正成功地完成任务都需要这两个因素。商人必须养成有条不紊做事的习惯。他得掌握处理他那个行业的特殊技能，正如医生或律师必须掌握一种操作技能，能够用一种常规的连续的方法敏捷有序地去做他需要做的事一样，不能有损耗，不能连续出错，也不能有多余的动作。在实验室工作的科学家也同样，他必须掌握用于探究的特别方法和技术。如果他是化学家，他得掌握和熟练操作所需要的材料和工具。如果他是数学家，他得掌握另一套工具、仪器和另一种技能模式。同时，他也必须掌控材料。家庭主妇也是

---

① 1916年10月27日的演讲。最初发表于《印第安纳州教师协会会刊》（*Proceedings of tje Indiana State Teachers' Association, Indianapolis*）（1916年10月），第188—193页。

如此。所有一切类似行业皆应当如此。同样，艺术家可能掌握使用工具的精湛技术（techniques），但工具的使用并不能令人感动，不会令人印象深刻，因为在工具的后面没有情感支撑着它，或者说，工具无法表达任何理念。所以，尽管商人掌握某种技术或技能，但其水平从未高过簿记员或会计，从未能够或者从未有确实的能力管理自己的所有商务，因为他缺乏审时度势的能力，看不到影响其商务的相关因素，制定不出通盘的计划，无法形成综合性的判断。我举一个例子，尽管自己缺乏这方面的经验：一个家庭主妇可能很擅长扫地、洗碗碟和使用抹布以及做其他特别的家务活，然而，她可能还是一个蹩脚的家庭主妇，因为她缺乏掌控活动的能力，缺乏计划的能力，也没有用一种和谐、有效的方法使家庭日常事务有条不紊。

在继续我们的讨论之前，我想用一种方式归纳一下我所说的意见。生活中的什么要素与这两个因素有一致性。为什么一方面我们需要形成有规律的行动习惯，能够始终如一迅捷重复地做一件事情，另一方面又需要思维能力？这是因为在所有的情境中有两个因素是我们必须面对的。一方面，某些因素不受时、空和情境变化的影响，稳定不变，重复出现。假如生活中的一切事务固定不变始终如一，那么，习惯，具有娴熟技能的习惯（skilled habits）就解释了教师在课堂中为提高效率提出的训练目的和所做一切事情的原因。实际上他没有考虑过思维要素。这样一来，我们所得到的当然只是高效的机器。只要其结构没有变化，只要其持续工作的环境始终如一，一台构造良好的机器就会不停地工作下去。如果生活的环境，如果我们自然和社会环境日复一日年复一年始终不变，对一个人而言，所需要的是掌握一套娴熟技能的习惯且使这些习惯得以持续。但是，在我们生活中，除了这些稳定的持续不变的要素之外，还存在着不可预见的具有差异性的变化要素，以至于我们不能单纯地依靠这些习惯来应付我们生活中的问题。由于情境中要素的变化不定，且不可预见，因此我们必须进行训练以多样性思维应对紧急情况。我再重申一次，在常规环境下，人是不需要思维的。站在踏车上的马儿绝不会有特别的思维需要

（occasion），它只要在踏车上不停地踏步便可以了。从事日常工作的人所需要的是特殊的技能或是做特殊事务的习惯。但是，当机器坏了，操作者操作机器的习惯不会帮助他解决问题。除非他求助于科学，除非他求助于思维，除非他懂得机器的操作，即如我们所讲的，懂得机器的理论和机器的工作原理，否则，他会完全无能为力，他只能请有思维能力和懂得原理的人来帮助他。如果我们的环境的常规要素持续不变，如果有些事情可以用同样的方式重复做两遍、三遍或更多遍，我们需要这些已经形成的技能和工作习惯，因此，当我们形成了习惯时，我们无需再做进一步思考，让习惯发挥作用便可以了。但是，如果我们审视一下多样化的和变革的世界中的生活时，而且，如果我们略微思考一下，我们便知道普通人总会遭遇各种复杂环境的。在前几代人那里，曾经有过一段时间，社会阶级完全固化，儿童一出生便知道在一般情况下他一生将从事的工作，他要去接他父亲的班，延续他父亲的社会地位。在那样的环境里，他们强调形成特定的习惯以便儿童能胜任预先安排的职务。但是，我们今天的生活，特别是我们美国人的生活，是流动的和变化的。形势不是一成不变的。一个人今天碰到的是一种情况，明天会碰到另一种。如果他一直在从事同一个职业，面对变化的形势，他要么会落伍和被淘汰，要么必须能够理解形势的变化，以变应变。

一位雇主认为，对于他而言，非常重要的事情不是招聘有过工厂工作经验的人，而是要招聘有另一种追求的人。他告诉我，这是他为了自己的利益琢磨出来的道理。他像许多现今的企业家一样，在现代企业环境的压力下有着自己的方法选择聪明的有发展前途的年轻人，信任地让年轻人负责和开展某项工作，相信年轻人会用一种使年轻人自己和他都受益的方式进行工作。这位雇主说，他设计的方法是，选出一个年轻人，让他下去查阅宗卷中记载的某些事情，查查某个订单，看看订单的日期以及订单归档的日期。当年轻人回来时，他会提出不仅关于订单日期的问题，还会问更多的问题，如订单来自哪里，订的是什么货物等问题。这位雇主说，总是有一些人只能回答他指定去了解的问题。这些人是需要辞退掉，越早辞退越好。这样的人如果派回去做另外一件事，结果还会一样。也有一批人与这些人不同，他们有着十足的智力兴趣，十足的好奇心，当他们下去查询一件事情的时候，会同时注意到另一件事，或者，至少，往返几次派下去后，他们会获得其他的信息，而且在下一次能够回答各种问题，他认为，这些人正是他要雇佣的人，因为这些人日后会理性地承担责任，会主动工作。这是我所指思维的能力作为行动效率的有效核心要素的一个实际案例。正如前文所说的，如果我们的环境绝对一成不变，刻板如一，那么，我们仅仅以日常的和呆板的方法也能获得效率，但是，由于我们得改变环境，因为我们必须调适我们已经形成的习惯，我们就必须有深邃的理性洞察力以及远见去控制环境。

在这方面，我想说明的第三点是，当我们仅有的机械的习惯、技能形式和思维相互间确确实实失去了平衡时，我们的心理（mental side）也失去了平衡。我们不仅外在的活动会墨守成规、呆板单调和缺乏独创性，而且，内在的心理活动也会非常的不规则。

你无法阻止人的心智活动，也无法阻止人的思维活动，因为人在清醒的时候，头脑里总会有自己的想法、想象和理念。唯一能使它停下来的方法是让人睡觉，深深地入睡。然而，我们所能做的是将我们外在的行动，我们技能的形式和完成任务的能力与我们内在的心理活动隔离开来，分成两部分。当然，特别健忘的人是一个明显的例子。他处于隔离带的中间，当他朝着一个方向行动时，他的思维和理念去奔向另一个方向。所以，我们就听说过一个人拿出手表来看看他是否有时间回家去取手表这样的故事。他完成了一个自动的行动，跟他的思维毫无关系。

当今，教学的方法，管理课堂的方法，维持课堂秩序的方法，对待儿童的方法，提问的方法、布置功课的方法，布置不同的学校作业的方法已经成为教学艺术的组成部分，正如职业艺术家必须掌握艺术家的特殊方法一样，但是，除此之外，需要认识到这种方法的目的和意义要与儿童生活发展的结果一致，所发生的变化不是表现在外在的活动方面，即表现在他们所做的事情方面，而是表现在他们的情感和想象力方面。无论教师掌握的教学方法多么完整和适当，那只是一个方法问题，也就是作为成功教师必须掌握的以外在技能形式为特征的各种方法，而课堂效率在于使学生的情感和想象力获得永久的个性，做不到这一点，教师不可能成为一个艺术家。作为艺术家的教师，需要有能使学生尽可能获得艺术家的生活态度，那就是去解决重大的问题，解决人的道德和智力问题，去形成有效行动的习惯，使人不至于成为单纯的白日做梦者或理论家，或浪费者或不能胜任工作的人，而使人成为一个情感、愿望和同情心一致的且有能力执行理性计划（intellectual plan）的人。要做到这一点，我们必须从第一天起就充分注意儿童活动中的思维部分，要像我们注意形成他们良好的外在习惯一样。为此，在我看来，就教学而言，教师的最大问题是能否在行动效率与洞察力、远见和有目的地执行计划的思维能力这两个因素之间保持平衡的问题。

（朱镜人译。译自："The Educational Balance, Efficiency and Thinking" in *John Dewey: The Later Works, 1925—1953*. Carbondale and Edwardsville. Southern Illinois University Press. 1990, Vol.17，1885—1953: 77—82.）

任课教师（1922）①

今天下午我必须讲的东西与这个标题相比，更显得是今天上午所讲内容的延续。我希望将这两个主题联系在一起的理由，随着演讲的继续而变得更加明显。正如我在上午所说的，我们不要过于在教育理论或教育哲学中，而要在某些实际考虑中，更多地承认个性在学校教育中的地位。以分批分班的方式来对待学生，比以个性的方式来对待学生更加容易、方便和廉价。相当多的人能够学会操作机器；但相对少的人能够成为一名有创造性的艺术家。以分批分班的方式而不是以个性化的方式来对待学生，就像操作一台顺利运转的机器那样相对简单和顺心。要了解机器的性能，知道如何适应它，需要的知识要多得多。

当我们处理生命的东西，特别是随人的个性的不同而不同的生命特质时；当我们试图改变他们的个体倾向，发展他们的个人能力并违背他们的个人利益时，必须以一种艺术的方式来对待他们，这种方式需要同情心和兴趣来千方百计地适应特定紧急行动的要求。一个东西越机械化，我们就越能操纵它；它越是重要，我们就越要用我们的观察和兴趣来使自己适应它。换句话说，掌握一种真正的艺术标准并不容易，当然，这也是教师的真正要务。因此，它强调数量而非质量。②

---

① 1922年9月5日，杜威在马萨诸塞州布里奇沃特举行的全国师范学校教师大会上的讲演。首次发表于《综合科学季刊》，第7期（1924年），第463—472页。

② 此句疑误，他的意思恰恰是说，它强调质量而非数量。——译者

我们的整个教育制度，包括打分和分等级的检查和考试制度，使我们在同一时间里对待大量的学生，并让他们一大群一大群地按照某种时间表进行活动。这些东西不是哲学或理论，而是反对普遍承认教育中的个性原则的强大力量。有组织的行政管理的全部效果有时似乎强化了一种标准化，这种标准化不利于教师个性的发展，也不利于教师在发展学生的个性方面进行合作。

只要有机械因素，只要我们所处理的是物理状态——空间、时间、金钱状况——就有标准化或整齐划一性的余地和需求。然而，危险在于，那些对标准条件感兴趣的人——学校工作的外在方面——会忘记标准化或整齐划一性的限制，并试图将其严格地应用到人的精神因素上，而精神的因素是无法被标准化的。归根到底，像许多事情一样，这主要是一件与钱有关的事情。但是，如果我们问为什么最著名的、经过严格检验的教育观点没有比它们实际上更为广泛地付诸实践，我们就非常容易碰到这样一个事实，即共同体没有能力提供物质手段去做可能的最好的事情。我重申这一点！我们的整个考试、检查、分级和归类系统，往往几乎自动地引入一种介于教育者和正在成长的个人之间的人为因素。

有一本几年前出版的英语小说，里面有一个父母双亡的年轻女孩，她在一个机构即孤儿院长大。后来，有人询问她的教育经历，她回答道："我们从未受过任何教育，只是被成批地抚养大的。"这种以批量式的而不是个性化的方式对待孩子的倾向，被作为一种经济措施而强制施行。

我对柯克帕特里克（Kirkpatrik）教授今天上午就智商测试问题所说的内容很感兴趣。我认为，他将重点放在了正确的地方。将重点放在错误的地方会有一些危险。我认为，这场运动的领袖们并没有将重点放在错误的地方，但在那些不知该如何科学地使用这些测试的公众的心中，存在着相当大的危险。危险在于，各地的人会有这样一个印象：当你知道一个学生的智商（IQ）时，你就对他作为个人有了一定程度上的洞察和测量。如果你停下来想想这些测试是什么，它们打算做些什么，就会发现，智商完全不同于对个人（作为个人）

的塑造过程的洞察。正如"商数"（guotient）这个词所表明的那样，它是一种给出某种平均值的方法，以显示他属于哪一类人。这是一件完全相对的事情。

如果你充分了解全国的孩子们，你会发现某某能力的某种平均数。这个特定类型的人属于具有这个平均智力的群体。有人可能会说，对于个性，你并不比以前知道得更多。假设他的智力年龄是13.5岁，而他的生理年龄达到某某周岁，他高于或者低于他的平均年龄。他是这个国家成千上万个被测试孩子中的一个。我们会知道这成千上万个孩子达到了哪个智力年龄，而这个孩子属于这一人群。这一发现对于分类来说是有价值的，它将这个人置于他可以高效地与他人一起工作的团体之中。柯克帕特里克博士谈到过这一点。这防止了使某人以超过他行动能力的速度来做事的错误。然而，在教师确定了这一心理水平之后，就她所关注的心理兴趣而言，她的工作事实上才刚刚开始。

现在来讲讲已经公布的今天下午的演讲主题。正是任课教师，与正在接受教育的个人接触。我们完全可以说，所有制度、组织和行政机构的支撑，实际上大大确保了任课教师更加有效地完成他或她的工作。的确，现实的教育，无论实际的教学与学习方式如何，都是在教室里通过师生之间积极的理智和道德上的接触而进行的。就像其他许多不言自明的东西一样，我们暂且承认这一基本事实，然后并不对其进行深入的考虑。我们强调行政机构，强调学习课程的构成与设计，强调学校教育董事会的职能，强调监督人、校长和管理者的职能，所有这些在公众的眼中，至少常常是学校系统中最重要的因素。在一定程度上，所有这些都是为了最终的消费者，即教师与学生而存在的，因为他们在学校中直接进行个人接触。如果这些组织的、行政的和监督的因素不能鼓励、帮助和增强教育工作者的工作，它们就会是无用的，或者甚至更坏，因为它们成了教师的累赘。毕竟，教育中最真实的东西是："有什么样的教师，就有什么样的学校。"我们都知道这一点。一所学校和另一所学校之间的区别，一个学校中某个班级和另一个班级之间的区别，可以归因于校长或教师的人格。问题在于，我们该如何集中所有这些外在因素，以便它们真正地解放、帮助并保护课堂中的每个教师？我们是否在一定程度上把望远镜倒过来看？我们是否需要频繁地看看能放大任课教师工作的那一头，以及在一个更好的位置上工作的地点呢？

简单地讲讲研究课程的问题。我可以拥有这个国家研究学习课程的最好专家，拥有历史、地理、数学和其他课程方面的专家，让他们聚在一起讨论在范围广泛的题材里最好的题材是什么。这可以并且应该大大有助于任课教师，但它不能完全决定让学生领会真正的题材是什么。学习课程应该是一个过程；它应该是流动的、运动的东西，因为它的题材和学生的心灵不断接触。

这些由专家设计的题材不可能被学生接受，除非通过教师的中介。我们可以有一本按照专家推荐来写就的教科书，但这毕竟最终决定不了教师如何使用它、如何处理它，以及如何对它提问。你可以在纸上列出足够丰富的题材，而教师的人格和智力可能使这些题材发生收缩、干涸，并在它到达学生那里时成为一些枯燥的事实。你可以有一个研究课程的大纲、一个书面形式的大纲，而在课堂里，学生面对的学习课程，因为教师将他们的思想放到了里面，因为教师所使用的方法，因为教师布置的课外任务，从而可能变得非常充实、丰富而生动。按照我的判断，在此适用于学习课程的东西，当通过教师的心灵和人格而传给学生时，也适用于教育系统中许多其他的东西。没有集中教师掌握的所有教育资源，是教育系统拘泥于成规旧套的一个基本原因。我重申这一点。因为课堂教师代表着个人之间的接触，而行政机构和组织乃是在它们通过教师而接触学生时被改变的影响因素，核心问题就是如何使用我们现有的资源来培养任课教师。

我们都知道，在理论和实践之间有着巨大的鸿沟。许多关于教育的聪明而真实的想法已经说了几千年——其中包括两千多年前柏拉图提出的一些想法，另外是过去三四百年的教育改革方面的想法。今年以来以及在眼下，许多人有了一些发现。但是，我们都知道，即使没有这些发现，过去已有足够的知识被那些教育专家们视为真正的明智的东西，这些专家试图大大改进我们的学校并且的确已经给学校带来了革命。我记得，很多年前有一位年轻的女士，因为某些原因，她逃离了中学教育（无论好坏如何），并且决定当一名教师。她去了师范学院，学习所有最先进的教学理论。之后，她在一所学校得到了一个职位，并有我们大部分经历过教育的人都没有的新奇感（如果不是震惊的话）。这里有些东西是由权威教授的，这些权威一致认为它们是正确的、现代的和最新的东西。她假定，她将会发现这些学校是按照她学到的那些先进理论而运转的。她拥有的教学方法与学校现行教学实践之间的重大差异，令她感到震惊。这使我深切地感受到这个差距究竟有多大，也使我明白改进教育的关键问题，是如何使我们在理论上和行政管理上取得的进展有效地影响教师的工作，从而使他们可以对学生的人生产生影响。

不久前，一位教师在另一位教师的建议下，对全国教育协会①（N.E.A.）多年的报告作了研究，其目的是发现谁正在对教育思想做出重要的贡献，而这些贡献将给实践带来影响。正如你将猜到的那样，在全国教育联合会读到的文章和演讲很少出自任课教师。如果我们排除高等教育任课教师的文章数量，来自初等教育的任课教师的文章数量几乎可以忽略不计。我怀疑，它即使能达到总量的百分之一，也得经过很多年。对我来说，这似乎是一个可悲的事实。它表明，因为某些原因，任课教师并没有成为改进教育实践的能动力量，而他们本该成为这样的力量。那些正在从事教学工作的人，那些正在与学生发生个人接触的人，那些对学生的性格和思想发生影响的人，并不是那些积极提出理论的人。我意识到，对这个情况可以有许多解释——比如没有时间、教师工作负担过重，等等。大学或师范学校的教师或校长也许可以有更多的空闲来研究这些东西。但是，既然是教师在最终应用这种理论，难道他们不该在发展他们所运用的观念并使这些观念具体化和现实化方面扮演重要的角色吗？

---

① 全国教育协会（Natuonal Education Association，简称NEA），原译文译为"全国教育联合会"，是美国规模最大的教育组织。——本书编译者

在工业和工厂生活中，我们将那些计划者和执行者明显地分离开来。然而，从国家福利的观点看，我感到惊奇的是，甚至在一个工厂里，是否适宜在计划者与执行者之间划一道明显的分界线。但是，可以肯定，当我们面对教育这类重要问题时，在计划者和执行者之间划出明确的分界线仍然比较危险。结果是，那些没有参与提出想法的教师，不可能像参与提出想法的人那样，对这些想法给予同情的理解。通过经验来学习的原则，如果对学生来说是一个好的原则，那么，对教师也是一个好的原则。如果我们的思想和理论应该以归纳的方式提出来，如果它们应该从实际经验中发展而来，为什么任课教师的具体经验就不应该在教育思想和原则上比它目前发展得更好呢？我认为，在我们的现代理论和学校的实践中已经了解并接受的东西之间出现鸿沟的原因之一，在很大程度上是由于这个事实，即任课教师在知识上的责任没有得到足够的承认或弘扬。你知道，如果你在执行某人的计划和想法，你不会也不可能像执行你自己参与制订的计划那样热情，那样全心全意地投入，或者怀着同样的渴望来学习和提高。

监督者的功能是重要的和有价值的。显然，这应该是启发和教育的功能，而不是像医生那样写写处方，然后交给药剂师去配药。教师不应该是填写由别人所开的药方的职员。他们不能像厨房里的厨师那样，照着一本烹饪书，根据书里菜谱的比例混合配料，而不知道为什么要这样做或那样做，或者期待做出任何发现和改进。真正的厨师要创造出所有我们喜欢吃的、改进了的菜肴。学习过程的持久改进，必须是任课教师奉献、检验、创造和明智地进行实验的结果。

许多所谓的监督（supervision）（尤其是在课堂监督成为口令的时候），似乎有"高高在上"（super）的味道，而没有"观察"（vision）的味道。监督者的工作是查看这个领域，比任课教师的情况所允许的更为宏大、更为宽广、更为全面地观察这个领域。监督者和指导者的特权恰恰是，赋予任课教师以更为广泛、更为全面的观察的好处。

当然，存在着一些有价值的捷径和机械设备。成为一个有创造力的艺术家，始终是困难的。然而，假如教育要迈入专业化，我们就要把它看成一件艺术作品，这件艺术作品需要音乐家、画家或艺术家具有同样性质的个人热情和想象力。如果我们意识到这一点，应该进展得更快。每个这样的艺术家都需要一种多少有点机械性的技巧，但是，当他失去个人的观点而服从技巧方面更多形式规则时，就会落到艺术家以下的层次和等级，降格到根据别人制订的蓝图、草图和计划来工作的工匠水平。

我认为，首先引起我对教师更大自由问题感兴趣的东西，源于对学生更为多样、富于创造、独立不群和具有本原性的工作的兴趣。最后我发现，当教师未获得解放，仍旧被束缚于太多的成规俗套，以及对统一的方法和教材过于渴望的时候，期待学生做富于创造性的独立工作是多么不现实。

正如鲍德温（Baldwin）先生今天上午所说的那样，每种已出版的教材到它们付印时就已经或多或少过时了，它只是给教师提供的一个建议。每位任课教师都应该得到他人的尊重，都应当知道不仅要负责教授那种已被认可的教材，而且要负责为那种教材做出新的贡献。想一想我们居住于其中的宇宙的变迁、社会的历史和人类生活的历史，它可以利用的物质是无穷无尽的。我们只能开始发掘教材的宝库。如一个教师实际上受到激励去竭尽全力，如在自己的位置上不会发现能满足学生精神饥渴的某个新领域的题材，这样一个教师也不适合上述工作，虽说他受到对这个位置需求的暗示，虽说他被学生所提的问题激励或唤醒。只有当我们期望并提供机会，使每个学生能够实现自由并通过与教师的接触来讨论教材而不理会学习的陈规旧套，才会使我们对教育理论的改进产生实际效果，并把它们变为具体的货币价值。

如今，每个人的想象力以及他们看待事物的无意识的方式，比我们所意识到的更多地受到工业因素的影响。做生意的方式无意中影响了我们所有的观念。我们把太多的标准化、太多的责任从商业实践引入教育领域。集中责任是应该的，但如果在学校系统中，集中于一小群人，那么对其余的人来说意味着什么呢？如果你们把责任集中于一小部分人，这难道不是要大家不负责任吗？责任需要集中，但应该分摊到每一个人身上。学校系统的每一部门需要负责改进教材、教学方法和训练方法。当我们试图将所有的责任集中到一部分行政官员身上时，就是在剥夺大部分教师的责任。这就是为什么我说集中责任就是让大家不负责任。师生关系常常在教师与督导官员之间的关系中被复制。大部分学生努力去达到老师所要求的外在标准，而他们的主要问题是自己能否达到那种标准，是否可以在合适的时间里能做足够多的事情来满足教师的需要与期待。在教师与督导官员的关系上，这一情况常常被复制出来。教师仅仅关注那些为她设定的外在标准的东西。

我认识的最优秀的女性之一、芝加哥的埃拉·弗拉格·扬[1]（Ella Flagg Young）女士，让我第一次注意到这一点。扬女士开始是一位任课教师，后来成为督导、副校长，最终成了校长。根据四十年的经验，她对大城市的公立学校从每个角度进行调查。她从教师和督导者的角度来看待学校，并敏锐地意识到在一个高度组织化的学校系统中介于这个系统的两个部分之间的情况。

任课教师就具有这个优势，她所有的时间都在工作着。督导者则不可能在所有的时间四处走动，并集中干这项工作。他们只能时而进行访问。但是，在课堂监督的制度下，教师经常施展一种了不起的技巧来做他们想做的事情，而同时表现得正在执行监督者的指示。这是任课教师的优势，因为她总是在那儿。

让我重复一位教师讲的故事："作为一名高中代数教师，我认为我掌握的课堂教学方法是异常成功的，因为学生们正在做所有的作业。我就像一名裁判员，站在教室里看着他们。但校长进来时看见我站在那里，没做什么事情。他后来责备了我，说我懒惰。我立即纠正了。之后，每次他进教室的时候，我就

---

① 埃拉·弗拉格·扬（E.F.Young，1845—1918），美国教育家，曾在杜威指导下进行研究，担任过美国全国教育协会第一任妇女主席（1910—1911）。——本书编译者

开始对学生讲课，他就认为我是个好老师。就个人来说，我并不认为我教得很成功。"

我有时认为，目前人类最大的损失是人与人之间互相接触的缺失。父母经常自己着手培养他们的孩子，好像没有人在之前这么做过一样。现在有了一些改善，但毕竟还有那么多经验没有被记录和利用，而这些经验对于其他人来说都是有用的。由于教师没有被给予一个负责任的位置，在学校里不知有多少经验没有被利用，没有成为教育的养料；并因如此，其他人，可能像我这样的大学教授，或多或少地与这种情况保持着距离，不得不提供或多或少有些抽象的观点和理论。这些观点和理论没有转变为重要的成果，因为教师没有充分地参与构建这些理论并为之做出贡献。

（叶子译，汪家堂校。选自［美］杜威著. 杜威全集：中期著作第十五卷［M］. 汪家堂，张奇峰，王巧贞，叶子译. 上海：华东师范大学出版社，2012：149—155.）

教育中的个性（1923）[①]

我认为，在个性中存在着两种重要的因素。首先是明显的区别，使一个人区别于另一个人。一位著名的哲学家在强调个性的原则时说过，如果一个人摘下这个世界上所有树木上的所有树叶，也不可能发现有两片完全一样的叶子。两棵橡树或两棵枫树可能彼此相似，但它们不是彼此的副本。当然，当我们扩大现有的范围，这一区别的多样性因素变得更为重要了。例如在较低等的生命中，每一部分的差别较小，各种细胞彼此非常相似；所有的水母都非常相像。当我们上升到更高等的生命，上升到人类，我们发现部分间的差异、结构形式的差异，而不是发现类似或极端相似性。一个人区别于另外一个人，很容易把他们辨认出来。然而，这一区别或者说差异，自身并不提供个性中真正有价值的东西。我们可能有两枚不同年代设计的便士或镍币，但是我们并不介意这种区别——一个和另一个几乎一样。只要能用来买同样多的东西，我们就不介意（这种区别）。

个性的这一附加原则意味着：不仅存在着差异或区别，而且存在着在价值上独一无二或不可替代的东西，即一种独特的价值差异。人类和镍币或机械产品不同，那些东西如同豆荚中的豆子那样彼此相似。只要我们有足够的豆子，就不会介意单独的一个豆子，因为它们可以互相代替。当我们面对人类时，我

[①]1922年9月5日，杜威在马萨诸塞州的布里奇沃特举行的全国师范学校教师大会上的演讲。首次发表于《综合科学季刊》，第7期（1923年），第157—166页。

们认为，每个个体都具有一些独特的或不可替代的东西。没有人可以完全代替某人在这个世界上的位置，或者做他曾经做过的完全一样的事情。我认为，这就是我所说的平等观念的意思。我的意思不是说人们在生理或心理方面是平等的，而是说每个正常人都有某种十分独特的东西，以至于没有其他个体能够代替他。

因此，个性的原则是：在世界上具有别人无法有的地位，具有别人无法完成的工作。这给了我们一个尺度，事物越机械就越相似。但当我们上升到有生命的东西，上升到有生命的领域，上升到精神、道德和智力的东西，个性原则就越来越有价值。这就是在教育中主张个性原则的原因。这是衡量生命领域什么东西提升到了精神、道德和智慧的存在物的尺度。

当我们面对教育中个性问题的时候，困难是实践上的而不是理论上的。就理论方面而言，我认为，它们在很大程度上源于对个性意义的误解。第一个误解是经常将"冒失"、自负、固执己见或某种攻击性的东西与个性相混淆，而不是拥有能够有助于生命的、具备独特价值的东西。真正的个性是无意识的，而非有意识的或自觉的。个性是一种感受事物、思考事物以及做事的特殊方式，是进入一个人与其打交道的一切东西并给它们富于色彩的东西。

拿两个人的例子来说。每个都使用"我想"这个词。一个人强调"我"，他所思考的可能非常平凡且与其他人所想的一样；但是，因为他强调了"我想"——"我是圣贤，我开口就能让狗不再吠叫。"另一个人说："我认为不过尔尔。"他指的可能是一些熟悉和平凡的东西，但是我们会关注某种独特的东西、一些特殊的形式。一些对普通之物的特殊表达中独创性的东西。这说明了我所谓的个性是做事情、思考事物和感受事物的特殊方式，它贯穿于每一事物并赋予它特殊的色彩。它是某种无意中使一个人打交道的东西熠熠生辉的东西。

在我看来，对教育个性原则之理论与实践的反对，在很大程度上乃是基于这样一个假设，即承认在某种程度意味着对个性、自负和一种"冒失"的有意断定。一些教师很可能打着"个性"的幌子，实际上只是在培养这一"冒失"，即使学生在与其他人相比时夸大自己的重要性。然而，我们需要正确地看待这件事情，摆脱那种将个性与重要性的意识联系在一起的想法，并摆脱将个性与更微妙的个性特征联系的想法；正是那种特征，使那个人显得独特，并且以或多或少无意识的方式将赋予他打交道的一切事物。

需要承认的个人特色，意味着我们每个人都有他自己的偏见、偏好，以及有他自己的本能倾向。这种倾向不仅仅是指喜欢某些事物，而且指喜欢做某些事情的方式。我们对个性的尊重，并不意味着教师应该选择学生并让他认为自己的观点比其他人更为重要，而是给学生表达他们的特殊兴趣和提出自己特殊方法的机会，而不是灌输纯粹人为的信念和标准。

举一个可能有点儿夸张的例子，但我们在许多学校里可以发现这种情况。孩子们被给予许多算术题，教师认为有一个科学的合适的解题方法可以完成这些问题。有个孩子用一种不同于教科书、老师或特定的课程所规定的传统方法的方法来解题。但是，教师对此很不赞成，坚持要求这个学生以按部就班的方式得出结果，而不是承认这个学生的做法中有一些有价值的、珍贵的、值得鼓励的东西。

在不这么极端的例子里，教师强调一致的价值，往往压制学生从不同角度思考问题的独特的解题方法。这种对统一方法的强调，往往战胜了学生处理这个问题的自然的个性化方法。

从学生的观点来看，老式的教学规则、算术问题的分析意味着语言的某些形式出现了数的变化（指句子单复数变化——译者）。例如，一个三年级的学生告诉他的父母，从二年级到三年级，他们增加了一种新的乘法运算。这个孩子说："去年我们总是说'二乘二等于四'（two times two are four cents），今年我们说，'两个二相乘等于四（two times two is four conts）'。"当然，这是极端的例子；但它显示出夸大相同的做事方式的倾向，而不是正确地帮助每个个体以自己的方法来处理问题。

我认为，这导致了专业教育之外的许多人对教学的所有问题忽视甚至轻视。他们有时将每种教育思想、每种方法观念与千篇一律的做事方法联系起来。而在真实生活中，我们意识到，每个人应该有自己做事的方法，要让个性投入他所做的任何事情之中。

个性的确意味着一种独创性的方法。独创性不能以新奇或原创的产品来衡量。很少有人可以在任何重要的地方产生出真正原创的思想，但任何人可以为他做事的方式贡献一些原创的东西。

克罗瑟斯[①]（Crothers）先生告诉一位绅士：想象一个人爬上树去看风景，当他爬上去时，看到一片水域。他下来之后，声称自己发现了太平洋。其实，这片水域只不过是当地一个与外面连通的池塘。他认为，如果太平洋就在那儿，他就会发现它，因为他心目中想象的恰恰就是那样的。我们没有发现太平洋，只发现了池塘；但是无论如何，在教师和学生发现池塘甚至是水坑的方法中存在着独创性方法的可能。

为什么孩子们让大部分成年人不断地觉得好玩呢？当然，父母和宠爱孩子的亲属感到，现在没有、过去也没有什么与婴儿相似。他们以某种方式赞赏着孩子的不寻常和独创性，并且感到他确实具有一种独创性天才的素质。这些东西到哪里去了呢？后来，孩子们变得很相似了。在早期，那可能是我们认为孩子在发现这个新的世界。他必须亲自去发现——发现他自己的世界——并且不能通过任何其他人的思想或感受去发现。

父母和亲戚的宠爱将独创性归因于孩子，并不算错。如果我们允许这种独创性的品质消失并期望这些个人的东西后来或多或少成为彼此的复制，那么，差错一定出在学校、家庭或者邻居间。学校是否应该对个性的消失负责呢？这是一个问题，因为人们过分强调外部原因，强调千篇一律的证明和指导方法，强调主题的统一性、所持有立场等的统一性。

其次，个性是某种内在的和智力上的东西，而不是外在的和生理上的东

[①] 克罗瑟斯（S. M. Crothers，1857—？），美国牧师和作家。——本书编译者

西。我注意到，在对学校的自由观点的批评中，人们普遍认为，个性意味着大量身体上的无拘无束；意味着孩子们"做他们喜欢做的事"；意味着某种外在的和生理的东西，而不是内在的和心理的东西。可能许多学生也有随心所欲的活动、无拘无束的活动，有大量的体育活动，但却很少给个性（的发展）有展示的机会。

如果你注意一群在异常环境下、也许在某些强制之下的孩子们，你将会发现，如果一个男孩开始"大吵大闹"，其他的孩子就会效仿他，于是你感到很混乱。其实，他们不是在展示个性，而是在互相模仿，因为混乱在孩子们中是主要的模仿。缺乏身体上的控制或只有身体上的控制，实际上与个性无关。个性是一个人通过感情与欲望来探究主题或他必须做的工作的独特方式，是他投身于其中的独特方式。这并不是说有或者没有身体上的控制，与这个事情无关。它确实如此——但它本身并不是目的。

尊重个性，当然意味着教师应该尊重他或她本人的个性。有时候，教师专注于尊重学生的个性，而缺乏对自己个性的尊重。

有必要给予比学校所允许的自由更多的外在自由，比在传统的学校里允许的自由要多得多，那些学校强调安静、沉默和身体上的安定。活动的量和度的问题与真正的个性有关，但它涉及方法和条件，而不是涉及自由。学生需要足够的身体上的自由和运动，这样才可以表达他们心灵上的个性。但是，我们不再需要它。

我认为，实验室提供了我所说的好的例子。个人必须使用他的双手来做事，但他在实验室里做实验不只是随心所欲的。他必须有足够的身体活动，以使他的观点确定和清晰；他在掌握一些原理，而不是把握教师或者课本给出的不加怀疑的信息。

总的来说，和过去相比，我们需要更多的户外活动的场所；在教室里和操场上，需要更多的自由和自发的行动。这并非因为它是自我表现行为或自在的目的，而是因为在一定的自由活动场所里，我们可以给学生提供思考的机会，制订他们自己的计划，阐述他们自己的观点，实施他们自己的想法，并检验他们的计划和想法以确定它们如何发挥作用。

这就是我说困难是实践上而不是理论上时所意味的。真正的个性是智力上的，是内在的，而不是身体上的。我们谈论着独自思考。毕竟，"独自"这个词是多余的或累赘的。除非思考不是独自进行的，否则就不是思考。为了发展思维，我们必须尊重个性因素，这一独特的因素在心智活动中是不可被替代的。尊重个性，在其本质上就是尊重心智和心智的活动；而尊重并敬畏个性的教师，也尊重人类精神产品的个性特征。他认识到，把人与物理区别开来的东西在于，在物理领域，我们能够获得统一性，并且一个单元可以标准化。我们在此可以发现工厂和学校之间的区别。工厂处理死的、无生命的东西，其中的一个可以代替另外一个。这个条件有利于经济和效率。精神或者灵魂、心灵则是这样的因素：如果不损害心灵并把它归结为更低的层次，就不能以这种机械化的方式将它标准化。

还有第三种误解。这就是个性意味着一种孤立；它是不合群的，而不是合群的。现在这个例子恰恰相反。只有在社会团体中，个人才有机会发展个性。另一方面，在一群人中，你获得认同方面的相似性和重复越多，对个性和社会的因素的排除就越多。我们不该把监狱作为一个社会模式，在那里，个性降低为彼此相似，以数字而不是名字的方式被辨认；戴着手铐和脚链，每个人被迫在同样的时间里做着同样的事情。在理想的社会生活中，在以一体精神为标志的家庭中、在城镇或者国家中，你拥有的现实的社会统一性越多，多样性就越多；劳动分工越多，操作的区分也就越多。

我认为，我们应该感激蒙台梭利（Montessori）夫人。但是，她在让人相信个性的培养必须进行孤立和分离时，误导了她自己和其他人；她也让人相信，每个孩子必须自己做一些事情，而不是和别人一起做；她还让人相信，将学校工作与个性的发展两种原则结合起来是不可能的。我认为，情况恰好相反。当然，孩子们需要一定的孤立，他们必须自己做事并有时间去思考，这是对的；但对其创造性和独创性最好的激发，对其个性的唤起，只有在个体与其他人一起合作时才会出现。在那里，有他们感兴趣的东西，有一个共同的计划，但每个人有属于他自己的事情。也许有一些班级没有统一性，没有社会团体。在此，我们强调班级作为一个整体，但这种强调如果不减少教育中对个性的尊重的话，就不仅有降低的趋势，而且往往排除教育中的社会因素。

人们大量谈论将课堂教学社会化的问题。对大部分人来说，"课堂教学"这个词暗示着进行整齐划一的排练。所有学生被要求就同样的题材问同样的问题，而如果他们学同样的课本，就可以按同样的方式讲出同样的东西。社会在这里指什么呢？既然是同样的课本，那么唯一一个什么都愿学的孩子就没有完成他的职责。坐在那里的其他孩子或多或少感到无聊。当然，其结果，个人动机而不是合群就带有了纯粹的竞争性。一个孩子是以另一个孩子来衡量的。如果我们要将课堂教学社会化，就要对学生们布置不同的任务，并且要求每个学生做出他自己的贡献。图书馆的一大价值就是提供了一个通过多种多样的任务将课堂教学社会化的机会，它提供了不同阶段的题材。这样，课堂教学就不是整齐划一的背诵而是赋予的职责，课堂教学就成了一个交流的中心、一个交换的场所。一个人就既给予又索取。在那里，每个人都提供某种东西并从他人所研究的特定领域获得一些东西。这样就将课堂教学社会化与个性化，并减少了其中的机械统一性。

假如你遇到一个来自墨西哥的人。他告诉你，他根据自己的经验在那里看到什么。你感到有兴趣，与他交流他对此处的个人兴趣。现在你又遇到了他，一次，两次，三次，四次，五次，六次，七次，每次他告诉你同样的经历，并问你一些他告诉你的关于墨西哥的问题，你会失去对墨西哥的兴趣吗？当你看到这个朋友走过来时，你会避开吗？

孩子们的憎恨有多少是由此引起的呢？心灵一开始就讨厌学习吗？不存在理智对新书、新视野、新景色的渴求吗？我们是否将机械化的统一性强加给学生们，阻碍了他们展现自身的兴趣和偏爱？我们是否要为孩子们对书本和学习的憎恨负大部分责任呢?

一位母亲对儿子不愿意阅读她认为好的古典文学作品而感到遗憾。她说:"我们从没有提任何建议,但是他会以一种意外的方式回答,'噢,我有过这样的建议。'"他在大学里的学习没有激励他更深入地阅读,或者阅读不同类型的作品,因为这是他被强迫去做的事情,从而使他厌恶阅读。

我认为,磨灭一个孩子对于玩弹子和棒球的兴趣是可能的,其方法是使它成为规定的运动,根据设置好的指令和规定的方式定期进行。孩子们喜欢玩并非是天生的行为,而是因为我们允许这种个性因素存在于玩乐之中。而在学习方面,我们却不必要地排除了这种因素。

回到这个观点——发展个性不是孤立孩子的问题——不是给每个人某种不同的东西,而是发现每个人参与的共同计划,并且每个人在执行计划时做出自己的贡献。

这就类似于家庭生活。当孩子们可以和父母一起并为父母做一些事情时,他感到的快乐要大于他被排除在外且无意参与别人在做的事情时所获得的快乐。个性是在社会性的给予和获得之中、在互相之间的参与之中发展起来的。而孩子知道,他作为个人,可以对别人做的事情贡献力量。

现在我特别要就共同的理解和混淆发表一些评论。如果我可以在此引入一种个人因素,我的那些评论在很大程度上是以某种方式持存的经验的结果。我试图拥护教学上的自由。我发现,许多人认为我支持这样的学说,即"孩子应该做他们喜欢做的事情"。因此,我被要求更仔细地分析我真正相信的东西,并且必须承认我一开始并不知道个性的真正意义。我曾试图给你们提供我对这个问题进行思考的新结论,将个性的地位和重要性放在一个最终将不可避免地损害理解的地方——接受或反对都同样有害。

总而言之,我在这里的观点是:第一,存在着对于有意的行为的过分强调,我们训练学生去争论而不是去思考。第二,存在着对于行动自由的外在因素或更多身体因素的过度强调,后者当然是重要的,但它是发展智力和道德因素的手段和条件。第三，存在着一种观点，认为发展个性意味着将个体和他人孤立或分隔开来，这是与群体精神相悖的。鲁滨逊·克鲁索（Robinson Crusoe）没有停止作为一个社会人，正是因为他独自住在一个岛上。他有他的回忆、他的期待、他的经历，这些来自他以前与其他人的联系。

你不能从身体或外表上来定义个性。它是一种关乎精神、灵魂、心灵的东西，是一个人进入某种与他人的合作关系的方式。

（叶子译，张奇峰校，汪家堂复校。选自［美］杜威. 杜威全集：中期著作第十五卷［M］.汪家堂，张奇峰，王巧贞，叶子译. 上海：华东师范大学出版社，2012：141—148.）

三、晚期经典文选

教师职业怎么了？（1925）[1]

美国教育理论在世界上是最先进的，被认为是日本、中国、澳大利亚、俄国、土耳其、南非以及西欧进步教育运动的源泉。将这些理论付诸实践的美国学校鼓舞了全世界的现代学校。最有意义的是这些学校的做法很好，它们不只是在某个新的细节方面提供了改良的样板。在学校应当追求什么、学校在转变学生生活方面能够发挥什么影响以及学校应当怎样促进这种转变等理论方面，它们提出了崭新的革命性的理念。但是，这项改革只是在小学教育层面进行，在高中和大学还没有取得明显的进展。

然而，美国绝大部分小学还没有任何迹象表明受到了这种先进教育理论或实践的影响。实际上，这种状况已经有五十年了。甚至有人认为，情况更糟糕，但是，这也许是夸张的说法。总的来说，在一些大城市，学校是管理有效的大型学校式的工厂，为美国提供商业制品——用最低的成本批量生产标准化的产品。在农村地区，学校死气沉沉、缺乏活力、装备低劣，弥漫着失败情绪。

造成这种反差的原因何在？这种现象自相矛盾吗？简要地说，这个问题在古老的谚语里可以找到答案：有什么样的教师，就有什么样的学校。然而，这个答案只告诉我们到哪里寻找问题，它没有解决问题。教师是在受到社会环境影响之后才成为影响学校的因素的。

为什么我们小学的教师现在是这个状态？他们是怎样选拔出来的？什么使

---

[1] 首次发表于《描绘者》（Delineator），第107期（1925年10月），第5—6、78页。

他们保持着这种状态？这个责任在社会，我们不能把责任推卸给教师，因为他们是我们自己的信仰、愿望、理想以及我们所满意的东西的代表和产品。要发现我们的学校怎么了，我们得检查我们的教师，要发现教师怎么了，我们得检查我们自己。

作为普通人，我们对教育事业的信任超过对其他任何东西的信任。我们已经成功地使我们自己信任这个职业。批评家受到欺骗，嘲笑我们所谓的信念像是盲目的宗教，说我们对学校的热诚像是一种因迷信引起的狂热崇拜。但是，如何测试一种信念的深度和真诚度呢？只有行动才能证明表述的信念是否有生命力或者仅仅是一种套话。就教育而言，作为测试的行动有：首先，一些教师仅凭自身力量就可以使我们的小学成为应当成为的学校，为了得到并留住他们，我们是否愿意付给他们报酬，让他们有所获，为他们做一点牺牲？其次，除了薪水和学校设备之外，我们应当做些什么来表示对他们的尊重和关心、显示他们的社会声望，说明我们对他们的支持是发自内心的？这两个问题的答案，没有一个能够鼓舞人心，尤其是小学问题的答案。

战争刚刚结束时，面对生活成本的提高，教师的短缺迫使人们关注到工资调整问题。赤色恐怖也提供了帮助，至少中学和大学教师受到了关注，因为担心收入低的"知识分子"会被布尔什维主义[1]吸引去。但是，这样做治标不治本，问题直至今日也没有得到根本解决。增加的是工资数量而非含金量。增加工资的目的仅仅是期望获得足够数量的教师，而不是吸引和留住最优秀的教师。

尽管工资标准做了调整，但在许多地区，教师短缺依然是难治的痼疾。在一些农村地区，今日的学校和教师数量比十年前更少。严重的情况是，小学教学工作的吸引力不断减弱，而其他职业竞争力日益增强，特别表现在对女性的吸引力方面。毋庸置言，有不少以前不对女子开放的职业通道现在对女子敞开了。如果"入侵"的不是专业领域的话，女子"入侵"商业则已是普遍的现

---

① 布尔什维主义（Bolshevism）：布尔什维克的理论和策略。——译者

象。此外，商业中高薪职位越来越容易得到，以至于一些有雄心壮志的女子看到了未来正向她们招手。对比之下，小学教师职业收入的推动力相当微小。

十年前，女子学院最大的问题是只能为其毕业生找到收入低下的教师职业。有较强进取心的学校则为学生制造多种就业的机会。变化如此之快，以致一个几年前就认真对待这一问题的学院发现该校为学生当教师做准备的课程几乎招不到学生。不到十年，对女子来说，教师职业从受益颇丰的垄断地位沦落为收入倒数的职业。

问题的另一面是，在具有文化传统的家庭中，有文化的女子对教学的兴趣越来越淡漠，这就使学校为另一个阶层的女子提供了将教学作为提升自己超出父母社会地位的机会。在一些较大城市中，通常，不超过一代的移民家庭女儿从事小学教师的比例不断攀升。

我并不赞同自以为有高度修养的人和"北欧"人对近期移民的污蔑。我只是指出，要确保来自这一特殊阶层的许多人有高度的文明修养是不可能的，因为他们经济收入勉强糊口，而且，移民阶层中许多人表现出的令人同情的教育渴求不可能补偿几代人的"智力饥饿"（intellectual starvation）。

文化是以某种形式深深扎根于母语资源中的。因此，对于那些日常语言只是外部工具而非心灵喉舌的教师不要有过多的期望。

这个问题在财政方面显示出的严重性的证明是"劳动力转移"（labor turn-over）的程度。读者无须像统计工资数据一样统计这个数据。任何人都能公正地发现这样一个事实，从机械的观点看，甚至在那些准备和发展得到了最好组织的大城市里，辞去教师职业的人数很多。这实际表明，年轻的缺乏经验的女孩像涓涓溪水流入小学，不过，当她们取得一些经验，有了一些专业感觉和认识之后又离开了，取而代之的是一批与她们当年一样青涩的新手，这些人也将教学作为权宜之计，视作待定婚姻或者从事有更多回报工作的准备。这就是目前最佳的现状！

在农村地区，从整体看，几乎看不到哪怕是假装的对专业标准和专业精神的坚持。教学与在家里洗碗碟和照看婴儿几乎一样，没有什么专业性。教学是一种可以轻易地即刻从事又可随意辞去的职业。这个职业之所以还有人进入，其原因大半是它的社会名声要比外出做帮佣好，也无需多少专业训练。如果这些话听起来刺耳或者有些夸张，那就需要记住，只有当我们摆脱自鸣得意的感觉，我们这个国家的学校未来才会有明显改善。

最后，让我们记住，小学目前的状况十分糟糕。这个社会的大部分受过教育的成员仍然生活在陈旧理念的阴影下，认为只要五官感觉正常且学习过读写算的人都能胜任幼小儿童的教学，至少"他或她善于与儿童相处"。需要再强调的是，在过去的几年里，心理科学证明了一些伟大教育改革家的断言是有见识的，即儿童早期阶段是最为重要的，因为在这一时期，所有潜在的情感习惯和无意识的态度正在形成。这种科学的发现给人的印象较为深刻，因为，它来自与精神异常者打交道的医生，出于治病的需要，他们在探寻病人患病根源时发现，这些病人儿童时期的人际关系和社会关系没有调整好。

也许，这一科学论证标志着教育的一个新时代的开始。但是，如果如此，这个新纪元就仍然处于人们翘望之中。家长和教师都依然荒谬地相信，由于一个人年龄越大，他的习惯会越稳定、越封闭和越特殊，因此他的监护人和教师的技能和学识也就越重要。而在形成对人生有影响的重要的和一般习惯的可塑造时期，人却听凭机遇、无知和生手的摆布。我有时在想，这种荒谬的认识足以表明我们所有的教育努力都是失败的。除非得以补救，否则，我们在其他方面的努力便会白费力气。通常，幼儿是托付给毫无经验的且收入最少的教师的，那么就来看看会发生什么吧。因为幼儿教学容易进行，所以，幼儿教师被认为是最蹩脚的教师。由于幼儿教师在形成习惯的起始阶段采用的方式是最杂乱不堪和最不合适的，因此，我们需要付给教师更多的报酬来纠正先前劣质教学产生的恶果。而我们大学教师在形成习惯方面工作虽然做得非常少，但得到的报酬最高，当然了，他们做了传授基本技能和知识的工作。

如果我说，只要我们表达出付给直接指导和教育儿童的教师以高薪的愿望，我们便能测试出严肃的教育信仰的黎明曙光的到来。这不是说笑话，如果这样，我们将委派新教师去教年龄大一点的儿童和相对成熟的儿童。当他们证明自己能够胜任时，就擢升他们去教年幼的儿童。年幼儿童的教学之所以非常重要，正是因为幼儿虽然最容易教，但也最容易教错。对于中学和大学学生，只要开端良好，他们就会互教互学，也自然会因好奇而与技术娴熟和博学的人交流。

我花了很大篇幅谈论金钱问题，并不表示我有这样的意思：正确的教育（right education）是一种用钱就能即刻买到的商品。我的意思是，对民众教育事业的信念和兴趣真诚度究竟如何，给予教师适当的薪酬是一种标志和一种测试。我的第一个问题实际上也是我的第二个问题一部分：能够通过我们教师的态度来测量我们对教育的尊重和实际重视程度和性质吗？根据我们想使这个职业具有物质吸引力的愿望来判断，教师职业的吸引力相当低，教师职业的难以琢磨和难以估量的特点证实了根据物质因素得出的结论：谁承担费用谁做主。

首先，我们来谈谈教学环境。这些在开头提及的普遍的科学原则是：没有两个一模一样的儿童，没有两个儿童用同样的方法学习，或者严格地说，没有办法仅仅依据或多或少量化的方法对儿童进行比较、测量和分等。然而，生师比可能普遍地在36∶1以上，这已经被视为理想条件下的最低比例了。因此，数量就成了必须考虑的主要因素。教师被迫用一致性的方法批量地教学。教学和训练中的一切都自动地步调一致。这样教授每一个学生，使每个学生尽可能和其他人具有同样的动机无异于阻碍学生的独创性和压抑个性。

在鼓励学生独立思考和创造性冲动方面，教师能相信什么呢？环境的压力让她毫无机会，她会被迫循规蹈矩。她只是机器的一个部件。步调一致产生速度，只有速度能够使她完成她被要求完成的任务。

人类不是按照机器那样来构造的。他们需要较多的自由活动空间和多样性的活动。因此教师的不合常规生活使她神经一直处于紧张状态。学校特有的这种精神疲劳和过度紧张像工厂工人的过度劳累一样容易被发现。

教师如果长期过度疲劳便会引发器质性烦躁。因为在工厂，工人面对的是机器。在学校，教师面对的是反对将他们视为机器的人。压力和烦躁不止双倍。这样，教师就会在第一时间逃离这单调繁重的工作。这种恶性循环一直在继续。

关于小学教师得到了社会尊重的结论可能是可笑的，因为不大可能在全国有同样的规则。所需要做的事情是通过有选择的对这个国家部分地区的调查来仔细收集资料。然而，就整体而言，除了行为和运动受到严密监督和严格审查之外，小学教师似乎在向上层公务员的地位迈进。让那些有主见的人恼火的事情以及迫使他们离开教师职业的事情，是不允许他们就社会和道德有争议的议题发表自己的见解。如果一不留神，他们在诸如几何、历史、国民政府（civil government）等枯燥课程中用异端理念来讨论当代问题以活跃课堂氛围时，他们便会遭遇责难。这些事情是属于美国军团（American Legion）的地方支部、五金商人、银行出纳员和地方教育局负责的。

教师被称作一个无趣的理性划一和精神空虚的阶层。甚至在娱乐的时候，在一般被称为"社会生活"中，教师不仅应当是无可指责的和谨慎小心的，而且应当持中立和从属的立场。通过有意识地，更多的是无意识地选择和清除，教师职业不再生气勃勃呈现多面的和色彩丰富的个性，而原本期待的是积极的富有建设性的个性。

阻隔任课教师与管理者的围墙的不断增厚是小学教师受尊重地位下降的又一个标志。当社会认为"教育家"获得了某种程度的尊重和荣誉时，人们想到的是校长和督导员。在这个制度中，要获得升迁和涨工资就几乎意味着离开教学岗位，进入专业的、神秘的所谓管理部门。这样一来，越是远离儿童，越是远离唯一产生心灵直接相互碰撞的教育场所，就越可能成为一个教育权威，受到人们的尊重和羡慕。在科学管理和加强督导的名义下，一线教师的首创性和自由越来越多地被剥夺了。中心办公室组织的成绩测验和智力测验，指定的书面交流渠道，缜密明确规定的教学大纲，使教师变为活的留声机。在强调责任、效率甚至科学的名义下，一切可能采取的措施就教师成为一个奴性的橡皮图章。在我们惊恐地远离理性创造性和独创性之后，或者在办公室里将它与儿童生活的富饶土壤隔离开来，而只通过数据和标准化测验了解儿童生活的话，我们会感到奇怪，为什么我们在教育上投入的所有精力和热情却只获得寥寥无几的果实。

如果我承担了耶利米^①的角色，我的论述中的确遗漏了许多应该提到的真实的令人鼓舞的东西。但是，我没有捏造或夸大黑暗面。有什么样的教师，就有什么样的学校。这是无瑕疵教育学中的一个基础的不变的原则。但是，当我们评估学校工作时，当我们进行批评和改革时，我们不愿意仅仅只是询问，究竟是什么东西将成熟的、色彩丰富的、自由的和独立的个性阻隔在教师职业之外。我们愿意且急切期望做所有可能弥补之事。

如果有更多的意向让我们终止对效率的构成和外显特征的全神贯注，而集中注意力关注一个问题，我应当较为淡定地看待当前的教育形势。要将教师的个性和心灵从他们卑微的经济和社会地位以及行政管理对他们的限制中解放出来，使他们获得自由，我们应当做些什么呢？

（朱镜人译。译自："What Is the Matter with Teaching？"in *John Dewey: The Later Works, 1925—1953*. Carbondale and Edwardsville. Southern Illinois University Press. 1984, Vol.2，1925—1927: 116—123.）

---

①耶利米（Jeremiah），基督教圣经中的人物，公元前6和前7世纪的希伯来预言者。——本书编译者

个性与经验（1926）[①]

芒罗博士（Dr. Munro）在《巴恩斯基金会会刊》[②]上发表的论述奇泽克教授[③]在维也纳课堂采用的绘画方法的报告十分有趣，它提出了各分支学科教学都会涉及的问题。根据他的报告，这个问题分为两个方面，一个表明要排除外部的影响是不可能的；另一个表明，如果学生幼年时对初级绘画饶有兴趣，但随着年龄增长而逐渐失去兴趣的话，那是不可能培养出有前途的艺术家的。这样，问题就与个性有关，与教师的培养方法和责任心有关，与过去积累的经验有关。

遗憾的是，在学校的历史上，不只是艺术科目，而是所有科目的发展都呈现钟摆状，即从一端摆向另一端。尽管必须承认，这个钟摆的比喻不一定恰当，因为在绝大多数时间，多数学校是靠近一端的，而不是阶段性地出现摇摆，甚至也不是处于两端的中间。无论怎么说，两端现象中的一端表现为外部强加和支配，另一端表现为"自由表达"。正如人们常说的，对外部代价高、费神（nerve-taxing）的呆板控制的厌恶，激起了人们对自发和"源自内部的发展"的热情。人们发现在初始阶段，儿童学习热情非常高——无论是谁，只

[①] 首次发表于《巴恩斯基金会会刊》（Journal of the Barnes Foundation），第2期（1926年1月）：第1—6页。

[②] 巴恩斯基金（Barnes Foundation）1922年由巴恩斯建立（A. C. Barnes），致力于艺术品收集，也是一所教育机构。——译者

[③] 奇泽克（F. Cizek，1877—1960），奥地利画家——译者

要在奇泽克教授课堂听过课的人都会感受到课堂里生气勃勃的氛围，教室里洋溢一片欢乐——但是，儿童慢慢地感到了倦怠，到最后则彻底厌倦了，他们的能力没有获得累积的渐进的发展，也未获得任何实际结果。这时，钟摆又返回到受另外某个人的理念、准则和命令制约的规则上来，因为，这个人成熟，知识渊博，富有经验，知道应当做什么和怎么做。

从另一方面看，钟摆的隐喻又是错误的。它似乎表明，问题的解决在于发现两端之间可能处于静止状态的中点，但是，实际所要求的是运动方向的改变。正如一般假定所表明的，没有人会否定，在人类理解力所涉及的任何知识和经验的分支领域里，人的智力会通过与其他人累积和筛选出的经验的接触而得到进一步生长。没有人会认真地建议，未来的木匠开始训练时应该身穿干净的围裙，清除掉头脑中过去所了解的有关机械和工具及其用途等方面的知识。可能也不会有人认为，这种知识会"束缚了他们风格"及个性，等等。但是，从另一方面看，未来的木匠也不是用手工训练坊的方法可以训练出来的，通常，手工训练坊的任务无足轻重，与真正的制造完全不同，完成任务只需要专门的技术。作为一个规则，木匠是在他们行业中通过与其他有能力和经验的人一起工作接受教育的，分享其他人理解的实际经验，协助其他人工作，观察其他人使用的方法，了解可能获得的结果。

这种学习受两条重要的原则制约。一条原则是参与做具有内在价值的事情，或者说，要做的事情有自身价值；另一条原则是，考虑手段与结果的关系。当这两个条件得到满足时，理所当然的就有第三个考虑。在对某种技术程序和技术形式有了一定的了解之后，对技能（skill）和"技巧"（technique）的兴趣便会发展起来；结果的意义便会"转移"为"成就"（attainment）的意义。男孩对作为游戏的棒球的兴趣会促使他们自愿地反复练习游戏中单个动作，如投球、接球、击球。或者，对打弹子有兴趣的男孩会练习以提高他们弹射命中率的技能。然而，想象一下吧，如果没有前期活动的经验，如果不知道自己在从事的活动或为什么从事这些活动，也没有一种社会吸引力或参与的冲动，在这种情境下，男孩如果将这些练习仅仅作为学校的作业，那会又是什么一种情景呢？

如果我们根据这种普通的例子得出结论说艺术家就是通过活动接受教育的，那么，我们就可以说，习惯、方法和职业的活动（working）标准构成了一个"传统"，引导学习者进入这个传统的方法在于释放学习者能力，指导其发展方向。但是，我们也必须说，使传统成为个人能力和自由生长的因素有一个必要的前提，即个人要有参与的强烈愿望或需要，而且，他还必须用自己的方式亲眼"看到"（see）手段、方法与所取得的结果之间的关系。没有任何人可以替他看，他也不能通过"被告诉"（being told）地去看，尽管正确的叙述可以指导他去看，而且明白需要看什么。但是，如果他自己没有想做木匠的强烈愿望，如果他的兴趣在于敷衍了事，如果他对"当"（being）木匠毫无兴趣，而只是想通过工作获得一些金钱，传统就绝不可能真正地产生作用并与其能力相一致。如果他必须保住职位以获得工资报酬，那么，传统对他而言，只是他必须服从的呆板的且毫无意义的规则。

再假设一下，我们的富有想象力的学生只跟着一位木匠师傅工作，而这位木匠师傅固执地相信一种房屋设计理念，他不仅仅想教会徒弟建造这种房屋，而且想要徒弟从灵魂深处完全接受其理念，将这种类型的房屋看成应当建造的最典型和最标准的房屋。那么，学生个人能力的发展受到限制就显而易见了。不仅仅如此，更重要的是，除了技能受到限制外，他的观察力、想象力和判断力，甚至他的情感都会受到限制，因为徒弟的鉴赏力受到扭曲，与师傅所喜爱的类型一致了。这个想象力的例子表明了我们从工匠教育转向艺术家教育时常常发生的事情。通常，木匠得或多或少保持开放姿态，他面对的是许多不同的需要，因此，他必须保持足够的灵活性来满足这些需要。无论他在方法和手段方面多么专业，但在目的、模式和标准方面，他不是终极权威。但是，不同于建造者的建筑师可能是一个"权威"，他能够发布规定和判断正误，能够规定目的及其他。还有一个例子可以说明传统不仅不具有促进和解放的作用反而有限制和束缚作用。如果他有学生，他就是一位"大师"（master），而不是高级同事；他的学生就会成为他的门徒而不是学习者。此时，传统就不再是传统，而是个一成不变的绝对的规范。

简言之，实际的困难不在于方法和规则以及过去的经验与个人的愿望、能力和自由的冲突方面，我们客观地说，而是在于教师顽固的和狭隘的缺乏修养的习惯和态度方面，他们自封权威，就像以色列的统治者和法官。实际上，他们知道，作为纯粹的个人，他们不是"权威"，也不会被其他人接受为权威。所以，他们用传统作为披风乔装打扮自己。于是，情况就变了，不是"我"在说话，而是上帝通过我来说话。这样，教师就将自己视作整个学校和一种过时的古典传统的喉舌，冒称自己享有他所代言的某种传统的威望。所导致的结果是学生健全的情感和理智遭到了压制；他们的自由受到了限制，他们个性的生长受到了阻碍。但这不是因为过去获得的智慧和技能与学习者能力之间的对立，问题在于教师的习惯、标准和理念方面。它与另一个例子类似。在理论和实践之间不存在一种内在的对抗，前者增强和释放后者的能量，并赋予其意义，后者则为理论提供素材并使理论的得到检验以证明理论的真实性和重要性。但是，在那些自认为是实践工作者和理论家的人们之间却存在许多对立，存在着不可调和的冲突，这是因为两者都站错了位置。

这表明，自由的倡导者以及自称的大师或发号施令者站错了位置。当前，在所谓的先进的教育思想流派中（绝不局限于奇泽克的艺术课堂）有一种倾向实际上在说，先让我们在学生四周放置某种材料、工具和器械等，然后让学生根据自己的愿望做出反应。一句话，我们不要向学生阐释我们的目的或计划，不要建议他们应当做什么，因为那是对学生的神圣不可侵犯的理性的个性的未经授权的冒犯，因为个性的本质就在于提出目的和目标。

现在看来，这种方法真是愚蠢得很，因为它尝试做不可能的通常也是愚蠢的事，而且，它误解了独立思考的环境。人对周边环境的反应有许多方式，没有某种经验的指导，这些反应几乎都是偶然的、零散的，人最终会因神经紧张而疲惫。如果假定教师有着丰富的经验，因此，也同样能假定教师有着建议学生做什么的权利，正如木匠师傅有权利向徒弟建议应该做什么一样。此外，从字面理解，理论必须排除所有人造的材料、工具和器械的干扰。这些作为其他人的技能、思想和成熟经验的产品，根据理论，它们会"干扰"人的自由。

再者，当儿童提议或建议做什么和实现某种结果时，这个假定的建议是从哪里跳跃出来的呢？在人的智力生活中，没有自发的胚芽。如果儿童从教师那里得不到建议，他会从家里或街道上的其他人或其他事物中获得，或者从生气勃勃的同伴所在做的事情中获得。因此，可能性在很大程度上是一种粗略的浅薄的建议，缺乏深度和广度——换言之，对自由的发展并没有特别的益处。如果教师是真正的教师，而不仅仅是大师或"权威"，他应该清楚地了解他的学生，了解他们的需要和经验、所掌握的技能和知识的程度等，能够（不是专断地提出目的或计划）参与应该做什么的讨论，能够像任何其他人一样自由地提建议（这里隐含的意思，即教师是一个且是唯一一个没有"个性"或没有"自由"表达自己思想的人，是滑稽可笑的，如果不是那么常常令人感到悲哀的话）而且，只要条件允许，我们可以假定，教师的贡献更多地在于启动做能够真正确保和增加严格意义的个人能力的事，而不是依据无序的杂乱无章的资源提出建议。

有一点也值得探讨，即完全让学生做出反应，用现时的话语说，教师只提供"刺激"，这样的方法误解了思维的本质。未成年人事先提出的任何所谓的"目的"或"目标"或"方案"（project）很可能是非常模糊的和不成熟的，仅仅只是一个大致轮廓，而不是一个有着明确结果或后果的建议，它更像用一个手势，粗略地画定了一个可能进行活动的区域。它不可能代表任何思想：它只是一种建议。真正理性的"目的"或意图（purpose）的形成是在之后的操作过程中，且因为操作而形成的。教师提出的建议与学生"自发"生成的建议是一致的，这样，教师就不会限制学生的思想。就教师而言，其优势是——如果他或她因工作处于那个位置——他或她提出的建议更可能允许和要求在随后活动中形成目的明确和概念清晰的思想。在心理学中，有一种无可比拟的致命缺陷，即将原始的含糊不清的有关某种结果的感觉等同于目的、真正意图和指导性计划的思想。一种有关目的的思想与人们对手段和方法的认识密切相关。只有当后者在一系列的执行过程中逐渐清晰时，方案、指导性目标和计划才能得以清楚地表述。就这个术语的完整意思而言，只有在工作实际完成之时，一个人才会清楚自己要做什么和为什么做的原因。

在活动（performance）或执行的过程中，形容词"连续的"是重要的。前进的每一步，采用的每一个"手段"都是实现"目的"的部分成就。它使目的的特征更加清晰，因此能够使心智明确下一步做什么，或者，明确下一步采用什么手段或方法。因此，思维的独创性和独立性与执行过程是与执行的创造性过程相联系的，而不是源于最初的建议。的确，真正的富有成效的原创性建议自身通常是执行任务中产生的经验的结果。换言之，从字面看，"目的"不是结果或终结，而是新的愿望、目标或计划的开端。通过执行过程，心智获得了提出有价值建议的能量。这样，有了过去的经验，新的愿望、目标或计划的价值和清晰阐述它们的可能性就不断增加了。

毋庸置言，在操作过程中，教师可能干涉和强加不同的标准和方法。但是，正如我们先前看到的那样，这不是因为教师受以前经验影响的结果，而是因为教师习惯的局限和一成不变，是因为他的想象力和同情心的匮乏以及知识视野的狭窄，最终造成了他错误地应用这些经验。只要他以参与者而不是以"大师"的态度并采用一种自由的方式应用经验，教师的经验越是完满和丰富，他自己的"传统"的知识实用性就会越强。

简言之，自由或个性，不是先天的财富或礼物。它是需要获取和形成的。一些有关可以利用的物资和有关技能和方法的建议是获得自由或个性必不可少的条件。从本质上说，提出这些建议的前提是认同和有辨别力地了解过去所做过的事和怎么做的事。

（朱镜人译。译自："Individuality and Experience" in *John Dewey: The Later Works, 1925—1953.* Carbondale and Edwardsville. Southern Illinois University Press. 1984, Vol.2，1925—1927：55—61.）

进步教育与教育科学（1928）^①

什么是进步教育？教育实验的意义是什么，实验学校的意义是什么？有代表在这里开会的一些学校，对于有大量的、绝大多数的儿童在那里接受教育和训练的其他学校，能做些什么？我们对于这些进步学校的工作在理智的和持久的教育实践方面的贡献能寄以什么合理的希望，特别是对于它们在教育理论方面的贡献能寄以什么合理的希望呢？在这里，代表的各项工作中有没有理智的和道德的共同因素呢？或者是不是每个学校都依赖碰巧负责的个别人的愿望和偏爱、按照它自己的方式来进行呢？实验是不是对任何事情至少进行一次试验，把来到心中的任何"妙想"立即实行的过程，或者它是不是有至少采用作为有效的假设的一些原理作为根据呢？它们对于实际的结果是不是一贯地加以观察，并用来检查一个基本假设，使后者得以理智地发展呢？如果从各种进步学校那里，提出一些倡议，传播到其他学校，使它们的工作富有生气并赋予活力，那么我们就会感到满意；还是我们应当要求在各种学校的合作事业中应逐渐出现一整套连贯的教育原理，成为对于教育理论的一种特殊的贡献呢？

在这样一种聚会的场合里，我就想到这些问题。这些问题远不是包括一切的。它们是片面的，而且是有意识地这样提出的。它们放过了一些可以提出的

----

① 本文是杜威于1928年接待美国进步教育协会的名誉主席时发表的关于进步教育运动应当对教育科学做出什么贡献的一些看法。原载美国《进步教育》第六卷（1928年）第197—204页，转译自劳伦斯·A.克雷明编《杜威论教育》，1959年英文版，第113—126页。——译者

重要问题，那就是，这些学校实际上为上学的儿童做了些什么？学校对于儿童自己和他们的家庭以及朋友应怎样尽到基本的职责？前面说过，这种片面地强调是有意识的，这些问题是采用另一种看法提出的，那就应注意到希望进步学校对理智方面提出的贡献。对于这些片面性的理由是很容易看出的。在你们自己的经验和思想的交流中所忽略过去的问题可能是重要的，这是很自然的。我毫不怀疑，进步学校中的学生本身正在不断进步，建立更多进步学校的运动正在不断进行。我也不认为，那个一度令人头痛的即关于当学生进入大学或生活时将遇到什么的这个老问题，还是一个悬而未决的问题。经验证明，进步学校做出了很好成绩，因此，我也这样认为，提出进步运动与教育的艺术和哲学的关系这个理智的、理论的问题，现在正是很适当的时候了。

关于各个学校的共同因素的问题，在某种意义上是容易给以答复的。我姑且承认，所有的进步学校同传统的学校比较起来，都表现出一个共同的着重点，即对于个性和对于增长着的自由的尊重，表现出一种共同的倾向，即信赖男女儿童所具有的天性和经验，而不是从外面强加外在的教材和标准。进步学校都表现出一定的非正规的气氛，因为经验已经表明，正规化同真正的智力活动以及同真诚的情绪的表现和生长是不相容的。着重于活动以区别着重于被动是共同的因素之一。还有我设想，在所有这些学校中，对于人的因素，对于正常的社会联系，对于类似在校门之外的广大世界里所见到的交往和交流，都有一种共同的不平常的注意；它们都同样地相信，这些儿童和儿童之间以及儿童和教师之间，正常的个人的接触在教育上具有极大的重要性，并且它们都不相信已经成为使学校脱离生活的主要因素的那种矫揉造作的个人的关系。我们可以设想，至少存在着那么多的共同的精神和目标。那么到目前为止，我们已经具有对于一整套的教育理论的突出的贡献的一些因素，那就是：尊重个人的各种能力、兴趣和经验；充分的外在的自由和非正规性使教师们能按照儿童真正的面貌来熟悉儿童；尊重自我首创的和自我指导的学习；尊重作为学习的刺激和中心的活动；也许尤其重要的是相信在正常的人的水准上的社会的接触、交往和协作是包罗一切的媒介。

这些思想构成了不平凡的贡献；这是对于教育理论的贡献，也是对于那些受进步学校的影响的人们的幸福和道德品质方面的贡献。但是所贡献的这些因素是一般性的，而且正像一切的一般性的东西一样，容易受到多种多样的含糊不清的解释。这些因素指出进步学校可以对教育理论或教育科学做出的贡献的一个起点，但只不过指出一个起点罢了。那么让我们把我们的问题归结到单个的问题，并且让我们问，如果我们把科学理解为对学校的实际工作可以给予明智的指导的一整套经过证明的事实和经过检验的原则的话，那么进步教育对于教育科学的突出的关系是什么？

除非我们在一开始时便用未经证明的假设进行推论，假定我们已经知道究竟什么是教育，它的目的究竟是什么，以及它的方法是什么，否则，断言现在各种不同的教育科学不只是可能，而且也是十分需要，那就没有什么错误，也没有什么夸大。当然，这样的一种说法与下面这个想法相反，即科学按照它的性质是关于真理的唯一的和普遍的体系。但是这个想法不一定会吓倒我们。甚至在先进的科学中，像在数学和物理学中，它们的进步是由于接受不同的观点和假设并且由于根据不同的理论进行工作的。科学所提出的不是一成不变的和狭隘的正统观念。

的确，像教育这样一种事业，我们必须谨慎地和谦逊地使用"科学"这个词；没有什么自称是严格符合科学的学科，会比教育更可能遭受假冒科学的损害；要建立起一种僵硬的正统观念、一整套标准化的为大家所接受的信条的学科，再没有什么比教育更为危险。既然在教育上没有一样东西是没有争论的，而且既然直到社会以及学校对于实践和目的在达到一个僵死的单调的划一之前，将来也不可能会是这样，那么就不可能有一种单纯的科学。因为各学校所进行的工作都是不相同的，因此从这些工作中所做出的理智的理论也必定是不相同的。既然进步学校的实践和传统学校的实践有所不同，那么认为符合于某种类型学校的、理智的公式和组织将适用于另一种类型的学校，将是可笑的。

从比较旧的和传统的类型的学校发展出来的科学，要想成为真正的科学的话，必须对这些学校进行工作，并且必须努力把它的题材和方法归结到一些原理中，以至于采用了它们，将排除浪费，保存资源，使现在的这种类型的实践更为有效。进步学校在它们所着重的方面表明离开旧的标准有程度上的区别，例如它们在强调自由、个性、活动和一种协作的社会的媒介方面离开旧的标准有程度上的不同，它们在理智的组织和可以贡献出的那一整套的事实和原则方面，也必然在程度上是不相同的。至多，它们只能偶然地从"科学"借用一些东西，这个"科学"是在一种不同类型的实践的基础上发展出来的，并且它们甚至只能偶然地借用适合于它们自己特殊的目的和过程的东西。要发现究竟有多少东西是适用的，当然是一个真正的问题，但这种情况同假定在传统的学校的条件下取得的方法和结果而构成进步学校必须遵循的科学标准是完全不同的。

例如在传统的学校里所看到的关于实践的理论就很重视测验和测量，这是自然的、适当的。这个理论反映在学校管理的各种方式上。这种方式对于分数、分等、分班和升级是十分重视的，智商和成绩测验是使这些工作更为有效的方法。不难表明，分等的需要是智商测验重要性的根据。它的目的是要建立一种标准。这个标准，把统计上的细微部分略去不论，本质上是从足够的大量的人次中找到的一个平均数。当这个平均数找到了，任何一个儿童都可以给他分等，用一个可指定的数量表定他符合这个标准，低于这个标准，或者超过这个标准。因此，这些结果的应用，使得比旧的方法所做的更为准确的分等成为可能，而旧的方法比较起来是碰巧性质的采用成功与失败做比较。但是，所有这一切对于个性是首先考虑的基本对象，所谓"班级"变成了为社会目的而组织起来的集体，以及重视能力与经验的差别胜于重视划一的这样一些学校，对此一切必须做些什么呢？

在求平均数和分等的计划中，某种特殊的能力，比如说，音乐的、戏剧的、绘画的、机械技术的或任何其他艺术的才能，都是单独跟大量的其他因素一道出现，或者在所测验项目的单子上根本不出现。不论在哪种情况下，这种能力只是在大量的其他因素的衬托下被拉平了的最后结果中出现。在进步学校里，像这样的一种能力在一个集体的合作的经验中是作为一种特殊的资源来利用的，把这样的能力跟其他的素质一道平均起来，从而把它拉下来，直到把它拉到在曲线上的一个确定点指派给个别儿童时，才能算数，这对于进步学校的目的和精神简直是不相容的。

进步的教育者也不必要被那种认为科学是量的结果所构成的想法过分地吓倒，而且，如通常所说的，凡是存在的东西都是能够测量的。因为一切科目在它们达到量的阶段之前，都要经过一个质的阶段；如果情况确是这样，那么可以指出，即使在数理科学里，量的观念和接近于质的秩序的观念比较起来，只占第二位。无论如何，对于教师来说，活动和结果的质比任何量的因素更为重要。如果这个事实阻碍了某种科学的发展，这也许是不幸的。可是教育者不能坐以等待直到有一种方法把质归结到量，他必须此时此地就进行工作。如果他能够把质的过程和结果组织成为某种有关联的理智的形式的话，那么这比起他如果忽视了真正的最重要的东西而把精力用于现在可以被测量的如此不重要的副产品来，他是真正在更多地促进科学的方法。

此外，即使凡存在的东西都是能够被测量是对的——只要我们知道怎样测量——凡不存在的东西还是不能测量的。那么说教师是深刻地关心那些不存在的东西，这也没有什么不合理。因为一个进步学校主要的是关心生长，关心一个活动中的和变化中的过程，关心改变中存在着的各种能力和经验；那种作为固有的素质和过去的成绩而已经存在的东西是从属于那种也许会形成的东西。种种可能的东西比已经存在着的东西更为重要，而且关于后者的知识之所以值得考虑只是由于和它种种的可能有关联。成绩测量的地位作为一种教育理论，在一个静止的教育体系里，跟在一个运动的教育体系里，或者跟在一个把继续生长的过程看得很重要的教育体系里，是极不相同的。

同样的原则也适用于试图根据对材料的广泛收集和准确测量来确定各门学科的目标和教材的选择。如果我们大体上满足于现在社会的目的和过程，那么这个方式是适当的。如果你想要学校巩固现存的秩序，最多不过是排除浪费，并且还要使它把正在做的事情做得更好些，那么一种理智的方法或"科学"的类型便被指明出来。如果人们认为，一种在性质上和方向上完全不同于现在的社会秩序是值得向往的，而且认为学校应当努力着眼于社会的变迁来进行教育，从而培养出不满于现状的人，而且用种种愿望和能力加以武装，帮助他们去改变现状，那么就对教育科学指出了一种完全不同的方法和内容。

如上所说，尽管也许有一种意图，使进步学校里的教育者解除了由于批评他们是不科学的所产生的过分烦恼——按照适用于具有完全不同的目的和程序的学校的那种理论的观点所提出的一种批评——可是这并不是有意识地使他们摆脱做出有组织的、有系统的、理智性质的贡献的这个责任。情况恰恰相反。一切新的和改革的运动都经过这样一个阶段，在这个阶段里最明显的是关于消极的一面，即对抗的、偏离的和革新的一面。如果进步教育运动的情况不是这样，那倒确实会令人惊异。例如，传统学校的拘泥形式和固定性似乎是压迫人和束缚人的。因此，在一个摆脱了这些观点和方法的学校里，首先很自然地考虑到的事情就是排除这种人为的和使人的思想僵化的束缚。然而，排除和废止总是消极一面的东西，因此迟早会看到，像这样的自由，它的本身并不是目的，它也没有令人感到满意和值得留恋的地方，至多不过表明有去做某些积极性的和建设性的一类事情的机会。

现在我极想知道，进步教育的这种早期的和比较消极的一面是否已经完成了它的整个历程，是否已经达到这样的时机，即这些学校正在起着一种更建设性的组织的作用。有一点是确定的，那就是，它们按照从事于有组织的建设性的工作的程度，必定对建立教育的理论的或理智的方面做出一定的贡献。究竟能否把这种贡献叫作教育科学或教育哲学，就我来说，是毫不介意的，但是如果进步学校不是理智地组织它们本身的工作，尽管它们也许做了许多事情，使委托给它们的儿童的生活变得更快乐和更有生气，可是它们对教育科学所做的贡献只不过是无关紧要的一些片段罢了。

"组织"这个词，曾经被随意使用着。这个词指出了问题的性质。组织和管理是同传统的体系联系在一起的词，因此，组织就带来某些外在的和定型的思想。但是这类的组织所引起的反作用只能产生另一种组织的需要。任何真正的理智的组织是有弹性的和活动的，可是组织并不是没有自己的内在的秩序和继续性的原则。一个实验学校是借助于一种吸引力临时组合该学校的教材。教材必须利用那些意外的事情并且考虑那些意外的问题和兴趣。可是如果教材允许临时组合的东西来支配它的过程，结果是一个不平稳的、断断续续的运动，这个运动是同对于学校教材做出任何重要贡献的可能性背道而驰的。一些小的事情是瞬间发生的，但对于这些事情的运用不应该是瞬间进行的、过程短暂的。它们是在一个发展中的整个内容和目的的范围内被提出的，这是一个整体，因为它在它的各部分之间具有连续性和连贯性。没有什么一切学校都必须采用的单一的教材，但是在每个学校里应当有一些主要的教材正在形成和完善中。

有一个例子也许有助于更清楚地说明组织的意义是什么。进步学校重视个性，有时候似乎认为教材的顺序组织对于学生个别特点的需要是不相容的。但是个性是某些发展中的而且是继续在完成着的东西，而不是一下子什么都已经具备的和现成的东西。它只能在生活的历史中，在它的继续生长中看得出来；这好比是一个历程，而不只是从生活的一个特殊侧面所能发现的东西。教师完全有可能会对个别的儿童这样地大惊小怪，为他们的特点、他们的好恶、他们的弱点和缺点而过分操心，以致他们没有觉察到真正的个性，而且的确倾向于采取对于个人的才能显然不忠实的各种方法。一个儿童的个性不可能是在某一瞬间他做什么或者他有意识地喜爱什么就看得出来的；它只能在他的行动的相连续的过程中才看得出。愿望和目的的意识只是在一些十分漫长的一系列的活动临近结束时才能真正地达到。因此，通过一系列的或连续的做的过程，也就是同那种不断在发展中的生长的作业或设计的统一结合在一起而取得的教材的某种组织，才是符合于真正个性的唯一手段。组织对于个性的原则绝不是敌对的。

因此，把有时从事于考虑个别儿童的很大精力用来发现一些有价值的活动，并安排一些能推进这些活动的各种条件，也许更有利一些。当一个儿童从事于这种连贯的和有所积累的作业时，那么在一定程度上它就含有可贵的教材，他的个性的实现和形成便作为一个结果，也许正确地说，便作为一种自然的副产品而产生了。儿童是在他所做的什么事情里发现和发展自己，他不是在孤立的状态中而是由于同各种条件的相互作用中发现和发展自己的，而这些条件就含有并带来了教材。还有，一个教师通过在这样的连贯的活动的整个过程中观察学生，比通过任何直接的刺激或者仅仅是片面的观察能较多地发现一个学生真正的各种需要、愿望、兴趣、能力和弱点。而且当使儿童从事于一系列不相连贯的各种活动时，一切观察就必然是片面的。

这样的一系列不相关联的各种活动当然不会为形成有组织的教材的机会和内容做准备，而且它们也不会为前后一贯的和完全的自我的发展做准备。仅仅是去做，不管怎样生动，都是不够的。一个活动或设计当然一定是在学生的经验的范围内，并且同他们的需要相联系——这绝不等于他们能够有意识地表现出的任何喜爱和愿望。这个消极的条件已经做到了，一个良好设计的检验是，它是否足够的充分和复杂，向不同的儿童要求不同的反映，并允许每个儿童自由地去做，而且按照自己特有的方式做出他的贡献。从教育方面来说，一个良好的活动进一步检验的标志是，它有着一个足够长的时间幅度，为的是把一系列的努力和探究都包括在里面，并且以这样的方式把它们包括起来，那就是每一步开辟了一个新的方面，引起新的问题，唤起对更多的知识的需要，还要在已经完成了什么并在获得知识的基础上提出下一步做什么。适应着这两种条件的各种作业活动，将必然导致不仅仅把已知的教材积累起来，而且也把它组织起来。对于这些相关联的事实和原则如果缺乏有条不紊地搜集和系统化，这些活动简直不能进行下去。进行知识组织的原则对于进步教育的原则绝不是敌对的，后者不达到这样的组织就不能完成它的作用。

一个等于是讽刺的夸张的例证也许可以把上述的观点表达得更清楚些。假定有一个学校，在那里，学生处在大量的材料、设备和各种工具的包围中。假定只是问他们喜欢做什么，然后实际上告诉他们"就去做吧"，而教师既不动手，也不动脑筋。他们去做什么呢？有什么东西保证他们所做的东西不至于是一时的冲动和兴趣的表现稍纵即逝呢？你们也许说，这个假定与任何事实不符。可是同它相反的原则的含义是什么呢？当我们离开了上面这个例证所包含的原则时，我们能够停留在什么地方呢？必然地——传统学校和进步学校的这个情况确是一样——行动的开端，第一个动作，最初的一个推动，都必须来自学生。你能够把一匹马引到水边去，可是你不能够叫它喝水。但是学生的关于做什么的想法从哪里来呢？这必须来自他早已听到的和看到的什么；或者来自他看到别的儿童所做的什么。作为一种暗示，这来自他自身之外的东西，来自那个环境，这不是观念和目的创造者而是一个媒介物；通过这一点，他的过去和现在的周围事物对他暗示着某些事情。像这样的一些暗示，多半是偶然发生的观念，是稍纵即逝的，这是极可能的。我想，观察将会表明，当儿童参与一个真正的富有成果而继续发展的活动时，这是因为他先前已经参与过某种复杂的、逐渐展开的活动，而这种活动曾经留给他一个他想要做进一步检验的问题，或者曾经留给他还要做完某些工作来结束他的作业的想法。否则，他是受偶然的暗示所支配，而偶然的暗示是不可能得到任何有意义的或有效果的东西。

从表面来看，尽管这些意见所说的是要表明，教师作为集体的成员，具有更成熟的、更丰富的经验以及更清楚地看到在任何所提示的设计中继续发展的种种可能，不仅是有权而且有责任提出活动的方针；并且表明，只要教师了解儿童和教材，就不需要任何理由害怕成人强加什么东西，可是这些意见的意义并不仅仅就是把这个事实表明出来。这些意见的根本意义是要表明，进步学校由于是进步的，并不是不顾事实，而一定是发现了种种的设计，包含着教材的顺序发展和相互联系，因为不然的话，教材就不可能有足够的复杂和长时间幅度的活动。这种机会和需要赋予了教师一种责任。进步教师对其他教师，为了便于试用和批评，也许而且能够制定和提出许多套确切的和有组织的知识，和编列的原始素材一起，从中可以获得类似的更多的知识。如果有人问，所提出的这样许多套的知识同传统学校的标准教科书要怎样区别开来，这是容易回答的。第一，教材和学生自己所从事的作业活动或长时间的活动过程是联系着的，并且是从这里面抽取出来的。第二，所提供的教材不会是为其他教师和学生所刻板采用的东西，而是指出多种多样的活动过程中各种理智的可能——这些说法，是根据对问题所仔细引导和观察的经验，而这些问题是同各种理智的可能联系在一起所产生的；根据可解决这些问题有用的资料；以及根据从哪里可以获得知识。没有第二种经验会完全重复第一次的过程；而是所提供的这类材料将会解放和指导任何教师的活动来处理在重新从事同样的一般类型的设计中所出现的那种特殊的紧急情况和需要。于是更多的发展起来的材料将会增加进去，而且庞大的然而又是相关联的一整套丰富的材料就会被逐渐形成。

我已经以粗略的形式接触到许多课题的表面，在结束的时候，把它总结一下，也许是有益的。实质上前面的讨论已经力图说明进步学校也许对于那种类型的教育科学所做出的至少两个贡献，而这种类型的教育科学是符合于进步学校自己的类型的进程的。一个是刚才说的有组织的教材的发展，另一个是有利于学习的各种条件的研究。正如我已经说过的那样，某些特点是进步学校所特有的，这些特点的本身不是目的，而是被利用的各种机会。对于学习的机会来说，这些特点的本身归结到为了获得知识，为了获得掌握一定的技能和技巧，为了获得社会上所需要的态度和习惯——我要认为这是学习的三个主要方面。来自传统学校方面对这个总的题目的贡献必然主要是关于教学的方法，或者，进一步地说，是关于学生应用的学习的方法。但是从进步教育的观点看来，关于方法的问题采取一种新的和一般仍然没有接触到的形式。这不再是教师怎样教或学生怎样学的问题。问题是要发现必须履行什么条件以便研究与学习会自然和必然地发生，必须提供什么条件使得学生将作出种种反应，这些反应不得不将学习作为他们的结果。学生的思想不再注意于研究和学习。学生的思想是注意于去做情境所要求的那些事情，而学习就是结果。另一方面，教师的方法变为要发现引起自我教育的活动或学习的种种条件，要同学生的活动协作，使学生的学习成为他们的活动的结果。

关于经验已经表明在实际场合里成为对于学习有利的或不利的那些条件的一系列不断增加的细心的报告，会使方法的整个问题革命化。问题是复杂和艰难的，正如刚才说过的那样，学习至少包括三个要素：知识、技能和品格。这三者之中的每一样都必须学习。从一件事情的总的情况里选择什么东西正好能引起各种学习条件的因素，其中哪些是有影响的，哪些是次要的、枝节的，这需要判断和艺术。随时关心成功和失败以及估计所取得的成功的相对的程度，这需要坦率和诚挚。注意到在学习上进步的表现以及甚至更重要的是探究这些进步表现的原因，这需要有训练的和敏锐的观察力——一种比注意机械地应用的测验的结果需要多得多的高度而熟练的观察力。然而教育科学的进步正是依靠对这类材料的系统的积累。发现引起学习的原因这个问题的解决是一个没有穷尽的进程。但在做出一个开始之前，对于问题的解决不会有什么进展，进步学校的更自由和更有实验的性质把做出开始的责任坚定地放在这些学校身上。

我几乎不需要提醒大家，我已经明确地把讨论的范围限制在一点：进步教育对于发展教育科学的关系。我是以提出许多问题开始，现在以一个问题来结束：待进步运动充分地建立起来，以便它可以考虑对于教育的艺术，对于一切人类艺术中最困难和最重要的那种艺术，可以做出理智的贡献，现在不正是这样的时候吗？

（赵祥麟译。选自赵祥麟，王承绪编译. 杜威教育名篇［M］. 北京：教育科学出版社，2006：195—206.）

新时代的新学校：苏维埃俄罗斯的印象（1928）[①]

在教育理论中，人们熟悉的一个理念是学生的学习和使用的方法应当与社会生活相联系，而非与世隔绝。这是支持所有尝试用某种形式对教育进行彻底改革的理念。因此，苏维埃教育的特征不是主张使学校活动密切配合课外社会活动的理念，而是历史上第一次由官方根据这一原则来组织教育制度的事实。与我们不一样的是，在他们学校的背后可以看到整个政治制度的影响和权威，而我们只是在一些分散在各地的私立学校有这样的现象。引起我好奇的是，他们的教育领导人为什么和怎么能在如此短时间里建立起这种史无前例的有效的教育模式。我只能得出一个结论，其秘密在于这样一个事实，他们能够将经济和工业发展放在当前社会生活的中心位置。这个事实表明，与其他国家相比，十月革命（The October Revolution）使俄国教育改革者取得了极大的优势。我还没有发现西方国家的真诚的教育改革者能够否认，将社会生活引入学校的最大实际障碍是我们经济生活中的个人竞争和对个人私利的追逐。在一些重要方面，这一事实几乎使我们觉得有必要保护学校活动以避免与社会的接触和联系，而不是组织学校活动去创造与社会的接触和联系。俄国教育的情况足以使人相信，只有在以合作原则建立起来的社会中，教育改革者的理想才能适当地付诸实践。

[①] 首次发表于《新共和国》（*New Republic*），第57期（1928年12月12日）第91—94页。

人民委员卢那察尔斯基（Commissar Lunacharsky）①在其签署的官方文件中明确表述了，学校活动与校外社会生活相联系是经济发展的中心工作。他写道："当前社会教育的两个主要问题是：（1）涉及与公共经济发展相关的社会主义重建的一般问题和劳动效率的特殊问题；（2）用共产主义精神培养人的问题。"因此，制定了如下教育目的：（1）促进普通文化与劳动效率和公共生活分享能力的联系；（2）为国民经济的实际需要提供具备各行各业资格的劳动者；（3）满足地方和劳动者的不同需要。"

像所有的正式表述一样，这些建议需要放在特定背景下才可以理解。可以如此解释，在所有的目标中，"普通文化与劳动效率相联系的目标"优先于通过劳动者的准备来满足特殊需要这一事实呈现出了原本并不突出的意义。因为，也许制度中引人注目的事情是，它不是一种我们通常狭隘理解的职业教育词汇，即不是专业化劳动者的技术训练。相反，这种训练在各地都被推迟了，服从于普通文化的要求。然而，其本身被认为具有社会工业化的意思，也就是说，要去发现和培养个人能够合作地进行对社会有用的工作的能力。"对社会有用的工作"一般说来含有使人的生活完满和充实的意思。也许，抓住学校与一般社会活动的工业化联系的精神的最简单的方法是让我们的制造商协会（Manufacturers' Association）就这一话题发表意见，然后，反过来理解它的意思。为专门职业做准备被推迟到所谓的技术学校（*technicums*）阶段，学生只有在完成为期7年的"统一"的学校教育之后才能进入这种学校。这些学校被称作"综合技术学校"（polytechnic），但是这个词与普通英语词义有所差异，因为，在我们的学校里，它意味着学生能够在相当数量的技术中任选一种学习，而在俄国的制度中，在这种学校，学生接受的不是"单一技术"训练（mono-technical training），而是为能够从事多种技术工作进行基础训练。换

---

①卢那察尔斯基（А. В. Луначарский，1875—1933），苏联教育家。十月革命后至1929年，一直担任俄罗斯联邦教育人民委员。——译者

言之，即使在定义明确的职业学校里，为从事专门职业做准备的专门训练被推迟了几年，直到打好技术和科学的一般基础后才开始进行。

就所能确定的情况看，形成这种宽泛的工业教育概念有两个原因，与他们的合作化社会的普通文化理念相一致。一个是在十月革命后这种概念形成的初期，其他国家出现了进步教育理论，尤其是美国。作为这种先进学说的首要原则是，就学生而言，参与生产性活动是自我教育的激励因素和指南。因为这种生产性活动既与学习的自然的或心理的过程相一致，也提供了一条学校和社会相联系的直接道路。在十月革命之前，俄国一些自由教育家已经在私立实验学校做这方面工作。这一学说在教育哲学方面有其优势，回答了俄国急需解决的问题。

这样从早期开始，"劳作学校"（*Aebeit-schule, école du travail, escuela d'acción*）的理念在革命后的学校事业中就占据了核心位置。这个学说的一个主要特征是，虽然生产性劳动具有特别的教育意义，但它必须具有广泛的社会意义，作为一种创造社会新秩序的手段，它不能仅仅满足经济制度的需要。

然而，这个因素只能说明苏维埃教育发展的早期阶段，也就是到1922年或1923年的这一阶段的情况。这一时期，美国的影响和托尔斯泰[①]的影响是主要的。那么，从马克思观点看，这些影响在俄国出现了反应。然而，这个反应不是抛弃将生产性劳动作为学校中心任务的观念。它赋予了这个劳动理念一个清晰的社会主义形式，将其解释成无产阶级革命带给劳动者新社会地位的基础。这种变化或多或少是渐进的，现在仍然处于过渡期或融合期。但这种改革的精神可以用一位教育领导人的话来说明："真正的劳作学校应当在一定程度上为学生学会欣赏和分享劳动者的思想观念做好准备——无论是农村的劳作学校还是城市的劳作学校。"而且，这里强调的劳动者，是指通过革命手段清楚地了解了

[①]托尔斯泰（Lef Tolstoy，1828—1910），俄国作家和思想家，小说《战争与和平》《安娜·卡列尼娜》的作者。——译者

自己地位和作用的劳动者。这种早期"资产阶级改革理念"就这样通过对劳工运动观念的强调使早期的学校联系工业的一般理念得到了延续和强化。

这份报告只能对一般原则进行阐释：如果篇幅允许对学校与合作的有组织的社会联系进行多方面的描述，这份提纲式的报告将变得有血有肉丰满起来。作为替代，我只能称赞积极参与社会生活对学生态度所产生的具有解放性的影响。我所见到的学生都生气勃勃，充满着生活信心——不要只把它与自信混为一谈——这是我一生中获得的最有刺激性的经验。他们的精神很好地反映在一个14岁男孩在送给我的油画背面写的题词中。他毕业于一所完全理智地按照这种理念开办的学校。在这幅画的背面，他写到，以此纪念"使他开阔了眼界"的学校。我在理论上一直坚信，学校里所有枯燥的令人气馁的东西都与学校脱离社会有关，这一点从我观察到的俄罗斯学校完全相反的情况那里得到了证实。

在文化和工业教育之间建立联系的方面，有三点或四点情况特别需要注意。其中一点表现在学校要适应地方环境和满足地方需要的官方声明中。苏维埃的教育没有犯将教育的统一性（unity）与同质性（uniformity）相混淆的错误。相反，集中（centralization）限制在最终的目标和精神方面，但又允许，或者说，鼓励多样化地进行具体操作。作为中央的或联邦的试验站的补充，每个州设有各自的试验学校，致力于研究地方的资源、材料和问题，探讨学校如何适应它们。至于方法，官方制定的主要原则是，对于学习的每一个议题，学生首先要观察他们自己的环境，包括自然的和社会的环境。（我在列宁格勒郊外见到的为实现教育目的建立的最好的自然和社会博物馆的展览是以学生在教师指导下远足收集到的物品为基础的，其中包括当地的动物、植物和矿物标本等，以及当地的文物和历史。）

强调以最直接环境为出发点的与社会生活相联系的原则在俄罗斯少数民族教育工作那里得到了广泛例证——俄罗斯大约有五十个不同的民族。政治联邦制度下的文化自治在学校教育方面得到了实现。在十月革命前，大多数民族没有学校，相当数量的民族甚至没有自己的书面语言。在大约十年的时间里，通过人类学家和语言学者的努力——俄国在这一科学分支中有很强的力量——所有的不同种类的语言都有了自己的书面文字，有了用地方语言编写的课本，课本体现了地方环境和工业特点，至少满足了学校制度建立初期的需要。除了这些直接的教育成果之外，令人印象深刻的是一种观念，鉴于多数民族持的是非共产主义信仰，慎重对待文化独立成了苏维埃政权的特征，也是维护其稳定性的主要原因。再进一步，人们可以说，这个政权摆脱了种族和肤色偏见，是布尔什维克在亚裔人口中进行宣传的最大资本之一。对于西方国家来说，抵制这种宣称所产生的影响的最有效的方法是在处理涉及亚洲人事务时抛弃优越感。由此也否定了布尔什维主义的一个论点，即资本主义、帝国主义剥削和种族偏见是密不可分的，只有在俄国共产主义的支持下，少数民族才能得到真正的解放。

在教育方案中，选择和组织的题材或课程学习清楚地表明了人的劳动是处于核心位置的。原则是采纳官方指定的"综合制度"（complex system）。对这一情况的详细介绍属于专门教育杂志的任务，但是，总的来说，从消极层面看，这个制度意味着背弃常规学校通常采用将题材分解成孤立的"研究"的原则，在人类某一阶段生活中找到学习的内容——包括社会中维持人类生活的本性。用官方的话说"这个教育计划的基础在于研究人类劳动及其组织：从研究具有地方特色的劳动着手"。然而，对地方的观察要借助于"人类经验"——也就是要借助于书本知识，以便使地方现象与国家的和国际的工业生活联系起来。

值得注意的是，为了使这样一种适当题材的理念得到落实，教师自身必须先当学生，因为他们必须按照新观点构想传统的题材。为了获得成功，他们被迫既要研究地方环境又要熟悉中央政府经济计划的细节。例如，教学方案中最重要的部分是自然科学和我们所称作的自然研究。但是，根据主要的原则，这方面材料不能被分割成孤立的碎片供学生学习，而是按照一种能够实际走进人类生活的方式来安排，即从社会目的出发有效利用工业的自然资源和能源的方法。将自然知识置于人类背景下考察，除了为自然知识提供了生命力之外，其展示采用的方法逼迫教师去熟悉"Gosplan"（"国家经济计划"），也就是，去熟悉计划的细节，提前几年了解政府制定的国家经济发展计划。对教师因参加制定国家社会发展计划而得到的额外尊重，资产阶级国家教育家也许十分嫉妒。对此，人们不禁要问，这种参与是否只能发生在工业作为公共事业的国家而不可能发生在工业作为私营企业的国家？虽然对于这个问题，他可能无法得到确切的回答，但是，这个问题作为发人深省的刺激依然会萦绕在他的脑海里。

在美国有关苏维埃教育的文献中，"综合制度"常常被认为与我们国家提出的"设计教学法"一样的制度。两个制度都主张学习不应当从处于孤立状态的固定课程开始，而应当让教育家带着学生通过自己的活动建立与生活或自然相对全面的联系，就此而言，两种制度有着共同的基础。然而，总的来说，这是一种误解，对此有两个原因可以解释。第一，[①]综合制度含有一个统一的理性的组织方案：正如已经注意到的那样，一方面，它的中心任务在于了解人类劳动与自然材料和能源的联系；另一方面了解与社会的政治的历史及机构的联系。在这种理性背景下，俄国教育家在这个问题上承认——正如在其他许多问题上一样——尽管他们的理论是原创的，但受惠于美国的理论。他们批评我们学校中采用的许多"设计教学法"是偶然的，没有什么价值，因为它们缺乏一般的社会目的，也没有产生多大的社会影响。

对他们而言，具有教育意义的"设计"是一种手段，通过它可以实现某种"综合"或者实现将社会的题材统合为一体的原则。其价值标准在于为社会某种有用的劳动做贡献。实际采用的方法可以依据城市和农村特殊环境的差异而定，也可依据特殊需要和地方环境的差异性而定。一般而言，方法包含的活动有：打扫卫生以改善卫生环境（在这方面，他们正在开展的卫生运动大致是以

---

①英文原版中提到有两个可以解释的原因，但只讲了一个，没有提到第二个原因。——译者

美国方法为样板的）；参与扫盲运动，为文盲阅读报纸和书籍；到俱乐部参加劳动，远足，等等；这样，在年轻人帮助下，成年文盲了解了地方苏维埃政策便可以理智地参加相关活动；从事共产主义的宣传；而且，在工业方面，参加各种活动可以渐进地起到改善经济环境的效果。例如，在我们所参观的农村学校，学生通常通过种植花草、食用植物、采摘果实等常规学校分科学习方法学习植物学和昆虫学，而在实验环境下，观察有害的或有益的昆虫与这些植物的关系，将结果报告给家长和农庄员工，发放改良后的种子。这两种案例的目的都是希望组织的活动迟早会在将来实际参与大社会生活时产生意义，即便只让学生给病人或他们的家长送花。例如，在一所这种活动持续了很长一段时间的城市学校里，我看到了一份有趣的图表，上面详细表明了，经过学校男女同学十年的努力，一个工人生活区的家庭卫生和生活环境得到了改善。

涉及苏维埃学校管理和纪律的词汇在这种联系中找到了它的自然的位置。在一个特定阶段，自由和学生控制的理念肆意流行。但是，十分明显的是，"自治组织（auto-organization）"（这在官方规划中十分重要）以一种积极的形式出现了，因此，总的来说，早期过度自由的现象得到了遏制。与刚才所说的有联系的一个事实是，尽可能信任学生组织实现自律的目的不是为了"治理"学校，而是为学校或四周邻里做需要的某种工作。这里的学生自治理念也同样受到美国原创理念影响的，而美国普通的教育实践在这里受到了批判，因为含有太多的对成人政治形式的模仿（而不是产生于学生自己的社会关系），是人为的和外在的。对于其他国家认为的布尔什维克俄国完全没有自由和完全漠视民主方法的流行观点，不知说什么为好，但至少可以对那些同样具有这种观念的人说，俄国学校儿童组织的民主性要比我们的强，他们从学校管理制度接受的训练是适合他们的，他们的训练比我们自称的民主国家的训练更加系统化，因为在后者，儿童积极参与的自我指导活动是地方性和工业性的活动。

出于公正，我应当做的结论是，对教育制度介绍的不准确性存在于当前质量方面而不是数量方面。从统计方面看，数量的发展受到了严重的制约——尽管这一点毫不令人惊奇，因为有来自外部的困难，如战争、饥荒、贫困、用新理念和理想训练教师等，还有来自内部的困难，如在新的社会基础上创立和发展教育制度。的确，考虑到这些困难，人们就会相当惊奇已经取得的进步，因为尽管在一些范围受到了实际限制，规划也绝非纸上谈兵。它已付诸实施，形成了自动运行的机制。当来自美国的参观者看到俄国学校改革的许多方面的初始动力来自美国的进步学校时可能会产生爱国主义的自豪感，但当他进一步看到俄国在组织践行这种理念方面要超过美国时又会感到羞愧和刺激。尽管他不会同意共产主义教育家关于自由教育家的进步教育理念只有在沿着社会主义方向进行经济革命的国家才能得到完全实现的断言，他也不得不从内心进行所需要的有益的深刻反省。假定，如果他的经验和我的完全一样，他会深感遗憾，人造的障碍和错误的报告阻隔了美国教师同最能体现进步的民主理念的教育制度的联系，因此，我们可能，如果我们愿意的话，从其他国家制度中学到许多。以前我并不明白一些外国参观者，特别是法国参观者的批评，谴责苏维埃俄国满腔热情地走上了传统欧洲文化的"美国化"道路，现在我懂了。

（朱镜人译。译自："Impressions of Soviet Russia: New School for a New Era" in *John Dewev: The Later Works, 1925—1953.* Carbondale and Edwardsville. Southern Illinois University Press. 1984., Vol. 3，1927—1928: 233—241.）

教育衔接的一般性原则（1929）^①

关于消灭学校教育过程中的浪费问题，有两个解决办法。一个是行政方法，它一直关心的就是现行体系，探究造成师生做出错误判断、浪费时间和精力的知识链断裂以及重复教学的情况，这些情况毫无用处，因而会对精神活动造成伤害——它们不仅百无一用，而且具有伤害性，因为它们会导致坏习惯的养成。另一个方法可以称为个人的、心理的或道德的，使用这些形容词意在表明这种方法以个体需求和个体能力的自我发展为出发点，探寻什么样的教学组织方式最适宜于保障发展的连续性和高效性。它着眼于学生，研究应该如何安排学校教育体系中那些连续的阶段，从而在儿童和青少年从一个阶段上升到另一个阶段，从幼儿园到小学、从小学到高中、从高中到大学的过程中，把阻碍、停滞、突发性的改变和中断、无意义的重复降低到最小。

说存在两种方法并不意味着它们之间必然是对立的关系，它们应该互为补充。二者的共同之处在于，它们都把教育体系视作一个整体，在看待每一个部分时，都在考虑它是如何使教育成为一个真正的整体的，而不是把教育当成由一个个机械性地分离开来的部分并列组成的东西。每一种方法路径都同样关注消除孤立，使每个部分与其他部分相关的功能都取得成效。二者之间并不存在

---

①发表于《学校与社会》（*School and Society*），第29期（1929年3月30日），第399—406页，以及全国教育协会（NEA）督察部《官方报告》（*Official Report*），华盛顿：督察部，1929年，第51—60页。本文是杜威于1929年2月24日至28日在俄亥俄州克利夫兰市召开的全国教育协会督察部年度大会上的发言稿。

必然的对立，就像工程师从一座山相反的两端开凿隧道一样，在开工之前，隧道必须被当作单一的事物，从任何一端开始的工作都必须仔细斟酌，在研究整个工程的前提下进行，而预先对整体所进行的智力调查很有必要，它将使两种方式方法在中心会合。

如果从一个方面考虑问题时忽视了另一个方面必然存在的因素，那么就会不可避免地出现危险和危害。因而，只从个人立场出发的方法会忽略该情境所固有的某些行政需要。在任务概述中，针对这一点指出了一个重要的考虑因素，即必须考虑到所选取的区域范围，以及就读于小学和更高年级的儿童及青少年的不同数量。按照常规，对于年龄较小的孩子，校舍应该安排得离家近一些；同时，因为他们人数较多，所以必须与年龄较大的学生保持一定的空间距离。此外，必须为年龄较大的孩子提供更加多样的课程、不同专业的教师，以及更多的教学设备。这些事实要求高中容纳相当数量的学生，这反过来又要求这些学生来自范围很广的地区。由此可见，从个人发展的方面考虑问题必须考虑到行政需要。

而从行政需要出发考虑问题，则必须在每个阶段都接受检查，考察有益于个体作为独立的个人在精神和道德方面有效成长的那些条件。过分关注行政方面，往往会导致在某个特定时期造成制度的分裂情况被"合理化"。人们会找出理由，说明它们作为或多或少独立的部分而持续存在是合理的，于是，教育衔接问题就变成了外部问题，即如何使不同阶段之间平稳过渡，如何消灭更加明显的冲突根源。只要它发展下去，就是一种收获，但它的发展却不足以触及保障个人充分、完全发展的基本问题。这个外部方法会引起一种倾向，即认为精神成长和道德成长以"年代"为标志，这种标志至少粗略地与学校系统的每个独立阶段相对应。

兴趣与能力的确会随着年龄而改变，这是一个不争的事实。十六岁的男孩、女孩与十二岁的非常不同，后者与八岁的也有显著的差异，以此类推，八岁与五六岁的孩子之间也存在不容忽视的明显差别。然而，潜在的问题是这种改变是逐渐发生、几乎不留痕迹，还是跨度明显、与学校传统的年级划分制度相一致。对这个问题必须进行调查，必须通过对个体发展的实际情况进行独立的研究来找到答案。必须将这种独立的调查作为一种检查检验标准，这是至关重要的，因为学校存在的年级单位划分会对个人发展起作用。因而，很容易假设个人的发展变化是连续的，但实际上相对而言，它有可能是现存学校年级划分的人为产物，因而是不正常、不可取的。

出于这个原因，研究教育衔接的最佳方法就是对那些把年级单位划分减少到最小的学校进行比较研究，这些学校也就是"一体化学校"（unified schools），在那里，不同年龄的孩子，从小学到高中，都在一起学习，而高中在管理上也没有低年级和高年级的划分。唯有通过这种比较研究，才能发现强调年级单位划分的学校是否存在人为的传统因素。这与前面提到的地区分布问题和课程与设备种类随年级的增高而需要有所增加的问题并不矛盾。首先，城市人口分布非常不均，可能会存在大小适中的城市，非常适宜于一体化学校。其次，这种比较研究的结果会为过于庞大、无法照搬一体化体系的城市的教育组织方式提供启示。因为凡事都有限度，教育者可以朝两个方向——相反的两极——而努力，要么建立独立的年级划分单位，要么尽最大可能发展相对一体化的学生集中方式，而不会把任何一个原则发展到逻辑极限。我认为这个考虑因素似乎应该是整个教学衔接问题的关键，而简单、便于管理不应该凌驾于它之上。

大家都公认，对于这里提到的基本问题——管理方式与个体道德心理发展相互补充的特点，找到合适的解决方法必须要获得比现在任何人所了解的都要多的关于正常成长的自然过程的知识。但是不管怎样，参考这一知识非常重要，因为它们一方面表明，个人成长从管理的角度来看，作为教育衔接性问题的内在要素，有必要继续加以研究，另一方面起到警示作用，告诫我们不要轻易认为现在划分成分离的年级单位的制度适应了个人发展的"年代性"，因而是必要的，具有内在价值，也不要过于强调管理的习惯和惯性具有怎样巨大、起决定作用的价值。

除了管理者的经历，还要获得并使用与学生直接接触的课堂教师的经历，只有这样，才能对教育衔接性问题进行彻底的研究。这句话并不是说在他们的报告中学监和主管就没有利用从真正的课堂教学中获得的经历。但是，需要提醒一下，专门化的经历在思维习惯以及外在行为方面，侧重点往往比较片面，因而常常需要检查。各种各样的报告已经提供了大量证据，证明了在多大程度上会议以及报告、信息的交流已经获得避免科目和方法产生大量明显的断层以及避免有害的重复的必要方法。而我在此所呼吁的是更加直接地从课堂教师那里获得有关个人发展连续性这一主题整体的数据，连同关于主管和监管的数据一道，直接纳入收集和分析的材料之中。对处于实验和改革阶段的学校的研究成果也要包括进来，不是作为范例，而是为不同条件下个人发展的过程研究提供数据。

不得不承认，对于精神发展的过程我们并不具有足够的知识，那么我提议现在考虑一下在这方面存在哪些可供教育衔接的一般问题借鉴的知识。我就从一个广为接受、几乎没有争议的陈述开始吧。理想中的情况是成长的任何阶段所取得的成就都会为进一步的成长提供工具——方法和手段。这个陈述绝非仅仅指从一个年级单位转换到另一个，它具有稳定的意思，即学生在任何阶段的任何收获都会立即积累下来，活跃地应用于获取新的知识和技能。[1]智力成就上升到新的水平应该在学校生活的每个连续的月份和星期都标示出来，而不应该被认为仅仅发生在从一个年级单位过渡到另一个的时候。在探讨这个原则对于许多有关该任务的报告都提到的教育衔接性的具体问题的意义之前，先来说明一下另一个基本原则。

关于个体成长问题，成年、成熟的观念显然至关重要。现在，关于成熟问

---

[1] 大家公认这个原则几乎一致否定存在"模仿期"或者说接受期，以及应用期或者说积极入门和使用期。关于这些问题，参见概括性报告的第二章。人们非常普遍地认为，学习和应用作为工具被使用的东西，必须从一开始就要联合起来，并且一直持续进行下去。不同的意见至多被认为是一种强调。

题，我们必须要牢记的是它是多重的，即同时并存的各种能力和兴趣其成熟的速度非常不同。成熟是个连续的过程，即使我们假设人类与植物一样都能结出完全成熟的果实——这个做法也许不对，那么这种成熟的果实就好比树上的果实一样，也只有在后来的某个阶段才能出现。但是，正常的成熟是一种持续不断的过程，如果它停止了，那么一定是条件出了问题。停止成长、难以应对学习科目、对于后期使用的方法不能作出反应，这些都表明出了问题，它们应该像病症一样被研究，并着眼于提供建设性的治疗方法而加以诊断。

既然成熟是一个连续多重的过程，那么，它就不是一个统一并列的事物。只需观察一下婴儿，就会发现一种能力是如何比另一种提前成熟的——学会用眼睛凝视物体、抓握、坐、爬、走以及说话；也会发现每一种功能在成熟之后是如何被用于促进另一种能力和适应力的成熟的。没有哪个家长会犯下忽视成熟多重性这一特点的错误。然而，当想到学校教育时，我怀疑我们是不是太过倾向于假设存在着相等、统一、并列的成熟，而这是否意味着成长存在着与学校系统各个年级单位相吻合的"年代"概念。如果这种假设不是从正面而是从负面来表述的，那么，它就是忽视了学校生活的每一年和每个月所正在成熟或可能成熟的那些具体的需要和能力。正是这种忽视，造成了以下观点的产生，即每个阶段不过是为后来的某个阶段所做的准备，特别是小学教育的早期阶段，其目的主要是为了获得后来可以独立使用和享有的社会工具。

我发现，有人虽然坚持认为高中不可以被为大学作准备的思想所主导，但却照样轻易地假设最初两三年的主要目标必须是确保掌握"社会工具"，以备将来使用，而不是全心全意地获得与当时正在成熟的能力相适合的经历。这总是令我惊讶和不安。概述设立了儿童早期的真实经历和后来根据学校教育的需要所强行规定的要求这个双重标准，我必须表达一下对这一立场深深的反对意见。

此时此刻，所确定的两个原则不再是不痛不痒的概括。获得并掌握可供未来使用的工具的方法是借助适合当时时机的那些经历——那些唤醒新的需求和机会的经历、那些因为是所取得的成就因而形成了可供未来活动使用的天然手段和工具的经历。任何理论如果以否认这个可能性为出发点，那么就是错误地阐述了教育衔接性问题，其"解决方法"也注定是有缺陷的。除非能力一成熟就立即被用来获取新的知识和技能，否则工具的形成绝不是为了供未来使用。从儿童早期成长的角度来看，问题在于发现当时当地正在成熟的那些特别的需要、兴趣和能力，而不是试图作为成熟前的引子或其他能力的催熟剂，还在于发现如何对它们加以使用和应用，从而使其悄无声息地进入其他更加复杂的能力的成熟过程之中；而后期的成长存在着同样的问题，只是多了一个因素，即通过调整科目和方法来使已经相对成熟的能力用于促进正在显现出来的新能力的发展。只有这样，连续的成长以及内部所固有的而并非机械性的教育衔接才能最大限度地得到保障。

此处所确立的两个原则，其要义及说服力体现在它们具体的应用中。因此，我提议在它们的启发下，思考一下某些孤立、浪费、衔接不连贯的方面。

首先，它们表明，将问题局限于学校事务的范围之内，无法保障学校内部存在合理的综合性。教育衔接性的基本问题把我们带到了学校以外那些关系到学生课外经验活动的衔接性。当然，也是出于这个原因，课程就显得至关重要：为了衔接各个科目彼此之间连续的阶段，课程必须具有衔接性，必须涉及包括家庭、邻里和社区在内的非常广泛的经历。这个原则从一开始就适用，并且贯穿始终。我听到过一位智慧的家长抱怨说：幼儿园的老师似乎假设孩子们来到他们那里时都是一张白纸，似乎一切都要重新开始，让孩子们做那些他们早就会做或者已经很熟悉的事情，令孩子们感到厌倦，而没能充分利用他们早已获得的资本。

这个抱怨声来自三十年前，确切的原因早已荡然无存，但却代表了本文所述观点的意思。除了高度专业的事务，能力的成熟并非专门或主要发生在学校。这一事实为许多报告所涉及的问题赋予了重大意义。这些问题初看起来，与学校育的衔接性相去甚远，它们是健康、营养、出勤率、家庭生活、课外阅读与活动、家长与子女的经济地位，以及飞速变化的文化所不断改变的一般性要求。不仅如此，它一直扩展到在学校利用校外获得的经历这一整个问题。

关于这两个原则的应用，还涉及更多具体的要点。其中之一，是特殊领域的重点交替与工作减免原则（the principle of alternate concentration and remission of work in special lines）。尽管已经取得了很大进步，但还是存在一种不良倾向，即采取千篇一律、面面俱到的方法研究组成学校课程的学科。某些内容的学习常常出现在学校课程的每个月和每一年。有必要采取灵活的试验方法，先是在低年级专注于阅读和算数等科目，然后进入松弛期（periods of relaxation），此时所获得的成就成为集中进行其他学习的资本。历史、地理、自然研究和科学也适用同样的原则，每一个都必须暂时被作为相对的中心，而其他因素均居于从属地位。其结果可能会比千篇一律的方法更好地揭示特殊的趋势和弱点，同时，我认为可能会大大减少现在因为学生进入新的学年和新的年级单位而造成的断裂。

我相信在当前情况下，另一些难题源于教师被局限于单一的年级而造成的隔离。直接参与整个过程的只有学生而已，其结果是产生人为地割裂、突然介绍新的要求和新的原则方法、教授新的学科类别、重复以及复习本以为早该掌握的科目。我认为，它们在很大程度上是由过于绝对地局限于单一年级所导致的教师隔离而造成的。只有当学生的活动在学校体系的每个阶段，根据连续成长的完整性而得到指导，教育衔接才能得到保障。若想调查成长过程，一年的时间太过短暂。正如交换记录和数据的报告以及联合委员会的报告所显示的那样，在设置课程方面已经做了许多工作，统一监管发挥了作用。但是，这些并未触及全部情况。教师从一个年级调入另一个年级，或者让一位教师在同一年指导不同的年级，都存在管理上的困难。尽管如此，我仍然坚信，如果不能更加广泛地使用这些方法，教师将无法真正领会学校活动的连续性；而正是这一点，使他们得以从内部确保教育的衔接性。

这个问题的一个方面涉及让年龄较小的孩子接触不止一位教师的问题。我注意到，探讨低年级分科教学的那份报告的第二章非常明确地提出了反对意见。但这些反对意见的提出，不应该只是用来反对教师一方有必要在孩子不同的成长阶段都与他们保持亲密的关系这一既成观点，还应该反对使孩子养成与一个人打交道的习惯和方法这种危害，反对常常引起人们注意一个事实，即学生进入到的确存在分科教学的年级单位时会产生矛盾冲突。因为分科教学在低年级很容易被过度使用，因此，认为学生哪怕在第一年也可能无法很好地适应存在两个以上教师的情况，这种观点是没有根据的。具体来说，这是个比例问题。我们还必须牢记，一个教室加一位教师的方案往往会使形式主义模式或早期不受约束的自发性模式永久保持下去。尽管一个教师足以让孩子们做想做的事情，教他们传统形式的学科，但却没有哪个教师可以回答孩子们提出的所有问题，而若想保证他们的成长，为未来的工作打下坚实的基础，这些问题必须得到深入的探究。认为高中必须严格地执行分科教学也是站不住脚的。在这两端，我们都需要更多一些"弹性"。而认为在高中，分科教学应该把懂得代数、几何或自然地理等许多方面的一位教师局限于一个年级就更加没有道理了。真正的相关性或者说综合性以及教学衔接真正的连续性也许依赖于一位了解不止一个话题、教授某个学科整整超过一年的教师。若干年前，艾拉·扬[1]就曾提醒广大教师，我们通常所认为的分科教学在现实中不过是劳动分工而已，就像工厂里常见的情况一样，每个工人只负责制作一只鞋的一个部分，然后把它转给下一个工人。

报告中经常提及的一个观点，与最后这两点有关。教师在培训时往往只特别针对一个方面或一个年级单位，而忽视知识体系的整体性，由此而引发的难题必须得到关注。每位接受培训的教师都应该至少学习一门完整的课程，使他们熟悉整个体系，在此基础上，再特别参考他们专门准备的属于整个体系一部分的那些内容，这才合情合理。倘若这成为惯常的程序，那么，

---

[1] 即艾拉·弗拉格·扬。——本书编译者

教师不愿意从一个年级或单位转换到另一个年级或单位的情绪，则可能让路给对更广阔的经验的渴望。关于教师培训，存在着太多与教学衔接性相关的问题，这里只可能选择性地探讨其中的一个。

大学中的研究生院在很大程度上是在培训大学教师，并且也越来越多地培训高中教师。对那些在大学学习、将来出去教高中的人进行教育，这种方式无论如何会对高中教学产生反作用。这些情况在很大程度上，造成了教育衔接性问题所经常提到的高中与初中、中学与小学高年级之间的裂隙和失调。我指的是一方面更加关心学生的发展、另一方面更加关注此类学科这种矛盾。任何对于教育衔接性之所以比较糟糕的原因的调查，如果不直接或间接地考虑到大学研究生院对未来教师的培训，都是不完整的。这是那个古老问题的一个方面：师范学校被普通大学孤立起来，因为它侧重方法，而后者侧重学科。尽管现在这个问题不像过去那么尖锐了，因为双方都进行了调整，但这仍然是一个重要因素。

由于时间关系，只能列举这几个例子。我将再次回到对这个问题最初的表述来进行总结：协调使用行政方法以及贯穿个人发展的心理道德方法。如何着手处理教育衔接性问题会产生不同的结果。如果我们过于轻易地认为某个现存的年级单位划分哪怕是相对确定的，那么我也非常怀疑能够找到比消除体现外部摩擦的那些更加引人注目的事例有更大作用的解决方法。人类头脑的一个自然特性便是使存在"合理化"——也就是说，借助偶然的原因来证明已发现之物。我认为，我们似乎应该把教育衔接性问题视作分化（differentiation）问题。

倘若不那么严格地来说，拿有机体的成长来打个比方会有所帮助。生理协调成长出现了问题并非指骨骼、肌肉、肺连同肠胃的协调全部出现了问题，而是只有不协调产生了，后面的问题才会随之而来。不同的器官和功能彼此合作，它们之间存在着逐级的分化。教育指导的问题可以被当作用连贯的方式引起分化的问题。可以举一个很简单的例子来说明这个一般性观点的意思，为此，我再次选择了任务概述的一个部分，它似乎暗示着与这个原则有所背离。我要探讨的是根据被动类型的温顺听话所确立的早期阶段与根据个人独立以及个人主义的开始所确立的晚期阶段之间的对比，以及从这个所谓的对比中得出的有关划分年级单位合理性的结论。该观点似乎忽略了若干事实，例如，家长们都很熟悉在幼年时期存在被称为"逆反表现"（contrary suggestion）的事实：学习阶段的成长不仅通过各种活动而实现，而且也通过应用幼儿园期间获得的社会活动方法而实现。

接受的能力和确定的行动是稳定不变的功能，与成长的不同阶段不相一致的是练习的范围以及领域。因为六七岁的孩子无法主动承担与八九岁时同样的责任，并不意味着早期阶段不存在某个可以进行练习的领域，也不意味着这种练习不是正常发展的一个不可或缺的因素。从某个能力尚未产生的领域开始进行归纳总结，然后从中推导出孩子们接受强加给他们的事物，大量这样的意愿"要求"在那个时期设立某些学科。这无法为学生未来在其他领域更加独立作好准备，从而导致后来过分强调"个人主义"。这就是独立行为能力存在永恒分化的问题，它是由事先利用已经存在的能力造成的。正常的分化会使学生以后愿意承认自己在某些领域并未达到独立的程度，从而需要引导和理解力，因此减少意想不到、令人讨厌的"个人主义"。

虽然这个例子来自特定的领域，但却放之四海而皆准。无论小学生、初中生、还是大学生，在每一个阶段都有相对熟悉的经验领域以及相对成熟的思想行为倾向。关注这些情况，把它们作为确保在更加广阔的经验领域获得独立负责行为的新能力的手段，便是为分化的连续过程提供了解决办法，它将使教育衔接性问题得到恰如其分的理解。

在结束这个既过于琐碎又过于笼统的讲解之前，我必须先表达我对任务报告包含的研究所怀有的深深的感激之情。然而，比任何个人感激更加重要的是，它证明了国家的教育工作者对自己的责任充满热情。在美国分散性管理的体制下，在缺少中央管理机构的情况下，我们不断取得进步的唯一保障便是采取自愿的合作调查与相互商讨的方法。报告为实现这一关系到教育发展基本问题的重要任务做出了杰出贡献。在完成这项任务的过程中，他们小心谨慎、全面周到。对此，我们全体人员应向他们致以诚挚的感谢。

（孙有中、战晓峰、查敏译。选自［美］杜威著. 杜威全集：晚期著作第五卷［M］.孙有中，战晓峰，查敏译，上海：华东师范大学出版社，2015：232—240.）

教育科学的资源（1929）^①

作为科学的教育

有人可能会认为我在用"作为科学的教育"作标题前，应该先回答如下问题：教育是一门科学吗？更为根本的是，教育能成为一门科学吗？教育的过程与目的能否被简化成确切意义上的"科学"？其实，类似的疑问同样存在于其他领域，比如史学、医学和法学。需要向大家坦白的是，将不设问但引人发问的"作为科学的教育"用作标题，我的目的是避免讨论那些虽然重要但却非常棘手、富有争议的问题。

在本文中，我们只需要注意："科学"一词含义广泛。

有人认为，数学或者那些能够通过严谨论证方法得出确切答案的学科才是"科学"。若依据该定义，物理和化学也该被排除在"科学"范围之外，因为它认为，这两门学科中称得上"科学"的只是那些绝对精确的部分。同样,据此定义，通常意义上的"生物科学"之"科学"地位更加可疑，而社会学科和心理学则几乎完全不能归为"科学"。显然，我们必须灵活地理解科学的含义，这一含义必须足够宽泛，能够囊括所有通常被认为是科学的学科。其中，重点是在被称作科学的各个学科中发现它们之所以为科学的特性。如此说来，科学的重点不在于寻找不同主题的统一客观特征，而在于研究方法。据此观

---

① 原译文译为"教育科学的源泉"。——本书编译者

点，我认为，科学即意味着存在系统的研究方法；当我们将这些方法和各种事实联系起来时，便能更好地理解这些事实，并在控制这些事实时多些理智，少些偶然性与常规性。

众所周知，我们现在的卫生医务工作已不像过去那么随便、那么依赖于猜想和传统风俗，这一变化无疑要归功于研究方法和检验方法的发展。思想方法使材料不断被发现并不断被组织，使一位研究者可以重复他人的研究进而证实或证伪它们，并向人类的知识库添加新内容。此外，研究方法往往会在使用的过程中自我完善，启发研究者发现新的问题，进行新的研究，从而改进旧方法，创造更好的新方法。

因此，教育科学的源泉问题应该如此理解：哪些方法可以使我们在执行各级各类的教育功能时，如课程材料的选择、教学和训导的方法、学校的组织和管理等，系统地增加理性控制和理解？为使教育活动不再是惯例、传统、意外和瞬间的偶然因素的产物，我们可以且应该使用哪些材料？为稳定不断地增加可传授的智慧和指导能力，我们应该取材于哪些源泉？

有些人谴责教学研究，理由是教师对学生的教学和道德引导是否成功与他所掌握的教育原理并不成正比。为回应该观点，让我们假设有两名教师，A和B。B熟知教育史、心理学和准许的方法等，而A在这方面所知甚少，但A却比B在教学上更为成功，他能激发学生的学习热情，以身作则地为学生树立道德榜样。事实如此，这无可辩驳。但是，教学研究的反对者忽略了一个事实：像A这样的优秀教师的成功往往不能重复，只有那些和他们本人接触过的学生才能受益。过去，许多优秀的教师就这样做出有限的贡献，由此带来的浪费和损失无人可以估量。要在未来避免这样的浪费，唯一的办法就是利用不同方法对优秀教师的直觉行为进行分析，并把从他的工作中得到的经验传给其他教师。即使在传统意义上的科学领域里，优秀人物的真知灼见也很重要，他们的智慧不可能批量生产。不过，科学的存在让天才的经验得到普遍运用，使拥有特殊才能者的成果能被其他研究者所用，防止它们在产生时便消亡。

　　牛顿①、玻意耳②、焦耳③、达尔文④、赖尔⑤、亥姆霍兹⑥等人的个人能力并未因为科学的存在而毁灭，他们仍会与众不同，他们要发现的仍无法根据科学预测，他们的活动仍无法根据科学加以控制。然而，科学却可以让他人系统地受益于他们所取得的成就。

　　另外，科学方法的存在还保护我们免受能力非凡之人的活动所带来的危险，让我们不去盲目模仿与拥护，不对他们以及他们的工作忠诚到阻碍进步的地步。大家现在都会注意到，一位有独创性与影响力的老师并非总产生积极的影响。受这样一位老师影响的学生，常常会表现出一边倒的兴趣，并往往会组成学派，对其他问题和真理无动于衷，且极其信赖这位老师的话，进而重复他的观点，而这种重复却常因缺乏最初的精神与洞见而丧失重要性。观察显示，上述这些现象在科学方法最不成熟的学科最为常见。在那些科学方法更为成熟的学科中，学生运用的是方法，而不只是结论，而且方法的运用是灵活的，而非纯粹复制。

　　之所以要说上述题外话，是因为科学的反对者认为个性和特殊才能与科学水火不容，而有时科学的支持者也主张科学的结果就是过程的千篇一律。所以，这里似乎有必要说明一点：对于科学发展程度最高的学科，实际情况恰恰相反。掌握科学方法与系统化的主题可以解放个体，促使个体认识到新的问题，设计出新的过程，让个体普遍支持多样化而非千篇一律。同时，这些多样化会产生一种累积性的进步，并让该领域里的所有工作者共享这一进步。

---

① 牛顿（Issac Newton，1642—1727），英国物理学家和数学家。——本书编译者
② 玻意耳（Robert Boyle，1627—1691），英国化学家和自然哲学家。——本书编译者
③ 焦耳（James Joule，1881—1889），英国物理学家。——本书编译者
④ 达尔文（Charles Darwin，1809—1882），英国博物学家，进化论的奠基人。——本书编译者
⑤ 赖尔（Charles Lyell，1797—1875），英国地质学家。——本书编译者
⑥ 亥姆霍兹（Hermann Helmholtz，1821—1894），德国物理学家和生物学家。——本书编译者

作为艺术的教育

我认为有一个常见观点与上述话题紧密相关，即：教育是艺术，而非科学。就具体操作来说，教育无疑是一门艺术（art），是一门技艺（mechanical art），或是一门美术（fine art）。如果科学与艺术之间存在一种对立关系，那么，我不得不赞成教育是艺术的观点。但科学与艺术之间并不存在对立关系，它们之间只是存在差异。我们不能被词语的字面意思所误导。工程学，在实际操作中是一门艺术，但这门艺术吸收着越来越多的科学，越来越多的数学、物理学与化学。工程学之所以是工程艺术，正是因为它包含着指导其实际应用的科学主题。杰出的个体拥有发挥自己独创大胆计划的空间，但他们与他人的区别不在于抛弃科学，而在于重新整合科学材料并为这些材料创造出新的、过去所不熟悉且未曾预见的用途。对于教育学而言，只有当心理学家，或任何领域的观察者和实验者，将自己的研究结果归为一条所有人必须统一遵守的规则时，才会反对、破坏教育艺术的自由发展。

但是，出现这种情况，不是因为运用了科学方法，而是因为背离了科学方法。对于能干的工程师而言，科学结论没有强迫性，他不会严格遵守一种特定的做法；只有差劲的工程师才会这么做，而没有受过专门训练的临时工则更会照本宣科。一种做法，即使它源自科学且只能为科学所发现或运用，但一旦被转变成必须统一遵守的流程法则时，便成了一种经验性做法，就像一个没有任何数学知识的人在机械地使用对数表。

巨大的危险在于，人们直到最近才开始尝试发展科学方法。没有人会否认，教育仍然处于从经验性地位向科学地位转变的过程中。对于经验性的教育，其主要决定因素是传统、模仿复制、对各种外在压力，尤其是最大外在压力的被动回应，以及每个教师先天和后天的禀赋。在经验性的教育中，人们极有可能认为，教学能力意味着使用立即见效的做法，并把课堂的秩序、学生正确背诵指定课文、考试合格、学生升级等作为衡量成功教学的标准。

这些标准大部分也是一个社会用来判断教师价值的标准。准教师带着这些观念，来到师范院校或大学接受训练。他们主要想弄清楚教学如何最有可能成功。直言不讳地说，他们想获得秘诀。对这些人来说，科学是有用的，因为科学能让各种具体做法得到最终认可。科学很容易被当作是商品销售过程中的担保人，却很难被视作照亮眼前事物的明灯，或者是照亮脚下之路的路灯。科学得到重视，不是因为它可以为个人带来启发与解放，而是因为它具有威望；科学得到重视，是因为人们认为它可以为课堂里运用的具体做法给予绝对的真实性与权威性。这样的科学是教育艺术的敌人。

扶手椅上的科学

在为教育科学确立问题的教育实践和为这些问题提供解决方法的科学之间，存在另一种联系、一种更为积极的联系。我反对扶手椅上的科学，并不是要反对坐在扶手椅上进行思考。任何一门科学要想发展，在头脑中安静地进行一些彻底的思考与实验室里的感官活动和动手活动同等必要。扶手椅可以是进行这种思考的好地方。我反对扶手椅上的科学，是要反对思考对于思考源泉的脱离。书房的扶手椅上可能出现这种脱离，实验室里也可能出现这种脱离；每当实地调查和研究工作缺少必要关联时，这种脱离便会出现。

这里有无数的实际障碍。和学校联系紧密的研究人员可能过于接近实际问题，而大学教授又过于脱离实际问题，两者都不能得出最佳结果。前者可能过于卷入当前的细节问题，无法开展最好的研究工作，他面临的可能是需要立刻解决的小问题，因此没有时间去进行长期的研究；后者则可能没有足够的直接接触，不能将重要问题与次要问题和产生问题的环境区分开来。于是，他便很可能忙于关注那些孤立又相对琐碎的问题，从事一种虽然忙碌但毫无价值的科学研究，同时却指望自己的研究结果会得到教育工作者的认真对待。

身体接触任何时候都不如能引起共鸣的思想接触重要。实地调查者和研究者之间必须有一种必要的交流。没有这种交流，研究者便无法判断自己要去解决的问题的真正范围。他不会充分了解该特定问题在学校里产生的环境，无法控制自己的研究；他无法判断自己所掌握的其他学科的资源是否能帮助自己有效地解决问题；他也不会充分了解自己最终选择的解决办法是用于什么样的具体情况，也就不知道该办法是真的解决了问题，还是只是他自己人为地提出来的武断办法。如果是后者，那么，该办法可以成功解决某种情形中较明显的难题，那些外在症状，但却不会触及根本。在实施时，该办法甚至可能会带来更难以确定、难以捉摸因此更难以解决的难题。

教师作为调查者

但是，学校报告单和记录单远未穷尽教育实践者在建立教育科学内容方面所起的作用。教育科学需要源源不断的、不太正式的记录，记录着具体的学校事务和结果。这种记录有各种可能性，我在这里讨论其中的一种。在我看来，授课教师可能做出的贡献是一个相对被人忽视的领域，或者，打个比方，是一个几乎没有被开采过的矿井。不用说，研究者在研究具体问题、获取相关材料方面，让学校主管和校长起到了很大作用。希望研究者不要停止这种做法，以便在将来让各年级的授课教师也可以在这方面发挥作用。

让授课教师发挥作用，这一过程无疑会遇到障碍。不说表面上，事实上，研究者常常假定授课教师没有受过相关训练，因此无法给予有效的思想配合。这是一种太过分的假定，它几乎使教育不可能拥有可行的科学内容，因为授课教师才是与学生有直接接触的人，科学研究结果正是通过他们才能最终传达给学生。授课教师是教育理论的结果进入学生生活的渠道。我认为，如果授课教师主要只是充当接受渠道和传播渠道，那么，进入学生头脑的会是已被严重改变和歪曲过的科学结论。我倾向于认为，前文提到过的一种倾向，即科学结论往往被转化成金科玉律，主要就是由这种情形造成的。当一个人成了科学家，希望成为"权威"及控制他人活动的欲望并不会因此消失。

对全国教育协会的报告做一份统计研究，我们就会知道授课教师在这方面对教育讨论的实际贡献率。这份统计研究可能会让我们思考：作为教育者群体的一部分，众多授课教师是由于自身没有资格，还是因为缺少机会和激励，才会不作为，不管这种不作为是否真实存在。就学校而言，需要科学对待的问题必定源自和学生的实际关系。因此，只有当授课教师积极地参与进来，研究者才可能有充足的主题来确定并控制研究问题。

教育并无固有的科学内容

现在，如果来看一看那些为解决教育问题提供相关材料的学科，我们会被迫认识到一个事实，这个事实已在上文顺便提及过，即教育科学并没有本质上划分清楚或者说指定清楚的主题作为它的内容。只要能让学校管理问题和教学问题更好地得到解决，任何学科中的任何方法、任何事实以及任何原则都是相关的。因此，任何教育研究，若涉及物理环境对学校工作成败的影响——比如上文提到过的通风和温度的例子——生理学和与生理学相关的科学便为它提供了科学内容。涉及预算制定和成本会计等问题的教育研究，则要借鉴经济学理论。我们几乎可以肯定，所有的知识系统都会因为被教育的某个方面借鉴而成为教育科学的源泉。

这解释了当前的许多现象。比如，许多来自不同领域的人们对发展教育实践的科学内容兴趣猛增。我们直到最近才注意到教育过程的复杂性，认识到要使教育过程理性地、有方向性地继续进行下去，就必须借鉴许许多多不同的学科。这种情况解释了为什么一些人表现出了热情，也解释了为什么另外的许多人对教育科学作为一个整体抱有怀疑与漠然的态度。在未能认识到教育复杂性的人们当中，不仅有普通大众中缺乏活力的保守人士，还有许多非教育领域的大学教授。他们认为教育学系的人们是在做无用功，其活动没有重要意义。

另一方面，认识不到教育科学无固有内容会导致研究的孤立，这种孤立往往让研究变得毫无意义。当人们假设，即使是暗地里假设，教育科学拥有它自身独特的主题，这些主题就会被孤立并因此而变得神秘，就好像是从前那些高雅职业一样。有一种被称为"教育界行话"的特殊术语，它的发展明显地体现了这种孤立。另外，正是因为这种孤立，前面提到过的一种倾向才得以产生，即人们往往在还没有对教育学的源泉（非教育学科）进行充分的学习时，便去研究教育问题，并因此极其片面地夸大次要特点，抓住某一具体的科学方法不放，好像使用了这个方法就能神奇地保证一个科学的研究结果。

解决任何教育问题时都必须关注不同的学科，这一认识往往会拓宽我们的视野，并引导我们做出更认真、更长期的努力，去平衡最简单的教学问题和管理问题都会涉及的各种因素，从而减少流行一时的片面兴趣和口号不受控制、接连不断地出现，以及对教育实践和理论产生影响。

结语

任何已知知识，一经教育者的心、脑、手，便都是教育学的源泉。通过使用,这些知识使教育比过去更加开明、更加人性、更加真正地具有教育性。至于什么是"真正地具有教育性"，除了将教育继续进行下去，我们无法知道，也从未找到答案——答案永远在寻找的路上。在教育之外、在已经拥有科学声望的材料里寻找教育问题的答案，也许会带来暂时的轻松或一时的效率，但这种寻找是放弃，是投降。这种寻找最终只会减少教育实践为教育科学的进步提供材料的机会。它会阻碍发展，妨碍思考，而思考是一切进步的最终源泉。教育在本质上是一个无止境的圆圈或螺旋。教育活动包含了科学本身。正是在教育过程中，教育确立了更多需要进一步研究的问题，这些问题接着反作用于教育过程，进一步改变教育过程，并因此需要更多的思考、更多的科学，等等，永无止境。

（孙有中、战晓峰、查敏译。选自［美］杜威著.杜威全集：晚期著作第五卷［M］.孙有中，战晓峰，查敏译，上海：华东师范大学出版社，2015：3—6，16—17，18—19，29.）

创造与批判（1930）

我今天晚上讲的这个题目听起来相当深奥，恐怕我对这个问题的讨论很难如所期望的那样论及具体的事务。我一直用的是"construction"这个词而不是"creation"，因为这样似乎少些狂妄感。但是，我所指的意思是创造性心智（creative mind），即人在其活动过程中真正具有的生产性心智。谈到创造性心智，我们习惯于联想到像天才那样的杰出和独一无二。但是，每一个人都具有自己的独特方面。每个人都站在与众不同的角度体验生活。因此，如果他能将自己的经验转变成一种理念并将其传递给别人，那他交流给别人的经验一定与众不同。来到这个世界的每个人都是新的开始。如同过去一样，宇宙从每个人那里开始新的起点，试图做些什么，即使规模不大，也是从前未曾做过的。我一直为人们对年幼儿童以及他们的言行表现出的兴趣而感到惊奇，即使尽可能地将亲朋好友的兴趣打个折扣，也还是会存在某种其他原因。这种原因，我相信，就是对独创性的认可，以及对一种事实的反应，即让家庭和朋友产生浓厚兴趣的是儿童为这个世界带来的新鲜东西、新的观察世界和感觉世界的方法。对新鲜事物的兴趣也是某个重要征兆，它表明，成年人一定是在寻觅具有独特个性的东西，他们厌倦了不断地重复和复制，厌倦了老生常谈，厌倦了毫无创意地再次体验其他人曾经体验过的感情。

每当我想到小孩子对世界的这种生气勃勃的反应时，我就禁不住要问，这种反应为什么很快就减弱了下来。为什么它很快就被淹没了，取而代之的是一种类似橡皮图章或者留声机唱片的心智。可能有人会认为，要求每个人都有独创性是荒谬的。但是我想，这种要求被认为是荒谬的，是因为人们评判独创性所使用的尺度是错误的。衡量独创性的不是物质产品，而是个人探究我们这个共同世界的方法。不是说，只有当一个人奉献给世界的某种发现是前所未有的，这个人的发现才是独创的。如果每次他都认真地发现，即便这个发现有千百人做过，他也是有创造性的。在一个人的智力生命中，发现的价值在于它对创造性的活跃的心智的贡献。它并不取决于是否有一个人们从未有过同样观念的想法。如果这种发现是认真的和直接的，如果对你我而言都是新的和有创见的，那它的性质就是原创的，即便其他人已经做过这种同样的发现。关键是它是第一手的发现，而不是从其他人那里趸批过来的第二手发现。

克罗瑟斯先生（Mr. Crothers）高兴地讲了一个故事，在马萨诸塞州的一个村庄，一个村民爬上一棵树后发现视野开阔了许多，从树上下来后便宣布他看见了太平洋。但实际上他所发现的只是邻镇的一个池塘。但是，那有什么关系呢？克罗瑟斯先生继续说道。这个村民有发现的意愿，如果太平洋的确在邻镇的话，那他可能已经发现了它。

这件轶事有着某种暗示。这个新英格兰人显然是其他新英格兰人所称作的"怪人"（character）。这些人在我们的拓荒时代很多见，现在要少多了。我们的祖先不断地迁移。许多人徒步行走。他们的迁移和定居不断拓展了边界和眼界。但是，即便他们待在一处原地不动，他们也会发现，只要拓荒时代不结束，他们总有新的事情要做。他们要在森林中开辟通往田地的道路，还要亲手建造房屋和捆扎栅栏，还有包括家具、布匹、皮革、肥皂、蜡烛等在内的难以计数的各种物件都要家庭制造。他们并不是生活在所有一切都是现成制品的世界，而是生活在一个什么都要自己动手制作的世界。他们没有伍尔沃斯①和连锁商店。如果需要学校和教堂，那么他们就得自己建造。这种生活使他们变得

①伍尔沃斯（F. Woolworth，1852—1919），美国商人，曾经营1000余家百货连锁商店，为近代"五分一角"零售商店创始人。——译者

多才多艺、具有发明创造能力、迅速适应新环境的能力以及克服困难的勇气和智谋，因为有这么多的头脑在日常生活中受到应对史无前例环境的训练，这个国家的政治和政府的独创性工作才得以完成。人们不再害怕去试验和做临时工作，他们必须做这些事情，为的是不被异己力量打败。

对于任何一个国家能否在一个像过去五十年以拓荒时代的消失为标志的伟大时代发生社会变革，我是持怀疑态度的。也许，美国历史中演绎出的最令人瞩目的理念就是对拓边重要性的认识。但是，边界最终消失了，随着消失的还有拓荒者。我们仍然经常搬家，但是我们却是乘着现成的汽车和普尔门式火车卧车，而且我们要去的地方的人的思想习惯和情感与我们离开的地方十分相似，在那里，人们看到的是刊载相同新闻的报纸，读着同样畅销的书籍，听着同样的音乐和话题，包括电台里播送的同一商品的广告。

因为年长的缘故，我有机会认识一些拓荒者并和他们交谈过。我记得有一位来自纽约的拓荒者，他孩提时代随家庭来寻找新的可征服的领土。他去过当时还是一片荒野的密歇根，后来在北方做皮货生意，和齐佩瓦族印第安人住在一起，并被印第安人接受为部落成员，后来又当过磨坊设计人和农场主，随着文明曙光的临近，他又赶在铁路时代之前去过西部狩猎野牛，70岁后他又跑到科罗拉多淘金，住在海拔一万英尺的帐篷中。他是真正的美国奥德修斯①，那时像他这样的拓荒者有成千上万。

在过去的几个月里，我读了我曾祖父的一本日记。在一百多年前，还是男孩的曾祖父随着家人来到当时佛蒙特州还是一片荒凉的地方。在那里，他们建了一所学校和一个教堂，还建了一个磨坊和一个锯木厂，开了一家商店。当时还是男孩的曾祖父自己赶着牲畜去波士顿。我并不是因为他们身上有什么特别之处才谈这些轶事（incidents），而是因为他们是一百年前所发生事情的典型代表，因为伴随着外部环境的变化，人们的思维和情感习惯的巨大变化超出了

①奥德修斯（Odyssey），古希腊史诗《奥德赛》中主人公，古希腊神话中的英雄。——译者

人们的想象力。在不足一百年里，我们从拓荒文明跨入了地球上最发达的工业文明，在这里，个人无需创造性努力便可获得的现成物品超过世界上其他任何一个地方。试问一下，你能够在这个世界的其他地方和其他哪个时代发现这样的变化吗？

尽管我们对外部世界所发生的变化认识有点模糊，但我们还是意识到了。模糊的原因是生活在当下的我们很难描绘出一幅已逝时光的真实画卷，正像在严寒的冬季难以获得逼真的盛夏感觉一样。但是，当我们为巨大的物质变化以及成功地减少荒芜土地的成就感到骄傲之时，我们依然可能忽略了心理、精神和道德态度变化的意义和范围。所以，我要重复一下，我们来自一个一切都需要自己动手的文明。在以前那个时代，紧迫的需要促使人们开动脑筋去创造和制造，而在当下时代，我们可以享用现成的制品，人们将精力花费在为这个国家边远地区的陌生人制造物品上，而且，也将精力花费在购买和使用不知名的遥远角落的人们用机械手段生产出的物品上。可以这么说，我们从与自然面对面接触进入到与机器和人工技能生产出的产品接触的时代，从一个社会和自然世界都处于制造过程的时代进入一个对于大多数人而言一切都是现成的时代，因而我们就从一个不断鼓励创新和发明的时代进入一个注重接受和复制的时代。

我希望，我指出这些差异不是为了简单地采纳旧时代的习惯，也不是为逝去的时代唱赞歌，为昔日的美好时光而惋惜。在过去，环境太艰苦和简陋，不能不切实际理想化地描述它。与我们的祖先相比，我们现在的条件不知优越多少倍。但是，这种巨大的变化提出了一个问题。在我们今天的环境中，在面对我们必须解决的问题时，我们使自己心智的独立性和创造性得到与我们祖先同样的发展了吗？

在这里，我想简略谈谈我们正在经历的特殊困难。大规模的机器生产和分配倾向于产生一种同质性，正像曾经散居在农村村落中的人口朝着人口都市化方向发展一样。诸如伯特兰·罗素①最近在一篇题为"同质化的美国"（Homogeneous America）的文章中指出的那样，甚至那些生活在相对封闭地区的农场主也在用机器为远方的市场生产东西。这样做的结果实际上就促使他们的精神习惯与其他人趋于一致了。新的聚集和流通的机制产生了共同的精神食粮（mental diet）。阶级平等的结果导致了人们穿戴相同的服饰，这完全不同于欧洲工业化尚不发达地区。在那里，不同地区和不同阶级的服饰有着鲜明的差异性。服饰的这种相似性显然是一种使人们的精神趋于一致并使人的精神独立趋于窒息的力量的组成部分和象征。我并非在表明，环境是创造性心智的至关重要的决定因素。但是，这些环境解释了，创造性心智的培养是一个有意识的目标，是某种需要小心翼翼培养的东西，而不是像过去那样将创造性心智看成社会环境的一个副产品。

正如我作为证据提及的年幼儿童一样，精神态度的某种独创性同时也是自发的个性品质，所以这里我必须说，教育作为一种强大的力量，要么能够保留和提倡这种态度，要么能够缓慢且坚定地被扼杀这种态度。教育是当代拓荒的重大机遇之一，同时也是深陷许多重大难题的一个领域。我们再回到有关我们前辈的话题上来。在学校里，他们可能是传统主义者，他们也必须如此，为的是不失去与文化遗产的联系，因为他们远离传统文化的源头。他们在日常生活和实际接触中获得了另一种教育。在相当程度上，尽管大体上看，我们进行的学校变革似乎是革命性的，尽管在其他方面我们会损失一些展示创造性和首创性的机会，但我们还依然保留了传统主义的许多东西。

一个确凿的事实是，儿童上学求知与吸收和复制其他人已经发现的东西同义。现成的材料预先提出的理性知识和理念具有压倒性的补充作用，教育的作用被假定为将这些东西传输进心智。学校成了输送管道和运货马车。知识的急剧增

---

① 伯特兰·罗素（B. Russell，1872—1970），英国哲学家、数学家、逻辑学家、历史学家。——译者

长扩大了从知识仓库和储存罐流向学生心智的知识的数量。在智育方面就像在商业方面一样流行包装的货物。学习课程的形成基本上是将知识按照儿童的年龄打成大小适当尺寸的包裹，按照年、月、日连续地派送。正如同在商业界一样，我们在学校里的做法不同以往，更多注意的是怎样使包裹外观整洁，使商标更引人注目。但是，两者相似的是，都是事先准备好的，丝毫没有关注个体的消化能力。

我们在普及教育方面所作的值得称赞的努力褒奖了这种预制的物件及其机械的传输。恢宏的学校建筑和大班教学使教师的管理和教学机械化了。不同年龄的学生普遍缺乏从事独立的活跃的智力活动的时间。因为地理、历史、文学、科学和艺术中有太多的内容要传授给如此众多的潜在消费者，其结果就是建立一个系统化的大规模批量制造的链带制度。如果委婉地说，那些从事教育科学研究的人所付出的努力的目的只是为了在大量数据中取得平均数值（norms），或者说他们的理念旨在建立更加有序的更加经济的分配和传递制度，也许，这样的说法不会令人惊讶。教师的大部分工作像商店销售员一样在于消除销售的阻力。对于个人而言，除了极为顺从的人之外，学生的心智依然个性十足，希望逃学和逃避卸载给他们的货物。身体上的旷课可能没有了，但是没有受到注意的精神的旷课仍然获得很大的成功，尽管包装的货物具有更大的吸引力。

将真正的创造性和主动性精神活动的主要特性列出来并不困难。它们是独立的和具有首创性的活动，是价值判断的训练。遗憾的是，感性地理解和解释它们要比用理性地理解和解释容易。一个人做自己喜欢做的事并不表明理智的首创性（intellectual initiative）和独立性，除非他对喜欢做什么的鉴别力得到了很好的培养。也许你听说过一个故事，在一所标榜自由的学校里，一个儿童向教师问道："我们今天必须做我们想要做的事情吗？"这个故事如果不是真实的，但至少是"编得巧妙"。它要求受过陶冶的心智有意识地产生一种意义明确的愿望，知道一个人真正地需要什么。把偶然发生的事情，或者把别人在做的事看作一个人自己想要做的事情是容易的。然而在现实中，所谓的需要（want）只是为逃避精神空虚所作的孤注一掷的努力。为了获得真正独立的和具有首创性的思想，要做的工作比贴"进步主义"的标签要多得多。而且，除非它是独立的和具有首创性的思考，否则这种活动只不过是一种盲目的身体活动——它与作为创造性条件的精神自由之间的距离甚远。将身体、手脚、眼睛和耳朵从约束和强制它们机械行动的物质环境中解放出来是独立思想的前提条件，但它只是一个条件，而不是思想的本身。

尽管我看起来在作一场教育学讲座，但其实不然。我只是想通过学校这个为人们熟悉的例子来说明校外的成人和校内的儿童都面临着两难困境。成人也游走在对惯例的精神臣服和无序的身体活动之间。他们也在通过大量的无目的活动来补偿因服从于吸收和复制而造成的损失。这种标准化的工厂和从一个毫无特色的地方跑到另一个毫无特色的地方，除了为尽快地到达目的地后返回原地而毫无其他目的的汽车是我们文明的连体双胞胎（Siamese twins）。成人所遭遇的主要困难与儿童在学校里遭遇的主要困难十分相似。我们不知道我们真正想要的是什么东西，我们也没有试图去发现它。我们自己也允许把外部的目的和愿望强加给我们。我们自己也对做自己想做的事情感到了厌倦，因为这种需要没有在我们自己的价值判断中深入扎根。这是一个恶性循环。在做自己喜欢做的事情方面，我们屈服于一种外部压力，正像我们屈服于我们必须做自己不喜欢做的事情方面的压力一样。唯一的不同是后者的压力是显而易见的，直接的，而前者是微妙的和间接的。

正是在这一点上，我需要谈谈之前尚未涉及的本题目内容的另一部分——批判。这一点我几乎无需向在座的各位说明，批判，不是发现错误。它不是去发现需要纠正的弊端。批判是对价值进行判断，思考无论在什么领域和什么时代，什么是较好的（better）和什么是较坏的（worse）以及为什么是较好的和为什么是较坏的。因此，对于创造性成果来说，批判性判断不是敌人，而是朋友和盟友。我曾经听一些聪慧的人说他们的大学教育以牺牲生产性能力为代价过度发展了他们的批判性能力。我也听说他们羡慕自己的同事没有经受不间断的批判能力的训练，原因是后者在设计和执行新的活动课程时更有自信。

我们可以很容易地懂得这些人所指的意思。我们也都看到了由于明显过度发展思维能力而造成的行动能力被部分地削弱了的例子。如果不是良心，那似乎是意识将我们都变成了胆小鬼。思想使我们清楚地了解了许多选择的可能性，拓宽选择可能性的范围会使果断的选择（energetic choice）变得困难。它会导致我们怀疑和犹豫不决。在进行价值判断时，我们越来越不能确定我们要实现的价值是否真正具有价值，在确定是否可能有其他更有价值的东西之前，我们不会承诺采取具有某种选择性益处（any chosen good）的行动。然而，我不能同意，这是培养批判性思维的结果。确切地说，这种结果是那些着迷于其他人的批判的学生的产物。我们忘记了，批判像其他事物一样也有现成的，吸收现成的批判不同于批判能力的训练。我曾经以大学生为例作了说明，但其原则在其他所有地方是通用的。

批判能力最基本的需要是勇气，其最大的敌人是怯懦，换个说法，也可以委婉地称之为理智懒惰（intellectual laziness）。简单的做法就是接受所传递的东西。这样做不仅省力气而且可以将责任归于他人。我最近读过一篇有关甘地①和一位南非普利茅斯兄弟会（Plymouth Brother in South Africa）成员对话的文章。后者力劝甘地皈依基督教，其理由是，在这个世界上毫无罪孽地生活是不可能的，其结果是"在这个充满罪孽的世界中，生活是不安宁的，也是不确定的"，除非一个人接受了另一个人的救赎。对此，甘地的回答是，他对罪孽产生影响后的救赎没有兴趣，但对犯有罪孽的人的自身救赎有兴趣。我并未假设，这位传教士的说法能够被所有基督教徒视为权威的陈述而接受。但是这件事情表明了，将责任转嫁他人已经通过流行的宗教信仰的方法成为大批民众的幻觉（imagination）。

———————

　① 甘地（M. K. Gandhi, 1869—1948），印度民族主义者，20世纪非暴力运动的倡导者。——译者

这种同样的事情也在所有的信仰和行动领域发生。许多人忙于告诉我们，民主是政治的失败。民主之所以失败是因为民主的理想含有个人的判断和选择的责任，而许多人却拒绝担负起他们所承担的责任。关于民主理想的讨论还远远没有定论。但是，如果到最后被证明是失败的，它不会是因为这个学说水平太低，而是因为在道德方面对人性要求过高，至少，就目前受到教育的人性而言。它是个需要付出极大努力才能实现的学说，需要思想的勇气和实现理想的信仰。

对民主也有许多谴责，认为它不愿意承认专家、专家意见和指导。任何一个探索过纽约市历史的人都了解这种指责的事实。但是这些事实最初仅仅只是提出一个问题，探讨反对专家的原因。如果继续探索这个问题会得出一个结论，那反对的真实原因就不是反对专家，而是承认这样一个事实，即接受咨询和指导会产生负面的影响。实际上，很多人愿意让别人去做自己职责范围的事情，他们不仅会愿意，而且十分乐意听从专家的指导，如果他们不担心自己某种私人目的被干涉的话。

实际上，我愿意说，在这个国家里我们对不同领域的所谓权威太顺从了，很少质疑他们以权威身份说话的权利。人们经常抱怨，我们是一个容易轻信的民族，只要是公认的权威提供的东西，我们十分愿意照单全收。报纸广告版面中充斥着各种东西的介绍，从医药到床上用品、食物，它们对公众购买的影响太大了，因为广告的代理人是来自舞台、棒球或社会的著名人物。我最近听说一件事情，一位探险者的经营经理给一家广告公司写信，建议广告商为这位探险者未来可能需要携带的探险物品的做一次费用安排广告。当我们把这种情况归咎广告商时，我们就非常轻易地饶恕了自己。这种情况产生的原因在于民意缺乏批判力，致使广告宣传产生了广泛的效果。在"权威"传递的东西面前，我们是被动的，处于顺从状态。

我希望，我引用的例子不至于分散人们对主要论点的注意力。引用它们是因为它们具有一种可以说明心智一般条件的力量：为什么人的辨别能力即批判能力会在实践中失败。这种失败在许多情况下有其根深蒂固的原因，即它缺乏一种独立判断和选择的教育。但是，有许多人在智力方面有准备但却由于道德原因失败了——首先是缺乏思考的勇气，其次是缺乏大声表达自己见解的勇气。心智屈服于刺耳宣传的喧闹声不一定是特别重要的问题，如果它们不是病入膏肓的征兆的话。

如果将这些原因作为借口，那就容易找到顺从和不抵抗的心智能够流行的正当性证明，因为心智缺乏批判性。我们诞生时是婴儿，依赖别人。我们形成了学习别人的习惯，而我们自己对此却毫无知觉。当父母和教师看到他们所监管儿童的独立性在增长时，几乎没有人会感到欣喜。我们有某种私心，希望看到别人对自己的依赖。冥顽不化地对权力的热爱，促使我们坚持维护我们认为的权威。甚至我们的利他愿望，或者我们为别人做事的热情，也夹杂着我们对声望的追求，希望得到他人的认可。我们忘记了，我们能够为另一个人做的最佳的事情是帮助他自立，使他能够离开我们的帮助也能生活。我们忘记了，以平等交换形成的友谊，其回报要远远大于尊卑关系的回报。在操控别人思想和信仰的过程中形成的权力是一种来自操控我们自己权力的廉价替代品。

在每一代年轻人和成年人的关系之间始终存在着一种试图迫使独立判断窒息的力量。在年轻时被迫形成精神和道德顺从习惯的人在他们成为年轻人的训练者时同样会利用外在的权威。但是，在我们这个时代，这种力量具有明显的特征。我们承诺普及学校教育。为了确保儿童获得阅读能力，我们无限地增加了能够对个人心智产生的外部影响。那些虽然学会了阅读但没有学会判断、辨别和选择的人成为他自己不能控制的权力的依附者。他已经为经受新型的理智奴役（intellectual servitude）做好了准备。除了这一事实之外，另一个事实是，四分之三的学生离开学校时的年龄是十四岁，他们的学校教育到这个年龄段为止时，其主要任务是通过机械的模仿和背诵来汲取信息和获得技能。因此，当我们看到，我们的民众惯于轻信他人，易于接受大声督促的和不断重复东西，也就毫不令人惊奇了。

　　紧随学校教育力量或形成性力量之后的是行业和职业的教育力量或形成性力量。相对而言，要求个人具有反应能力和理解能力的职业的人数是不多的。大多数人是去商店和工厂工作的。在那里，规则就是人对其内心并不认同的环境和目标必须做到精神服从。对于所处的环境，他们可能有逆反心理，但他们必须服从他们操作的机器发出的命令和指示。他们不仅是其他人的仆人和雇员，更有甚者，他们是不具人格的机器的仆人和雇员，他们必须服从机器的不间断运动，而且必须使自己适应。这里没有供个人判断和首创精神的有机土壤。他们的批判性和首创性活动会被认为是公开的对抗。经济环境强化了正规学校教育和学生家长在培养没有批判能力和被动性心智方面的指导作用。

　　然而，人性并非为奴性而生。如果用我们当代的观念审视一下法律和目无法纪以及有序和无序，那就会发现，最荒谬的事情莫过于断言我们生活的主要特征就是顺从的心智。对顺从精神消失的抱怨，以及对不再忠诚已经形成的权威和法律的抱怨正如它们的盛行一样是有基础的。通过加倍增加法律来解决所有可以想象到的问题（subject），反而会导致法律的失效。而且，这种现象与心智缺乏批判能力和创造性并不存在着矛盾。相反，它们是相互补充、相互需要的。没有人可以长期忍受思想独裁者的监督。当一个人从无法养成判断力的顺从期得到解放之刻起，他可能完全受其未得到规训的欲望和冲动的支配，正如在学校服从于最严厉外部纪律的学生一样，他们一旦摆脱执行纪律者的监督便会喧嚣和不守规矩。欲望可能被遮掩但不可扑灭，因为它是一种生命的能量。如果它得不到理念的支持和判断力的指导，那它会找到机会发泄的。

　　创造和批判两者是一对伙伴。真正的辨别力（discrimination）是创造性的，因为它表达了对所呈现的东西的最初反应，它是一种个人感受的体验。面对油画，人们说的话常常十分有趣："我一点也不懂艺术，但是我知道我喜欢什么。"然而，这种说法表明人们开始进行批判性欣赏了。不过，这只是开始。通常，它还不是真正的批判。因为通常说这种话的人并不知道自己喜欢什么。与偶然获得的喜爱某种东西的感情相比，知识要严肃得多。喜爱某种东西的情感反应完全不同于理智的判断。说知道自己喜欢什么的人的主要问题在于这个说法含有某种终结性结论的意思。这个说法常常表明，我所喜爱这个东西不仅仅现在相当好，而且会一直如此。我不打算去学习不同的东西或者用新的方式表示对它的喜爱。

不过，喜爱本身以及对喜爱的东西表示出某种程度的信任是一个良好的开端。如果这种喜爱真正发自人的内心，那就会出现独立的和具有原创性的活动。不管怎么说，我担心的是，在许多情境中，喜爱本身不是原生的和自发的。它是早期致使心智独立反应遭到抑制的传统教育（conventional education）的产物。保护情感反应的原生自发性是非常困难的，发现和信任其潜意识活动（subconcious stirring）更加困难。例如，我注意到，儿童没有受到流行的榜样和规诫影响时，在观看和喜欢成人世界的所谓现代风格的绘画作品时，他们的认知并不困难。成人以为他们喜欢的，实际上并不是他们喜欢的。他们在成长过程中了解了其他人喜欢的东西，直到他用借来的标准表达自己的喜好。对于多数人而言，清除这些外在的积淀，认真思考更深层次和更质朴的情感反应，并给予其自由表达的机会，就是真正喜欢和欣赏美术作品的开端。

我不是为了讨论绘画而讨论绘画，而是因为绘画这个例子似乎能够例证一般原则所具有的特殊重要性。正如爱默生[①]在他的论文《论自立》（Self-Reliance）中所说的："一个人应当捕捉和观察发自心智内部的闪光"，"我们从伟大的艺术作品中获得的教益正在于此。它们教导我们要心平气和地、毫不动摇地坚持我们自发的印象，哪怕别人都持反对意见。要不然，明天就会有人精妙地说出我们一直在思考和感觉到的东西，到那时，我们只得羞愧地从别人那里获得我们自己的见解。"

但是，要想捕捉和观察心智内部的闪光不是一件容易的事情。教育和社会

---

① 爱默生（R. W. Emersonr，1803—1882），美国思想家、文学家，诗人。——译者

环境共同密谋去削弱这些微光的亮度，而试图把我们的注意力引向其他事物。在这方面，语言对我们毫无帮助，相反，我们的词汇习惯背叛了我们。因为我们用来表明这些闪烁着微光的语言只有印象和直觉两个词，而且，这些词汇自身也被习俗和习得的第二手信条所遮掩。要了解这些词汇的意思，我们就必须忘记这些词汇，清醒地意识到某种真正属于我们自己的理念正在心中萌动。通常，当成人学会摆脱对第二手和现成观念的外在的奴役并开始自己捕捉、观察和相信自己的直觉时，也就是，只有当一个人的反应是自发的和自愿时，一个人的个性才会开始发展。无论这种独创性是在新的建造中努力形成的还是在批判中形成的，也无论它是出自本性还是源自社会制度，它都是有意义的。

创造和批判两者之所以须臾不可分离，是因为在我们思想和精神呼吸中，它们是呼出和吸入的节律。为了我们能够再创造，了解与评判我们和其他人做过的事情是所有自然活动的规律。由于这是与呼吸的身体机制是一样的，所以，借助自身结构的独特性在生产性和批判性辨别活动中表达自己的是同一个心智。那些不是通过批判而形成的产物不过是冲动的迸发。那些不能导致进一步创造的批判会削弱冲动，而导致产生无意义的目的。正因为呼气和吸气的合作，生命才得以保持和延续，所以，批判和创造的相互联系是自然生命的表现。一个人越能正常地从肺部排出气体，就越能说明这个人的呼吸与肺部结构和膈膜协调一致，而且他吸气越深，他的呼气也越深。同可以观察到的明显的活动一样，接受和吸收完全是生命活动形式。

我们心智的反常活动和问题在于我们未能观察到创造和批判活动节律的规律。我们并不是接受的印象太少，而是我们的接受没有辨别性和选择性。在接受中，被动性是必要的，但是，我们却允许接受的被动性转变为行动的被动性。因此，我们被淹没在强加给我们的外部印象的洪水中，结果形成了一潭死水，允许人们向其丢弃各种外来的杂物。当我们行动时，我们要么忽冷忽热要么情绪过激，好像我们在努力抛弃那些本应该滋润我们但却使我们感到窒息的东西。在正常的精神生活中，应当用什么词汇或行动来积极地表达自己的见解成了一种嗜睡的鼾声，或者是毫无目的的语无伦次，或者是一声表示悲伤的叹息声，这说明我们没有能力积极地表达我们自己。我们既没有才智使我们接受的经过选择的印象沉淀下来真正成为对我们起作用的资本，我们也没有勇气去坚持自己的见解——如果缺乏深思熟虑的坚持，那将会变得固执和武断。

教育在创造和批判之间建立这种平衡方面作用是如此的重要，使我感到，要防止把今晚演讲变成教育学说教是有一些困难的。为了在一定程度上抵制这种说教的诱惑，我将对哲学与批判和创造性之间关系的特点做一总结。有一些人要么把哲学视作某种与日常经验不相干的东西，要么将哲学作为打开一个领域大门的钥匙，因为没有这把钥匙就无法理解哲学领域蕴含的最高和最终价值。那些一度相信他们在宗教中发现了终极的启示和威力无比的钥匙的人，当他们的宗教幻想破灭后，他们便会在哲学领域中寻找他们所错失的东西。如果他们的寻觅一无所获，他们便会失望或者根据自己的愿望虚构一个幻觉系统并贴上哲学的标签。

但是，哲学并不是一条通往与普通信仰、知识、行动、享受和遭罪不同的某个东西的特别路径。确切地说，哲学是一种批判，一种批判性考量，其对象正是为人们所熟悉的事物。它不同于那些仅仅谋求进一步批判而开展的有条理的批判。如果它要批判什么，它不是通过揭示某个最终结果的方法，而是对熟悉的对象的不为人知的问题进行研究。人类在逻辑学出现之前就会思考，在伦理学出现之前就能进行是非善恶判断。在被称作形而上学的东西出现之前，人类就知道如何通过探索自然和人性获得的事实来区别经验的真伪，而且知道所期望的和所渴望的结果不一定能出现，因为它会受到事件进程的干扰。但是，在我们经验到的熟悉的对象以及我们对与之相关的信仰和抱负的界定中存在着混乱、冲突、模糊和前后不一致。一旦有人试图从广义上对它们进行界定、澄清和规范，他便踏上了通往哲学的道路。他会开始批判，编制批判的标准，也就是涉及逻辑学的、伦理学的、美学的和形而上学的标准。

我今晚的演讲不在于详细解释有关哲学的理念。相反，我要做一个假定，问一问能够释放出创造性成果的这种归纳出的批判形式（generalized form of criticism）究竟有何价值。更准确一点，是要问一问，在美国文明中作为哲学的批判价值是什么？这个主题并非游离在我们刚才探讨的问题的范围之外，这一点稍后便会发现。在一大批继承而来的理念与通过当前活动获得的理念之间存在着明显的不一致。我们所有涉及宗教、政治的讨论都能证明这种冲突现实地存在着。一个人参观艺术馆时不难发现传统派的一方与现代派和未来派为另一方之间的斗争。这种冲突深入反映在我们日常生活的细节之中。混乱导致的一个结果便是，人们对不能获得个人快乐和谋取私利的原则和目标普遍表示出了怀疑、嘲弄和失望的态度。

有人说过，我们生活在一个由博物馆和实验室组成的杂乱混合体中。现在可以确定的是，我们无法摆脱实验室及其实验结果的影响，我们无法挥挥手便让博物馆及其藏品消失得无影无踪。其中，存在着挑选、抉择和区分的问题。过去的什么东西与我们今天的生活相关，我们怎样改造它们才能为我们今天所用？如果我们能够回答这些问题并将我们的答案付诸实践，还会有人认为我们今天的教育、法律制度和政治不会呈现新的生命力吗？形式哲学至少应当提供一种方法用以探寻过去发生的事情的现代价值。但是，我更为关注的是要在这里表明，存在着一种为具有普遍意义的批判提供的服务。我们所有的人都受号召而鼓起勇气真诚地勇敢地去面对那些通过间接和不加鉴别方式获得的信仰、宗教、政治和艺术和经济方面的知识，去探寻其中有多少在今天的需要、机会和应用中是有效的和得到证实的。每个进行这种研究的人都会发现，其中许多东西都是无用的杂物，是难以忍受的负担。然而，我们还是把这些无用的杂物放在储藏室里，并承担着这些沉重的负担。

如果我没有试图指出，当我们摆脱了无用的杂物和沉重的负担，能够释放创造能力的正是这种方法，那不是因为我的演讲时间快要结束，而是因为有一个更为重要的理由。这是因为每个人在其个性成长的过程中都具有某种独特性和创造性，这就是个性的意义。最需要做的事情是消除抑制和阻碍个性表达的各种障碍。当清除了令人难以忍受的和人为的负担后，每个人都将在某个领域发现属于他自己进行积极的创造性工作的机会。而且，无论创造的数量受到多少局限，重要的不是这种工作内容和领域，而是这种工作的质量和力度，以及大量的个人创造所形成的累积效果，无论创造的数量受到多少局限。创造性活动是我们最大的需要，不过，批判和自我批判是通往创造性的道路。

（朱镜人译。译自："Construction and Criticism" in *John Dewey: The Later Works, 1925—1953*. Carbondale and Edwardsville. Southern Illinois University Press. 1984, Vol. 5，1929—1930: 127—143.）

哲学与教育（1930）①

在对人类从属的自然作了一段时间探究之后，希腊雅典的哲学开始转向人的探究。正如格言所说，苏格拉底②把哲学从天上带到人间。人们常常忘记的是，这种变化是与人们教育兴趣的发展一致的。从广义方面看，教育的可能性确实可以萌发出教育的兴趣。这个事实一直未被察觉，是因为苏格拉底所做的基本探究引发了柏拉图和亚里士多德的讨论，翻译成英文后出现了这样的问题：美德（virtue）是能够教的吗？当我们听到"美德"这个词时，我们想到的是某个与其他人利益相关的东西和道德方面的品性。但是，被翻译成"美德"的希腊一词含义却很宽泛。它最初的意思接近勇猛（valor）和男子气概（manliness）。后来，逐渐拓展，用以表示作为个人以及作为忠诚和有效的社会成员必备的值得赞美的品质。

美德所涉及的问题是，是否可能通过有意识和有计划的方法在人的原始本性中栽植一些彰显个性价值的特征，灌输主动热爱善的情感，使其具有服务社会的能力。已经得到承认的是，要做到这一点也许需要获得某些技能，艺术和工艺学徒的训练就证明了这一事实。人们还承认，有关某种专门事务的知识

---

① 首次在洛杉矶加利福尼亚大学以《洛杉矶加利福尼亚大学新校园和新建筑落成献词》（*Addresses Delivered at the Dedication of the New Campus and New Buildings of the University of California at Los Angeles*）为题发表，1930年3月27—28日。伯克利：加利福尼亚大学出版社，1930，第46—56页。

② 苏格拉底（Socrates，公元前469—前399），古希腊哲学家和教育思想家。——译者

可以传授，可以用必要的知识装备人使其具有从事鞋匠、木匠或医生等专门职业。但是，这种训练，这种知识的灌输不是教育。男子汉气概的完整意思能够被系统地教授吗？男子汉气概的卓越在于能够使野蛮的动物本性向理性和理智的理想转变，能够懂得科学和欣赏美术（fine art）①。人具有半动物性的难以驾驭的欲望和不合常规的冲动，在自然状态下，它们能够转变为作为稳定和幸福的社会生活条件的服从和领导的理智习惯吗？

这是人类给自己提出的最为尖锐的一个问题。教育真有可能发生吗？其意思是：能否有意识地和系统地将理智应用于生活的规则？人的本性沿着被引导的路径前行便能获得所期望的各种能力吗？有没有那种具有足够的智慧可以承担教育职责的人呢？在他们试图控制其他人发展时，有没有他们所依据的目的和原则呢？而且，从另一方面说，人的本性是否能通过教育使个人和社会变得卓越呢？

因为这个问题如此的尖锐和如此的重要，它提出了自伟大雅典时代以来欧洲哲学一直关注的几乎所有问题的根本。知识是什么？它与人和真理有什么关系？善的知识和实践之间有什么联系？什么是精神及它与身体有什么关系？在思想、理解、欲望和感情之间有什么联系？善是什么以及怎样理解善？它能够被有效地传达吗？这就是说，人能否被引导参与善的活动从而使他可以规范自己的生活？离开正义的社会秩序，善能够被传达给个体吗？最后这个问题带出了个体与社会相互关系的全部问题，即社会组织、法律和权威的问题。

我不打算讨论这些哲学问题。我提及它们是要表明，在我们开始有意识地注意教育时便会发现它和哲学的本源有密切的联系。教育事业是人们严肃对待的事业。它被视为实现和维持美好生活（good life）的方法：美好生活是一种完满的、卓越的和富足的生活，是一种以个人为中心的生活，也是个人作为成员的美好社会的生活。我强调教育是美好生活的一种审慎的引导和陶冶的观

---

①这里的美术包括诗歌、音乐、绘画、雕塑、建筑等。——译者

点，是因为这种观点清楚地指出了流行至今的许多教育观点中的错误。正如前文所说，对于特殊职业中技术训练的可能性无人质疑，也无人质疑能否成功地传授系统的知识。但是，对真正的教育过程的阐释却被含蓄地否决了。教育的目标（goal）和范围得到了拓展，包含了所有对美好生活有贡献的活动，而且，教育被限制在只为此目的服务的同时，还必须满足其硬性规定的检验标准。

苏格拉底和柏拉图①的论点已经证明，知识是卓越的条件（knowledge is the condition of excellence），知善和行善两者关系密不可分，无知、精神颓废、不道德的生活也是密切相互联系的。那种无限夸大理智和知识重要性的观点常常受到批评，因为经验表明，尽管人们知道什么是善，但行与知却不一致。这些不友好的批评忽视了一种事实，苏格拉底的立场对两方都有用。它提出了知识的和正确行为的标准。我想，柏拉图对这些批评家的回答可能是，那些不能转化为行动的知识不是知识；它是一种意见、传闻和属于二手性质的其他人的理念。我们可以想象柏拉图所说的，衡量知识的标准在于它能否激发和指导行动。人们批评他夸大了理智的重要性，贬低了实践、技能、习惯和情感的作用。针对这种指责，他可能会回答说，他做了长时间的严格的行为训练，对感情、喜好和厌恶做了系统的训练，这是能够实现善的智力的先决条件。他可能会指出这样的事实，他称之为体操的身体、习惯和技能的训练以及他称之为音乐的情感训练是洞察美好生活的构成和原则的必要的准备。在承认他所称作的体操已经拓展到包括所有的技能形式，诸如他未曾关注到的各行各业所要求的技能时，以及在承认他所称作的音乐已经拓展到涵盖所有文学和美术时，柏拉图仍然会提出一个问题，数量的增长和范围的拓展是否伴随着质量的下降？因为，如果我们割断专门的职业训练以及审美陶冶模式与美好生活的最高价值及其内含的知识的联系，柏拉图会认为，我们已经把这些职业自身视为目

---

① 柏拉图（Plato，公元前427—前387），古希腊哲学家和教育思想家。——译者

的了，没有看到它们内含的教育价值，即它们应该为之做出贡献的宽泛的目的（inclusive end）。

我关心的不是柏拉图理论技术方面的正确性。他的理论所证明的是，教育是建设人类美好生活的手段。哲学研究的对象是美好生活本质、美好生活的构成和实现美好生活的条件。哲学和教育是有机地联系在一起的。

教育与哲学之间重要的连接链断裂已经为时已久了。教育和学校教育走的是自己的道路，哲学也走上了独立的路径。教育与哲学两者都发现自己面临大量的特别问题，在各自专业化进程中，两者分道扬镳了。希腊时代，问题相对简单和一致。我们的问题复杂且多样。要做的事情很多，特别的多，这些难以计数的问题相互间差异显著，以致于它们之间没有一致的联系。每一个问题都难以解决，解决每一个问题都需要付出全部的时间和精力。思想和注意力被分散到细节问题上，整体模糊不清且经常被遗忘。然而，这种情形可能被视作一种召唤，重新建立就生活问题所做的严肃思考与教育工作之间的联系。今天的时代，人们对教育的兴趣与日俱增。在上一代，它已经是大学独特的研究内容。人们对哲学思想的兴趣也与日俱增。重建这种联系难道不会有助于给予教育以指导和完整性，给予哲学以殷实的内容和活力吗？

我们这个时代至少有一个条件与雅典时代相同。曾经在相当长的一段时间里，教育是被视作传授日常生活经验、传承传统和单纯的训练学徒的事务，我们现在又一次地将教育视作对理智基础（intellectual foundation）的追求，视作一种需要系统的理智指导的事务。我们大学教育系的存在就是这一事实的证明。我们不再满足按照过去遗传下来的未经检验的模式进行教学和训练，也不再满足把教学和训练看成通过掌握专门学科内容来增强纯粹个人的天赋和灵感的事务。学校组织曾经是从源自传统和政治治理事务中派生出的。督导长和校长遵循的是由学校委员会和纳税人修订的惯例。那时，没有心理学和相关分支学科的知识以使教学摆脱那些受个人天赋影响的日常规则的制约，也没有可以将科学管理引入学校组织和行政管理的经济学、统计学和相关社会科学。

在那些习惯于这种不成熟环境的人们的头脑中，将教育研究引进高等教育是自以为是的做法，不会产生效果。有了师范学校就足够了。师范学校应当引导年轻的尚未入道的青涩新手了解这个行业的诀窍，他们除了要学习他们将来任教的学科知识之外，他们还应当学习前辈教师们积累下来的有关教学方法和设计的经验并受到相关训练。但是，为什么要将这类事情引入致力于传播旧知识和发现新知识的大学呢？大家熟知的是，高等教育机构中一些历史悠久的知名系部对引入被称作教育学的东西不以为然，谈及教育学这个词语时态度相当轻视。

由于是新学科，"教育"作为大学教学和研究的科目，未能得到相对有效的组织。先驱者不得不摸索着前进。如果声称没有犯过错误，或者声称不会继续犯错误，那是可笑的。但是对这个事业的不问青红皂白地谴责忽略了两个基本事实。其中一个是，教育是有组织的政治国家与社会的最大的和最重要的事业；是参与人数最多，经费开支最大的事业。除此之外，人们可以毫不夸张地说，教育就其结果而言，是所有公共活动中最基本的和最重要的活动。（因此，大多数州立大学对这一新学科持接纳态度，就一点也不令人奇怪了。）这只是这幅画卷一面。在另一面，虽然可能存在着需要，然而却没有智力资源使需要得到满足。持有敌意的批评忽略了一个事实，其他学科的发展达到了可以为解决学校中出现的问题提供资料的阶段，其中一些可以为学校必须完成的工作指明了方向。现在，一方面存在着大量的令人惊骇的各种问题等待研究，但另一方面，也有着丰富的来自许多专门领域的资料，可以用来认识这些问题。

让我以教育组织与治理这个不属于我的研究兴趣的领域作一说明。在我们这个国家，我们没有，我们中的许多人也希望永远不会有高度集权的政府部门的控制和督导体制。然而，某种理性的监督和督导还是需要的，除非完全放任自流和任其浪费。我们的传统允许我们实行某种程度的自治，自行决定传播什么和接受什么。大学是负责提供所需要的东西的自然中心。一旦如此，大学就给自己找了许多棘手的问题。学校至少是伟大社会制度中的一分子，是一个与法律基础和政治相联系的机构。这种机构的历史正像其他机构的历史一样值得研究，它目前的形式和运行像其他机构一样需要同样认真地审查。教育机构引发的问题直接涉及政治学、社会学、经济学和公共健康学科的内容。这些学科为必须探讨的问题提供了智力资本。过去，在探究教育问题的道路上人们犯了许多错误，有过许多浪费，经历了许多失败，这是因为公共教育事务的操作没有获得像刚刚提到的这些学科的支持。大学不仅是梳理有关公共问题知识的合乎逻辑的场所，而且是唯一能够胜任这一任务的场所。

我刚才提到了机会和需要的一个方面。如果将小学和中学学习过程中的问题以及学科和科学内容的迅速增加所导致的知识肤浅和负担过重的问题纳入我们的研究领域，我们的大学研究便有了沃土。这里只举一个例子来说明这个复杂学科的特点：迄今为止，还没有一个被广泛接受的解决问题的方案，将这门较古老的传统研究有机地适应三十多年前进入学校的那些学科。生活中，到处都存在着旧的和传统的事物与新事物的冲突，结果造成了混乱。任何其他领域的冲突都没有教育领域的冲突这么尖锐，没有其他哪个领域的混乱所造成的危害超过教育领域。大学目前远离这些日常的问题，没有用一种彻底的方式探究这些问题，而它们能够而且应该与中小学保持密切的联系以便获得必要的资料去探讨这些问题。如果不在智力中心进行认真的连续的研究，我们就面临损害教育功效的危险：一方面，对于任何一件东西，只要是新的就大吹大擂，赋予荣耀，而另一方面，会因为极端保守导致经济和社会因素的作用而受到损害，以至于我们在身处急速变革的新环境时因循守旧。

还有一点需要注意，尽管只是顺便提醒一下。近些年来知识的拓展对论述作为个体的人的问题产生了巨大的影响。受其影响的不仅包括通常被"教学与训练"所涵盖的内容，也包括影响师生心理的和道德健康的内容。生理学、心理学、精神病学、儿童诊疗所、儿童指导机构提供了需要用来对付当前问题的未曾预料到的大量的而且迄今尚未消化的资料。综合利用这些对人的正常和反常发展产生独特影响的资料也是一个独特的问题。这个问题不能等到出现身心机能紊乱需要补救方案时才解决。所需要的是建设性和预防性的行动，学校以及家庭是这种行动的天然处所，教师以及家长是这种行动的执行者。但是，如果教师和家长不了解有关教育的知识而只有保健的知识，他们可能就无能为力了。专业学院是按照大学教学和研究正规部门设置的。而且，教育这个专业的目的是建设性的，关注的是正常人的发展，而不是人和社会紊乱和衰颓问题。

然而， 所说到的这些内容没有涉及大学教学中哲学和教育的关系。人们也许承认教育的兴趣是哲学问题之父母。然而，也许能够认为，这两个问题是被分开了，就像父母与子女分开一样。可是，承认它们已经被永久分开，是承认教育现在关注的是专门化了的技术性事务，而不是关注美好生活。毋庸置疑的是，教育，无论是小学的正式科目还是日后生活的专业能力，全神贯注于灌输大量的专门技能，而且，关注的不是为积累有价值的经验创造条件而是如何系统地传授知识。毋庸置疑的还有，知识日益专业化和分化致使知识的整体性消失了。但是，如果我们不假定这些结果正是我们需要的和正确的，这种特殊的形势就创造了一种对哲学的需求，因为只有哲学可以应对这种挑战。

几年前，很有成就的库尔特①教授这样谈论了教育问题：

> 我们能够用教条主义态度对待的问题并不存在，而且，也不存在我们倾向于用教条主义对待的问题。因为我们无法将过去取得的经验与我们所希望得到的或者我们应该得到的东西作一比较，因此，也不存在过去的经验可能是一种不安全指导的问题，不存在理论化可能导致方向迷失的问题，也没有任何问题因理论的不成熟而被掩盖。我们不理解我们正在寻找的拟用来修正和发展的结构，我们不知道我们懂得这些之后应当做什么。我们也不知道，在我们知道了我们需要什么之后我们应当怎样做。步出一片虚无之后，我们

---

① 库尔特（J. M. Coulter，1851—1928），美国植物学家。——译者

正在构建我们的假设。

换言之，多年以来，或者说，当教学机构成倍增加时，我们并没有远离苏格拉底和柏拉图的时代。我们依然会提出教育是否有可能性的问题，如果有，怎么实现这种可能性？因为教育依然在于形成智力、道德和审美等方面的品质，而不在于仅仅训练技能和传授知识。不过，良好品质究竟表现在哪些细节方面，它怎样能够被理智地引导依然是值得怀疑和需要争论的问题。我不想暗示，哲学对这些问题有现成的答案。但是我确信，这是哲学需要思考的一个问题，教育提出的哲学问题会挑战哲学的本源和检验其全部理论。如果哲学准备走出封闭的幽静之所来检验其应用性，那么，教育问题会为它提供最直接的和最紧要的机会。

因为教育的终极目的不是别的而是在于造就人，使人的能力得到完满的发展。通过使人类，即世间的男男女女具有高远的志向，自由的思想和高雅的品位，懂得知识，掌握方法，人类社会本身也会得到不断的再创造。伴随着这种改革，世界也得到了再创造。我们无需提醒人们说，社会处于急速变革的时代，或者说，目前的生活存在着未解决的问题且受到了邪恶的影响。我们需要反复提醒自己的是，教育是解决社会邪恶和应付社会问题的最具深远意义的和最重要的途径。带着我们美国人所持有的伟大教育信仰，我们依然会假定，外部的改革会消除我们遭遇的麻烦。我们期待着某种立法方案，给学校提供一些方法，去从事只能由个人才能做的事情，他们能做是因为他们自己完全具有做这些工作的潜力。我不相信任何人可以准确地预测未来会如何或者提出有关未来社会的合适理念。但是，就教育能够使人的能力得到发展的程度而言，我们必须信任这些人能够应对出现的问题，而且能够改造他们面对的社会环境以使人和生活变得更有价值。

在过去，我们多次依靠战争来显示人类的无限忠诚。人类的生死斗争显而易见且具有戏剧性。其改变历史进程的结果是明显的和令人印象深刻的。但我们什么时候才能意识到每一所学校建筑中发生的斗争同样会影响和扭曲人的生活？这种斗争不是使用武器和暴力，其后果无法用伤亡数字来统计，也不会引起领土的变更。但是，在其缓慢的悄无声息的进程中，在与那种倒退回限制人生活的时代的斗争中，人类争取自由的思想最终将获胜。我们需要立下誓言，在人类解放进程中最伟大的战斗中，满怀新的信念和信仰，为最终实现人人都将为一种能够体现完整人生活的目标而努力。

（朱镜人译。译自："Philosophy and Education" in *John Dewey: The Later Works, 1925—1953*. Carbondale and Edwardsville. Southern Illinois University Press. 1984, Vol. 5，1929—1930: 289—298.）

教育：修道院、交易柜台还是实验室（1932）[①]

若干年前，当我途经阿迪朗达克山脉时，攀爬了这片山峦的主峰马西山。快要登上山顶时，我看到一片湿地，中间有一条缓慢流动的小溪，它毫不起眼。相隔一百多英尺距离，越过一块坡地，又看到另一条蜿蜒流淌的小溪，它同样不惹人注目。有人告诉我：第一条小溪便是哈得孙河的上游源头。它流过了一段不长的距离后，便被一座高出这片沼泽地数英尺的分水岭分成了数条溪流，它们最后汇成了圣劳伦斯河。这些溪流很难被称作河，只能说是细小的水流。它们的源头彼此不过相隔几码远的距离，但它们穿过地形各异的区域，饱览两岸迥然不同的景物，最后注入了彼此相隔数百英里的大西洋。出于比较的目的，我把上述这段话看成一种隐喻，这个隐喻显得有点老套；然而在我看来，它却颇能说明历史上发生的那些事件的特点。伟大的运动在它们刚开始时，常常并不显得伟大。当其自身还处在发轫期，它们就像山顶旁流淌的涓涓细流，看似无足轻重。只有经过一段漫长的时期，当我们回过头来再看看从这些微不足道的开端中产生的东西，才会认识到它们举足轻重的意义。正如我们看到了波澜壮阔的哈得孙河，就想到了马西山山顶那条小溪具有的重要意义。

你们当然会记起爱默生（Ralph Waldo Emerson）说到的那种人，他的为人比人们知道的要好。在我看来，所有伟大的历史运动对那些开始对它们有所了

[①] 首次发表于《巴恩韦尔通讯》（*Barnwell Bulletin*），第9期（1932年2月），第51—62页。本文选自杜威为费城中央高级中学巴恩韦尔讲座所作的演讲，1932年2月4日。

解或想去了解的人来说，要伟大得多或糟糕得多。对于我们自己国家的创建的历史来说，也是如此。你们会记得大多数我国革命的领袖人物，乔治·华盛顿本人也包括在内，都希望不要与大不列颠造成彻底决裂。他们具有想要获得的确定目标，但并没有仔细考虑过一个面貌一新的政治世界。他们觉得自己正在为属于不列颠臣民的那份自由受到的伤害进行抗议，正如他们的英国先人曾对斯图亚特王朝的暴虐行为进行抗议一样，他们追随其祖辈的足迹，也要对当朝的乔治国王的专制暴政进行抗议。

美国那些初创教育体制的人，肯定不具有创立一个崭新的教育体制的想法和意图。实际上，他们是在往后看，而不是向前看。他们当中，有些人属意荷兰，有些人要学习英国；他们最大的野心，如可能的话，对他们本人学习过的那类学校进行模仿或复制。他们置身于一个新的国家，这个国家有很大一部分地区还是荒漠之地，他们的宏大志向自然就是在美国的土地上尽可能把自己从孩童时期便熟悉了的那种样式的学校再现出来。这种试图承续旧大陆教育体制的做法，维持了好长一段时间。总的来看，它在本国一直延续到——我们只能粗略地给出一个说法——比如说内战以后的那段日子。从那时起，我们的教育主要还是作为一个受纳者，它竭力要把源于欧洲的那种高级文化保存下去。

这种类型的教育带有一些相当明确的特点。在小学的最初几年里，学校教学实质上就是"3R"教育：读（reading）、写（writing）和算（arithmetic），再讲一点本国的历史和世界地理知识，特别添加一点本国的地理知识。学校里普遍流行的做法，是把教学的科目和方法一一划分。广大学生接受了一点学问方面的初步训练，却并没有进入中学继续接受教育。当他们离开小学时，教育主要通过在学生期间了解到的各种职业技巧，通过正式或非正式的师徒契约得以延续下去。通过师傅带教和师徒关系造成的往来接触，学徒掌握了某种职业技能。可是，仍有少量学生能够继续接受高等教育。对他们来说，高级教育的支柱就是古典语言，那些准备从事法律和医学这类须具备专门学问的行业的学生需要学习希腊文和拉丁文；那些准备踏入政界的学生，则需要学习希伯来文。学校还会讲授一点历史，但这是一种古代史，是希腊罗马史以及这些古代国家的文学。那时的高级课程中还没有英语文学，也未开设现代语言的课程。如你们所见，这种教育大部分在讲授知识的各种符号，以及文字或书面表达的技巧。这一点尤可见于古典语言和文学的授课中。这种情形几乎可以使人不由得想到，教育在时间和空间上越是远离当今时代，它所讲授的内容便越发显得优异、珍贵。

请允许我冒昧地把这种类型的教育称为修道院式的教育。这是一个比喻的说法，并不过于注重其原本的意思。它是一种让少数人而非大多数人接受的教育。它源于欧洲的传统，由此它以为，只有少数人能够从学问的初步训练出发，继续接受那种可称之为真正的教育。正如我说过的那样，这种教育的内容就是有关学问的大量符号。数学是有关数字的符号，书面或印刷文字是有关语法和文学的符号，如此等等。这种教育游离于普通人的日常生活之外，把它叫作"修道院式的教育"或许未必是乱扣帽子。

如今，这种自有其欧洲来源、又在某些细节方面作了更改的教育（毕竟，在它和它的源头之间隔着一座大洋），它所持存的时间要比我们期望的更为长久。这种在我们这片新的土地上实行的古老教育，它的长期存在大概要归为两个主要原因；同时，从这两个原因中孕育出了一种新的政治制度，以及相当程度上的新的社会制度。一个原因就是，在我们合众国创建后的最初几十年里，广大民众仍然在校门外接受他们的实践教育，大体上看，我们仍然是在乡村中以耕作为生的人。在我们所处的那个年代，工业仍主要表现为家庭成员和街坊邻居所干的手艺活儿。如果说人们也使用机械装置，那么相对来说都比较简单。在村庄、乡野村落和村镇上，每个人总能找到他可以随意进去购物聊天的一家当地的小店。我还记得坐落着我祖父房屋的那个村子，在我童年的时候，我会到那里去过暑假。村子里有老式的锯木厂、磨坊、鞣皮厂；我祖父家里仍在使用的蜡烛、肥皂等，都是自家制作的东西。鞋匠每逢一段时间便会走遍村子，花上几天工夫为村里的乡亲制鞋或者补鞋。正是在这样的生活环境中，每个人都与大自然亲密接触，都能直接参与形式比较简单的工业实践。众多年轻人由于家中并未蓄有万贯家财，要通过那种非正式的学徒生活获得名副其实的教育。他们要去干家庭规定的家务活儿、田地里的活儿，并与左邻右舍搞好关系。他们用他们的双眼能够看到周围发生的真实活动，据此展开其想象。要对我们在早期创业条件下通过这类方式得到的大量名副其实的教育和养成的良好习惯作一个高度评价，并不是件容易的事。其实，由于人们与实际材料和富有意义的社会行业保持真正的接触，那里存在着一种真正的教育。

另一方面，在这一时期，以书面或印刷文字形式传递的知识，如按经济学家的说法，则还拥有一种"稀缺的价值"。书籍、报纸、刊物，总之，所有种类的阅读材料，比起今天要稀缺珍贵得多。图书馆相对来说，还是罕有之物。学问或者说熟练驾驭学问工具的本领，阅读、写作和计算能力，皆具有一种高级的价值；因为唯有学校，才能为人们提供掌握这些学问工具的地方。我们大家都听说过亚伯拉罕·林肯（Abraham Lincoln）[1]以及其他来自蛮荒林区的粗汉如何刻苦学习的故事，他们不畏艰难困苦，有的人赤脚走上几十里路去上学，有的人借着昏暗烛光彻夜钻研那些简易的学问。在那些日子里，过去那种修道院式的教育是通向一个更大的文化世界的不二法门。我认为，这就是为什么这种老的教育形式，这种在今天看来似乎显得贫乏枯燥的教育仍能维持良久，并能相对有效地获得重要成果。

随着各种社会条件的变化，我们的整个教育体制逐渐发生了非常大的变化，变化之大足以称得上是一场革命。作为一个象征性事件，我想把我的童年时代那种老式的磨坊和今天巨大的面粉加工厂家作一个对比。那时候，我们可以走近磨坊，可以看到那堆麦子，看到它被放到大大的石制料斗里；我们可以看到它通过各种管道输送的过程，可以一路跟随这些管道看到它变成了麦麸、面粉或其他什么制成品。要是我们今天走进一家大面粉厂，根本看不到放进料

---

① 林肯（A. Lincoln，1809—1865），美国第16任总统。——本书编译者

斗中的麦子！我们追随整个生产过程，实际上什么东西都看不到，甚至是那些制成的面粉，因为它被自动装进了大桶里。今天的年轻人竟然不能像他们的上几代人那样接近生活、社会、物质、经济的基本现实，这就是我通过上述磨坊例子想要说明的东西，要是我们把它当作一个带有象征意义的例子看待的话。这一事实使学校感到有必要扩充其教学范围，把许多学校外面的，向来只是与男孩女孩的生活、与年轻男女的生活相关的那些东西纳入其中。加之，如果考虑到语言使用和书籍出版的情况，那么形势与以前已大不相同了。印刷品几乎就是一种药物，它廉价多产、随处可得。一个在城市里长大的人，要想尽办法才能避开它。机器取代了计算和文字抄写的工作。可是，另一方面，获得学问和实践规训的机会却消失了。从前，在广阔的原野、工场作坊中人人都能学到这些东西；在那里，几个人通过其工作彼此间产生密切接触，他们做出自己的判断，并因个人获得的成就而受到他人认可。从前的广阔原野，能使人们轻易地找到走向某个去处的捷径；而如今，他们走的道路是被划定好的。此外，这些道路上挤满了人，个人行走的步子受制于摩肩接踵的人流。

两个显著的事实改变了我们学校沿袭的教育体制。要维持民主平等的理想，就要使学校教育带有普遍的义务性质。在最近三十年里，我们已做了不少事情，使这一理想化为现实。如若从人口比例上看，上高中和大学的男女生数量甚至比起三四十年前也增加了五六倍之多。跟着，生活的特性也发生了变化，从农业转向工业化的生活要求改变教学内容的着重点。起先只是出现了一种让多数人接受教育的尝试，这种教育在从前的国家中只是让少数人享有的东西。随着时间的推移，正是这些走进校门的多数人迫使学校产生了巨大的变化；如果从教学内容、教学结果以及教学方法上产生的变化来看，这种变化堪称一场革命。

这种革命性变化的性质，在很大程度上是由生活的经济因素决定的。这场巨大变化伴随工业革命的名义而发生。也就是说，用机械力代替畜力和人力的过程自然是始于英国而非美国。但本国相对稀少的人口、丰富的自然资源包括未开发占用的土地、须用交通通信聚为一体的辽阔国土，使本国民众几乎迫使这个国家要快速而不受限制地采用生产和分配的新办法。况且，这里还存在另一个意义非凡的因素。一般而言，在英国或欧洲，新兴工业不仅发展较慢，它还受制于延续了好长一段时期的那种传统制度的背景。后者并不仅止于抑制其快速发展，其本身如容纳河流通过的堤岸那样，形成了允许经济和工业发展的限度。美国却不存在这样的抗衡力量，对这个大陆的工业征服差不多是借助十足的环境之力和美国人主要的谋生手段推进的。对身体的控制趋于表现为吸收，差不多也就是表现为占有身体的能量；而在欧洲，人们是借助多种多样的渠道来扩大对身体的控制的。从人性上讲，美国人这种独有的兴趣不可能不对其学校教育打上很深的烙印，并对校门外形成人们性情习惯的那股交互作用的力量产生深刻的影响。

此外，工艺和工业的发展越来越依赖于技术，而技术最终又依赖于掌握科学知识；化学和物理学正在用它们的发现，取代习俗惯例，取代上几代人通过模仿和学徒生涯获得的经验法则。许多行业活动都受到了浸染，尽管从理智的观点来看，这些行业活动并不具备多么高的等级。它们看来都乐于采用科学技术，无论采用这些技术是否实际上提高了处理经验和例行公事的水平。科学获得了如此高度使人称誉的价值，以至于每一种可以想象出的人类活动如今都拥有其相应的"科学"——撰写广告、洗涤衣物、账目簿记、食品烹饪、速记打字等，这里就不一一开出这些行业的清单了。

与此同时，许多人或者说大多数人认为，扩大教育，尤其是扩大那种包含大量职业要素的教育，满足了广大民众的需要。而在丰富充实教育的问题上，有些人则持相反的观点。在此就带出了我这番讲话之标题中使用的第二个习语。那些持反对立场的人说，我们的教育由于一味迎合大多数人的需要，已恶化变质；如今我们发展的不如说是廉价商品交易柜台式的教育，那种老式的教育靠的是智慧和以往的文化，它会向年轻人、缺乏经验者和愚鲁者传授善的东西。今天的教育理论和实践却要把所有的东西放到教育柜台上摊开来，让每个具有不同口味的人都能找到某种可以学习的东西、某种进修课程，所以是那个买东西的人、那个未成年人而非提供教育的人在为教育定调，在决定教育应当具备何种形式。于是他们说，学校如今成了一家商店，店主盼望展示他的所有货色；他把他的货色拿出来，某一件吸引眼球的货品会满足某个人的口味，另一件货品会使另一个人感到赏心悦目。他们说，其结果，我们的教育变成了一种散漫无序的教育，它被稀释和弱化了。早先教育中用以培育有文化、守纪律的人的那些要素日趋消失，今日学校贯彻的教学原理只是给年轻人想要的东西或他们以为他们想要的东西。他们声称，教育在迎合这类需求中变得讲究功利、"实际"，而不是注重文化，其目的单单就是帮助个人去奋力打拼，使他赚起钱来更为得心应手，或者找到一份唯有经过这番训练才能找到的好差事。他们基于这一理由，对我们的大学、中学甚至小学进行了抨击，认为教育的扩大而非教育的充实提高，造成了教育浅薄化的倾向；教育的稀释和稀薄化使学习的过程拥塞不堪，如今年轻人学到的东西缺乏深度——学到的只是一些表面文章。

我并不完全同意此类批评，可是斗胆地认为，"交易柜台式的教育"这一称呼刻画出了今日教育某个方面的特征。此类批评到底在多大程度上真正能够得到证实，对此问题作一讨论几乎不太可能，理由在于不同的人持有相当不同的标准。要是某个人认为，更紧密地联系生活代表着教育的进步；另一个人认为，这足以表明教育还不够完善，因为文化的本质在于它不会过分紧密地与日常生活的实际需要相关联，显然，他们之间不存在可以相互展开交流的接触点。他们对这种教育趋向做出十分不同的判断，因为他们持有不同的标准。如果史密斯先生和夫人认为，教育的日趋职业化是一件好事，因为这种教育注意到了平民百姓需要谋生这个事实；另一方面，他们的邻居琼斯先生和夫人坚信，这类教育意味着一种退步，这样一来，他们对当今教育体制就会做出完全不同的评价。我们不能在这里谈论这个过于宽泛的问题。也许应该说，类似批评中提到的问题有些似乎可以得到证实。我们目前的教育在有些方面流于浮泛浅薄，变得散漫无序，缺乏目的的明晰性。比较经常出现的情况是：那些所谓的实践课，除了它们的标签外，并非真正体现着实践性。有些此类课程想讲授那些只有在实际事务中才能学到的东西，或者说它们对自己提出了那种要求，但没有对日新月异的飞速变化予以充分留意，因为老师们并没有接触工业的实践，他们传授的做事方式是人们五年或十年前的做事方式；现今人们出于实际生活的需要，已不再按这种方式去办事了。老师们也较少考虑从今往后的五年里，人们的做事方式将出现哪些变化。其结果，所谓的实践课在一成不变的讲授中失去了其实践性质。

我们完全承认当今教育体制中存在的某些倾向，然而还是要说，我们做成了一件非常重要的事，至少把传统教育中那种称之为文化教育的森严壁垒打破了，这道屏障挡住了广大民众获取任何值得称之为教育的那种东西的去路。我们至少在发展人人享有的教育方面首先迈出了一步，这样就使长久以来"人人享有平等机会"的理想愈益成为现实。我们至少还把所称的文化和职业之间存在的那堵隔墙给推倒了，事实上，我提到的那种"修道院式的"老式教育（要是我属于另一社会阶级，我会把它称作布道坛的教育）认定，只有有闲阶级才需要文化。因为他们饶有资财，这使他们不必去理会任何需要接受教育的职业或者职务。另一方面，它又认定，那些无时无刻地听凭谋生命运摆布的人，特别是那些用力气干活的人，必定被挡在高级文化的门外；他们生来就是与有形的物质玩意儿打交道的命，所以在其职业中不存在可获取理智、艺术之类事物的通道。这样看来，我们所说的交易柜台式的教育，哪怕它是最低级的交易柜台式的教育，也去除了这一划界，去除了职业和文化之间存在的整座隔墙，换言之，去除了理论的东西和实践的东西的彻底脱节，以及行动和做事与知识和理解之间完全分离的情况。

交易柜台式的教育至少为另一种类型的教育铺平了道路，我把后者称为"实验室"的教育，这一称谓在某种程度上带有隐喻性质。"实验室"这个词意味着行动、工作和劳动。这个词通常是指供科学研究之用的实验室，例如物理、化学、生物实验室等。但该词赋有的那种观念，会向实验室以外扩散。实验室的第一个重要特征在于，那里面展开着一种活动，这种活动要借助技术装备，例如用手足和身体来操作工具、器械，以及其他机器装置等。人们要处理的是真实的材料，并非如老式的传统教育那样，仅仅与学问的符号打交道。

这种实验室的观念为什么不能推广到工场车间之类的场所中去呢？这一点毫无道理。如果你愿意的话，为什么姑娘们学做烹饪的厨房或缝制衣料的房间，或者男孩们干手工活的工场，就不能成为通过处理实际事务将学问原理具体化的地方呢？他们在那里动用他们的双手、眼睛和身体，学到了某种本领。我们没有理由不把物理实验室或化学实验室中所做的某类学问推广到这些场所。为什么那些设在文科中学或高中和大学里的作业工场仅限于传授手工技巧，而把某种外部能力的训练交由专门的职业行当来承担呢？这是毫无道理的。通过主动接触范围广泛的材料，人们就获得了那种开掘所有科学资源的机会。确实，我经常在想，也许对大多数年轻人来说，和实验室相比，那些工场会为探寻科学知识的要素辟出一条更具创造性的通道。因为对物理学和化学的直接探研，比如对分子、原子或电子的研究，需要专门的技能，显得困难而抽象；其抽象性以及无可否认地远离感官知觉的程度，一如我们在老式教育中找到的那些东西。以汽车、飞机或收音机这样一类东西作为媒介，能直接辟出一条理解物理学、化学、物质结构原理的通道；这类物件直观形象，易于接近，能使年轻人通过亲手操作，对科学原理得到智性的把握。这类知识是借助并通过他们的日常经验给予他们的，这就表明：它们是借由他们的生活得到的东西，而并非深奥难解、遥不可及的技术性符号。

借助类如实验室那样运作的工场车间，也就是说，借助学习和发现的手段，学生们找到了激发他们的好奇心并使他们得以掌握发现事物方法的那种机会。实验室的教育也提供了接近并了解社会的手段。毕竟，我们的社会有今天，大半要归因于这个社会借助科学之力得以进行的各种职业活动。我们的教育如果只是为了造就农夫、工程师和商人，局限于这一目的，这并不可取。但是，绝大多数进入我们学校的年轻人将会从事不同的行当，要是他们这样的农夫是理智的农夫，能够从事智力发明，能够对他们的用具施以创造性的理智控制，那么这似乎也是值得追求的事。同样，从事其他职业的人所拥有的教育，也应使他们能够做出灵活、独立的判断，提出新颖独到的看法。我把这种教育称作"实验室的教育"。它始于活动，通过活动使学生与真实的事物产生实际接触，围绕和对象的这种接触展开思想训练，从中引出对知识的渴求。这种教育并不仅仅为了把学生固置在往后职业生涯的狭窄框子里。

我所称的实验室的教育还带有另一个特征。老式的传统教育依据这样的思想：教师和教科书事先就知道学生们应当学习的东西，教师和教科书告诉学生知识是怎么回事。学生的用功大体表现为被动的吸收和复制——或许我们可把这一过程叫作"管道式"的教育。把信息输送给学生的教师和教科书被认为是容纳知识的蓄水池，到了适当的时候（主要是在面临考试的那段日子里），他们就把储存的水放出去。这种教学法又可被视为照相式的教育，因为学生的心灵被看作一张照相底片，这张底片上留有教师授课的印痕。当把这张底片放入机器，再把这部机器开动起来（也许在面临考试的那个时段才会开动这部机器）时，底片上就会显示出印在上面的东西。然而，实验室的教育把那种交易柜台式的教育至少看成一个过渡阶段，它要求学生本人担负的责任大得多。实验室的教育就是一种带有实验性质的教育。它是一种通过研究、探询、检验，通过观察和思考来获得发现的方法——所有这些过程都要求心灵的*活动*，而并不仅仅是吸收和复制的能力。

现在让我再回到开头讲到的那个比喻。最初流淌的源头之水就是地区性的初等学校。作为当地居民的家长，盼望其孩子能够享有旧大陆才能提供的那些机会。除非他们自己把学校开办起来，新大陆是无从提供这类机会的。接着出现了大学，其预想的规模之大，足以使你想起训练教士的那种地方。我们的祖辈大多是虔诚的人，他们想要有教士、受过教育的教士，以便充任教会的职事。伴随过去一百五十年的发展，特别是最近三四十年不断加速的变化，这股源于过去年代传统环境的溪流扩展成了一条大河，这条河流的走向迂回曲折，时常生出一些分叉，变得漫漶无定。但是，它仍能用潜在的能量去创造某种新的有意义的教育形式。这是一种普遍的教育，它不仅体现为人人都有机会走进校门这个事实，而且可以针对多种多样的个人需要和能力做出调整。于是，伴随每个个体都参与其中的教育的发展，整个社会从所有成员构成的这笔巨大资源中得到好处，而不仅仅是享受让某个特定阶级得到训练带来的利益；这笔资源在过去没有被察觉到，因为只有少数人才有机会充分展示他们的才能。于是，公共教育之所以是公共性质的，不仅在于这种教育是由国家借由税收提供的公共开支来加以实施，而且在于它要把所有个体都训练成能为社会提供某种形式服务的人。总之，正是通过这种或那种职业，人们最终得以为社会提供服务，而有那么一些人，他们或许涵养深厚，他们把文化看成个人或私人性质的东西，这类东西却未必会与这个社会的劳作产生有活力的有机联系。当我们的教育把这些能力和潜力充分激发出来，就将在本国造成一种真正称得上崭新形式的教育。这种新的教育又会对一种崭新形式的文化做出允诺，使之具备发展的可能性；在这种文化中，原有的屏障将被推倒，学问和对知识的追求将被看作是为了社会的利益，凭借公众的信任来筹划运用的事。

可是，我们的教育目前还没有找到自己的归宿，这条河流还没有抵达某个口岸或者大洋。它还留有传统教育的痕迹。它不会再回返到它的源头那里去了，它要直面今天的问题、将来的问题，而不是过去的问题。这条河流如今冲刷着两岸沙滩裹入的大量泥沙，它往往会分成好几股河道，并在流入这些河道后变得不知所踪。它仍会在一些地方被过去年代的人竖起的阻拦物挡住去路。但是，它自身拥有创造自由的实验理智的力量，它会用这种力量对我们和其他现代人生活的这个纷繁复杂的世界进行必要的改造工作。

（马迅、薛平译。选自［美］杜威著.杜威全集：晚期著作第六卷［M］.马迅，薛平译，上海：华东师范大学出版社，2015：83—92.）

我们怎样思维（1933）[①]

一、思维的各种不同的意义

1. 最好的思维方式

任何人也不能够准确地向别人说明应当怎样去思维，这正如他不能准确地说出自己应当怎样呼吸以及自己的血液循环的情景一样。可是，人们思维的各种不同的方式却能够加以说明，能够描述思维的一般特征。某些思维方式同另一些思维方式相比，是比较好的。为什么好呢？也可以提出一些理由来。那些懂得什么是较好的思维方式，并且知道为什么这些思维方式比较好的人，只要他愿意的话，他就可以改变他个人的思维方式，从而使思维变得更有成效；这就是说，按照这种思维方式，他们就能把事情搞得好些，而按照其他的心理活动方式去办事，就不能取得同样好的效果。在这本书中所论及的思维的较好方式叫作反省思维(reflective thinking)，这种思维乃是对某个问题进行反复的、严肃的、持续不断的深思。然而，在讨论这一主题之前，首先要简短地说明一些其他的心理过程，有时我们把这些心理过程命名为思想(thought)。

2. "意识流"

在我们完全清醒的时候，或者，有时甚至当我们睡着的时候，有些事情仍萦回脑际。当我们睡着的时候，我们把这种现象称为"梦境"。我们也会有白

[①] 国内也有学者将其译为"我们如何思维"。——本书编译者

日做梦、幻想、呈现海市蜃楼甚至更为杂乱无章的意识流等。这种遍布于我们头脑中的不能控制的观念的过程，有时也被我们称作"思想"。它是无意识的和不受控制的。许多儿童试图知道他们究竟能否"停止思想"，就是说，试图使遍布头脑中的心理活动停止下来，但是欲罢而不能。我们醒时的生活有许多是消磨在稀里糊涂的心思、漫无目的的回想、欢快而无稽的期望、倏忽即逝的模糊印象等前后并无关联的细微琐事之中的。大多数人乐于承认这种状况，实际上，这种状况比人们承认的还要多。因此，如果有人说他能够把他"呆呆地在想什么"表述出来，那你就不要对他抱多大期望，他不会表述出什么来的；他只能觉察出碰巧出现的"心中的闪念"，而这种"闪念"过后，几乎不能留下什么有价值的东西。

3. 反省思维是连续性的

有个故事说到，一个在智慧上声望较低的人，想在他的新英格兰镇竞选市政委员，他对人们发表演说："我听说你们不相信我有足够的知识去从政。我希望你们理解，我大部分时间都在思索着这样那样的事情。"照这种说法，即使最蠢的傻瓜也算能思维了。反省思维同心中随意奔流的各种事情一样，是由一系列被思考的事情组成的，但是反省思维不同于那种仅仅是偶尔发生的"这样那样"的偶然事件的不规则的连续。反省的思维不只是包含连续的观念，而且包含着它的结果——一种连续的次第，前者决定后者，后者是前者的正当的结果，受前者的制约，或者说，后者参照前者。反省思维的各个连续的部分相因而生，相辅而成；它们之间来往有序而非混杂共存。从某一事物到另一事物的每一步骤，用术语来表示，便是思想的一个"词"。每个词都为下一个词留下可资利用的成分。事件的连续流动构成为思想的一系列的链条。任何反省思维都有一些确定的成分，它们联结在一起，向着一个共同的目标持续不断地运动。

4. 思维通常限于不直接感知的事物

思维的第二种含义是它所涉及的事物不是感觉到的或直接感知的，它并没有看见、听到、触摸、嗅闻和品尝那些事物。我们问一位讲故事的人，他是否看到过发生的那些事物，他也许回答说"没有看到，我只是想象那些事。"这里表现出来的是一种虚构，而不同于观察到的实际的记录。在这种情况下，最为重要的是：想象中的偶然事件和一系列事件中的某些事件是其有某种连续性的，它们首尾一贯，被一条连续的线索贯穿起来，处于千变万化的幻想之流和有意识地导出深思熟虑的结论之间。儿童们信口讲来的幻想故事，其内部的一致性是参差不齐的，有些是互相断开的，有些则是联结一体的。当它们联结一起时，便类似反省思维了，实际上，它们通常是头脑的逻辑能力的表现。通常，想象的活动总是出现于严密的思维之前，并为严密的思维作好准备。在这个意义上，可以说：思想或观念是关于某种事物的心理上的印象，而不是实际上的存在，思维则是这类印象的连续。

5. 反省思维旨在求得结论

对比来讲，反省思维不只是通过头脑中一系列令人惬意的虚构故事和种种景象而得到欢快，除此之外，反省思维还自有其目的。上述一系列的景象必须导向某种境地；它必须得出一种结论，这结论须在想象之外能够得到证实。一个关于巨人的故事，本身可能是很有趣味的，而反省思维的结论却要求说明这个巨人生活在大地上的特定时间和特定地点，需要在一系列的想象之外，做出某些说明，得出事实确凿、理由充分的结论。通常所谓的"把它思索出个头绪来"，也许能最好地表达出这种对比的成分。这句话的意思表明，通过专心思考把一团乱麻似的思绪弄得顺理成章，把含混不明的思绪弄得一清二楚。这里便有一个要求达到的目的，而这目的就控制着相继出现的种种观念。

6. 思维实际上是信念的同义语

思维的第三重含义是它实际上等同于信念。"我想明天将冷起来了"或"我想匈牙利比南斯拉夫要大些"，等于"我相信什么什么"。我们说"人们总是想世界上的大地是平坦的"，这显然是指我们的前人拥有这种信念。关于思维的这种含义比前面提到的两种含义要狭窄些。信念是超于某物之外而对该事物的价值作出的测定；它对事物、原则或定律的性质做出一些判定。这意味着对事物或定律的断定或是肯定的或是否定的，或采纳或拒绝。信念对某种事物作出适当的判断，至少是默认。信念的重要无需多加强调。信念包含那些我们并无确定的知识，然而却确信不疑地去做的事情，也包含那些我们现时认为是真实的知识，而在将来可能出现疑问的事情——正如过去许多曾被认为是确实的知识现在却变成了不过只是一种看法或者竟是错误一样。

单纯就思维等同于信念这件事而言并没有什么意义，不能表明信念有无根据。两位不同的人都在说，"我相信大地是球形的"，可是当有人提出质疑时，其中一个人几乎不能提出或根本拿不出他这种说法的证据来。他的这种观念只是人云亦云而已。他接受这种观念只是因为这种观念是流行的说法，他本人并未调查事实，并未亲身参与建立这种信念。

这种"思想"是无意识地产生的。人们偶然地得到它，但不知道它是如何产生的。它从隐蔽的源泉，通过不被人们觉察的渠道潜入人们的头脑，不知不觉地变成了我们思想库中的一部分。传统、成训、仿效——所有这些或是依据某些形式的权威，或是依据我们本身的利益，或是符合一种强烈的情绪——是形成这种思想的原因。这类思想不过是偏见而已，它们不是经由观察、搜集和检验证据等人类思维活动而得出的结论，而是凭空而下的断语。即使它们碰巧是正确的，其正确性对于具有这种思想的人来说，也是件偶然的事情。

7. 反省思维激励人们去探索

现在，我们再次用对比的方式研究本书中提及的特殊种类的思维——反省思维。我们前面提到的头两种意义的思维可能对于心智是有害的，因为它分散了对于真实世界的注意，可能浪费时光。另一方面，如果适当地运用这类思维，人们也可能得到真正的欢乐，并且也可成为进行必要的再创造的资料。但是，无论如何，它们都不能获得真理；它们本身并不能展示出让人们接受、坚持和愿意作为行动依据的东西。它们可能包含有一种情绪的信仰，但却不含有理智的和实际的信仰。另一方面，信念却明确地包含有理智的和实际的信仰，并且必然地或早或晚要求我们去调查研究，找出它们所依据的理由。把一片云朵想做是一条鲸鱼或一匹骆驼，这只是一种"幻想"，这并不会使人得出要骑这些骆驼或用鲸鱼炼油的结论。可是，当哥伦布把大地"想"成球形的时候，它的意思是"相信大地是这样的"，因而，他和他的同伴就要提出一系列其他的信念并采取行动：坚信沿此航线可以抵达印度，坚信船只在大西洋中向西远航会出现什么结局；他们认为正是将大地视为平面的思想，使人们做出不可能环球航行的结论，使人们把大地限制在欧洲人已经熟知的一小块文明的地区，如此等等。

早先，人们认为大地是平面的这种信念，也是依照某些证据的；它们依据的是人们视野的限度内能看到的现象。但是，对这种证据没有做进一步的考察，没有经过本应加以重视的其他证据的检验，也没有探寻新的证据。这种信念最终仅凭靠人们的惰性、惯性和传统，而缺乏探究的勇气和精力。稍后的人们认为大地是球形的信念是植根于细心的和广泛的研究，植根于有目的的领域广阔的观察，植根于结论的推导，即考察不同的假设，看哪一个同信念相符合。这种信念同第一种思维含义的区别在于它是种种观念的井然有序的连接；它同第二种思维含义的区别在于它有受控制的目的和结局；它同思维的第三种含义的区别在于它有个人的考察、检定和探究。

哥伦布能够提出他的新思想，正是由于他并非不加怀疑地接受传统的理论，而是富有怀疑和探索的精神。长久以来习惯上认为是最确定无疑的事物，他也敢于怀疑；人们认为似乎不可能发生的，他也相信其可能发生。他就是这样继续地思考着，直到他得到他能够确信或不能相信的证据为止。即使他的结论最终导向错误，那也与先前他所反对的观念不同，因为它是通过不同的方法求得的。对于任何信念或假设性的知识，按照其所依据的基础和进一步导出的结论，去进行主动的、持续的和周密的思考，就形成了反省思维。上述的三种思维都可能引起反省思维；但反省思维一旦开始，它便具有自觉的和有意的努力，在证据和合理性的坚实基础上形成信念。

二、思维活动是从疑难的情境到确定的情境

1.思维是由直接经验的情境引起的

考察以上各例，可以看出，在每种情况下，思维都是从直接经验的情境中发生的。一个人不能漫无边际地去思维，一种观念也不会凭空产生。在第一个例子中，一位学生在城镇的某个地方忙着做事，想起在另一个地方有个约会。第二个例子，一个人正在乘着渡船、而对船的结构中的某种事项感到有些奇怪。在第三个例子中，一个原先受过科学训练的学生正在忙着刷洗玻璃杯。在每种情况下，都是由实际经历着的情境的性质引起了人们的探究和反省活动。

这些例子是极普通的，并无什么特殊的事实。在你的全部经验中，你找不到思维凭空而起的事例。有时，连续发生的思想使你远离最初的思想起点，你很难回到思维起点的原先的某种事物上，但是，随着思路的线索，细细追究，你将发现某种直接经验的情境，某种经历过的、做过的、享受过的或者痛感过的情境，而绝不只是单纯的思维。原先情境的特点是思维的起因。思维不单是从情境中产生出来的，它还回归到情境中去。思维的目的和结果是由产生思维的情境决定的。

在学校中，不能使学生获得真正的思维的最常见的原因，也许是在学校中不存在一种经验的情境，因而不能引起思维，而校外生活却有可以引起思维的情境。学生们做数学题，即含有小数的乘法运算，小数点的位置要正确。数字是对的，若小数点搞错，数值就完全错了。例如，一个学生说是320.16元，另一个学生说是32.016元，第三个学生说是3201.6元。教师见到学生们的这种错误，往往困惑、烦恼。其实，这种结果表明，学生们能够正确地计算，但不会思维。如果学生经过思考，他就不会任意地改变对数值的理解。如果教师派学生到木材厂购买木板以便在学校的手工作业车间中使用，事先同商人约定，让学生们自己计算购买物的价值。数字运算的过程同教科

书所示的相同，小数点的位置完全没有放错。这种情境本身就迫使学生们去思维，并控制他们对价值的理解。把教科书上的问题同木材厂实际购物的需要这两种情境作一对比，可以作为一个很好的例证，说明一种情况对于引起和指导思维是多么必要。

2. 思维趋向于确定的情境

以上三例的考察也可表明每种情境都是不确定的、困惑的、麻烦的，它向人们提出有待解决的困难和未确定的疑问。它表明，在各个场合中反省思维的功能是引起新的情境，在新的情境中，困难解决了，混乱排除了，麻烦消除了，问题得到了答案。当一种情境安定了、决定了、有秩序了、清楚了，那么任何特殊的思维过程自然地就结束了，等到新的麻烦的或可疑的情境发生时，就再引出反省的思维。

因而，反省思维的功能是把经验含糊的、可疑的、矛盾的、某种失调的情境转变为清楚的、有条理的、安定的以及和谐的情境。

一个命题里的表述性的结论并不是最后的结论，而是形成最后结论的一把钥匙。例如，第一个人得出结论"到达124街的最佳方式是乘地铁"，可这个结论只是达到最后结论的钥匙；即，乘地铁的最终目的是要遵守约定。思维是把初期的、困惑的情境发展为最后的、令人满意的情境的手段。在其他两个例子中，也能容易做作出同样的分析。我们在上一章已经说过，形式"逻辑"的最大困难是它的开始和结尾都仅是命题，而命题中却没有两种实际的生活情境；即一种是怀疑或困难，另一种是最后期望得到的结果，这两种情境凭靠反省思维才能产生出来。

怎样确定已经发生过的推论是不是真正的推论呢？最好的方法是看其结果能不能把困惑的、混乱的和不一致的情境改换为清楚的、有秩序的和令人满意的情境。不完全的和无成效的思维，其结论在形式上是正确的，但是，它对个人的和即时的经验却没有什么影响。充满活力的推论则经常使思维着的人能在他所经验到的领域内获得某些不同的认识，因为某些事物变得明确了，并且做了有秩序的安排。简而言之，真正的思维必然以认识到新的价值而告终。

（姜文闵译。选自［美］约翰·杜威. 我们怎样思维·经验与教育［M］，姜文闵译，北京：人民教育出版社，2005：11—16，87—89.）

社会经济形势与教育（1933）

一

刚才讨论的混乱和冲突产生自美国生活的特殊环境。它们存在于教育思想之中，是因为它们是民族主张和行为的特性。由于同样的原因，新教育强调目标必须产生于美国生活中具有实际影响的力量。因此，我们现在来就美国过去和现在的社会形势以及与其相关联的教育理论和概念做一讨论。

直至本世纪（20世纪）之交，一般为人们接受的有关教育目的的阐述的着眼点在个人：在于使个人的身体、智力和道德得到全面和谐的发展。之后，发生了值得注意的转变。教育理论越来越强调社会目的、社会力量和因素是实现教育目的的手段。教育被描述成一种文化传递和重建，个人对包括物质和精神资源在内的共同遗产（collective heritage）的依赖受到了强调。如何使个人具有参与不断使社会得以变革的能力成为教育哲学需要研究的突出问题。学校自身是一种社会生活形式以及这条原则应当在规训、教导和课堂教学行为中得以应用的理念获得了认可，尽管还

远没有得到普遍的承认。^①

基本教育概念所发生的变化为教育哲学的发展提供了可能，使其能够更加紧密地联系当代生活而不只是研究旧理论。它自身也萌芽出一种愿望，努力使校内活动密切联系学校围墙外的社会活动。然而，这种承诺还没有得到根本的实现。许多国家在将理论转化为有效实践方面所做尝试的规模要超过我们国家。强调个人创造性活动是社会重建的必不可少的部分已经成为我们这个国家对实践产生重大影响的理论要素。它就以这种形式进入了个人主义概念，使其得以延续，对此，下一章将会讨论。这种突然的停止和变化的原因何在呢？甚至当理论中仍然保留着社会概念（social concept）时，它们为什么只被视作一种常规力量，而回避谈论它们对实践的影响呢？为什么它们常常只被用来为传统的实践辩护和提供一些专门术语呢？从表面看，其原因在于社会的抽象和形式概念替代了早期个人的形式概念。诸如社会价值的传递和批判性修正，经验的重构等一般理念作为词汇，获得了认可，但是，它们通常仅仅被贴附在现今实践活动上，被用来为过去的实践提供新的词汇和辩护的手段。

任何一个社会概念，只要它不被应用于特定时空的社会，它就依然是形式和抽象的。在这个国家，只要常规的社会教育概念没有与具体的事实相联系，如与家庭、工业、商业、政治、教会和科学相联系，时空因素就不会得到认可。如果我们不满意形式的概括（这种概括只在介绍一种新观点时有价值），它们必须被转变为对今日美国实际生活的描述和解释，以论述影响和塑造它的各种力量。

---

① 对早期的个人概念的强调，虽然常常用的是一种内涵丰富的和开放的形式，是我们这个时代流行的教育哲学概念的特征，特别是在科学界和进步教育界，从这场战争结束以来，一直是以这种强调为标志的。下一章将讨论和批判这种倾向。因此，这一章限定在思考教育哲学中社会化了的内容。这一章是与蔡尔兹（J. L. Childs）共同撰写的。最初，作为克伯屈（W. H. Kilpatrick）主编的《教育前沿》（*The Educational Frontier*）中第二章内容出版。（纽约和伦敦，世纪出版公司，1933，第32—72页）

完不成这个任务会致使盛行的教育哲学缺失其真诚，这种缺失虽然无法察觉但却是可悲的。理论特别需要通过打破学校与生活隔离的状况来参与社会活动和分享社会兴趣。实际上，学生一直受到保护以防止他们与家庭、工业和商业制度有过密的联系，如现今情况一样。也正像在宗教方面，学校受实际环境引导持非教派立场，就不得不规避一个重要的问题，即当代科学和历史发展对传统宗教信仰的影响。因为持中间立场，在当今面临许多重要的社会问题时，学校已经不带任何倾向性。其结果是对实际环境不问青红皂白地自鸣得意。

没有什么比在理论和实践之间制造一个沟壑和创造一个不符合实际的理论更糟糕的事了。我们的教育事业缺乏统一的方向，缺乏源自与主流社会目的和信念相关联的教育活动的热诚和激情。缺乏明确的社会理想的指导，这些任务就成了特殊压力集团的牺牲品，成了追逐特殊利益的理由、传播流行思潮的运动、某一时期有特殊主张的名人的玩偶和过时了的传统的被动工具。当外部环境在其中得到了滋养时，它们便用技术工具装备学生，以实现养育他们的校外环境所期望的目的。在形成决定社会活动的基本愿望和目的方面，这些任务几乎没有任何收获。

在形成倾向、指导行为和检验经验方面产生深刻和持久影响的教育不是来自正规的教育机构而是来自制度的结构和作用以及社会环境。在早期——在美国拓荒者生活的时代，这些社会力量大部分是一致的，它们直接对个人产生作用。学校专门从事的是一般生活无法用一种适当的方法完成的任务：即提供学习的工具。学校尽管看上去远离它们身边的生活，但实际上它们对生活做了极妙的补充。

导致早期简单化的、统一的学校作用出现令人困惑的多样性的原因解释了为什么社会的教育概念只停留在形式层面上，而没有在我们这个时代和我们这个国家得到应用。社会生活过于混乱和分裂，无法鼓励转变。一方面，工业和商业活动中具有影响的力量非常强大，强大到成为一种主宰力量，它与教育哲学阐述的社会理想形成了直接的对抗。另一方面，有教养的绅士的旧观念的惯性和坚持造成了学校实践的滞后状态，它阻碍了人们对学校的科学和技术在塑造甚至革新校外行为和信念方面的作用的认识。

因此，我们坚信：（1）在现今时代对美国教育具有意义的教育哲学一定是社会哲学的表述，（2）社会和教育的理论及概念必须与我们这一代人的家庭、经济和政治生活的需要和相关的问题有密切的联系。

对教育理论的这种要求既具有批判性又具有建设性。理论必须面对现实中的矛盾、不足和反常现象。但是，理论也必须在面对这些问题时能够察觉产生作用的新力量和正在形成的新范式。就个性而言，它不仅要承认，因为缺乏清楚的和统一的忠诚目标，人们现在发现了他们的生活并不一致，而且它也要考虑目前可能形成信仰和行动一致性和秩序的目的。换言之，它必须找到某种力量和范式，如果这些力量和范式得以宣传和推动，一方面它们就会起到改造社会的作用，另一方面它们能够使个人发现其自身在社会进程中所处的位置。

因理智认识到社会生活的冲突和正在形成的社会生活新范式而产生的教育哲学需求并没有在当前的危机中找到其根源。但是，通过对其一个方面的彻底的分析，就会逼迫人们去思考教育哲学的需求和问题，而这些需求和问题按照自鸣得意的"繁荣"时代的观点是容易解决的。我们可以从当前经济社会中找到一个例子。这次危机[①]对不计其数的教师产生了直接影响。他们面临的危机是，在他们的薪水可能被拖欠或严重减少的时候，他们会被要求拿出自己的收入来接济他们的亲友，而且还要给其他失业者一般性的接济。由于涉及相互依存社会中所有其他公民的利益，这些作为一般社会形势的一部分的只涉及教师的事实可能会被忽略。但是，这里还有另外一面，具有直接的教育意义。

当税收的一般负担被直接感受到时，便会普遍产生大幅度消减教育服务的

---

① 指美国1929年的经济危机。——译者

要求。这样，就存在着一个实际的，不仅仅是理论上的危险，过去四十年学校活动所取得的最有意义的扩展将会受到严重伤害。在一些城市，这些进展已经受到阻碍甚至消失了。在经济的压力下，"3Rs"课程①已经开始回归。这个问题不仅影响学校系统中教师和管理人员的收入，而且影响教育本身。

这里可以确定的是，经济环境对教育工作有着非常明显的影响，作为教育工作者的教育家需要熟悉我们的工业和金融制度运行的机制，需要发现什么是错误的以及为什么是错，需要站在自己职业的角度对可以改善环境的社会行动方法产生兴趣。只要大萧条②继续潜在地影响着无数未来公民的经验发展，影响教师致力于完成的任务；只要它仍然是与实现教育目的相对立的环境的象征，它就一定是一种教师有权利和责任去面对和认真对待的教育力量。然而，存在的危险是，刚才所做的清晰表述会使我们阐释的观点变得狭隘。将大萧条时代的这个案例移到虽然没有明显萧条标志但经济也不景气的时代，以及从对学校内部环境移到学校外部影响儿童和青年的环境，这一原则依然适用。

这个例子说明环境对教育目的的实现有影响作用。但是，社会教育哲学向当代生活的现实方向的拓展不应当限制在消极环境方面。毫无疑问，我们国家拥有充裕的自然资源、精良的机器装备、掌握精湛技术的工程师和训练有素的工人。众所周知，我们有着足够的物质和人力资源确保生活的安全和一定的适宜度，有着文化发展的物质基础。从技术层面说，没有必要抨击这些浓缩了的课程。那么，作为教育工作者的教育家不仅仅是人和公民，而且也应当与所有的建设性的机构密切联系，通过这些机构来防止教育工作受到负面影响并产生建设性效果。教育哲学必须发现并联合能够推进实现教育目的的社会力量，揭露和反对使理想蜕变成一种纯粹的炫耀或纸上谈兵。

---

① 指读（reading）、写（writing）、算（arithmetic）三门课程。——译者
② 大萧条（depression），这里指发生在1929年至20世纪30年代初的世界性的经济萧条。——译者

只有在教育理论的理性和道德层面进行拓展，社会的教育概念才不会成为脱离实际的空想。只有这样，那些有意承担传播和改造社会价值责任的人才能继续前进。只有这样，他们才会体验到内在的源自职责感的强大的情感驱动力，但是，现在这种驱动力因习俗而受到削弱，因内心的困惑和冲突而消散。

正是因为这个原因，我们必须从阐释制约教育工作的社会制度和约定来开始教育哲学的探索。由于环境对生活经验和流行文化有着最大的和最持久的教育影响力（包括错误的教育影响力），因此，任何一种严肃的教育理论都必须从研究它们而不是从研究学校制度起步。由于这个领域非常广阔和复杂，我们将从通过社会现象的历史考察来进行探索。目的在于总结出我们这个民族民主传统的基本要素，揭露我们工业生活中的与之对立且剥夺了它们活力的变革，指明能够在当前已经改变了的环境中被用来赋予我们社会历史遗产以新的意义和力量的那些潜在力量。这样，我们便可以从教育的视角了解民主社会内在本质和目的的概念，理解这样的社会目的和价值对于教育职业和美国公立学校工作的意义。

二

人类历史的记载中还没有出现过像美国在不足一百五十年间所发生的扩张。从数量方面看，这种扩张是空前未有的。我们的国土面积从美国东海岸的一些殖民地发展到覆盖整个大陆，人口在最初的几百万人口基础上增长了五十倍。人民的习惯、职业、兴趣和价值观的质变更为深刻。这个民族的成长与为人所知的工业革命带来的变化步调一致。美国不仅在这两方面同步前行，而且，相比其他民族，美国促成这种转型的贡献更多，经验到的结果也更全面。它是这个世界中最出类拔萃的工业化了的民族。在过去的四十年里，这种转型以跳跃式的步伐前行着，我们很快从一个农耕民族变成了一个机器制造和分配的民族，重心从空旷的乡村向人口密集的城市转移。

在殖民初期，美洲大陆与大不列颠之间的遥远距离孕育了一种政治独立的精神，这种精神在商业环境中得到了强化，并在民族独立的进程中至臻完善。无论消极的还是积极的环境都青睐自由的、代议制政府哲学的发展，这个概念在当时是新颖的。完全依据环境的力量，民主的理念发展出包含远远超过共和政府形式的意思。她成为一种社会理想，宣称人人享有平等机会的权利，享有不受外部干涉和控制的个人的行动自由。那种允许每个人在更加广泛的领域选择、创始和行动就可以确保社会福利和进步的信念在内外部环境中得到了孕育。

一个世纪之前，美国人口稀少；覆盖着森林和蕴藏着丰富矿藏的肥沃土地没有得到开发利用，也未受到重视。富饶的自然资源在邀请人类去开发。个人的能量被激发到了浪费的程度。大陆需要征服，除了那些生就懒惰和冷漠的人之外，需要激励所有的人抱有雄心壮志并给予他们以回报。自然似乎给了每个人平等的机会。很容易做一个假定，除了疾病和意外事故，在工业化竞赛中的每个人的输赢完全取决于其勤奋和能力。个人的成功和社会需求的满足相互关联。因为有着富足的未得到利用的自然财富，个人在经济方面的奋斗并非像人与自然那样针对彼此。事实上，以征服大陆为导向的个人首创精神和事业心具有道德意义。在森林里参加修建道路、住宅以及建造陶冶灵魂的教堂和学校的那些男男女女完全靠的是社会价值观的支撑。个人的成功不完全是私人的成功，它也是对社会生活改善的贡献。从表面看，早期美国人的生活常常沉迷于物质主义活动，但是，在那个时代，物质主义至少是为一种可能出现的新文明奠定了基础，在其中，每个人都应当自由和充分地分享生活用品，这是以往任何社会形态无法比拟的。

只要生活以农村为主，民主理想就很容易体现在社会生活的政治方面。正如人们常常指出的那样，过去的城镇议会是世界上曾见过的最为近似的政治民主。邻居之间相互认识，对彼此的性格和成就都十分了解。他们聚在一起，交流各种涉及公共利益的事务，如有关道路、学校、税收等事务。公共利益基本上属于地方事务，是真正属于公众的。他们是开放的，既不掩藏也不带假面具，他们关系密切而不生疏，务实而不虚幻，他们的问题可能各不相同，但他们都是公民。就他们熟悉的环境而言，因为触动的是全体公民的生活，因而，人们就自然地将政府看成人们为合作所做的一种努力，以保护个人首创精神不受干扰和保卫个人通过勤奋和技能获得的果实。政治行动及其目的就自然地处于从属地位，不可避免地成为社会情境的一种产物。

外在的环境也具有完全相同的导向作用。通过反抗赢得独立的国家的公民会对所有政治权威带有戒备心理。政治权威是需要监督的，因为它有一种天生的不断膨胀的僭取专制权力倾向。自由与限制政府权力是一致的。个人拥有的天赋权利应当优先于任何社会秩序，应当优先于对政府管辖范围作出限制和为了保护政府而设定的权利，这一观念唤醒了人们自然的反应。同样，经济事务中自由放任原则似乎说明了美国生活的实际环境，也形成了生活可能继续繁荣的环境。无论从哪方面说，在早期阶段，个人主义是一种阐明了美国人生活内在的环境和志向的哲学。

然而，最初的形成和接受也受到了虽然不是永恒不变的但却属于美国人生活的外部环境造成的暂时性因素的影响，因为他们生活在一片广袤但又未得到开发和赏识的美利坚土地上，这也导致了自然资源无节制的滥用和浪费，不断的变革发展成了喜爱毫无目的的迁移。他们不仅冷酷地对待自然，也毫无情义地对待同胞。狂热的投机总会对缓慢发展的工业造成损害。这种因为有了大自然馈赠的丰富礼物而轻易获得成功所结下的果实是自鸣得意和过度乐观主义。我们总是倾向于将这种结果归功于我们所选择的制度的优越性和我们个性的美德，而实际上，大部分成功应当归功于我们这个民族生活的环境。不断出现的新机会的诱惑使自我批判成为一种不受欢迎的消遣和惹人恼怒的源泉。

尽管存在着局限性，但早期概念中包含的民主理念的内核形成了美国独特的伦理传统。其中包括民主的政治层面。在共和国的早期历史中，这种民主理念是有局限的，但后来拓展到包括这个国家每一个成熟公民参与地方、州和国家事务的权利和责任，其理由是，这种参与既可以使每个人成为较好的公民又有助于确保政府能够为公众利益服务。这种民主理念包括较宽泛的道德理念，如每个公民的谋生和发展机会均等；包括道德个人主义，宣称所有的人都享有个人自由发展的权利，不允许阶级和阶层固化；坚信所有的人都可能过一种丰富的文化生活，而不只是物质生活；相信政府是为了谋求公共利益的志愿组织，人民有权利对政府制度进行改革如果人民发现政府未能满足公共需要的话，杰弗逊[1]和林肯甚至认为公民的权利能够拓展到包括采取革命的行动；相信每个人都具有创造力和适应能力；抱有一种态度，将改革视为美好未来的预兆，而不是将改革视为昔日辉煌衰落的征兆予以抵制。

这些理念完整地体现在国家民主传统之中。它们受到了一些对民主是一种完美道德理想持怀疑态度的人的否定；受到了诉求生物学权威观点的一些人的反对，他们认为阶级的划分属于人类的内在本性；受到了那些认为历史证明民主理念没有效果的人的否定；其他否定的人认为，民主理念只有在原始和农耕环境中才能实现，当社会日趋复杂和聚集了大量财富时，随之出现的要么是一种无政府状态，要么出现由社会经济方面获得成功的人士组成的中央集权的寡头政治。更有人认为，只有通过彻底的暴力革命将权力掌握到无产者手里，这种理念才能实现。我们这里关注的不是为民主信仰辩护去反驳法西斯主义的或布尔什维克的攻击。除非我们都反对美国生活传统中最具意义和特征的东西，这些理念就不会被美国人民抛弃。但是，教育家必须关心这些损害和限制民主信仰中基本要素的力量，否则，民主信仰最终会被这些力量摧毁，名存实亡。

我们的主流个人主义，无论是优点还是不尽如人意的方面，都在我们的公立学校系统的发展即在学校治理、学科内容、教学方法和理想中得到了表现。即便粗略的考虑，人们也至少会注意到，这些属于教育哲学的因素虽然还没有

---

[1] 杰弗逊（T. Jefferson，1743—1826）美国第三任总统。——译者

得到系统的阐述，它们也在学校中发挥了作用，是学校工作的基调。

首先，由于远离欧洲，远离我们继承的文化源泉，这就产生了对一种特除机构的依赖以维持我们的文化。旧世界文化没有在我们通常习惯的本地日常生活中得到完美体现。它自身没有像在其故土也是其发源地的旧世界那里一样生机勃勃且悄无声息地转型，因此，人们有个迷信般的信念，认为学校是保存原汁原味借来的文化（borrowed culture）的特殊的唯一机构。正如我们过度依赖制定法律与我们高度流动性社会生活的不稳定相关，我们对学校的依赖反映了传统文化的不稳定。

然而，由于生活依然在继续，行动的习惯会因职业和利益而改变，人们为此付出了时间、精力和艰苦的努力，其结果是，生活与传统文化之间产生了裂缝。当致力于掌握特征鲜明的智力工具的学校依然敬畏书本且以书本为媒介进行工作之时，校外的生活却在塑造人们的品格。当然，这种工作中的某个东西无论在什么地方都是学校教育的特征。但是，与其他地方相比，美国生活的特殊环境使得人们对这种书本知识传统和对单纯掌握文化的语言工具的重要性的感情既较为淡薄又较为坚定。人们在家庭和农场中履行着自己的职责，在家庭和街坊从事着手工业，这要求个人通过学徒方式学习手艺。户外、邻里和地方社区的生活是一种塑造品格的力量，在人的个性和能力发展中发挥着作用。学校继续承担着重要的但又相对专门的职能：教授"3Rs"，用技术的理性武器装备青年，这是生活，特别是拓荒时代的生活所不能提供的。不同的方法导致类似两重性的劳动分工。校外生活激发个人的活力和雄心壮志，学校成了被动地吸收知识的场所。学校的首要工作是帮助学生吸收他们在家庭和地方社区无法有效接触的东西。

第三，学校教育的主要目的是为学生日后在生活的竞争中获取成功做准备。在拓边时代，为获得生活竞争中"胜出"（rise）做准备几乎是学校必然的功能，家长们做出了很大的牺牲送孩子上学，期望孩子在未来的生活中与他们自己相比有"较好的机会"。在所有的地方，儿童都被告知说，勤奋和认真学习是通往未来成人生活成功的唯一道路。我们嘲讽过一个传闻，说每一个在学校里学习不错的孩子都有机会当上美国总统。但是，这个传闻的的确确是美国生活中两个具有鲜明特征中的一个：相信所有人都有机会，相信学校为每个人将机会变成现实提供了最佳的和最有把握的方法。使"社会"保持平衡的要素是相信文化可以使人成为较好的公民，而无知（以文盲为标志）被认为是贫困、犯罪和其他社会弊端的根源。

同时，认为每个人在生活的起步阶段拥有与其他人平等的权利，不能受出生的环境和父母经济地位的影响，这种信念在普遍的统一的公共学校体系中是一种显著的力量，在推动学校设施建设和实行由公共税收支持的免费政策过程中发挥了重要作用。在国家独立之后建立的西部各州，同样的理念得到广泛认可，强调州立大学由税收资助，各级教育实行免费的运动达到了高潮。共和政府要求人们普遍识字的理念和个性的道德诉求理念结合在一起致使一种炽烈的信念，即州政府更广泛支持教育是可能的和必要的，在美国流行开来。在教育领域，政府内在具有限制职能的理念没有被允许用来干涉集体的行动。

三

与我们早期农耕文化的实际情况和力量相对照的是来自机器工业化时代的转化力量，这个国家工业领域中的革命以异乎寻常的速度发展着。工业革命为大规模生产和利用未开发的自然资源以及为在幅员辽阔的国家迅速地分配人力、物力和商品提供的这种新兴中介力量，完全与可感知的时代紧迫需求相一致。在这个时代，工业化进展呈现出自然力量无计划的不可避免地增长的所有特征。当然，没有一个人预见到，更没有计划到其日后的社会影响。每个人都在忙着利用（turn）这种新兴力量满足自己某种即刻的需要。

然而，更准确地说，工业和金融的转型已经对社会生活各个方面产生了影响。它注定了我们早期的许多习惯及与其相伴随的抱负和信念会消亡，正像许多早期动物种类随着地质变化而消亡一样。它从形式上废弃了最初阐述和坚持的早期民主理想。引进和导致了一种让我们古老农耕文化的实践和理念完全感到陌生的力量的流行。要防止美国机会均等和使所有人潜力自由发展的传统变成一句空话，就必须用新思想和行动来解决出现的众多问题。早期的个人主义曾被严格限制在经济领域，以物质收获替代了人的品格发展，仅仅根据物质成就来判断个人的首创精神、能力和独立性，把人与自然的斗争曲解为人与人之间的竞争，失败者被视为生产和分配物质的手段。

最近，许多高层人士灌输的理念是，美国个人主义信条与严格意义的经济竞争性活动是一致的，在谋求财富方面获得的成功是对道德品质的自然的衡量，也是道德品质的标准。在许多方面，美国青年受到的教育是，那些获得了不寻常物质财富和那些通过新发明创造财富的人是值得钦佩和效仿的典型美国人士。所有这些旨在告诉那些不是生在富裕家庭的穷孩子或残障孩子要靠自己的努力去闯出自己的生活道路或"获得成功"。在这个世界上，也许在任何时代都没有出现过像美国这样的国家向学生灌输道德品质和物质回报两者间有如此密切关系的理念的。

认为内在的道德持久力与经济领域中个人努力是一致的理念产生了明显的效果，以至于社会享有特权的人士一直抵制人们在工人的社会保险、防止雇佣童工和老年人养老金等问题方面的努力，这主要不是因为这些措施会降低利润，从法律方面看他们也没有侵犯契约自由（一种与自然权利相关的理念），但是它们在道德层面削弱了坚韧的道德经纬和品格的独立。甚至有组织的劳工也反对社会法规，因为对工人而言，从雇主那里直接获益比让他们面对他们称作的"家长式"的法规更好。同时，无论如何，雇主不会允许他们的道德理想干扰他们享受政府给予的税率和经营特权等方面的优惠，尽管这些理想被证明为正当的，可以为劳动者提供更多的工作和社会地位提升的机会。

机器工业的发展必然会导致集中。这种趋势反映在城市的增长方面，在人口拥挤不堪的城市居民区里，只有特别富有的家庭才真正拥有属于自己的住房。可以发现集中仍在进行中：从过去小作坊的商品生产转向大型工厂的生产，在小作坊里，人们亲密地在一起工作，而在大工厂中，人们再无个人情感，"雇员"必须服从监工和老板，而且一般采取准军事化纪律。所有标准化大批量生产都有这种现象。这就导致了以法人形式（corporate form）集中财富以确保在更大规模上进行大批量生产，降低个人投资者的适当的风险。随之而来的是巨大的财富掌握在少数人手中，同时，指导社会事务实际权力，如制定标准和营造公共舆论的权力，也集中在这些人手中。

尽管社会环境确确实实发生了相当于革命的变革，早期农耕时代的理论、格言和口号依然得以保留和珍惜。利用政府权力获得特权的工业和商业阶层有充分的理由要控制政府的机构。因此，腐败不可避免地随之而来。自由放任理论（the theory of laissez faire）不断地与"政治拨款"政府（pork-barrel government）的实际做法交融在一起。有时候，它会产生相当大的公共利益，如内战后颁布的《宅地法案》①。这样就不可避免地出现了理想主义和物质主义混合体的动机和结果。于是，不限制移民的政策得到了支持，部分原因是出自一个真挚的信念，认为这个国家和这片土地是全世界被压迫者的收容所，为每一个不曾有过机会的人提供机会；还有一部分原因是这个国家渴望得到更多的工人，渴望得到廉价的温顺的劳动力。这些例子说明了美国存在着一般的社会无计划和作为美国生活特征的在有限的私人领域中的计划与控制同时并存的独特现象。

引证的这些事例说明了，在新个人主义影响下，早期的民族理想只是因为一种感情，通常是炽烈的情感而在口头形式上保持着，而实际上已经被抛弃或者说被扭曲了。结果，它们成了一种残留物，其中饱含一种能够被特别目的而

①《宅地法案》（Homestead Acts），美国1862年通过的法案。根据该法案，在当地生活了5年以上的公民或家长可以免费得到160英亩公共土地。到1900年，有60万宅地居民得到了共8000万亩土地。——译者

唤醒和释放的强烈的情感，但是它们没有为个人洞察力所选择和指导的思想和行动指引方向。这些理想现在需要根据已经变化的和正在变化的环境重新阐述。

首先，我们需要认识这个国家受工业化影响的变革的性质和程度。这种变革速度如此之快，在许多方面是如此的悄无声息和出乎意料，就广大民众而言（他们曾被动地感受到了变革的影响而不是主动地指导其进程），几乎所有的人，其中包括教育家，还完整地保留着过去的信念和格言，好像它们依然适用。因此，当我们面对现实社会中的非常情况时，我们迷茫了，不知所措。当我们必须面对现实而行动时，我们的理念和情感却留在过去的时光里。这两种情形明显不和谐，以致我们被撕裂被分化却不知是何缘故。这种冲突在自诩自由主义者的人士身上有特别的标志，为了实现他们的希望和抱负，且出于他们的宽厚待人的品格，他们特别关注人类未来的更加美好和更加广阔的发展。但是，他们的理性工具和武器、他们的自由、平等、民主和个人主义的观念是从已经被这个国家工业化摧毁了的过去环境中获得的。犬儒学派和悲观主义者可能会争辩说，这些基本观念只是幻觉。那些信奉民族的民主传统的人士期望抛弃社会变革中出现的不适用观念而根据现实生活来解读基本理念。这项工作离开了教育机构是无法完成的。

然而，名义上接受社会的教育观念而实际上予以否决的方法多种多样。其中一个方法就是学术界唯理智论者的方法。例如，一个人受流行的社会概念的影响非常深刻，以致他沉迷其中，但是本质上，他依旧是一个传统主义者。所以，他要求人们注意到这样的事实——的确是一个事实——数字、语言形式、词语、历史，等等，这些被接受的课程材料是社会工具，而且是非常重要的工具，离开了它们，生活难以为继。依据这种教育哲学，所有其他的考虑和学科则是"额外的"；学校可能被迫承担利用这种工具的职责，其原因只是因为其他机构在履行这一职责方面是失败的，而不是因为它只属于学校。原则上，学校是一个没有栅栏的庇护所，通过使文明社会得以维持的伟大的智力工具潜心致力于"教"与"学"活动。当然，如果没有组成传统课程的艺术、技术和理解力的传递，人类社会可能会重新堕落回野蛮状态。然而，社会的教育观念的一个基本观点是，这些科目的教学是在依据社会情境和应用中进行的。离开社会情境，它们就不再具有社会意义，它们会完全变成技术性的和抽象的课程。这样，它们被用来实现教育制度之外某些目的仅仅是一种偶然现象。没有任何办法能够阻止它们成为谋求私人利益和物质成功的工具，甚至被用来反社会。更有甚者，离开了它们在社会生活中的地位和功能，教育家就失去了指南，不知如何在复杂的理性的学科内容中做选择，也不知如何选择能够形成学生态度的教学和规训的方法。其不可避免的后果是遵循和复制身缠各种限制和弊端的现存秩序。

另一个回避社会观念中实际含义的方法未能考虑到具体社会制度中正在发生的变革及其原因。或者，从积极意义方面看，那些接受了教育是一种社会行动理念的人必须，如果他们真诚接受的话，思考家庭生活、教会、商品的生产和分配、农业、娱乐和休闲活动的方法和模式以及政治目的和手段等是怎样受到科学和技术影响的问题，因为它们两个是重要的诱发力量。他们一定会询问这种正在发生的变革自身在多大程度上是这些力量的天然产物，变革受作为先前人性教育结果的信仰和态度的影响有多大，这些信仰和态度能够因为教育目的和方法的变革而产生多大改变。简言之，他们必须指明教育事业的方向，既要批判地又要建设性地将教育置于社会情境中来具体分析，包括对需求、不足、冲突和问题以及取得真实的成就的分析。不做这项工作，学校教育依然会毫无目的混乱不堪。而要完成这项工作，第一步是通过教学对这些社会问题有深入的理解，并以理性勇气面对它们。

因为科学和技术的影响，在家庭生活、两性关系、教堂、企业、商业、金融、出版业、剧院、有组织的运动、政府和政治领域发生了许多变革，当然，这里无法细谈这种变革的本质。而且，大量教学内容和有效的方法也一定会因此受到影响。除此之外，如果对教育制度的运行没有特别意义的话，应用了社会概念的教育哲学不可避免地沦为形式主义，倾向于纸上谈兵。科学和机器对教会的传统教义产生了影响，它们使城市社区的家庭生活发生了深刻的改变；使儿童辍学到工厂当童工赚取劳动报酬，使大批妇女离开家庭到工厂当女工，使难以计数的儿童除了街头之外无处玩耍；它们怂恿了作为副产品而出现的帮派犯罪团伙。它们通过生理学和心理学影响了两性和父母关系。它们与主要在于谋求私人利益的动机有着联系，它们大规模地引进了的商业化的娱乐活动，在使儿童和青年处于被动却异常兴奋状态的同时剥夺了他们通过正常活动发泄情绪的机会。城市青年不再有机会与自然亲密接触，农村青年的机会也明显减少了，因为人们源源不断获得的是机器生产的标准化产品。技术、工具和机器方面的发明被激励到无以复加的程度，但是，社会形式和方法方面的改革则受到了阻拦而不是受到推动。读书识字成为一种必需，所以，普遍和强迫的教育受到了青睐。但与此同时，那些可能获得驾驭公众情感和舆论的人对阅读内容和宣传设备的控制受到了鼓励。一些公众虽然识字，会使用语言工具，但在社会知识和理解方面却没有受过教育，他们会成为出自个人经济和政治目的而利用新闻出版界的那些人的牺牲品。与此同时，直接的金钱利益致使公众成为难以计数的糟粕和浅薄琐事的接受者，如果不是道德方面的堕落，那一定是美学方面的堕落。

四

以上阐述了科学和技术的力量对社会基本风俗习惯和制度所产生影响的因果关系。在这里我们无法再延伸讨论，也无法再做更加细微的分析。但是，有必要思考一下伴随着早期农耕时代个人主义向当代社会竞争性经济时代个人主义转变而出现的特别显著的失误的教育后果。就学校制度而言，应当既消极又积极地处理这些影响：从消极方面看，因为学校自身的工作受到了它们的限制。从积极方面说，如果不了解这些，学校就不会了解其自身在社会中的地位和作用，不了解社会对其成员的经验和态度的积极影响。

1. 它们——科学和技术——有助于形成这样一个社会，在其中，大多数人长期存在的不安全感和恐惧感已经成为促使人们努力工作、获取成就和过节俭生活的主要动机。在稳定和安全是大多数人的迫切需求的特定环境中，因而也出现与可能减少不安全感的社会保险计划的正面对抗。

2. 它们营造了一种心态，认为渴求财富的动机是人性正常的动机。这种心态会相应抑制那种纯粹出自兴趣的活动和生产性活动。在我们这个社会，对金钱利益的诉求是如此普遍，而且从表面上看非常必要，其结果致使人类行动的其他潜在力量受到轻视而没有得到应有的利用。参加生产性劳动的大部分人是在一种劳动自身被视作为了获得外部奖赏而不得不忍受在恶魔般的环境中工作的人。即便是劳动阶级，他们也没有将劳动视作其谋求控制工业环境和计划的组织的目的，而仅仅是为了增加金钱奖励和减少劳动时间，如果有可能的话，可以帮助他们的后代成为有产的雇主阶级的成员。

许多人认为，出于自身理由之外需要从事的活动与生产性活动概念极为相似，只有在那种可以从中获得娱乐和无所事事的放松的"闲暇"中，人们才能发现生活中真正的满足和享受，如果不是放纵玩乐的话。这种态度距离诈骗和歹徒的心理只有短短一步之遥，这些人的座右铭是"攫取路径越短越好，意思是尽可能少得付出，争取最大化的刺激"。

3. 对获取的强调最大程度地强化了一种反对所有深思熟虑的宗教和道德教学的动机，造成了伦理学的混乱和冲突状态。它也夸大了商业和金钱的意义、与文化目的和价值相比，它偏重的是物质利益。说官方的和流行的人类心理观点已经被严重腐蚀掉了，并不过分。作为社会环境的实际产物，与天生的倾向性相互作用的习惯和态度已经被视作是与生俱来的，无法改变。多数人不会付出生产性的努力除非他们受到个人获取欲望的驱使或者受到即将遭受的损失和灾难的压力，这一观点因为不断地重复，人们最后都普遍地相信了。例如，人们曾断言苏维埃俄国的失败,因为任何尝试消除利益动机的制度必定会失败。

将这种人类动机理论拓展到高级文化层面显然不合适。过去，科学受到褒奖的主要原因是科学在赚钱方面的作用，而相应地，它对丰富经验和对智性探究和测验的方法的贡献被忽略了。艺术被视为无关紧要的装饰而被搁置一旁，其价值仅在于显示优雅、炫耀和"摆阔气的消费"（conspicuous consumption）能力的证明。在其他情况下，艺术得到有意识的发展只是因为它是逃避致使敏感精神不知所措的严酷现实的方法。人们普遍注意到的事实是，作为一个民族，我们对纯理念的兴趣是迟钝的。当这种兴趣存在时，即便很浓厚，也可能是专门化的和浅薄的，或者在其他情况下，是作为自我意识中不同于普通民众的优越感标志而存在的。当然，当应用为人道主义生活利益所需要时，发现能被应用的理念的兴趣只具有附加的价值。但是，通常这种"应用"限制在经济事务方面，而且，"实践的"全部意义也因这种限制而降低。

4. 强调个人主义主要在经济领域流行和个人主义只有依赖经济才能在其他方面有价值，会导致人们思考集体事务的冷漠态度和无能。尽管有严格控制和压制理念的议论，但在我们的历史上，还从来没有过这么多的人像现在这样关注理智事务，努力进行批判性思维。不过，这种思维很少产生社会影响。的确，许多知识分子以远离社会问题和需要保持其思维的"纯洁性"而骄傲。结果，他们几乎没有能力去思考如何使集体事务产生共同利益的问题。在个人文化和根植于社会和效率的文化之间有着令人不快的反差。结果，我们当前许多危机应当归咎于这样一个事实，社会信念和思想被习俗和过时的传统所控制，被主流金钱集团的宣传代理人蓄意散布的理念所控制。虽然，我们的文学以不断增长的批判和不满精神为标志，但是，对新的社会文化的整合贡献甚微。

5. 人性中的竞争倾向被过度的激发。在人们可能会发现他们的活动与以适当态度对待他人的宗教教义有着冲突之时，我们经济秩序的官方的理智辩护士告诉人们，当每个人都关注自己的时候，整个社会的福利便会得到促进。

6. 自由放任制度的整个倾向在我们的工业和金融生活中发挥作用时，它会导致人们怀疑为控制社会环境所制定的计划的效率。因为这种怀疑，人们对有关智慧作用的牢固的和积极的信念受到了损害。对于能否可能通过有组织的共同努力来确保和维持社会价值的问题，一种失败主义心理学开始流行。同时，在个人追求私人的和物质成功的前景方面，产生了一种极端的幻觉。我们的社会约定在物质方面也刺激了与发明创造相关的智力心理学的发展。在工具和机器装置的制造方面，我们是杰出的，但是在社会事务方面我们的发明相对要少。在这方面，我们主要满足于依赖传统和偶然的运气。在目的和目标的形成方面从来没有出现过像在机器制造方面那样的由外在目的决定的创造性。因为对结果的预见和计划是对承认后果责任的条件，因此，缺乏系统的社会计划的非直接后果是个人责任信念的缺失。当社会事务发生大的失误时，未得到控制的自然和社会力量便会受到谴责，而这两种力量又是人们依赖扭转未来进程的力量。因为个人没有参与社会计划和控制共同方案的制定，他便会感觉自己显然身陷于强大和隐形的力量包围之中，动弹不得。最终导致产生的是宿命论思想和鲁莽的投机精神。

7. 最后，人们对作为政府形式与作为社会关系和组织原则的民主的可能性和价值的悲观主义情绪不断增长。当工业和金融的管理自动化时，以及目的旨在获取私人的金钱而非作为互惠的合作性企业时，在像我们这样一个受工业和金融主宰的社会，民主政治就不可避免地堕落成某种形式主义的、外部的、或多或少机械的东西，因此，也相对容易受到视物质富裕为目的的人的操纵。在少数人掌握着集中的财富并因此控制着生产和交换机制的环境中，无助的大众却将那种认为掌控权力的少数工业领导人知道如何将繁荣惠及他人的民主理论的衰败"合理化了"。这样，政治民主就会变成一种空壳。旧日的理想以一种微弱期望的形式持续着，即寄希望在"机会均等"的领域中，他们的孩子至少可以成为经济上属于统治阶级的成员。人们工作中的这种不参与态度孕育了平庸的、墨守成规的和被动的心智。

五

前文描绘的这幅画卷是有意而为的，旨在尖锐地揭露黑暗的一面。许多合格的和具有补偿效果的画面省略了。这样做不仅仅因为篇幅有限，而且是因为形势中的闪光点一直为我们所关注，甚至被用来遮蔽我们社会组织和生活中的黑暗面。也许能够这样说，在经济制度对心理和道德倾向和信念的影响下，孕育一种非批判性的乐观主义对于这个制度的永恒化来说是至关重要的。即便从统计学方面看，在所谓的繁荣时代，经济失败与成功的比例至少十比一，而且它需要不间断地宣传其成功的故事来预防人们对这个制度完美性的怀疑的扩散。学校忠诚地重复叙述着这个故事，也代表着现存的制度。所以，对于教育哲学的发展而言，迫切需要的是清楚地承认与社会和工业重建相关的教育调整的需求和所面临的问题。

只要诚实地面对社会发展中缺点、需求和未解决的问题，面对早期本土理想以一种与当前形势相一致的形式获得重生的可能性问题，就无论如何都不会滋生出无助的悲观情绪。人们也不会对教育制度积极参与建设一个较好的社会秩序的可能性产生绝望的情绪。因为它将揭示，这些弊端不是科学和技术这两种伟大力量的天然产物，而是某种传承下来的习俗、法律化了的制度，以及一般的未遭到质疑的在现代工业社会出现之前形成的传统的产物。弊端主要表现在为私人牟利的劳动原则（private labor for private gain）上，这虽然是一条自然的原则，也许在最初阶段其益处多于害处，但是，当它与由技术工业导致的权力的急剧扩展和集中相联系时，它采取的形式是有害的。

科学自身是一种方法：一种探究、发现和测试的方法。而且，对绝大多数人而言，它似乎是某种陌生的、孤立的、专门的和深奥的东西。对很多人来说，科学是一种不可思议的东西，他们只是觉得不可思议和好奇，因此，对于星期天报纸中的"大众科学"版常常编造的似乎具有价值的荒谬新闻，他们也只是囫囵吞枣地读一读，而且，他们的兴趣很快就被琐事和"奇闻异事"吸引。在其应用方面，它们对日常生活产生了革命性影响，这一点稍后讨论技术时再论述。但是，它自身作为一种观察、推论、调查、验证的方法，只是被人数不多的专家使用。在信念的形成方面，它还没有成为日常的思维方式。它还不是大众心智的一部分。后者的心智还停留在科学诞生之前的水平。当然，一些重要的科学结论已经从大众的信念中驱散了许多在科学诞生之前被认为是正确的东西。在宗教事务和道德信念方面，科学也产生了足够的影响，使人烦恼，且产生了重定方向的要求。但是，科学的结论被接受的主要的原因在于它们是由权威做出的，而不是因为个人掌握了做出科学结论的方法。

造成民众对科学方法持续陌生感的原因是多数探究性思想需要面对的问题，特别是，在经历了极端保守主义的抵制之后，当科学的教学在学校获得了立足之地之后需要面对的问题。原因表明，科学还局限在远离人的生活的东西上，所以它对人的生活的影响是间接地通过机器的应用产生的而不是直接产生的。因此，科学自身呈现出一种纯技术的——也就是，被分割成各自独立部分——形式。物理科学应当发展，它获得的影响力应当优先于那些涉及人和社会的学科，之所以如此，在很大程度上是由其性质决定的，这一点应该不会令人惊奇。但是，应当令人惊奇的是，公众对科学探究的公正和合作的方法的可能性和必要性理念竟然几乎没有印象。应当令人惊奇的是，当有人假定，通过娴熟调查和测试技术应当能够形成关于物质事务信念时，大部分民众，包括一些领域的杰出科学家，竟然对那些含有传统、教义、情感诉求和阶级既得利益的道德和政治信念表示满意。应当令人惊奇的是，人们理所当然地认为，在物理学领域，有计划的发明和对自然环境的控制应当在发现事实及其关系之后，而在社会领域，真实的发明和有计划的控制理念要么被忽视，要么被视作危险的激进主义令人不满。

态度方面的差异表明了在社会领域存在着根深蒂固抵制力量的源泉。死气沉沉的习俗和习惯的惰性是重要的原因。但是，抵制是活跃的，而且常常具有攻击性。这些事实表明社会制度中存在害怕自由地进行批判性探究和建设性发明的一种阶级利益。否则，普遍使用的观察和思维的机制（organ）不会从一种工具变为其自身的目的，作为一种毫不相干的东西受到顶礼膜拜，而它作为方法，在社会制度和约定中又遭到人们的反对。

结论是，教育用科学方法拥有了一种潜在的力量，可以摆脱目前的混乱与冲突，使社会转型摆脱前文提及的目前生活的令人不快的特征。要使这一力量产生实际效果，方法必须简化并得到推广。只有当实验主义被视作发现和检验方法的科学核心时，这种现象才会发生。实验主义是科学在物理领域赢得胜利的原因，而社会领域却被视作神圣的禁地，不容自由地应用实验的程序。结果造成了一种不平衡、一种扭曲和物理科学成果的误用。除非在理性发展性阶段将形成心智的实验主义态度作为的统合了的和一致的教育目标，否则，那些认为制度和传统的重建正像认为传递过去的价值观是教育的职能的人一样，是见不到他们的理想实现之日的，即便用分段实施的方法。

既得利益非常明确且积极地阻止方法的解放和防止实验主义态度的流行，它实际上是一种牟利的制度。只要"科学"的发现能够为其产生金融收益，既得利益是欢迎"科学"的。它刺激了——类似于刺激了——在同样限制条件下的发明创造。但是科学探究和检验方法内含的公开、合作、公共和免费分享的精神对于这种私人竞争性获取的目的是持反对态度的，因此被视作法律和秩序的颠覆分子而受到抵制。

导致目前社会处于困境的力量如果能够得到释放和建设性地利用，它会形成可能涵盖和发展我们民族早期理念的教育哲学和实践的真正基础。这种教育哲学和实践原则是我们应当采取被称为自然科学实验行动的方法去形成一种倾向性意见，即在所有生活情境中对实验性地应用理智持一种坚定不移的信念。

第二条基本原则是利用技术为社会目的服务。当然，现代机器工业是技术的产物。反过来可以说，它是应用了科学方法发现的结果。那些将机器人格化的人与我们未开化祖先将自然力量人格化完全一样，他们的心灵向一种新型神话泛灵论投降了。就其自身而言，机器当然仅仅是借助无生命的热能、电能和化学反应对人的肌肉和神经能量的补充。唯一能够从逻辑上谴责机器的准则是消极和悲观主义哲学准则，它将所有能量的发挥都视作内在的恶魔。目前，人们普遍认为是机器造成了目前社会的弊端，这是一种人类不愿意谴责自己的表现。实际上，正是人类自己允许多数人屈服少数人特权的法律和政治制度的发展和增长，使机器工业成为普遍的不安全感、贫困、恐惧、身体和精神残缺的源泉。

本质上，新技术只不过是对大规模自然能量的技术性控制。它自身不仅含有消除当前经济制度弊端的可能性，而且会引领前所未有的多数人可以分享的而非少数人独享的安全感和作为高等文化基础的充分舒适感。可以确定的事实是，我们拥有应用手段的能力，包括技术和管理能力，通过这些手段，我们可以利用地球上的自然资源来满足我们所有的急迫需要，消除令人麻痹的不安全感，确保生活的基本条件服务于较高级的事务，而不是仅仅从自己和受赡养者的目的出发去奋斗。

这里无须再去引经据典证明，造成我们现代生活问题的根本原因是技术工业得以生存的人为制定的法律和政治制度，而不是机器工业本身。从消极面看，充分的证据表明，物质方面的成功不是因为人的品格优越使然，贫困和失业不是人的品格低等使然。唯一的选项是社会制度出了问题。曾经有一个时代，乌托邦思想倡导者沉迷于一种信念，认为在乌托邦国家，所有的急迫需要以及伴随而至的弊端都会被消除。当代的技术给我们带来了完全有可能实现的希望。教育行业因此要直接关注如何利用技术资源来形成一个更加安全和更加人性化的秩序的问题，因为前文所提及的环境原因，除非科学和技术固有的能量能够被用来实现一种不受将竞争牟利视为最高原则的经济制度控制的目的，否则，在社会进步和人品养成方面，我们所拟定的教育的目的将注定不会奏效，这场讨论的最后结论为此。

当前，社会的紧迫需要和教育的紧迫需要是一致的和相等的。为了解决自己的问题和治疗其自身疾病，社会需要利用科学和技术为社会服务而不是仅仅只为私人目的服务。对有机地内含社会目的的实验性探究和计划的需要，也是一种对新教育的需要。无论做什么都一样，补充了新动力的行动，为了实现社会价值，就必然要求社会广泛地合作来运用智慧。

在这个概念中，在个性与社会目的和价值之间存在一个既非清晰又非潜在相互对立的假定。在公众和共享与私人和私有之间存在着这种对立。这种对立对个人和社会都同样有害。在目前的环境下，为了公共社会的利益，有必要通过组织共同的社会机构来拓展活动以培养和保持成熟的、聪颖和一致的个性。

我们已经阐明，目前的形势不会成为永远沮丧和悲观的根源，因为科学和技术已经为建设我们的文明提供了所需要的坚固物质基础的手段，我们的问题已经从物质问题转向道德问题：是对善良意愿、智慧和勇气的挑战。环境为我们提供了形成这样一个社会的大量机会：在这个社会里，与丰富的资源、物质和技术性技能（technical skill）相关的连续的实验性计划会进一步促进我们的完满生活和行动的民主信仰，而其他方法则无法做到。人们已经指出，特别是康茨博士（Dr. Counts）专门指出，我们最初的民主制度是当时各种情况巧妙结合的产物。目前，情况已经发生了变化。我们不能再依靠外部环境。我们的民主生活能否继续将取决于我们品格的力量和利用手边资源的智慧，建立一个不是过分严格按照计划而设计的社会——在这个社会里，建设性地采用实验方法完全是自然的事情。在这样一种民族生活中，社会本身就具有教育功能，而且所有机构的实际教育效果与专门教育机构宣称的目的和谐一致。

一个科学和技术受社会目的指导的社会将会把"个人主义"从被各种异己力量的包围中解放出来。它将使最初的道德意义得到复苏。正如我们所说过的，人们发现，他们的生活支离破碎混乱不堪是因为缺乏清晰一致的效忠对象。他们处在伦理和宗教两个原则之间，即处在关注共同的公共利益与绝对强调个人利益的经济环境之间，苦恼不堪。当一个社会为了促进共享文化稳定地利用合作的智慧时，社会生活中这种积淀已久的深层次的分裂最终会消除。许多人将文化置于物质价值之上，求助的唯一方法是躲进科学和艺术的专门和孤立的王国，而现在的社会环境表明没有必要这样做，因为社会环境会将这些价值与共同生活的目的统合在一起，旨在促进共享的价值以及致力于实验法的不断发展和多样化的信念会填补许多人生活中的空虚，因为传统效忠的、曾将人们团结在一起并赋予个人生活以意义的对象坍塌了。

在打开通往受过训练的理智的新通道时，这样一种社会能够填补目前存在的理论与实践以及理性和执行力之间的沟壑，也因此可以促进个人的整体发展。当前，一些与社会科学和哲学相关的东西将它们自己幽禁在专门化了的发现事实和孤立的理论探索领域里，不去承担任何执行责任或者甚至不去制定任何行动策略。另一方面，商业和政府的实际执行者关注的是即刻的通融资金和应对，追逐时髦口号和陈腐的传统，对大量有见识的思想却一无所知。在本质上属于公共理智却不能有效地为公共服务的地方，在实践的急迫需要迫使对那些不值得自发效忠的理念做出妥协、回避或保持一致的地方，同一性的个性很难维持。

如果教育意识到它与社会利用科学和技术为共同利益进行的实验性计划和行动的事业是一致的，体现在教育上的效果会同样是完满和一致的。漫无目的的形势便会有了发展方向。同一性便会在一个由目的不一的多种多样的特别运动构成的系统中成长。简化的规则便会在复杂的情境中出现。积累出清晰的和稳定的效果，而目前的效果是不稳定的，常常会中断。

实践中的实际情况和宣传的理论便会和谐相处。当前，我们的哲学家通过参与社会生活而赞美教育，通过直接参与现实生活而获得洞察力和理解，但是在现存经济环境中，常常显露的似乎是，从人性方面考虑，要防止儿童和青年与现实生活密切接触。为了保护青年，即便我们声称要打破学校与社会的隔离，我们也坚持这种隔离。在一个为了共同利益而持续规划其活动的社会，教育理论有必要付诸实践。

这种变化也会影响教学的学科内容。尽管在教育方面付出了努力，但是，我们学校中的许多科目依然是学术性的和远离生活的，充满着学究气，或者是一些用来区别不同于大众的属于少数人的传统文化的科目。另一方面，所引进的所谓实践、职业科目和课程缺乏深度和理性内容。它们不是被用来理解社会，或者不是被用来认识现代社会重要职业的科学基础。相反，它们是被用来为个人"调整自己"以适应外部逐利文明（profit—seeking civilization）的肤浅目的服务的。在一个计划社会，维持和促进社会生活的计划和方法会形成学习过程的核心。个人文化与职业文化之间的裂缝将会消失。

如何使社会和教育重建的方案协调一致，这里有些例子可以做一说明。它们相互间不仅必须建立一种理论的联系，而且必须尽可能建立实际的联系。哲学阐述的第一步是将整个教育事业看成社会生活的一种形式，看成被用来规避当前的社会弊端的，也是当前各种力量所需要的一种形式。这种认识是建立一个新社会的起点。这种观点和方案的详细阐述需要汇集所有教育家的思想，而且需要所有教育家和研究社会事务的学生携手并进。理论和实践的重建将必须考虑我们这个社会中的以下因素。

1. 社会实际上已经成为一个共同体。社会利益和活动非常紧密地交织在一起以致人类相互依存，或共享利益，或共赴危难。这是一个事实，无论这个事实受到欢迎还是受到反对。这种相互依存性正在增强而非减弱。教育必须考虑这一点。我们不仅要教育个人能在一个其愿望难以实现而且其安全感、工作和成就受到影响的社会中生活，而且，我们还必须（从教育逻辑出发）考虑到，在我们生活的这个相互依存的社会中，竞争性个人主义的教义不仅无益反而有害。

2. 教育不但要关注人民的物质福利，也要关注文化和道德价值，这就需要重组一个经济制度，在这种重建中，教育可以发挥重大作用。

3. 关键的问题不再是刺激生产，而是要根据消费和使用功能组织分配的问题，以便确保所有人的生活有稳定的基础，同时还要预防职业、老年人、孕妇和失业等问题造成的危害，使实现所有人的丰富的文化发展成为现实。

4. 严格地说，自由放任理念流行的时间不长。垄断性拥有土地和社会创造的价值，以及生产机器的控制特权和由控制金融信贷获得的权力，已经创造了由一个阶级控制的局面，即由一个阶级掌握着生产、交换和分配的权力。因此，代表着一般社会控制的原则和实践，普遍地和公开地拒绝自由放任教义就显得必要了。教育有责任训练人们学会在这种社会控制中分享，而不是仅仅训练他们使其有能力孤军奋战在竞争中闯出个人的道路。人们都认为，在现今环境中，集体思维和实验性地从事旨在为所有人谋福利的社会计划的能力和愿望是对良好公民的一个要求。教育家只能冒着规避责任和劳而无功的风险时忽略它。

5. 这里谈及的相互依存已经在全世界范围发展开来。但在孤立和极端的民族主义看来，目前已经成为事实的国际间相互依存是恐惧、怀疑、对抗和潜在战争的根源。为了使相互依存能够成为有益的东西而非成为令人畏惧的恶魔和世界范围的浩劫，教育家必须重新审定爱国主义和良好公民的概念，以便符合世界范围的联合和互动的迫切需要。

6. 我们掌握着受到控制的实验行动的方法，这个方法有待于从有局限的和互不关联的操作和价值领域拓展到较广阔的社会领域。使用这种方法不仅可以确保计划的连续性和创造性发现，同时也可以确保经验和观点持续的重构。拓展和普及使用这种方法意味着社会秩序通过不断的自我修复而得以持续的可能性。这个社会不会等到发生周期性故障时才修理它的机器，而是可以预先阻止故障发生。现在社会活动经常出现故障，正像自然秩序中经常出现自然风暴一样。

我们谈及的所有这些变化都与全心全意地采用理智的实验方法有关，在面对非常重要的涉及文明价值存亡的时刻，这个事实同样将我们从肤浅的教条主义的倾向和无偏向的中立态度中解救出来。理智实验的基础在于提出有效的假设。这些假设自身是对实际环境作了仔细研究的成果，对于人类来说，这些研究是尽可能诚实和公正地进行的。我们提出的这些观点（conviction）是我们自己通过对环境的审视和分析得出来的。它们不是必须接受的教义，而是作为有待仔细考虑和验证的假设，即一种在采纳前需要通过与事实和行动效果的联系来验证的假设。我们既不能以友好的但却无目的的公正无私的名义拒绝所有信念，也不能断言某个东西是绝对的真理。相反，我们需要重新审视事实来表明这些事实是被曲解的，其中一些重要的考虑被忽略了，或者表明相关的事实指向的是其他的受到信奉的信念而不是那些受到倡导的信念。本着这种精神，我们诚邀专业同行合作，哪怕合作获得的后果会修正这里倡导的原则。

特格韦尔教授[①]说过："作为教育家，如果我们知道社会是可能进行合作的，通过不断的拟定计划和设计活动（shaping activities）可以创造社会的未来，而且如果不断迫切地谋求改善，我们便能够通过为学生做好参与这些任务的准备来对教育进行一场彻底的改革——这也许是一场及时的彻底的社会改革。我们不是通过坚持强调顺从来为他们做准备，而是通过抵制社会对他们的侵蚀，通过自由的考虑其他的选择，通过普及职业教育思想，通过打开心智的大门去思考社会物质（social material）。我们所需要的是让他们学习如何探索和巧妙处理相关因素，学会怎样向前看，学会整合事物，学会立志和怎样去实现抱负，学会在实际情境中熟练使用正在显现的新的机械装置。"[②]

为人们理智地参与他们将生活于其中的环境的管理做准备，引导他们理解正在变化的力量，用理性的和实际的工具装备他们以使他们能够引导这些力量，如果这些是一种灌输的话，那么，我们心目中的教育哲学可能被认为是一种灌输工具，否则它便不是。

我们过于容易地忘记了，在当前，我们的学校灌输着一个绝妙的理念，其

---

①特格韦尔（R. G. Tugwell，1891—1979），美国经济学家。担任过芝加哥大学教授。——译者
②未发表的手稿。

中部分理念是含蓄的，甚至非常含蓄，而且是在现在看来都已过时的和不相干的理念，如鼓励个人竞争的个人主义、自由放任理念和孤立的竞争性民族主义理念。我们正在要求废止这种灌输，理由是，它无论对真正个性的健康和成长，还是对集体公共秩序都同样是有害的。我们不是在建议用其他教义来替代它。我们的建议是进入教育哲学或者在学校里占据一席之地的材料和活动必须反映当前的而不是过去的社会生活现实，而且，我们要求教学应当允许理智自由，以便学习的学科内容和学校活动能够得出材料自身指向的结论。如果我们推荐的这种方法能够诱导教师和学生得出比我们更好的结论——只要广泛地诚实地采用这种方法，这是必然的——越多越好。我们已经做了我们所能做的一切，看到和注意到了这些事实，也指出了它们在计划和方向方面发挥了何等程度的引领作用。这个事实是在邀请其他人进一步探索这条道路。我们不建议强行灌输，相反，我们在努力向所有有意识的教义灌输，向无意识的传统偏见，向现存的既得利益发起挑战。

我们的立场立足于一个东西。我们真诚地接受民主的强调道德和人的重要性的传统。这是我们的前提，我们关注的是找到和表述清楚在当前环境下我们生活的含义，以便我们能够知道它赋予公共教育的理论和实践意义。形势常常迅速进展。这里提出的作为这种哲学（将在后面做详细论述）替代的选择可能是一个以其他理念而非以民主理念为基础设计的计划和控制的社会。俄罗斯和意大利都为我们提供了计划社会的范式。我们真诚地相信，社会需要制定计划，因为制定计划是混乱、无序和不安全感的替代物。但是在计划了（planed）的社会和持续计划（planing）的社会之间——也就是在独裁和民主之间，在教义和操作中的理智之间，在个性受到压制与释放并利用个性以使个性完全成熟之间，是有差异的。

（朱镜人译。译自："Social-Economic Situation and Education" in *John Dewey: The Later Works, 1925—1953*. Carbondale and Edwardsville. Southern Illinois University Press. 1986, Vol. 8. 1933: 43—76.）

作为基础的教育哲学（1933）[①]

前面几章已对教育哲学有所介绍。但是，介绍的是应用和操作，而不是抽象理论。在做结论的这一章，我们希望能够清楚地引申出这场讨论的理论含义，并给予清晰的阐述。为此，我们将尽可能不再提供新的材料，也不只是归纳一下已经说过的东西。我们将致力于阐释清楚整个讨论框架中内含的理念和原则。

第一，这里不隐含任何要提供这种教育哲学的借口。我们不相信存在这样的事情——至少在这个世界上没有这样的事情，即人是为了相反的目的而行动的，愿意背道而驰。我们相信，论述一种声称是唯一的综合性的教育理论会无意识地但也必然导致一种不真诚，因为它企图掩盖实践中出现的极为重要的冲突。迄今为止，相关表述都是负面的，但是它们依赖的基础则是正面的。

因为所有的教育都是一个行动的事务。想象一下你到了一间教室，你会看到某件事情正在进行中，某件事情已经完成。即便是在那种非常强调安静和不允许身体乱动的课堂里，师生也在做着某件事情。他们把这些事情看成实现所珍视的目的而采取的行动策略的一部分。教学和规训是行动的模式。现在，所有真正的人类活动都含有某种偏好。在可供选择的情境下，表现为对某种目的而非另一种目的的偏爱。采用的策略可能以模仿和顺从传统为基

---

① 与蔡尔兹（J. L. Childs）共同撰写。作为克伯屈编的《教育前沿》的第九章发表。世纪出版社，纽约和伦敦，1933年，第287—319页。

础，或者也可能经过深思熟虑以清晰的观点和所选择的目的及政策执行的结果为基础。但是，偏爱某种目的和价值的情况总是存在的，因为行动的后果往往是一种而不是另一种。

教育哲学的任务是厘清教育领域采取的行动的含义，将一种依据习俗而非依据思想的盲目的偏爱变成一种理智的选择——一旦完成这一任务，就会意识到目的是什么，偏爱某种行动的理由是什么以及采用的方法是否合适。然而，理智的选择依然是选择。它依然含有偏爱追求的一种目的而不是另一种目的。它含有一种信念，即这种那种目的是珍贵的，有价值的，而另外的则没有。真诚要求在寻觅和阐述所选择或所拒绝的目的和价值时最大限度地做到公正。但是教育方案本身很难做到这一点，总会偏爱某种价值而非另一种价值。公正的责任在于尽可能清晰地说明选择的是什么和选择的理由。我们已经努力履行这一职责。我们已经提出了我们这个国家和我们这个时代的教育应当努力实现的价值，而且我们已经说明了我们选择的理由。我们相信，如果对此有异议的人能够厘清和解释清楚他们选择某种策略的理由，简言之，去形成和系统阐述他们的教育哲学，那是一件有益的事情。

概述就到此了。需要特别注意的论点是，作为所有教学和规训方法的教育措施和建议都含有某种哲学。因此，在教育中被称作"科学"和被称作的"哲学"之间不可能存在对立。因为，只要科学得到实际的应用，只要依据科学的行动发生了，那么，价值和结果便会随之而来。做了选择便会产生后果。由于哲学是一种待达成的或被拒绝的有关价值的理论，因此，就存在着哲学含义。但是，哲学的冲突，即在一门哲学和一门声称为科学的东西之间是可能而且实际存在着冲突的。例如，以科学名义所做的许多工作假定的是它自身不需要哲学。这个观点本身明显含有哲学。至少表现在三个方面和方向上。第一，由于真实的科学能够被应用于唯一的事物是某种实际存在的事物，因此，就有一个功效的假设（virtue assumption），教育的方向和进步依据的是人们用一种更加有效的观点分析现实的结果。作为其基础的哲学认为：教育的功能在于促进或再生现存的制度——只是为了使它们更有效率。对于这种哲学观，我们是持否定态度的。

第二，在许多工作方法中蕴含的假设是，教育进程和功能相互间是隔离的，因为它们相互独立。其中隐含的哲学观念认为，品格、精神生活、经验及处理它们的方法是由各不相同的部分组成的，它们不是一个整体，它们之间也缺乏统合，现实中似乎是一个统一体的它们只是一种集合体。这种哲学曾经主宰了自然科学。在物理学和生物学中，以科学的观点看，其不适当性现在被认识到了。而且，它还被否定哲学在教育活动中具有重要性的教育"科学"学派接受了过去。我们视作行动中恰当选择的目的和价值只和一种哲学是一致的，即与承认组织和统合范式具有重要性的哲学是一致的。

第三，在最近一段时间，以科学名义所做的工作大多与教育的不含人格的方面相关联，而且，尽可能地采用不具人格的术语。这些术语直接用事实和数据说话——但是，其中隐含一种非社会性的哲学。一旦按照这种方法工作，其含义实际上就变成反社会的了。它将人带离出人生活于其中的联盟社团和环境。它忽略了社会的联系和意义，而且由于这种忽略，它招致了一种与过时的个人主义哲学相联系的教育策略。我们的哲学，在接受被证实的科学工作结果的同时，建立在一种理念基础上，即有机体、自我、品格和心智是与环境有着密切联系的，只有与环境联系起来才能对它们进行研究并了解它们。例如，在前文对时代和社会文化的强调是这种一般哲学的一个方面。

现在，我们用一些明晰的命题来讨论我们提出的哲学的主要内容。

一

我们的立场内含的意思是，教育哲学是社会哲学的一个分支，像某一种社会哲学一样，因为它要求用道德观选择品格、经验和社会制度问题。教育，正如我们所认为的，是一个社会互动过程，其结果也是社会性的——也就是，它包含人们之间的互动，包括共享的价值。常常出现的反对观点是误解造成的。反对的观点断言，这种概念没有领会个性的主要价值。情况恰恰相反。在理念或在实际层面，社会的与个人的不是对立的。社会是处于相互关系中的个人组成的。远离社会关系的个人是一个假想的人——或者是一个怪物。如果我们论及实际的人而不是抽象概念的人，我们的立场能够这样来表述：教育是实现个性统合的过程。因为，统合只能在社团中并通过社团这一中介进行。社团数量众多且各种各样，其中一些对实现完满个性存有敌意，它们干扰和阻止完满个性的实现。因此，为了个人的发展，教育必须促进某种形式的社团和社会生活，必须反对其他形式的社团和社会生活。承认教育与人的个性发展相关联，说明你认可了这样一个结论，就现存的某种社会组织而言，教育不可能持中立的和冷漠的态度。人不是在关系疏远的笼统地被称作"社会"的统一体发展的，而是在相互间密切的联系中发展的。他们相互间联系的环境，他们的参与和交流以及合作和竞争的环境是由法律、政治和经济的约定决定的。因此，为了教育的利益——而不是为了任何事先构想的"主义"或法规——要强调的事实是，教育必须按照有意地偏爱社会秩序的观点来运转。

前文对个人主义哲学所做的批判并不含有贬低个性价值的意思。相反，这些批判断言，十八世纪和十九世纪的个人主义采用的形式目前在各个方面对所有人的个性实现都是不利的。因为过去的个人主义青睐和支持的法律和经济制度鼓励少数特权人士的利己主义个性的扩张和片面的发展，妨碍了多数人正常的个性全面的和公正的发展机会。

在我们所做的有关今日社会教育需求的初步调查中含有这样的意思，民主生活方式是一种个人利益和社会利益的同一性能得到最大化实现的生活方式。说民主信念是个人的，其意在于，它坚定地宣称，每个人都有实现天赋潜力的机会，这种机会不应因为出生、家庭地位、不平等的法律限制和外部权威的干涉而受到阻碍。出于同样原因，品格也具有社会性。这种信念认识到，除非通过特殊类型的政治和法律制度，否则，个人目的是无法实现的。从历史上看，环境最初强调的是这个原则的负面：推翻独裁的制度。现在看到了，需要注意到这个原则的积极面：也就是，民主的拓展会导致建立有效地和建设性地为所有个人的发展服务的制度。显然，这种拓展会影响经济制度以及法律和政治制度等。

最终判断社会约定的依据是它们的教育效果，依据的是它们用哪种方法来解放、组织和统合成年男女以及儿童的能力。这些能力包括既具有生产性又具有欣赏价值的以音乐、文学、绘画、建筑为基础的美学因素；理性和科学的能力和品味；交友的能力；使用和控制自然物质和能量的能力。教育的功能在于训练每个人从而有能力继承这些已经存在的具有价值的遗产，也能够察觉所存在东西的不足且具有能力去再创造和改进。但是，除非人们受到训练能够理解和关注社会制度对个人能力的影响，否则，这些目的是无法实现的，而且，不是笼统的理解和关注，而是有细微差异的理解和关注。

哲学有两个明确的实际的基础，一个是个人，另一个是制度。每个基础都可以得到科学的研究。心理学能够研究个人方面的问题，探寻这种和那种环境条件，特别是人际环境是怎么影响这个和那个人的能力的，又是怎样唤起、强化、促进或削弱这个和那个人的潜力的。由于教育是人的互动的过程，生理学和其他学科可能提供素材，适当的教育心理学必须是社会心理学，而不是非人格心理学。同样，制度和社会约定也可以用事实和科学方法来研究。只有当这种研究拓展到探究各种社会条件是怎样有效地修正受其影响的人的经验、品格和能力时，它在教育方面才具有意义。

二

当不能排除选择，也不能仅偏爱理智和逻辑的本质（entities）时，具体的、积极的经验材料仍然会为理智的选择提供基础。理智的和任意的选择两者之间的差别在于：一种选择不知道它选择的是什么，也没有考虑过选择的意义，也就是说，不知道行动的结果；另一个选择强调对环境做调查，并考虑到所做的选择可能导致的后果。前面章节论及的社会分析和解释陈述了我们的教育哲学的原理。我们相信，可以通过以下的测试来判明选择的合理性和有效性：（1）这种选择是否依赖那些能够揭示社会环境和趋势的调查和阐释？简言之，它是否对特定文化状态中的动力做了真正的彻底的观察？（2）它感觉到并阐释了我们美国人的环境和生活中的教育哲学所蕴含更为深刻和更加难以捉摸的志向、目的和价值吗？[1]

我们认为，决定教育方向的价值能够通过生活经验自身被发掘，我们的言外之意在于否定对立的哲学立场。我们坚信，真正的价值和站得住脚的目的和观念是从经验的活动中获得的。因此，我们否定那种宣称哲学产生于对自身探索的观点，否定那种认为产生于人的或者超自然权威的观点，也否定那种认为哲学来自超验源泉的观点。我们对社会力量进行了分析是因为它们支撑了价值的选择和目的的设定。

只有认识到目前的社会是由消极的和积极的两种价值为标志的，我们所持的立场才能得坚持。如果没有经验到的价值，就不会从中获得用以拟定目的和观念的材料。但是，一种目的和观念也隐含着某种被追求的当前实际并不存在东西。然而，与现实存在相反的目的无论如何不是突然意外获得的，或者来自远离实际经验的某个东西。一个人把健康作为目的是因为他充分享受了健康，知道健康的意义和应当享受什么。可是，他也有过体弱多病的经历，了解到健康不是自动获得的，健康有敌人，健康需要追求和养成。存在的价值常常既模糊又相互冲突。它们不会附在表层，也不会形成一个自我协调的整体。如果能够这样，教育就会明显地要比现在简单得多。现时教育理论和实践的最紧迫问题源自目前价值的极度混乱和冲突的状态。

---

[1] 因此，我们倡导的哲学批判可能是有效的，因为，第一，它集中在我们采用的标准上；第二，我们对我们生活在其中的环境的解释和记录是正确的和适当的。

这种冲突是实际存在的，它包括个人、团体和阶级间的冲突。只有在行动存在的地方才能解决这些冲突，也就是，只有行动才能解决冲突。但是在涉及消极价值和积极价值的选择时，行动需要的是理智的选择。否则，就会造成较多的浪费和较大的危害。哲学是对处于危险中的价值的研究，清晰地了解这些价值，将它们的理念融入新的统一体，在其中，社会力量能够比现在更加广泛地和更加公平地实现这些价值。这种哲学的形成是工具性的而不是最终的结果。这就是说，它观察、批判，在思想上形成统一的价值，以便于区分和引导实际上起统合作用的行动。[①]建立在实际经验基础上的哲学是如此构想出来的，换言之，是一种反应，即通过拟定的行动计划回到一种直接感受到的经验而不是回到仅仅是构想出来的经验。此外，它并不意味这种哲学作为一种预备先行完成，而行动在后发生。其中有着连续的互动。理性的构想是通过其建议和指导的行动逐步从模糊到清晰的，其进程没有终点。哲学的发展像社会发展一样。虽然它不提供生活所提供的价值的替代品，但是，它的的确确进入了——生气勃勃地，如果它能够适当地发挥其功能的话——这个特别的价值得以诞生和实现的社会进程。如果这样，就可以真正地说，教育哲学是一种特别偏向社会功能的一般哲学。

三

偏离通往目标的路线是制定不出理智目标的。不考虑起着阻碍作用的环境和实现它们的手段，就不能构想出有效的能够作为行动向导的目的。如果离开手段笼统地表述，目的就是空洞的。目的作为一种计划和想法在开始时可能是粗略的。如果它有助于搜寻和发现手段，那就是有用的。所以，建造房屋的最初的简单想法可能是构思详尽的建造计划和设计的第一阶段，然后将它们转换

---

①思想和行动之间的关系在下文中受到了明显的注意。

成对手段的阐释。

手段与目的之间的必然关系解释了我们为什么要注意社会的经济方面。然而，我们对经济的强调并不意味着经济价值作为价值有什么优越性。但是，在当前时代，经济力量作为一种诱发力量要比其他力量优越些。在决定人们能够做什么和怎么发展的问题上要比其他力量威力大。此外，将经济利益与理想的利益分开的习惯导致了非常普遍的做法，即将手段与目的分开，结果是理想变得空洞和无力，而手段由于将它们为之服务的目的隔离了出去，其产生的结果是令人不快的和不公正的。因此，对经济的强调不应归因于具有必然重要性的优先理论（a priori theory），而应归因于当代文化中经济因素的力量。由于目的和方法手段间存在着有机联系，由于经济无论作为潜在的谋求价值的手段，还是作为一种抑制和扭曲力量，都是强有力的；因为经济的方法通过共同的努力可以成为最有影响的力量，就全局而言，它是打开其他价值门锁的钥匙。

人们之间的交往有许多理由，也有许多目的。我们强调当前社会生活的经济方面的时候并不指经济目的是促使人们交往的唯一目的。更为特别的是，美国人已经表明，他们特别倾向加入社团。他们热衷于组织和参加与经济目的毫无关系的社会活动。但是，我们发现，这种能力受到了阻碍转向了错误的渠道，被旨在谋求金钱利益的大规模生产和分配的经济制度吸引过去了。这是众多例子中典型的一个，可以用来说明社会合作与参与形式会受到占支配地位经济力量的作用而转向和变形的。

然而，有一种情况非常特殊，值得挑出来专门做一评论。早期人们关注的科学价值限制在和从属于获取金钱价值方法方面。艺术和美学的价值甚至更显著。艺术和欣赏具有使经验得以丰富和使生活更有意义的价值，对此没有人怀疑。事实的确如此，在探讨文化问题时，没有什么问题比探讨文化究竟如何与创造性艺术和美学享受相联系的问题更深入的了。

例如，在这个国家，通常把闲暇时间中相对低水平的美学欣赏，如看电影、听广播和参加一般性娱乐活动，看成内在品位不高的表现。这种解释没有对商业化利用它们的目的在于盈利而非为价值服务情况作一说明。只要环境没有发生变化，就不可能从艺术的颂扬中获益，无论你对它多么入迷。如果环境将品位的提高只限于拥有特权的少数人，它在社会中的地位与它在日常生活中的地位便会有明显的反差。大众艺术将反弹回归原先状态，即作为工作时间内缺乏自由和意义的那些活动的刺激和刺激物。只有当经济的障碍因素既没有阻止少数人对艺术奥秘的痴迷，也没有阻止大众对艺术的爱好，艺术才能全面地增强生活的快乐和意义。经济制度的人性化将减弱渴求财富的力量，增加生活的创造性力量。在艺术的拓展方面，它所发挥的作用肯定要比只是在口头上赞扬而实际使人们远离艺术带来的快乐的力量更有效。只要这种力量在金钱方面没有表现出它是无利可图的，它可能导致人们漠视艺术中的丑恶。这样，在南辕北辙的两个事物之间，即在物质经济与理想的艺术之间以及在手段与作为目的的价值之间的联系就明显地展现了出来。此外，个人创造性活动的解放与随着经济制度的重建而导致的美学品位的提升，充分例证了我们有关个人与社会关系的立场。

四

知和行的关系问题与个人和社会关系问题同等重要。因为在我们生活的世界中，我们不得不行动，行动极其重要且不可回避，但同时，在我们生活的世界中，知识是有条件的且依赖我们自己。而且，行动的后果，即行动之后会发生的什么会作为永恒的积淀物余留下来，依赖——至少局限于——行动是否具有知识的特征，而且得到适当的理智指导。甚至抑制行动和撤销行动的意愿本身到最后也只是一种行动的策略和模式。

因为行动的必要性是不可避免的，就有了一个极为重要的问题：其支配作用的方法和精神是什么？对这一领域的调查表明，实际上有许多规范行动的方法：外部权威的方法在于通过惩罚要求人们与其要求保持一致；习俗的方法则根据过去的先例处理事务；常规的方法在于自动延续，无需询问理由，因长期使用，轻车熟路；为了个人或阶级利益却打着为公共服务旗号的方法；还有一种力量测试法，测试大炮和黑火药哪个威力更大，或测试金钱和信用哪个更有掌控力。

历史表明，与知识和理智方法相比，以上这些方法应用得更加广泛，对人类生活的影响更大。一般说来，生活是以知行之间的沟壑为特征的，也以理论和实践的分离为特征。按照迄今为止的很有影响的哲学思想看来，两者的分离是"合理化的"。这些思想将受到赞颂的知识作为其目的自身，是某种神圣的东西，要比变化无常的经验优越，而在同时，它们贬低行动的重要性，认为行动属于转瞬即逝的王国，与行动相关联的是肉体和物质利益而非心智和理想事务，是世俗琐事而非纯粹的真理。另一方面，自诩实践的人一直贬低理论的作用，认为理论是不务正业和不起实际作用的奢侈品。他们相信占优势的力量（superior force）和隐秘的策略。

在行动迫不及待地产生并不断创新的世界中，理智和行动之间不可避免存在着某种分离。但自诩的理论家和专业的实践者有意地扩大了这种间隙。思想家们还没有发现能够使其理念转化为行动的渠道。作为弥补，他们声称，这是由于他们的理念过于精微和纯粹不会因为与较为卑劣的实践环境的接触而被玷污。"实践的"人们对思想家们的这番话信以为真。他们从思想家那里借用了他们所需要的东西，并以此为由利用它们处理有利于他们的事务。

思想和行为以及知识和行动之间的鸿沟并不是哲学家造成的，尽管迄今为止在哲学家看来这是件好事情。这种沟壑产生于原始时期，其时，还没有产生能够掌控狭小领域之外的其他急需解决的事务的知识。在这种环境中流行着由巫术、受到某种力量支持的权威以及经验法则混合而成的方法。这些方法能够持续是因为习俗的惰性，也因为这些方法能够被用来维持特权和既得利益。它们巧妙地借助哲学、艺术、科学以及宗教展示了它们的力量，只要它们在实践方面是无害的。

作为教育的特殊工具，学校依据的是被广泛采纳的知识与实践分离的原则，且与这一原则保持一致。它们坚持这一区分而且拓宽了间隙。"实践"由重复的行动构成，更多强调的是机械的精确性而非理解。除了有意识地从事练习之外，获得自动技能是其目的。其假设是，当日后使用这种技能的理由成立时，这些技能已经准备好了。做事的"效率"成了目的，而不考虑追求什么样的效率。

另一方面，知识被看成信息的累积，习得这些知识的意义则很少受到关心。教学选择知识体系的标准依照的是过去看待文化或效用的标准，而不是看其在当今时代的价值。除了假定的意义（purposed bearing）和应用之外，强调信息的作用对起主导功能的学习概念及其方法产生了影响。前者被认为是储存在书本和博学者头脑中的某个东西，后者被看成一种传授，通过学校渠道（scholastic pipeline）向学生的心智传授，学生的任务就是吸收所传授的东西。

除了对理论和实践分离中的特殊案例做了明确的说明之外，引用的例证本身也因其社会影响而具有重要性。许多习惯于以重复为基础掌握特定技术的人在他们性格中永久地存在着这种区别。一方面，他们习惯于从事日常活动，他们陷入的活动是他们自己不清楚做事理由、由其他人决定的活动。他们不习惯自己做判断，形成符合自己利益的目的。因此，他们已经做好准备，在日后的生活中，在执行和实现其他人的计划和愿望时扮演被动的工具，从而使我们这个经济制度中的邪恶特征永久化。他们成了被工厂利用的人（factory-fodder），犹如在军国主义专制政体中，人被训练成炮灰一样。这种心态的大面积蔓延就预先对政治民主的成功产生了伤害。

另一方面，行为的重要方面不能降级成特别技能的习得。行为中最有意义的因素是欲望和正确评价的一般范式（general pattern）。这些是日常练习无法触及的。这里，一种试图通过孤立部分而不是通过特殊聚集体建立一个整体心理学的谬误发挥了作用。尽管学校实践的座右铭是"规训"，但是基本的欲望没有得到训导。更强大的和更具广泛适应性的内驱力和动力未得到教化，因此，发现了一个偶然性的和未得到控制的释放出口，由此产生的社会效果便是：当青年的无法估计的未受到规训的能量需要释放时，他们很容易走上反叛和犯罪的道路。那些较温和的人则很容易成为外部刺激的牺牲品。在挥霍和激动之后，他们追逐着放荡和刺激以使自己获得在单调的日常职业工作中被否定掉的假装的自我实现。

从许多视角看，理智和实践的分离依然会维持现状。任何情况下不可避免的改革都出自偶然性和外部的压力。我们已经不再处于社会不间断自我修复与个人经验不间断重构相一致的时代，我们这个时代是过度保守主义与较短暂变革交替更迭的时代。只有首先在理念，其次在实践的事实方面承认理论和实践、知识和行动的密切合作，才能创造出一个具有远见和规划能力的社会，以规范不可避免的变革进程。

有意义的事实是，这可能是人类在历史上第一次诚实地按照结合（union）的概念，而不是按照思想和实践分离的方法来发展和行动。就过去而言，那些假定存在分离的哲学诚实地阐述了实际的情境。社会制度受到了权威、传统和判例的严重制约，同时，权力掌握在少数人手中，这样，通过理解和洞察力来控制社会行动的理念（例如，柏拉图倡导的）便成了纯粹的乌托邦理想。错误也不能全部怪罪实践环境。寻求知识和阐明思想不允许发展行之有效的行动方法。智力活动被驱赶回其自身的活动，这样就毫不奇怪了，那些显然持有这种观念的思想家通过补偿的方式（by way of compesation）提出，理论与实践相比有其内在的优越性，因此需要保持其"纯洁性"——也就是说，保持其孤独性——以防止其优越的价值失去光泽和被稀释。

出于以下将要阐述的原因，这种情境目前已在社会环境内部和追求知识两个方面发生了变化。在经济方面，像美国这样先进的工业国家正在从赤字经济向剩余经济发展。所以，理智地说，在过去的时代，知识和理解不大牢靠地掌握在少数人手中，必须保护和珍惜才能防止知识的火焰熄灭，而我们现在正从这一时代迈向另一个时代。在当今时代，科学知识在技术领域有了突破，可以对实际环境进行控制，同时，出现了一些可供使用的技术，通过这些技术，一种类似的控制能够在其他和更广阔的领域得到发展和应用。

少数与众不同的致力于追求理性的人——在科学和哲学领域——不论怎么说，已经发现了思想修养和知识拓展具有无法估价的价值。对于享受这些成果的人而言，没有其他享受能够提供类似的价值。对他们而言，思想和学问自身是具有真正意义的目的。没有哪种密切联系思想和行动的理论可以剥夺人们的这种合法的和珍贵的利益。但是，不能因为个人的欣赏，一种价值便能转换为一种涉及思想和知识的结构、性质和功能的理论。从逻辑上说，这种转换与那些享受较低级和较感官物质生活的人的行为是同等的，他们把个人在这一方面的满足作为衡量宇宙结构中价值的地位和目的的标准。知识的内在结构与功能不可能因为个人的欣赏而确定，而只能通过对思想和知识本身的检验来决定。此外，在过去，只有少数人有这种天赋和机遇，可以欣赏特别的理智价值。这样，即使从个人欣赏的角度，个人也有责任改变环境，以使更多的人能够分享这种欣赏的快乐。

我们再重复一遍，无论怎么说，行动在继续。只要生活持续着，行动便不会停止。唯一能够阻止它的方法就是摧毁人类自身的生活。价值能否实现，价值实现是否遭遇阻碍，价值是否贬值，这些都取决于各种各样的行动。在行动和撤销行动之间不存在真正的抉择。唯一的抉择只能在不同的行动方法之间进行。如果可能的话，知识和思想提供的指导行动的方法要比外部权威、谋求私利和既得利益的特权阶层依靠模仿、先例或者武力等提供的指导高明得多，否认这一点的人可能是胆大的人。我认为，没有人会否认，如果理智可以提升到控制行动方法的水平，它会使社会生活发生的改变达到不逊于革命的程度。没有人会否认，如果，或者当理智一旦扮演这种角色，其功能的保存和拓展便会成为考虑的首要对象。

那么，基本问题是一个事实问题。因知识而形成的理智能够成为个人或集体设计和指导行动的基本的重要的方法吗？某些反对意见和误解将在后文予以考虑。在这一点上，我们将考虑为什么在当代合乎情理的努力中存在着某些可能性的原因。对这些原因的思考将揭示理智被视作行动方法的性质。

五

十七世纪以来，自然科学的发展证实了那种认为理性与思想和行动的分离会产生有效知识的概念是错误的。思想与存在或与"现实"联系的基本黏合剂是行动。这一结论依据的不是意见而是观察到的事实，即只有采取实验法才能不断地可靠地促进自然知识的进步。思想建议的是引起环境变化的行动路线和方式。执行建议的程序对用以判断理念的效度以及对进一步发展有着影响。思想以这种方式被转化为真正的知识。这种过程就其自身性质而言是自我持续的。理念必须用一种形式来架构，即理念必须能够指导将要开展的行动且对其后果做出解释。这就是控制思维和理念发展的标准。刚才提到的有关理念必须在两个方面应用于行动的考虑为我们在心智中生长和产生的众多建议和幻想中的选择和拒绝提供了标准。根据行动来思考，根据那些结果会拓展、修正、检验你的理念和理论的行动来思考。这是实验法的第一戒律。正是注意到了这一戒律，思维、探究、观察、阐释在自然知识的进步过程中取得了累累硕果。

另一方面，当受到理念的指导时，行动和做揭示了许多新的事实，确保了思想的进步和新知识的产生。在实验法诞生之前以及远离实验法的时候，新的事实的揭示纯属偶然，是一种意外。而且，更重要的是，它们在较大的系统中找不到自己的位置。它们仍然是孤立的，或者是被思想强行纳入某种理智方案和系统中。另一方面，通过实验观察法发现的事实，要么因为作为实验成果的理念提供了自然背景而自然地变得清晰起来；要么，如果所发现的事实是未曾预料到的或与这些理念不一致，人们会提出引发新实验的新理念。这两种情况无论出现哪种，它们都不会是荒谬的和令人困惑的，而是有助于确定进一步探究的问题。

思想和知识方面这种革命性的变革，这种从与行动毫不相干的状况向行动完全进入思想和知识结构与程序方面的转变，就让人觉得有必要重新思考那些基于知识和行动之间的沟壑是内在的和不可改变的假设的信念和传统。我们还可以进一步说，事实上，已经表明的是，在某种有局限性但却是重要的领域，理智和行动可以有效地结合在一起，对环境进行控制。在这些领域，知识不仅有可能被认可为行动方法，而且可以使其成为现实。

当然，这里讲的是发明领域，发明是自然知识进展中实验方法的最直接产物。例如，电话、电报、收音机、蒸汽发动机、电灯、发电机、内燃机、汽车和飞机就是证据，是知识作为行动工具这一现实的证明。我们这个机器时代及其技术是同样的证明，而且是大写的证明。

已经成功的事实表明，用一种有力的方式（emphatic way），将同样的结合拓展到较宽阔的社会领域是可能的。如果我们能有效地利用理智作为物理学和机械学领域的控制方法，我们为什么不在人类关系领域努力去应用它呢？此外，已经受到影响的具有局限性的和技术含量较多的控制所产生的社会影响要比表明道德领域具有广泛和深入应用的可能性更有说服力。在自然和人类领域，在洞察力、远见和倾向之间存在着反差的现象越来越普遍。几乎同样普遍的是，因为这种反差，迄今还不能确定的是，在自然领域已经受到影响的控制是福还是祸，换言之，机器及其技术到底是人类的仆人还是主人呢。问题的关键在于，实验法能否像在自然领域中的运用一样作为社会知识和行动的基本方法。如果不能，处理人类事务的随意性与处理物质事务的精确性之间的缝隙一定会扩大，其结果可能摧毁人类的文明。

那种在自然科学领域带来丰硕成果及可能不断产生后继成果的实验法究竟是什么？如果实验只是意味着简单尝试，那就毫无新鲜感了。生活本身就是一种实验。我们在做的每一件事情都可以说是某种尝试。一个非常自信的教条主义者开始按照其信条做事时，他自己可能有几分把握，认为自己做的事是正确的和有益的。他可能相信，他所掌握的真理为他提供了绝对的保证。但实际上，他是在尝试做某种事情。他绝对不可能保证他所做事情的结果。他的信条实际上也无法提供保证。信条只会遮蔽他的双眼，使他看不清他自己行为的许多恶果，并阻碍他从中吸取教训。局外人，例如俄国和意大利，在看待其他国家正在发生的事情时，会自然地将发生的事情看作一种实验，即使这些实验不同于他们所从事的实验。在一个许多复杂和偶然性与我们相同的世界里，行动是需要的，行动也必须是实验性的，即一种尝试，这是确定无疑的。

那么，按我们理解的意思，实验法与各种行动中无处不在的不确定性尝试的确凿事实是有区别的。在清楚要做的是什么的实验与忽略条件和后果的实验之间存在着差异。内科医生经验行动中的经验含有经验的意思，但指导他的是习俗和过去积累的经验而不是科学的洞察力，显然这种经验不是实验法中的经验。

当实验意识到自身和有意识地指导行动时，实验法便成为普遍的和不可回避的事实。它反对教条主义，反对将经验主义作为习俗的规则，反对权威主义，也反对个人自我主义（egoism），等等。但是，它又有着自己实证的内容（positive content）。

首先，每一个未意识到自身是一种尝试的实验是无意识地在一个未知的、充满偶然性和不确定性的世界中进行的。或者说，如果它确实考虑到了它在通过一种魔法进行实验——包括盲目的附着于实验的为我们当前目的服务的程序和惯例。实验法诚实地考虑到了这样一个事实：通过有意识地提出和阐释作为行动基础的问题是具有偶然性的。实验法能够将不确定性的条件转变为可以提出确切问题的术语，即提出确切需要解决的问题。它首先承认，不确定性是不可避免的，需要积极地利用它。因为它搜寻数据资料，使我们先能够提出问题，然后去思考行动的路线以便找到问题的答案。这样，实验法就教我们如何对待怀疑。我们不掩盖怀疑也不否认它的存在。我们要培植怀疑的精神。但是，我们不是要像古代怀疑论者那样将怀疑作为自身目的去珍爱它。如果那样就会使行动陷于瘫痪。我们珍爱怀疑仅仅是将其作为问题发展的第一阶段，其目的旨在指导行动以发现能够回答问题的事实。

第二，有意识进行的实验是以数据资料为基础的。理念是作为一种假设提出来的。也就是说，是被用来作为行动的指导以求获得行动的结果并明确下一步的行动。实验法对教条主义来说是致命的打击，因为它表明，所有的理念、概念和理论，尽管其外延明确，逻辑前后一致，具有美学吸引力，但在未受到行动检验之前，都只能作为临时性的接受。确切地说，在行动检验之前提出的理念其意义仅仅在于作为可能的行动的指南和计划。采取的行动所产生的结果检验、拓展和修正事前接受的推测性理念。因此，实验法永远反对所有自称稳操胜券的方法。

精力旺盛的人受其精力的驱使而行动。这种导致直接行动和立即做事的驱动力是倾向教条主义信念的主要的心理原因。不确定性是一种障碍，它能延缓蓄意的行动。好奇心、探究、反省和审查都会延缓行动。所以，有强烈做事倾向的人不耐烦思考。他倾向于依靠能够使他全速前进的理念和理论。现在，实验法并不坚持根据思想投射出的暗淡光芒来决定行动。相反，实验法要利用它，通过强迫它认可需要保持与所做事情后果的联系来赋予其新特征，实验法并相应地修订进一步行动进程。它并不建议以思想作为行动的替代品，相反，它建议将思想引入行动作为行动的指导性原则。

最后，实验法的突出特征是引进了程度（degree）和测量（measure）的原则，认为概率的存在是绝对的，并尽力测量概率的程度。它承认不同的可选择的可能性进入行动的程度。在追求所选择的行动中，它并不紧闭大门拒绝其他方法。它对行动的解释更加灵活和谨慎。早在思想转化为行动之前，人们已经思考了一批可作为选择的假设，这样，当需要改变方向时，实践就变得具有灵活性和重新适应性。坚定不移是需要的，为的是行动的后果可能具有适当的教育价值，但是，不允许坚定不移变得呆板以至于最终宿命论地走向不受批判的目的。

六

实验法的意义可能会因为对当前或多或少流行的反对意见和误解的考虑而进一步发展。所有这些反对意见和误解有一个共同来源。旧理念有着它们自己的惯性和动量。它们不仅难以被新的理念取代，而且当新理念试图取代它们之时，它们会被用来阐释新理念。非常具有讽刺意思的是，我们准备思考的大多数反对意见主张通过在旧的与行动分离的理智观念和行动之间建立联系的做法去形成新的理智观念。这种新理智观念被认为好像只是在旧的"理性"概念中增加了新功能。当然，其中必然存在着不足和矛盾。

第一，一个根本性的误解，它假定方法使行动成为它自身的目的。先前的讨论应当已经使这个错误变得十分明显，以致可以简单地解决它。行动是知识引发的（informed by knowledge），受有效理念的引导或受可行的假设的引导，而且，这样的行动有助于为新的观察和乐趣揭示新事实，引发更有意义的理念。知和行最终的作用在于保护、拓展和安置被直接经验到的价值。

第二个误解的性质截然不同，尽管某个时候，两种误解会同时出现在一个人身上。正如我们所发现的，知与行操作性理论认为，目的的实现和理想的形成绝不可能大海捞针式的寻觅（sought in the blue），它们需要对既作为障碍又作为潜在手段的现存环境进行探究才能获得。对现存事物的理智认可被一些批评家认为是对顺从和奴性接受政策的颂扬。如果将思想观念作为某种与行动相隔离的东西，自然会得出这种结论。但是，在实验哲学那里，理智认可是行动方法形成的预备阶段，它会引起现存事物状况的变化。要形成相关的和有效的理想，我们必须首先熟悉和注意到实际的环境。否则，我们的理想便毫无意义或者充满着乌托邦幻想的内容。现存的环境并不能决定目的和意图。它们决定着意图解决的问题。在形成意图时，存在着丰富想象的空间，头脑中会出现各种冒险打算。实际上，对想象力有着积极的需求，不允许限制想象力的飞翔，除非它的产品在行动中的应用会改变事务的现状，即使有限制，也允许目的在于保持个人美学欣赏想象力的飞翔。在这一方面，它防止了人们将理想与理智的有效的目的混为一谈，防止了由于行动自身混乱不堪所招致的欺骗和虚伪。

第三个误解非常相似，只需略微提及。从生物学方面说，实验的理论将思想与作为所有动物生活特征的适应性联系在一起。理论说明了在通过思想媒介产生的适应性与未经过思想媒介而完全依靠习惯形成的适应性之间存在着根本的区别。然而，实验的理论被指责在教授一种强调最大限度地包容现存一切教义。实际上，实验哲学表明（已在第一点中指出），真正的实验行动会影响环境的调整，而不是顺应环境：即再造现存的环境，而不只是再造自我和心智以适应环境。理智的适应总是对现存的东西进行的一种再调整和再建。

第四，正如已经提及的，作为行动哲学最为核心的要素，理智的运用并不排斥信念的坚定性，也不排斥勇气。相反，它坚持声称，必须有足够的信念去激发行动和证明行动的正当性，同时，也允许个人从自己进一步的经验学习以坚持自己的信念。它的含义是，每一个合理的信念必须通过后继的经验得到最合理的坚持。它相信在经验中得到证实的信念而不相信那些因为不成熟而产生的强烈的信念。同时，它承认，成熟常常会导致刻板固执的限制，当受到真诚的驱动时，缺乏经验和无知常常也有思想和冒险行动的能力，而一个被习惯包裹住的和因过去经验而变得僵化的头脑则不能。

第五，哲学不是一种机会主义。通常，机会主义是容易理解的，它的含义是，只有少量涉及思想和行动情境得到承认，少量的意思是指时空方面有相当的局限性。实验主义承认，程度像深度一样有一种应对情境的功能。在完整的一组情境中存在着包容度和范围不同的情境。连续性是需要理智行动的情境的一个重要特征。后果是持续的和累积的。因此，做综合性的和长期的假设就显得十分必要。它们构成了较有远见的政策，解释了较为持久的行为目的。实验哲学的逻辑所要求的是，无论实验情境大小，无论是作为近期或作为遥远的未来应用的指导理念，假设和实验的精神都应当进入实验过程以掌控它。

第六，方法不等同于令人愉悦的合理性，方法中含有的些微的妥协意思带来的愉悦要超过合理性。在特定情境中采取的措施取决于该情境的可变因素，而非从一般方法概念（general concept of method）中衍生而出的。正是因为实验方法没有在过去的事务中产生任何影响，社会情境才凸显出利益冲突的特点，在其中，各种力量，公开的或隐蔽的，都掌握在居于特权地位的人手中。理智的方法要求我们面对这些冲突时要睁大眼睛予以关注而不是紧闭双眼，视而不见，因为它们是情境中不可变更的一部分，需要理智地承认，并在实践中去处理。在这些情境中采用的行动方法如果是理智方法，当理智已经稳稳地站稳脚跟时，它就不可能在细微之处等同于随后而来的方法。例如，经验表明，暴力行动方法通常是破坏性的，先时的假设是反对它的。但是，就实验哲学本身而言，对这一案例正像对待其他案例一样不能有如此绝对的先入之见。就经验和反省所表明的和平方法很有可能是有效的方法而论，哲学是和平主义的。当实际情境中最容易获得的知识指向其反面时，哲学是革命的。所有这些方法的内在号召是，不要形成任何一种极端学说以致阻碍探究，造成预先将行动计划引入有偏见的渠道的结果。绝对的和平主义和通过阶级斗争才能取得绝对进步的观点都患有同样的疾病，都与实验主义不一致。即使在那些赞成其中一种观点的人中间，通常在他们的下意识中有着某种相反的例外情况。

最后，说方法是理智主义的，或者说方法以牺牲情感、欲望和冲动为代价夸大了思想、探究和观察的作用，这是不对的。这种误解也许最佳地例证了在实验哲学里纳入与行动相隔离的理智观念的效果。如果像理性或理智这样的东西是自己生成的，那么以其为基础形成的方法就会遭到反对。毫无疑问，细心的辨别和尖锐的批判，理念的澄清和将它们整合为一个整体便会尾随实验法而来。但是，同样尾随而来的是（不过，这一点被反对意见忽略了），只有当实验法涉及并需要在行动的材料中起作用时，它们才存在。由于它们不能单独存在，除非处在具体情境的物质材料中，因此，它们的特色就彻头彻尾受到材料质量的影响。如果引起激情和热忱、反感和厌恶，那么，思维便会随着这些情感而孕育。特定方法的理念含有对情境和构成要素的兴趣，无论是积极的还是消极的，渴望的还是反感的。所有需要情感的方法含义是，不允许为难和压制思想和观察；或者从积极方面说，应当利用情感来增强和促进理智以及增强和促进所采取的行动出现明显的阶段性特征。

有人认为，人们对情感冷漠是因为由理智激发的理念与生产性理智活动的事实产生了矛盾。而相反的观点认为，这也许要归因于传统哲学和心理学，因为它们将理智观念看成行动情境之外的东西；或者，归因于正确的推论，即这样一种理智有必要是"不带感情的"（cold）：理智只是理智，不掺杂任何其他东西。作为行动方法的理智是什么和怎样应用的问题，将在实际情境中分享所有研究激情。它也许是一种无限的激情——只要它是理智的激情。

七

如果方法能够与其涉及的内容分开的话，那么，实验法就会在涉及任何特定类型和条件的社会生活时持中性立场，也能同样在任何情境下应用于社会生活。事实上，只有当与特定社会类型保持一致时，方法才能得到完整的和适当的应用，因为方法和论题是相对应的。也许在任何情境下都能够发现不完整的和片面的应用方法；方法甚至可以被用来代表反社会的措施。盲童常常比视力正常儿童更聪明。掠夺成性的人在有限的领域可能比乐善好施的人在较广泛的领域更有效地采用实验法。但是，只有当理智不被看作核心美德时，我们才会突然停止将其作为有限的特殊用法使用。像所有选择一样，作为偏爱行动方法的理智选择含有明确的道德观，这种选择范围中的道德含义，当得到遵循时，就勾勒了整个美学和社会哲学的轮廓。在这里的结论中，我们的教育哲学中的两个主要构成要素，即社会与个人的关系，知与行的关系，是结合在一起。

首先，只有在特定社会中得到充分有效的应用，实验法才可能成为给人以深刻印象的现实。一个含有对抗阶级利益的社会总是会反对在特定的有限的领域之外应用实验法。邪恶的阶级利益在黑暗中会更加膨胀。如果理智的自由发挥不是它们的内在对手，它们就不会像它们表现出的那样害怕它，它们就不会不遗余力地宣传具有欺骗性的替代品。理智哲学的社会含义可以根据一个事实来判断，即它的对立面是蒙昧主义，蒙昧主义是社会弊病、腐败和极度不公正的同盟。完全和自由地采用理智方法的客观前提条件是社会必须禁止从实验法那里获得阶级利益。它与所有的社会和政治的哲学和活动是不相容的，也与每一个接受当今社会中阶级组织和既得阶级利益的经济制度不相容。

这种表述的积极意义是，以实验理智为基础的生活为所有的人提供了唯一的获得丰富的多样化经验的机会，同时，也确保了连续的合作性的平等交换和相互交流。实验法不可能在生活中真正得到应用，除非每个人实现自己潜在能力的权利得到有效的承认。因为没有这个条件，就会缺乏用以判断行动价值的完整的依据。影响人们相互交流的每一个障碍物的限制效果完全一样。自然科学实验法与人文学科实验法有着明显的区别。但是，自然科学实验法有一个方面对我们的目的是有意义的。科学之所以进步是因为通过探究获得的发现可以立刻被同一领域所有的工作者分享。没有不间断的交流和相互促进，自然科学依然会处于未成熟阶段。自由地交流意味着接受又分享价值的能力。社会的最大问题是如何通过个人自由发挥其爱好和能力的方法最大化地组合不同的价值，同时使摩擦和冲突最小化。这个问题唯有实验法能够解决，其他任何方法都无能为力。

正如我们所理解的，实验法是唯一适合民主生活方式的方法。作为行动方法的理智的发展拓宽了共同理解的领域。理解不能确保完全一致的同意，但是它为达成一致同意提供了唯一坚实的基础。在任何有不同意见的地方，它有助于彼此保留不同意见，有助于相互包容和相互支持，假以时日，便能获得更加合适的知识和更好的判断方法。在目前环境下，很难估量这种方法的重要性。当前的经济组织单方面地刺激着将实验法严格限制在技术领域中应用：在为利润服务的机器领域中的应用。这种经济组织会因为方法的拓展的影响而改组。每一次实现了的拓展会增加和扩大人类经验的多样性和范围。它会解放和促进合作性交流和价值共享的进程。生活中，这种方法的适当应用会证明这种方法能够确保的价值就是，其自身的价值在于它提供的只是一种意见，而不是信念和理念。

将社会变革进程与教育进程相互对立起来是可能的，那么，是期望中的社会变革会随着教育变革而变革，还是急剧的社会变革必然出现在教育改善之前，相关争论可能会产生。我们认为，两者是相关的和相互作用的。没有一种社会变化，些微的或革命的，能够持久，除非它能够成为一个民族为实现其愿望和目的所采取的行动。这种愿望和目的的引入和扎根是受教育影响的。但是，社会结构的每一次改善及其运作都会释放出人类教育资源，为教育资源提供了更好的进入正常社会进程的机会，从而使后者自身具有教育性。

互动的过程循环往复永无休止。我们希冀有一个更加美好、更加公正、更加开放、更加正直的社会，在这个社会，旨在使教育变得更好的自由的全方位的交流和分享便会自然而然出现。我们希冀有一个改善了的和规模扩大了的教育以便建立一个所有一切措施都具有教育意义的社会，有益于意愿、判断力和品格的发展。在与社会生活隔绝的学校围墙内，所期望的教育不可能产生。教育自身必须承担不断增长的责任，参与社会变革理念的制定，并将理念赋予实践以便使其具有教育意义。美国教育的最大问题是发现能够促使更直接和更具活力的参与的方法和技术。我们认为，当前，教育哲学的职责在于指明这种需要的迫切性，用我们自己的概念草拟出能够实现目的的路线。离开教育，作为行动方法的实验理智不可能确立为心智和品格的持续有效的习惯。但是，它不能在教育内部得以确立，除非教育活动是建立在清晰的理念基础上，即能够清晰地认识到当前的实际社会力量、它们的所作所为、它们对价值所产生的良好的和恶劣的影响，而且认识到，这种理念或理想是以指导当前校外社会生活中的实验为目的的，这种社会生活不仅决定实验的效果，而且会决定学校所做的一切工作的教育意义。

（朱镜人译。译自："The Underlying Philosophy of Education" in *John Dewey: The Later Works, 1925—1953*. Carbondale and Edwardsville. Southern Illinois University Press. 1986, Vol. 8. 1933: 77—103.）

芝加哥实验的理论（1936）①

教育理论和它在实践中的贯彻，两者的距离总是那么巨大，对于孤立地陈述纯理论原则的价值，自然令人怀疑。而且，时隔三十余年，存在着把记忆的东西加以进行理想化工作的危险。所以，任何陈述，将包含相当多的是随后经验的结论的成分而并非忠于最初的设想。在目前情况下，这一危险是避免了，因为在阐明这个教育实验的基本假设时，引用了实验初期所写的文件。②不论这所学校在接近实现激励它工作的理论方面的成功还是失败，以及在某些方面，它的成就非始料所及，为了理论本身而阐明这个实验的理论也具有一定的价值。这将有助于读者解读这所学校的工作报告，给报告提供并非华而不实的连续性，因为事实上具有这种连续性；有助于评价这所学校实践上的成功和失败，不管它们的原因是什么；同时，不管理论自身有多少永久价值，它也许能给别人提示新的、更为满意的教育上的试验。③

阐明设立这所学校的哲学，还有一个特殊理由。在芝加哥大学，哲学、心理和教育三系最初是联合在一起的，设一个系主任。因为系主任受过哲学和心

---

① 译自凯瑟琳·坎普·梅休与安娜·坎普·爱德华兹合著《杜威学校》1936年英文版，第463—478页。

② 《作为一门大学学科的教育学》，载《芝加哥大学纪事》第一卷第18期、第25期（1896年9月）。——原注

③ 这个实验得到一批卓越的大学专家的支持，这一事实，大体上说明为什么这个实验在那么多初等学校教材的新领域进行了勇敢的试验而且获得了具有启发性的成绩。——原注

理学的训练，所以学校的工作在最初的设想上就和某些哲学的和心理学的概念有一定的联系。不管怎样，既然这些概念比教育上的经验或先例和这所学校有更密切的关系，对于学校的基本理论不做一番坦率地说明，有关学校实际工作的叙述就容易使人误解。作者有关认识和行为的哲学，应该通过在经验中的实际应用得到检验，这种心情对开创这所学校的工作有着强烈的影响。而且，这正是我所主张的这一派哲学的结果。教育学系（教育系最初教育学系）的讲课应该在一所学校得到补充和检验，这所学校与理论的关系，大体上正如物理、化学、生理学等实验室与大学中这些学科的教学的关系，这一点在理论上是必需的，在实践上也是恰当的。几个系联合成一系提供了这种机会。

读一下以"作为一门大学学科的教育学"（1896年9月）为题的文章，可以知道这所学校原意是一所实验学校，不是一所实习学校，也不是（在目的上）现在所谓"进步"学校。它的目的在于检验用作工作假设的某些思想。这些思想是从哲学和心理学方面来的，有些人也许更喜欢说是心理学的哲学解释。它的认识论基础是强调在能动的情境中所产生的问题以及在思维发展中的作用，并且强调，要使思维变成知识，必须用行动来检验思维。一个含义广泛的认识论能获得积极的检验的唯一场所是在教育的全部过程之中。也有人认为，学校课程的散漫、零落和孤立的状况，为具体地、不只是在头脑里或纸面上拟订一个统一认识的理论提供了不寻常的情境。

在以《组织计划》为题的一个文件中（1895年秋非公开刊印），对哲学理论和教育的主要联系，有一个大概说明。这里扼要介绍一下这个文件。首先是对教育问题的看法。这个问题本质上是一个使个人特性与社会目的和价值协调起来的问题。教育是一个困难的过程，这个过程需要一切随时可以利用的道德的和理智的资源，恰恰因为要使人类身体和心理素质方面与社会环境的要求和机会有效地协调起来，是极其困难的。由于影响社会生活的各种传统、信仰、风俗习惯和制度间的冲突，这个问题在今天特别困难。无论如何，这是一个不断更新的问题，这是每一代人必须重新解决的问题；同时，因为各人的心理素质不同，在某种程度上说，这是每个教师必须对每个学生重新处理的问题。

个人因素和社会因素的协调或平衡这个公式，今天也许比一个世纪以前更流行了。那时最流行的公式也许是个人一切情感的、理智的和道德的能力的和谐发展。当时并不有意识地主张可以离开社会的条件和目的去完成这种发展；同时也并不有意识地提出社会价值的重要性。今天，特别在进步学校，往往强调个人的本能和能力倾向，因为它们可以用纯粹的心理学分析发现，至于和社会目的的协调，大都是被忽视的。而且，在学校里，往往追求个人经济上的成就，似乎这是社会生活的唯一重要方面。另一方面，宣传"社会适应"的理论，仿佛"社会的"一词只意味着使个人适应偶然在当时存在的特定社会安排的某一预先注定的地位。

在实验学校的理论中，把学校建设成为一个社会生活的形式，这是达到所要求的协调的首要因素。我们认为，只有当学校本身是一个小规模的合作化社会的时候，教育才能使儿童为将来的社会生活做准备。除非个人在和别人不断地自由地进行交往中紧密地生活在一块，并在共同分享的过程中得到幸福和成长，否则个人和社会的一体化是不可能的。

这个思想，彻底背离那种把学校仅仅看作学习功课和获得某些技能的场所的见解。这个思想，把学校中的研究和学习与在丰富而有意义的社会环境中进行校外生活所得到教育同化起来。这个思想，不仅影响学习和研究，而且影响儿童的组织，把儿童分成小组，代替"分级"。我们认为，需要分级的是材料，不是学生；要着重考虑使学生在最有利于有效交往和共同分享的条件下联合起来。自然，这个思想也影响教材的选择，例如，幼儿入学后所从事的活动，继续他们在家庭中所熟悉的社会生活。在儿童成长时，继续维持联结家庭生活和邻里以及范围更大的社会的纽带。这些纽带在时间上引向过去，在当前引向校外，引向历史和比较复杂的各种现有的社会活动。

因此，如果所谓适应是指使个人准备去适合当前的社会安排和情况，那么目的就不在于使个人"适应"社会制度。当前的社会安排和情况还没有稳定和健全到足以证明这样的程序是正确的。目的是在于加深和扩大社会接触和交往以及共同生活的范围，使学校成员有所准备，让他们将来的社会关系是有价值的、有成效的。

可以看到，教育的社会方面放在第一位。这个事实，和实验学校创办以来所流行的以及当时很多参观人所带走的关于该校的印象恰恰相反。这就是在进步学校起过很大作用的一个思想：这些学校的存在，是为了给个人完全的自由，它们是而且必然是"儿童中心"的，在某种程度上，忽视或者至少不重视社会关系和社会责任。尽管没有成功，在意图上，实验学校是"社会中心"的。我们认为，心理发展的过程主要是一个社会的过程，一个参与的过程；传统的心理学受到批评，因为它把心理发展看作个人和单纯事物的自然环境的接触中发生的。而正如刚才指出的，目的在于培养个人和别人共同生活和合作共事的能力。

当然，说实验学校热衷个人自由，鼓吹极端个人主义，这种看法也有一定理由。比较表面的原因是这样的事实，多数参观者带来的传统学校的形象，在那里，被动和宁静处于优势；而他们发现一所学校，在那里，活动和流动却是有规律的。这些参观者无意识地把教育上的"社会"因素和服从于教师的人格等同起来，和服从于记诵教科书里的概念等同起来。他们发现一些很不相同的东西，从而认为有一种不受控制的自由放荡。一个比较基本的理由是这样的事实，在着手实验时，很少以先前的经验或知识作依据。我们是在基本上未开垦的土地上进行工作的。我们必须通过实际试验去发现哪些个人的倾向、能力和需要必须加以运用，并且通过运用导致良好的社会结果，导致具有个人的和自发的兴趣的各种社会价值。无疑，特别是在学校创办初期，由于这样的事实，即为了获得我们行动所能依据的资料，必须给予过多的行动自由，而不是强加过多的限制，实验学校在"个人主义"方面，给了太多的分量。

丢掉传统的从上面强加的方法，教师们不容易立刻想出恰当的在共同活动中起主导作用的方法。关于儿童的正常行为和兴趣，现在有很多我们所熟悉的东西在当时是不熟悉的。领悟的方法和了解的方法，运用到这种地步，使当时实验所要求的不受控制的行动，不再需要什么界限了。但是，虽然有些学校已经在没有指导的个人行动方面走到了极端，还有更多学校让人为的条件阻碍着熟悉实际的儿童。在那里，虚构的人用虚构的办法对待，在那里，真正的生长变得困难，这种情况还是实在的。我们的学校对于激发社会的观点和热情同强加某些外表的社会一致性两者之间的区别，还有很多东西要学习。

读过实验学校早期文件的人会发现，次于学校作为社会生活的一个形式的思想，就是关于拟订一套"课程"和教材的思想。作为大学的一个单位，实验学校有机会有责任在这一方面做出贡献。习俗和惯例使我们大多数人看不到传统课程在智育方面的极度贫乏和缺乏组织。这种课程大部分还是由若干互不联系的科目组成，每个科目又不过是一些或多或少独立的题目。一个有经验的成年人可以提供一些联系，从它们彼此之间以及同世界的逻辑关系上来透视各门课程和教学。对学生来说，它们可能就是为了达到某种未知目的在学校存在着的一些奇妙神秘的东西，而且只是学校才有。

因此，关于"教材"，迫切的问题是要在儿童当前的直接经验中寻找一些东西，它们是在以后的年代里发展成为比较详尽的专门而有组织的知识的根基。要解决这个问题是非常困难的，我们并没有解决好；这个问题到现在还没有解决，而且永远不可能彻底解决。但是，无论如何，我们曾试图研究这个问题以及这个问题所带来的各种困难。有两种容易的方针可以采取：一种方针是沿袭传统的课程和教学的安排；另一种方针是允许经验和行动的自由涌流，这些经验和行动是直接地、激动情感地吸引人的，但是并没有什么特别的结果。这两种方针没有考虑到，因为人类生活在时间上是不断前进的，所以它应该是发展的，否则它就没有教育意义。这两种方针还忽视连续性，把学生只看作一连串的断面。它们忘了，"放手"政策和任何别的方针同样有那么多成人强加的影响，因为采取这种方针，就是年长的人决定让儿童任凭偶然的接触和刺激摆布，放弃他们的指导责任。在上面所讲的两种方针以外，另一条可供选择的方针，是发现一些东西，它们真正属于个人的经验，但又引向将来和范围更加广阔、更有控制的兴趣和目的。这就是实验学校所致力研究的教材问题。

这一工作也包括找出一些可靠的、在智育上有价值的事实和原理，不同于那些充斥于传统课程的呆板而枯燥无味的东西。可能有一种知识，它远离儿童的经验，但又缺乏真正的成人知识的内容和吸引力。很多学校教材对受教者的经验是不相干的，而且显得不尊重训练有素的判断和正确全面的知识。在美国建国初期，学校教材的这些缺陷大都用儿童的校外生活来补救。但是，由于都市生活和大生产的发展，很多人被切断了这些补充资源；同时科学和历史知识大量增加。由于小学中没有发生相应的变动，需要编一些教材，它既和儿童充满活力的经验相联系，又和近代最优秀的知识和思想中的重要而可靠的内容有关联。

自从芝加哥实验学校着手发展一种新型的教材以来，三十多年过去了，课程内容有了巨大的进步。它们不像过去那样死板，也不那么遥远了。但是，它们仍然表现出近代知识的单纯量的增加的影响，造成课程内容的臃肿和肤浅。"充实"课程，往往是进一步引进无关的和独立的科目，或者把过去留着在中学学习的题材下放到小学。或者，在相反方向，引进以设计为名的支离破碎的短时间的作业，这些作业有情感上的刺激作用，但不能发展成为新的领域的原理，也不能发展成为成熟的组织。

所谓恰当的教材，基本的思想是：课程必须不是仅仅作为知识的项目来吸收，而必须作为当前需要和目的的有机组成部分来吸收，而这些需要和目的又是社会性的。这个原则，转化为具体材料，实际上就是说，从成人的观点看，课程的轴心乃是文化的发展；而从受教者的观点看，这个轴心乃是他们自己戏剧性地和富有想象力地扮演的生活和思想的运动。"文化的发展"这句话提出一些东西，用它来表示实际使用的教材，未免过分夸张，过分一体化。有些社会生活方式已经对不朽的文化做出了永久贡献，选择这种典型的可以引用的力量，其中包括新的发明和自然资源，也包括新的制度上的改革。

关于这个中心原则的具体实施，详见本书有关实验的叙述。这里，要作一些解释性的评论，特别是针对那些最常提出的反对意见和所招致的误解。最根本的一个意见，也许就是，历史意味着过去和遥远，只有在这个意义上，教材才可以说是"历史的"，实验学校所采用的教材，离开儿童当前的环境太远了。这里我不想为历史的教育价值辩护。要紧的是，说教材是历史的，这是从成人的观点来看，而不是从儿童的观点来看；心理上的遥远和物理上的遥远，在儿童成长到一定程度以前，两者并无关系。这就是说，某些事物和过程，在物理上接近儿童，这一事实并不保证它们接近他们的需要、兴趣或经验；而有一些东西从地位和年代来说是遥远的，但是从情感和理智来说，却是一个孩子所关心的事，是他的观点的组成部分。每当强调游戏对幼儿的重要性时，这个事实至少在口头上是承认的，至于崇拜神话故事和其他更加可疑的事物，那就更不必说了。

所以，原始社会生活、希伯来人①的生活、早期美洲殖民地等词语，仅仅是标杆。这些词语本身并没有意义，可以表示完全在当前经验范围以外以及和任何当前兴趣和需要无关的古代材料。但是这些词语也可以表示洞察到当前经验中能动的因素，正在追求扩张和寻找出路的因素以及要求阐明的因素，社会生活的某一阶段——对成人来说有一个历史的题目——把这些因素带到一个经过选择的、首尾一贯的和发展着的经验的中心。

想象这个词，在很多人脑子里，几乎完全有一种文学的风味。在学习者的心理方面，想象是作为基本的问题讨论的，意思就是用一些不是在物质上或感觉得到存在的意义和价值来扩大当前的经验。在研究和探索的冲动因不适当的情况的压力变得不活跃以前，心智总是要冲破身体感官的限度的。想象便是发生这种经验的扩展和稠化的过程的名称。这种想象自然地寻找向外的和积极的表现；想象并不是纯粹文学上的，在它自身的扩张发展中，既要运用语言文

---

①犹太民族的又一名称。

字，也要运用物质的材料和工具。对成人来说是遥远的和历史的教材，对于儿童当前经验内部的这种不断冲破范围和内部深化的现象，可以提供各种理智上的工具。

利用从人类文化的发展中汲取的教材，扩大儿童的固有经验，这个方法表面上和"复演"说有相似之处。实际上，并未沿用成长中的人的经验重演人类进化的各个阶段这样的概念。恰恰相反，已经有了一个开端，观察儿童当前的经验，他的需要、兴趣等，然后选择某一普遍化和理想化的文化生活的侧面，寻找足以满足和培育这些需要的材料，从而使儿童对自己目前的生活和环境有更深的理解和更大的力量。而且，我们总是力图取得运动的节奏，从儿童已经熟悉的情况开始，通过某些在时间和空间上比较遥远的东西，然后返回到当前比较复杂的社会环境。①

再者，实验学校的整个过程，受上面曾经强调过的条件的支配，这就是，需要有一种学生和教师在情感上、实际上——或在外现活动中——和理智上共同经营的现在的社会生活。物质材料和结构、器具、编剧、讲故事等被用作创造和发展这种直接的社会生活的手段。对幼儿来说，或者在社会意识和作为时间顺序的历史意识联系起来以前，"历史的"材料从属于维护每个儿童参与的共同体或合作组。②

关于"文化方式"这个概念，最可能引起的误解，和这个概念似乎排除科学和科学方法有关。一般学校习惯于把社会性教材和标明是科学的教材二者截然分开。所以，科学教材就变成专门的东西，缺乏人性和吸引力。但是，同时，社会作为逃避目前烦恼和苦难的手段。

非常可能，关于社会指导和思想灌输在教育上的地位问题，只有在把科学

---

① 所以，家庭生活比"原始"社会生活先进行研究；芝加哥的地理环境比弗吉尼亚和马萨诸塞等早期殖民地先进行研究。——原注

② 从实验一开始，有意识地用小组这个词来代替传统的班级这个词。——原注

方法作为社会改良的关键，并给以中心地位时，才能得到唯一真正的解决。

因此，在实验学校的理论陈述和实际工作中，都强调食物的制备、衣服地毯的制作和居住的方法，要从上述角度来理解。就社会方面来说，这些东西给我们一个相当固定的人类基本活动的结构，扩大和加深教化的工作得以进行的一个具体、明确的中心。就心理学方面说，这些东西对一切建造、操作、积极的行动和制作的冲动给予运用和满足的机会。通过分工和合作，它们自然地、几乎不可避免地适应学生小组的生活，成为一个始终存在的、有吸引力的和起支配作用的社会形式。

当然，强调实践活动和运动性活动，纺织、织布、烹饪、木工等，并不是出于所谓功利的原因，不管掌握这些操作过程是为了学生将来的生活还是为了有形的物质的产物和结果。①

恰恰相反，采用这些活动，正是由于这样的事实：一方面，它们符合行动（包括情感的、想象的和运动的因素）乃是个人发展中起统一作用的实际这一心理学的假设；在社会方面，它们提供了研究人类文化的能动发展的自然通路，并给予儿童在和同辈相处中获得创造活动的喜悦的机会。根据实验学校的工作假设，"作业"是观察人类发展的一个中心概念；学生自己所从事的作业，乃是使原始的和分散的冲动转化为时间广度足够长的活动的手段，这些活动，要求有预见，有计划，能进行追踪的检查，需要对联结原则有更多的了解和洞察力。在道德方面，就是这种连续性要求忍耐、坚持和彻底性——所有这些因素都有助于培养不同于人为地外加的真正的纪律。

1895年，伊利诺斯②儿童研究学会发出一份问卷，问卷中提出这样的问题："你认为有哪些现在并不通用的教学原则、方法或手段，应该是根本的、权威性的，并且应该应用到学校工作中去？"有一份答卷，出于本文作者之

---

① 因为实验学校的学生主要来自专业人员的家庭，所以这种功利的前景是微小的。——原注
② 美国中部的一个州。

手，对以上所述并无新的内容，但是，因为这份答卷写作的时间较早，又因为它确实是从把理论应用于新的学校实践的观点写的，现在把它转引在这里①。

在陈述以下原则时，我们认为当然的是，没有一种结果是无须做进一步的研究、批评或修正的"预先决定"的结论；但是，我们所希望的是阐明若干足够使人确信的结果，家长和教师考虑把这些结果作为工作假设。

（1）在我看来，儿童研究要防止的根本错误，是从教师或家长的观点来看待儿童的习惯；就是说，把儿童看作接受培养、发展、教育或逗乐的东西。从以下正面的阐述可以看到这一特定原则的应用。

（2）基本的原则是：儿童始终是一个有他自己的活动的人，他的这些活动都是属于当前的，急迫的，并不需要去"诱导""逗引""发展"等，教育者的工作，不管是家长或教师，全在于查明这些活动，联系这些活动，给它们适当的机会和条件。更具体地说：① 感觉器官的活动和运动器官的活动总是相关联的；② 观念的活动，除非它有一个运动的目的，找到一个运动的出路，否则就被歪曲，受阻碍；③ 感觉和运动的协调与观念和运动的协调，其成熟有一定的次序；④ 比较粗糙和自由的协调总是在比较灵敏的和明细的协调前成熟；⑤ 一切正常的活动具有强烈的情感色彩——个人的、独特的、戏剧性的行为和情境，道德的和审美的；⑥ 好奇心、兴趣和注意总是某一特定协调成熟中的自然的和不可避免的伴随物；⑦ 最后，也是根本的，儿童是一个社会的人。因此，在教育上要采用以下的方法。

（1）阅读、写字、绘画和歌咏，应该看作某一特定观念在儿童自身情感色彩的影响下表达自己的方法。教师的任务是设法使儿童形成意象，并给意象以最容易的方法自由地在运动方面表达自己的机会。阅读从心理学上讲是依靠写字和绘画的，需要注意刺激，和激发对事物的社会本能——对社交的要求。

（2）数是在创造活动中跟着测量事物而引起的；所以，算术就应该联系

---

① 《伊利诺斯儿童研究学会学报》第一卷（1895），第四期第18页。——原注

测量来教，而不应联系数字或观察事物来教。

（3）自然研究，地理和历史应看作儿童自己活动的扩展。例如，除非儿童发现有地理事实进入他自己的行动和关系，并改变这些行动和关系，否则学习任何地理事实，从心理学上讲是没有意义的。

（4）要避免做精密的工作。不管这种工作主要是体力活动，如幼儿园的某些练习，以及在绘画和写字中采用的很多方法；或者主要是智力活动，如开始做过多的分析，先部分而不是先整体，在提出事物和概念时离开它们的目的和作用。

（5）智力的和道德的训练，以及整个学校的空气，要渗透这样的思想，对儿童和教师来说，学校乃是他们生活的社会机关，它不是达到某一外部目的的工具。

这一段有关实验学校的工作所根据的基本原理的提要，可以从比较后一个年代所写、但却是根据实验学校本身取得的经验发展起来的早年的理论写成的一本书中引用的一段话作结束："一切学习都来自经验。"这个公式是个古老的公式。就这点而论，它的特殊意义来自把行动看作经验的单位，把行动的充分发展看作行动与所经受的结果之间的联结，而当联结被发现时，就使行动有了意义。

每个经验都包含着行动或尝试和所经受的结果之间的联结。把经验的主动的行动一面和被动的经受结果一面割裂开来，就会破坏经验的极其重要的意义。思维便是在所做的事和它的结果之间正确地审慎地建立联结。它不仅表明这两者之间有联系，而且指出联结的详细情况。它使联结的各个环节以关系的形式显露出来。当我们决定某一已经完成的行动或即将完成的行动的意义时，就产生了思维的刺激。然后我们就期待种种结果。这就是说，现在的情境，不论事实上，还是在我们看来，都是不完全的，因而也就是不确定的。预测一些结果，就是一种建议性的或试验性的解决方法。要使这种假设完善起来，必须对目前情况进行仔细的考察，阐发假设的种种含义，这个工作叫作推理。这个假定的解决方法——观念或理论——还必须通过实践进行试验。如果它能带来某些结果、某些明确的变化，它就被认为是正确的。否则就要加以修改，再进行一次尝试。思维就包含以上所有这些步骤——感觉问题所在，观察各方面的情况，提出假定的结论并进行推理阐发，和积极地进行实验的检验。尽管一切思维的结果归结为知识，但知识的价值最终还是服从它在思维中的应用。因为我们并不生活在一个固定不变和完结了的世界，而是生活在一个向前发展中的世界。在这个世界上，我们的主要任务是展望未来，而回顾过去——一切知识和思想不同，它是回顾过去的——它的价值，在于使我们可靠地、安全地和有成效地去应付未来。……从经验中学习，就是在我们所做的事和结果、我们所享的快乐或所受的痛苦之间建立前后的联系。在这种情况下，行动就变成尝试，一次寻找世界真相的实验；而经受的结果就变成教训——发现事物之间的联系。

对教育来说，必然产生两个重要结论。（1）经验本来就是一种主动而又被动的事情；它本来就不是认识的事情。（2）但是估量一个经验的价值的标准在于能否看出经验所引出的相互关系或连续性。①

一个儿童或成人——因为同一原则在实验室和幼儿园同样适用——不仅从做中学习，而且从看出他所做的事对他将来可能做或可能不做的事的关系中进行学习；他进行实验，他"承担后果"，他考虑这些后果。如果这些后果是好的，如果这些后果促进或开拓继续活动的其他道路，这个行动很可能重复地做；如若不然，这种行动的方式就会改变或中止。无论是哪一种情况，对一个人来说都发生了变化，因为他的经验已经增添了意义。他已经学到一点东西，这点东西应该为将来开拓新的联结——如果实验是在有教育意义的情况下进行的，这点东西将会为将来开拓新的联结——从而拟订新的目的，并使他能采用更为有效的方法。通过他的行动的结果，展现着他早先是盲目的和冲动的目的

---

① 约翰·杜威：《民主主义与教育》，英文版，第164、177页。——原注

的意义和性质，还展现着他所生活的世界的有关事实和事物。在这种经验里，知识既扩展到自我，也扩展到世界；知识变成有用的东西和希望的对象。在观察他的行动怎样改变他周围世界的时候，他认识到他自己的力量的意义和他的目的必须考虑事物的方法。没有这种学习，目的就依然是冲动或者仅仅是梦想。这样的经验，在经验之内有生长，这生长和教育完全是一体的。

（王承绪译。选自赵祥麟，王承绪编译.杜威教育名篇［M］.北京：教育科学出版社，2006：223—235.）

教育与社会变革（1937）[①]

关于我这个题目的某些方面，没有什么新东西可说。近来，不断有人提醒人们注意这样的事实，社会在变动过程中，而学校却落后了。我们大家都熟悉极力主张使学校教育和产生社会变动的力量，以及从这些变动引起的需要更紧密地联系起来的要求。在过去几年内，很可能没有一个问题像学校和社会生活相结合的问题在教育讨论中得到这么大的注意。对于这些一般问题，我只能重申一下常常说过的东西。

然而，关于学校对于社会变动的力量能做些什么，应该怎样去做，意见还很不一致。有一些人，他们断言，学校必须尽最大努力反映已经发生的社会变动。有些人竟然走到使学校的工作实质上处于寄生的地步。还有一些人认为学校应在指导社会变动中起积极作用，在共同建设新的社会秩序。但是，即使在后面这些人中间，他们的态度也存在显著的分歧。有些人认为学校应该通过思想灌输起指导作用；有些人则反对这个方法。即使在思想上比实际情况更为一致，仍然存在克服制度上的惰性，以便实现一个大家同意的实际问题的方案。

因此，没有必要为进一步讨论教育和社会变动的关系问题说明理由。所以，我将尽我所能指出我所认为这个问题的诸因素，以及证明学校在产生社

---

①原载《社会边疆》杂志，1937年5月号。转译自杜威《今日教育》（约瑟夫·拉特纳编），1940年英文版，第348—358页。——译者

原标题译为"教育与社会变动"。——本书编译者

会变动中的确具有的作用——一个重大的作用——的一些理由。

目前情况有一个内在的因素，是学校的确跟随着，并反映现存的社会"秩序"。我们这句话，并不是一种勉强的承认，也不是为了论证学校不应该这样做。我讲这句话倒是作为一个条件因素，赞成学校的确参与决定未来社会秩序的结论；因此，问题不是学校是否应该参与产生未来的社会（因为无论如何它们在这样做），而是它们应该盲目地、不负责任地去做，还是应该以高度的胆识和责任感去做。

我讲这句话的理由是，学校所反映的社会现状，并不是一些固定不变的东西。那种认为社会现状是固定不变的思想乃是自己强加的幻想。社会情况不仅在变动的过程中，而且这些变动是在足以产生社会混乱和冲突的不同方向进行着的。没有一个单一、鲜明的模式遍及影响着的各种社会情况和力量，并把它们集中统一起来。不难引证一些很受人尊敬的权威，他们说过，作为历史事实，而不是根据引出教条的结论，所有那些影响人类相互关系的社会情况，在过去一百五十年内的变动，比一百五十年以前全部时间的变动还要大，而且这个变动的过程仍在进行之中，要设想这些变动都倾向于一个协调一致的社会结局，需要极大的无知或理智上的天真。如果需要证明相反的情况，那么，保守主义者的悲叹古老的和经受过时间考验的价值和真理处于危险状态，以及反动派的企图阻挡社会变动的潮流，便是足够的证据。

当然，学校已经反映了所发生的社会变动。贺拉斯·曼等人在一个世纪以前的努力建立一个公立的、免费的公共教育制度，主要就是在殖民地独立战争和建立共和制度之后出现的社会情况的反映。如果我们把这个时期内在以下四方面所发生的变动，即：（1）已经设立的学校种类，（2）已经采用的新课程，（3）已经发生的教材内容的改变，（4）教学和训练方法上的变动，进行全面的检查，那么，这一突出事例作证的力量将得到详细的证实。那种认为教育制度一直是固定不变的看法是非常荒谬的，不值一提；教育制度一直并且仍然处于不断变动的状态中。

可能有人认为，有很多已经发生的变动是可取的，而且对令人悲叹的动荡不定，可以提出正当的理由，这个事实对本文主要论点并无关系。因为，对这些问题提出的论据愈强，提出表明教育制度处于混乱状态的证据愈多，学校已经响应并且反映了本身处于混乱和冲突状态中的社会情况的证明也愈有力。

那些认为学校不应试图给社会变动指出方向的人们，难道他们因为学校曾经一个接一个地跟着社会变动的踪迹，就满足地接受存在的混乱状态吗？虽然他们的立场逻辑地要求这样做，但是他们肯定不会这样做的。他们绝大部分是教育现状的严厉的批评家。他们一般都反对所谓近代课程和所谓进步的方法。他们倾向返回到古老的课程和严格的"训练"方法，这种态度意味着什么？岂不是表明它的鼓吹者实际上采取学校能够有所作为，积极地、建设性地影响社会情况的立场吗？因为他们实际上认为学校应该对那些作用于学校的社会力量有所识别；教育不是全盘接受这些社会力量，而应对它们以特定方向进行选择和组织，这个观点的拥护者简直不能相信，选择和组织的后果会在学校门口停下来。他们一定预期迟早会有某些具有整顿和治疗作用的影响施加于校外生活的结构和运动。当他们否认教育的指导性的社会影响时，他们事实上在做的是表示反对社会变动实际进行的某些方向，并选择另外一些教育应该和它们共命运的社会力量，以便在各种力量的斗争中，尽量促进它们的胜利。因为他们在社会方面是保守主义者，所以他们是教育上的保守派。因为他们是教育上的保守派，所以他们在社会方面是保守主义者。

为了使思想和行动清楚一致，就应该这样。如果这些教育上的保守派，更清楚地认识到他们的立场包含什么，比较坦率地说明其含义，将有助于阐明真正的争端所在。问题不在于学校应不应该影响未来社会生活的进程，而在于它们应该朝什么方向去影响和怎样影响法，不管怎样，学校将以某种方式影响社会生活。但是，它们能以不同的方法施加这种影响，以达到不同的目的。重要的问题是要意识到这些不同的方法和目的，以便能做出明智的抉择，要是做出了相反的选择，在进一步的冲突中，至少可以了解什么东西处在危险之中，而不是茫然无知。

可能有三种选择。教育家们可以这样行动，使目前的混乱状态永远存在下去，并可能使混乱加剧。那将是放任自流的结果，在目前情况下，放任自流最终是一种抉择。或者，他们可以选择使旧秩序发生变动的比较新的科学、技术和文化力量；可以估计这些力量沿什么方向移动，如果使它们更自由地发挥作用，产生什么结果，并且看看能做些什么使学校成为它们的同盟者。或者，教育家可以变成明智的保守派，努力使学校成为维护旧秩序、抵抗新力量的冲击的一个力量。

如果选择第二条道路——我当然相信应该这样选择——那么，问题将不仅仅是加快正在进行的变动的速度。问题将是培养青年的洞察力和理解力，使他们离校后能参加将来必须完成的伟大的建设和组织工作，并且使他们具有使他们的洞察力和理解力实际发挥作用的行动的态度和习惯。

对一个明智的保守主义者来说，也有的可说；至于要使一种摇摆不定、混乱的社会生活和教育情况永远存在下去，我不知道有什么可说。然而，最容易的事情，乃是不进行根本的思考，让事情放任自流。根据放任自流以外的任何其他方针——放任自流终究也是一个方针，虽然是一个盲目的方针——每一个特殊问题，不管是教材内容的选择和组织、教学方法、学校建筑和设备、学校行政，都是包罗万象的和基本的问题的一个特殊方面：学校应该把什么社会力量（经济的、政治的、宗教的和文化的社会力量）的运动对它的目的和方法起控制作用，应该使自己和哪些力量结盟呢？

不从这个观点讨论教育问题，只是加剧目前的混乱。离开这个背景，不从这个观点看问题，各种教育问题就不得不为了眼前的目的去解决，从而又很快变得动乱不定了。这里提出的看法，并不意味着学校应该进入政治和经济舞台，并且和那里的某个政党站在一边。我不是在谈论政党；我是在谈论社会力量及其运动。不管为了这个政党或那个政党提出什么绝对的要求，完全有可能，现有政党和派别本身都遭受目前混乱和冲突的损害。所以，支配它们政策的理解、思想和态度需要重新教育，重新定向。我知道，有些人认为，我所讲的话表明节制和无所作为；这些话否定开始时所取的立场。但是，当有些教育家采取这种看法时，我感到奇怪，因为这种看法表示他们对自己的职业失却信心。这种看法假定，教育作为教育没有什么可以贡献，或者几乎没有什么可以贡献；理解力和倾向的形成没有什么价值；只有即时的外在行动有价值，不管它已否被教育改变，同样可以有价值。

在离开这个问题以前，我想再提一下认为学校能够完全保持中立这个思想的空想的性质。这个思想提出一个不能实现的目的。按照这个思想行动，有一个明确的社会效果，但是，正如我说过的，这个效果便是使混乱永远存在下去，使盲目的、愚蠢的冲突增多起来。而且，这种行动的力量实际上落在反动派一边。在中立的名义下，强化反动派的最有效的方法，也许就是使新一代对他们生活的情况和他们必须对付的问题毫无所知。由于这种影响是微妙的、间接的，所以它更加明显；因为无论教师和学生都不知道他们在做些什么，也不知道别人在对他们做些什么，只有坦白承认基本的问题，事情才能明白，这个问题就是：学校生活和工作的社会重点应该落在哪里？和这个重点相应的教育政策应该是什么？

到现在为止，我已经提了这样一些人，他们用保守派的观点，主张教育完全无用的理论。但是，"政治不择伙伴"，这是一句老话。另有一派人，主张学校完全无用；他们认为，学校必须反映占统治地位的经济和政治制度，所以它们彻底地支持这个制度。这个结论根据这样的信念，即一定社会的组织是特定的经济阶级实行的控制所决定的，因此，像每一个其他社会组织一样，学校不可避免地是占统治地位的阶级的驯服工具。这个观点照字义接受学校只能反映现存社会秩序的理论。因此，结论实际上就是为学校操心，徒然浪费精力和时间。按照这个理论的鼓吹者，要对教育进行重大变革，首先要推翻现存社会的阶级秩序，把权力转移给另一个阶级。这样，教育上所需要的变革将会自动地来到，而且将是真正的、彻底的变革。

这个观点提醒我们注意所讨论的总问题的另一个因素。这里我不准备详细提这一社会思想流派的基本前提，即由单独一个非常团结一致的阶级控制社会组织的理论；这种控制是那么彻底，那么渗透一切，以致于它只能被另一个截然不同的统一的阶级用暴力革命的行动所推翻。然而，从我上面所讲的话可以推测，我相信目前情况是那么复杂，互相冲突的倾向纵横交错，又是那么突出，这个前提描绘的情况，夸张到了极端，流于滑稽。但是，我必须承认，要能对目前情况作任何一般的描绘，就要根据文化、宗教、科学、哲学、经济和政治方面的新旧力量的冲突。

但是，假如为辩论起见，承认正在进行一次社会革命，最终将通过暴力革命转移政权。那么，学校在现存的社会情况下完全无用的看法，便有灾难性的后果。按照这个理论，只要学校里存在一种精神状态，它们就从事塑造和当前阶级的、资本主义制度相一致的信念、愿望和目的。很明显，如果事实是这样，进行任何革命，将会严重地遭到损害，甚至被破坏。它将带来反对革命的重要种子。除了教条主义的绝对论，相信完全的经济变动本身将产生它持久成功所必需的心理的、道德的和文化的变动，这是完全没有根据的。这个事实，实际上是这里所讨论的这一派人所承认的。他们断言，在旧制度除了外表的政权以外都已消失，在它的内壳，一个新的经济制度已经成熟以前，没有真正的革命能够发生。他们没有看到，没有伴随着的普遍的信仰习惯、愿望和目的的变革，新制度是不能成熟的。

在我看来，设想学校能成为产生创造新社会秩序所需要的理智的和道德的变革，即态度、思想倾向和目的的变革的主要机构，这是不现实的。任何类似看法忽视学校以外塑造心灵和品格的强大力量不断在起作用。它忽视这样的事实，即学校教育只是许多教育机构之一，在某些方面，充其量不过是一个比较次要的教育力量。然而，学校是形成维护一个真正改变了的社会秩序所需的理解力和性情的必要条件，虽然不是一个足够的条件。除非社会变动得到促成变动和受变动的影响的人们的维护，并且扎根在他们的态度之中，任何社会变动都是表面的。认真说来，除非社会变动具有一个心理的和道德的基础，否则这种变动是偶然的。因为，到那时社会变动受到转变方向的潮流的支配。那些认为学校无用的人们，他们的意思至多是，教育成为一个系统的思想灌输的形式，只有当某种政府充分建立，使学校担负起在一个方向进行一心一意的思想灌输的任务时，才能实现。

本文讨论到这里，可以略微谈一下思想灌输的问题。思想灌输这个词难免意义不明。字典上有个定义，把思想灌输作为教导的同义词。为了有一个确定的论点可以考虑，我将把思想灌输理解为系统地运用一切可能的方法，使学生铭记一套特定的政治和经济观点，排除其他一切观点。这个意义是从"反复灌输"这个词来的，本义是"用脚跟压印"。这个意思不能完全按照字面来理解，但是，这个概念有压印的意思，偶尔的确包括物质的措施。我对这个观点的讨论，首要一点，将仅仅说明，这样理解的思想灌输是和教育是很不相同的东西，因为，像我所理解的，教育包含学生的积极参与作出结论和形成态度。即使像乘法表这种已经解决了的和大家都同意的东西，我应该说，如果要把乘法表教得合乎教育意义，而不像一种动物训练的形式，受教育者的积极参与，他们的兴趣、思考和理解都是必要的。

思想灌输的支持者坚持这个理论，一部分是根据这样的事实，现在学校里进行着大量的思想灌输，特别是对于以爱国主义为名的狭隘的民族主义，和对于居统治地位的经济制度。这些事实不幸是事实。但是，它们并不证明，正确的道路是抓住思想灌输的方法，反其道而行之。

一个更为强有力的论据是，除非教育有某个参照点，否则它必然是无目的的，缺乏一个统一的目标。必须承认要有一个参照点。在这个国家，有这样一个统一的参照点，叫作民主主义。我一刻也不认为民主作为一种生活方式，它的意义已经解决，不能有什么异议了。当我们离开闪闪发光的一般原则，来到具体细节的时候，就出现很大的分歧。我当然也不是说，我们发展到现在的政治制度，我们的政党、立法机关、法律和法院构成一个模范，足以树立一个鲜明的民主的思想了。但是我们有一个传统和一种思想，可以用来反对我们制度中很不符合民主的东西。这个思想和理想至少包含个人自愿参与做出决定和履行决定的必要性。——就这点来说，这是和思想灌输的思想相反的。拿我来说，我非常怀疑这样的看法，认为由于我们现在体现民主很差，我们能通过扫除我们所剩下的这点民主，最终产生一个真正的民主主义。

然而，肯定的一点是，民主的理想就其对人类的意义说，给我们提供一个参照点。这个参照点，无论就整个社会或者对教育的意义说，都不是灌进去的。我的意思不是说这个参照点是那么鲜明、确定，我们能像一个旅行家望着地图一样望着它，并且逐个小时说出到哪里去。我的论点毋宁是教育的问题，就它和社会变动的方向的关系来说，和发现民主在一系列具体应用——经济方面、国内方面、国际方面、宗教方面、文化方面和政治方面的应用上是什么意思是同样的问题。

在我们关于民主的具体意义——像一切具体的东西一样，意思是应用于个人和集体的有生气的活动——已经清楚以前，我不能希望在学校出现任何超出使这个问题成为考虑的主题的情况。困难，至少一个巨大的困难，是我们把民主视为当然；我们的思想和行动，似乎我们祖先已经一劳永逸地把民主缔造好了。我们忘了民主必须在每一个世代、在每年和每日、在一切社会形式与制度的、人与人的生动关系中重新制定。忘掉这一点，我们已经让我们的经济和政治离开民主，甚至在建立应该是民主的坚定卫士的学校方面，我们一直是疏忽的。

在文章结尾，我要说，至少有一件事情，民主的思想并不黯淡，虽然我们还远远没能使这个思想成为现实。我们的公立学校制度是在人人机会均等的名义下创立的，不问出身、经济地位、种族、信仰或肤色。学校本身不能单独创造或体现这个思想。但是至少它能塑造这样一些人，他们在思想上懂得这个思想的具体意义，在他们心里热爱这个思想，在他们行动上有为它奋斗的准备。

民主也意味着以智慧为基础的自由的选择，这种智慧是和别人自由联合和交往的结果。民主是一种共同生活方式，在共同生活中，互相自由协商支配一切，而不是力量支配一切，合作而不是残忍的竞争是生活的规律；民主是一种社会秩序，有利于友谊、审美和知识的一切力量受到热爱，一个人能发展成怎样的人，就发展成为这样的人。这些东西至少给我们一个出发点，把灌输民主的思想和目的作为参照点。如果有足够的教育家勇敢地、真诚地努力寻求这个思想和目的给我们提出的具体问题的回答，我相信学校和社会变动的方向的关系问题将不成为问题，而将成为行动中的一个有动力的回答。

（赵端瑛译，王承绪校。选自赵祥麟，王承绪编译.杜威教育名篇［M］.北京：教育科学出版社，2006：236—244.）

经验与教育（1938）①

一、传统教育与进步教育

人们喜欢用极端对立的公式进行思考。他们迷恋于把自己的信念归结为非此即彼，认为它们之间没有调和的可能性。当他们被迫承认不能按照这些极端的公式行事时，他们仍然以为他们在理论上是对的，只是在应付实际问题时，环境迫使他们妥协罢了。教育哲学也不例外。教育思想史就是以内在发展说和外力形成说之间的对立为标志：一种认为教育是根据自然的禀赋，一种认为教育是克服自然的倾向并以在外力的强制下所获得的习惯来代替它的过程。

目前，就学校的实际情况来看，这种对立倾向于采用传统教育和进步教育之间对比的形式。如果对传统教育的基本观念作一般的表述而不是作精确的阐明，大体上可找出以下几点：教育上所用的教材由过去已经编好的一系列的知识和技能组成，因此，学校的主要任务是把这些知识和技能传授给新的一代。过去，也已经形成了各种行为的规范的准则，学校的道德训练就在于培养符合这些规范和准则的行为习惯。最后，学校组织的一般形式（我的意思是指学生之间和师生之间的相互关系）使学校构成和其他社会组织显然不同的机构。只要设想一下通常的课堂、课表、分班、考试、升级和各种规章制度，我想我们

---

① 译自杜威《经验与教育》1946年英文版，第1—11、12—13、17—19、23—52、86—90、95—96、101—112、113—116页。——译者

就会明白"组织的形式"是什么意思了。然后，举例来说，如果你把学校里的情境和家庭里发生的情境比较一下，你就会理解学校作为一种制度同任何其他社会组织形式的鲜明区分是什么意思了。

以上提到的三个特点就决定了教学和训练的目的与方法。传统教育的主要意图或目标是通过获得教材中有组织的知识和成熟的技能，为年轻一代承担未来的责任和获得生活上的成功做好准备。既然教材和正确的行为规范都是从过去传下来的，那么学生的态度，总的说来，必须是温良的、顺受的和服从的。书籍，特别是教科书，是过去的学问和智慧的主要代表，而教师是使学生和教材有效地联系起来的机体，教师是传授知识和技能以及实施行为准则的代理人。

我把传统教育进行这样的概括，不是想批评这种哲学。所谓新教育和进步学校的出现，它的本身就是对于传统教育不满的一种产物。实际上就是对传统教育的一种批评。如果把这种含蓄的批评加以明确的话，多少可看出以下几点：传统教学的计划实质上是来自上面的和外部的灌输。它把成人的标准、教材和方法强加给正在逐渐成长而趋于成熟的儿童。差距是如此之大，所规定的教材、学习和行动的方法，对于儿童现有的能力来说，都是没有关联的。它们都是年轻的学习者已有的经验所不及的东西。结果，尽管优秀的教师想运用艺术的技巧来掩饰这种强制性，以减轻那种显然粗暴的性质，它们还是必须灌输给儿童的。

但是，成人的创作与儿童的经验和能力相差如此悬殊，正是这种情况，使学生不能积极参与教学内容的发展。他们的本位是照例行事——学习，正如六百名士兵应有的责任是决一死战一样。在这里，学习的意思不过是获得书本里和成人头脑里已有的东西。而且，学校所教的东西被认为实质上是固定不变的。正是所教的东西视同已经完成的产品，因而既不关心它原来是怎样建立起来的，也不关心它将来必然会发生的种种变化，在很大程度上，它是那些认为将来很像过去的社会的文化成果，可是在一个变化是常规而不是例外的社会里，竟把它作为唯一的教育资料。

如果我们试图阐明，在新的教育实践中所包含的教育哲学，那么我想，在当前多种多样的进步学校中可以发现某些共同的原则：表现个性、培养个性，反对从上面的灌输；自由活动，反对外部纪律；从经验中学习反对从教科书和教师学习；获得为达到直接需要和目的的各种技能和技巧，反对以训练的方法获得那种孤立的技能和技巧；尽量利用现实生活中的各种机会，反对为或多或少遥远的未来做准备；熟悉变动中的世界，反对固定不变的目标和教材。

一切原则，就它们本身来说，都是抽象的。这些原则只是由于它们的应用结果才变为具体的。正因为上面所提出的这些原则是那样带根本性的和影响远大的，一切要看它们在学校和家庭中付诸实施的给予它们的解释而定。正是在这一点上前面所提到的非此即彼的哲学，显得特别中肯。新教育的普通哲学也许是正确的，可是抽象原则上的差别不足以决定把道德上和理智上的选择付诸实施的方法。一种新的运动往往有一种危险，即在摒弃它所要代替的目标和方法时，只是消极地而不是积极地和建设性地发展自己的原则。于是，教育实际上是从所摒弃的东西而不是从自身哲学的建设性的发展中获得指引。

我以为新教育哲学最基本的统一性在于有这样的观点：即认为实际经验的过程和教育之间有着紧密的和必要的联系。假如真是这样，那么它的基本观念的积极的和建设性的发展，取决于对于经验需有正确的理解。例如教材的组织问题——这将在后面做比较详细的讨论。就进步教育来说，问题是：在经验内的教材、教材组织的意义和地位怎样？教材的作用是怎样发生？经验中是否有任何内在的东西，有助于把它的一些内容循序渐进地组织起来呢？如果不把经验的材料循序渐进地组织起来，那么会导致什么结果呢？一种哲学如果只是在一味抵制和全然反对的基础上进行，是会忽视这些问题的。这将倾向于认为，旧教育是根据现成的组织，于是就满足于完全抛弃组织原则，而不是努力去发现组织原则的意义是什么，以及怎样在经验的基础上去实现它。我们可以研究新旧教育的种种差别而得到类似的结论。当外在的控制被抛弃的时候，问题就成为去寻求内在于经验的可供控制的因素。当外在的权威被抛弃了，并不因而认为一切权威也应当抛弃；宁可说这需要寻求更有效的权威的源泉。因为旧教育将成人的知识、方法和行为的准则强加于儿童身上，这并不因而认为成人的知识和技能对于儿童的经验就没有指导价值，除非相信非此即彼的极端哲学才这样认为的。恰恰相反，建立在个人经验的基础上的教育也许意味着比在传统学校任何时候存在的成人和儿童之间的更复杂和更亲密的接触，结果是更多而不是更少地接受别人的指导。那么问题是在不违反通过个人经验进行学习这个原则下，这些接触怎样才能建立起来。这个问题的解决需要一种对社会因素深思熟虑的哲学，这些社会因素对个人经验的组成是有影响的。

以上所说的表明，新教育的一些普通原理的本身并没有解决进步学校的实际的管理和行政的任何问题。宁可说，它们提出了新的问题，必须依据新经验哲学去解决。如果认为只要抛弃旧教育的观念和实际便足够了，走上另一个极端，那么这些问题甚至还没有认识，更不用说已经解决了。但是我相信，当我说到比较新的学校对教材的组织毫不重视，大家会理解到我所说的是什么意思；许多学校在进行工作中，似乎认为成人指导的任何形式都是对个人自由的侵犯，似乎认为教育应当关心现在和未来，就意味着熟悉过去在教育上很少或没有起着作用。我并没有把这些缺点加以夸张，但它们至少表明，一种教育理论和实践对过去曾经在教育中流行的东西，只作消极的反对，而不是对建立在经验的理论及其教育的潜在能力之上的目标、方法和教材作积极的和建设性的发展，这意味着什么。

一种自认为从自由观念出发的教育哲学，也会变成和它所反对的传统教育一样的武断，这样说并不过分。因为任何理论和一整套的做法，如果不是以对自己本身的基本原则作批判的检验为基础，便是武断的。我们说，新教育强调学习者的自由，那是正确的。但是现在一个问题产生了。自由的意义是什么，在什么情况下才能实现呢？我们说，在传统学校里那么普遍的一种外部的灌输，不仅不能促进反而限制了儿童的智慧和道德的发展。这也是很对的。但认识了这个严重的缺点，又产生了一个问题。在促进未成年人的教育发展的过程中，教师和书本的作用是什么呢？承认传统教育用以学习的教材只是和过去的事实和观念密切联系，对应付现在和将来的问题却很少有好处，这也是对的。我们目前的问题是如何发现真正存在于经验内的过去的成就和现在的问题这两者之间的联系。我们的问题是明确怎样把熟悉过去变为有效地对付未来的有力工具。我们可以反对把过去的知识当作教育上的目的，因而只是把它作为手段来加以重视。当我们这样做的时候，在教育史上就有了一个新问题：怎样使儿童熟悉过去，而能使这种熟悉作为认识现在生活的有效动力呢？

二、需要一个经验的理论

总之，我所要说明的是反对传统教育的理论和实践，对那些相信新教育的人们提出了一个新的教育上的困难问题。在我们认识这个事实并彻底了解只摆脱过去并不能解决任何问题以前，我们的工作将陷于盲目和混乱。因此，下面所说的是要指出新教育所面临的主要问题，并建议从中可以找出解决这些问题的主要途径。我认为，在各种不确定的情况下，有一点是可以永久参照的，那就是教育与个人经验之间的有机联系。或者说，新教育哲学信奉某种经验的和实验的哲学。但所谓经验和实验不是自明的观念。毋宁说，它们的意义就是需要研讨的问题的一部分。要知道经验主义的意义，我们必须了解什么叫经验。

相信一切真正的教育从经验中产生，并不意味着一切经验就真正地具有或相同地起着教育作用。经验和教育不能直接地彼此等同起来。因为有些经验是不利于教育的。任何对经验的继续生长起着抑制或歪曲的作用的经验，就是不利于教育的。

教育哲学和任何理论一样，必须用文字和符号来表达。但是就教育哲学不至于是语言的陈述而论，它还是领导教育的一种计划。和任何计划一样，教育哲学必须根据做什么和怎样做建立起来。越是明确地和真挚地坚持教育是在经验中、由于经验、为着经验的一种发展过程，对于什么是经验要有清楚的看法越显得重要。除非经验是这样被理解，以致成为决定教材、决定教学和训练的方法以及决定学校的物资设备和社会组织的一种计划，那便完全是空洞的。除非它表明成为开始并执行的行动计划，它便流于文字的形式，听起来虽然动人，但完全可用另一套文字来代替。正因为传统教育是按老规矩办事，一切计划和程序都是从过去因袭下来，却不能说，进步教育就是毫无计划的临时拼凑。

传统的学校没有任何始终一贯的教育哲学，也可以行得通。在这方面所需要的是一套抽象的名词如文化、训练、我们伟大的文化遗产，等等。实际的指导不是从这些名词而是从习惯和既定常规得来的。正因为进步学校不能依靠已建立的传统和制度化的习惯，它们定要或多或少漫无目的地进行，或者受某些清晰连贯并成为一种教育哲学的观念所指导来进行。反对传统学校所特有的那种组织形式，便构成了建立在上面所说的观念的基础上的一种组织形式的需要。我想，只要稍微懂得教育史，就会了解，只有教育改造者、革新家才感到教育哲学的需要。那些坚持既定制度的人只需要说几句动听的话，为现有的各种做法做辩护就够了。他们的实际工作是按照一成不变的惯例进行。进行教育的教训是，它急迫地需要，即比施加于过去的革新家更为迫切地需要一种以经验哲学为基础的教育哲学。

我附带提一下，我们讨论中的这种哲学，引用林肯关于民主的说法，是属于经验、由于经验和为着经验的。属于、由于和为着这些字眼，没有哪一个是自明的，其中每个字的意义都要求去发现和实施一种有关程序和组织的原则，这种原则是从对于有着教育作用的经验意味着什么的理解而来的。

三、经验的标准

如果上面所说的"为了使教育可以在经验的基础上合理地进行就需要建立一种经验"的理论是对的，那么第二步所要讨论的，就是提出在建立这种理论中的最重要的原则。因此，我将不为从事于一定分量的哲学分析做辩解，否则，那也许是不恰当的。然而，我将在某种程度上向你们保证说，我们的目的不在于分析的本身，而是为了求得一种标准，可以用于今后讨论一些具体的而对于大多数人更有兴趣的问题。

我曾提出我称之为连续性的范畴或经验的连续体。我曾指出，区别哪种经验有教育价值和哪种经验没有教育价值的每一个尝试，总要涉及这个原则。论证这种区别，不仅仅为批判传统类型的教育，而且也为引进和指导一种不同类型的教育所必须，那似乎是多余的。然而，对于这种区别的必要性的想法稍加论证，还是适宜的。我想人们可以有把握地认为，鼓吹进步教育运动的一个理由，似乎是它较之传统学校从事的程序，更符合于我们人民所信奉的民主理想，因为传统学校有那么多的专制的措施。另外一点，进步教育运动之所以受欢迎，在于它的方法同传统学校经常采取的那样严酷的政策比较起来，是合于人性的。

我要提出的问题是，为什么我们宁可选择民主和合乎人性的措施，而不选择专制的和严酷的措施呢？关于"为什么"，我的意思是指选择它们的理由，不仅是选择它们的原因。一个原因可能是我们不仅受学校而且受报刊、教堂、讲坛和我们的法律以及制定法律的机关的影响，认为民主是最好的社会制度。我们也许由于环境关系，对民主观念已经如此倾心接受，以致成为我们心理的和道德的特性的组成部分。但是类似的原因，曾经把处于不同环境的人们引导到极不相同的结论——例如相信法西斯主义。我们选择一种教育措施的原因和我们为什么应该选择它的理由，并不是一回事。

这里我不想对于选择的理由进行详细的论述，但是我要提出一个简单的问题：我们能否找到任何理由，最后不归结到这样的信念，即认为民主社会的各种措施，能增进人类经验的良好的品质，它同非民主和反民主的社会生活方式比较起来，能更广泛地为人们所接受、所享受吗？尊重个人自由和人与人的关系中宽容和友爱的原则，不是最终会回到这样的信念：这些原则同那种抑制、强迫或暴力的方法比较起来，对于更大多数人获得更高尚的经验更大的贡献吗？难道这不是使我们有所选择的理由，即我们相信通过互相协商和通过说服而达到信任、较任何其他方法更能大量地提供质量较好的经验吗？

如果对于这些问题的答复是正面的（我个人不知道怎样以其他理由为我们对于民主主义和人文主义的选择进行辩护），那么接受进步教育的最后理由，由于它依靠和运用人造的方法以及它和民主主义的亲密关系，这就回溯到这个事实，即区别是在各种经验的内在价值之间做出的。这样，我就回到经验连续性的原则，作为区别的一种标准。

归根到底，经验的连续性原则是建立在习惯的事实之上，如果从生物学的观点来解释习惯的话。习惯的基本特征是每一项做过的和经历过的经验会改变做出和经历这个经验的人，而这种改变，不管我们愿意不愿意，都会影响以后经验的性质。谁进入这些经验领域，谁就多少是个不同的人了。这样所理解的习惯的原则，比通常的一种习惯的概念，把它作为或多或少以一成不变的方式行事，显然是更深入了；虽然这里所说的习惯也包括通常所指的习惯，作为它的一个特例。习惯包括各种态度的养成、情感的和理智的态度；它包括我们在生活中遇到的怎样对付和反应各种情况的基本感受和方法。从这个观点来看，经验连续性原则的意义是，每一经验总有些地方取之于以往的经验，同时以某种方式改变以后经验的性质。

正如诗人所说的：

"一切经验是座拱门，

从那里，闪现着人迹未到的世界，

一旦我向前走动，

那人迹未到的世界的边缘，

便永远消逝了。"

可是，谈到这里，我们还没有在各种经验之间加以区别的依据。因为这种原则是普遍适用的。在任何情况下，经验总有一点连续性。只有当我们注意到经验的连续性在其中起作用的不同形式时，我们才能得到在各种经验之间加以区别的基础。我以前曾提出，教育的过程即生长的过程。如果生长这个词按照主动分词"生长着"来理解的话，那么关于我这个想法所引起的反对将意味着什么，我可以做些说明。

生长，或者生长着即发展着，不仅指体格方面，也指智力方面和道德方面，这是连续性原则的一个例证。反对的理由以为生长可以有各种不同的方向：例如，一个人开始从事盗窃的行为，按照这个方向生长，经过实践，也许会成为一个很老练的大盗。因此，有人争辩：只说"生长"是不够的，我们还必须指明生长所进行的方向和生长所向往的目的。无论如何，在我们确认这种反对是结论性之前，我们对这个问题略做进一步的分析。

一个人有可能生长成为老练的强盗、恶棍或腐化不堪的政客，这是毋庸置疑的。但就"教育即生长，生长即教育"的观点来看，问题就在这种方向的生长一般说来是促进还是阻碍生长。这种生长的形式是创造更多的生长的条件，还是创造各种条件，使按照某一特别方向生长的人失却在新方向继续生长的时机、刺激和机会呢？某一个特殊方向的生长对于那些唯一为其他方面的发展开辟途径的态度和习惯会有什么影响呢？这些问题我将让你们自己去回答，我只是简单地说，那就是而且只有当按照特殊方向的发展有助于继续生长时，才符合于教育即生长的标准。因为概念的应用必须是普遍性的，而不是特定有限的。

我现在回到这个问题，即把连续性作为一种标准，以区别哪些经验是有教育价值的，哪些经验是没有教育价值的。我们已经知道，在任何情况下，经验总有一定的连续性，因为每个经验，由于会产生一定的偏爱和厌恶，使得它比较容易或比较困难地以完成这个或那个目的，对于有助于决定后来经验的性质的种种态度产生或好或坏的影响。而且，每种经验，在一定程度上都影响到获得更多经验的客观条件。例如，学习说话的儿童有一种新的技巧和新的愿望。可是他也扩大了以后学习的外部条件。当他学习阅读时，他同样开辟了一个新的环境。如果一个人想做教师、律师、医生或股票经纪人，在他实现这个志愿的过程中，他必须多少确定他未来的工作环境。他要使自己对于某种情境更敏感和更多的反应，而对于某些事物却不那么予以理会；可是如果选择别种职业的话，那些不予理会的事物也许成为他的刺激物。

尽管连续性原则以某种方式适用于任何事例，但现有经验的性质会影响应用这一原则的方式。我们说溺爱一个儿童和宠坏一个儿童、过分纵容一个儿童的影响是有连续性的。它使儿童产生一种态度，自发地要求将来一切人和物都去迎合他的欲望和任性。它使儿童寻求能为所欲为的情境。它使儿童不愿意并相对地说来没有能力去应付需要努力和必须坚持去克服困难的情境。经验连续性原则可以起这样的作用，以致使一个人停留在低级的发展水平上，限制以后生长的能力，在这个事实里并没有什么矛盾。

另一方面，如果一种经验引起了好奇心，增强了创造力，唤起了愿望和意图，是那样强烈地足以使一个人将来克服各种困境，那么经验连续性就以非常不同的方式起着作用。每一个经验是一种推动力。它的价值只能依据已推动的方向和结果来判断。应该属于作为教育者的成人的较成熟的经验，使他处于评价青年人每个经验的地位，而这一点，经验不那么成熟的人是做不到的。那么，看出一种经验是走向什么方向便是教育者的责任。如果不运用他的较多的见识，帮助未成年人组织经验的各种条件，却抛弃这些见识，那么他的较成熟的经验就没有什么意义了。不考虑经验的推动力以便按它推动的方向来判断和指导这个经验，便是对经验的原则本身不忠诚。这种不忠诚表现在两个方面。教育者对于他从自己过去的经验中应当已获得的那种理解力是不忠实的。他对于这样的事实也不忠诚，即所有人的经验终究是社会性的；它必须包括相互的接触和交流。用道德的术语说，成年人没有任何权利抑制青年人在一定的情况下以他自己的经验给予他的那种同情的理解的能力。

可是，说到这里，就立即出现另一极端的倾向，以为前面所说的，简直是为一种变相的外力的灌输作辩解。因此，这里值得提出说明的，就是成人能够运用广泛经验所给他的那种智慧，而无需强加一种单纯的外力的控制。一方面，他的任务在于清醒地看到哪种态度、哪些习惯倾向正在形成。如果他是一个教育者，他必须能够判别哪种态度是真正地引导继续的生长，哪种态度起着阻碍的作用。此外，他必须对每个人有同情地了解，以便对正在学习的儿童的真实思想活动有一个了解。这中间，就教师和家长方面来说，都需要具有这些能力，这就使得建立在生活经验的基础上的教育制度，要成功地去执行，较之按照传统教育的类型就困难得多。

总之，我们从生到死，生活在各种人和各种事物的世界里，这个世界在很大的程度上成为现在这样，是因为前人活动所做过的或传下来的。如果忽视这个事实，就会把经验当作似乎纯粹是在个人身心内部进行的东西。经验不可能凭空发生，那是无需多说的。个人以外还有产生经验的种种源泉。经验经常从这些源泉中吸取营养。没有人会怀疑，生长在贫民区和生长在有文化的家庭的儿童会各有不同的经验；乡村的孩子和城市的孩子、海滨的孩子和内地草原的孩子会各有不同的经验。通常我们把这些事实当作老生常谈。但是当这些事实在教育上的意义被认识以后，就指出了教育者能够无需用强迫的灌输指导青年人的经验的另一种方法了。教育者的主要责任，不仅要了解周围条件形成实际经验的一般原理，而且也要认识到在实际上哪些周围事物有利于引导经验的生长。最主要的是，他们应当知道怎样利用现有的自然和社会环境，从中吸取一切有助于他们形成有价值的经验的东西。

传统教育不必要回应这个问题，它可以有计划地回避这个责任。认为只要有课桌、黑板、一个小的学校环境就足够了。它并不要求教师应当很好地熟悉当地社会、自然、历史、经济、职业等各方面的情况，以便用来作为教育的资源。一种建立在必须把经验和教育联系起来的教育制度，相反，如果它忠实于自己的原则的话，就必须经常考虑这些事情。对于教育者的这个方面的负担，是进步教育比传统制度实施起来更为困难的另一个理由。

很可能，拟订的教育计划会有意地使客观条件从属于各个受教育者的情况。把教师、书本、仪器设备以及代表前人比较成熟的经验的东西的地位和作用，有意地从属于儿童当时的倾向和情感的时候，就会发生这种情况。各种认为只有以施加外力的控制和限制个人自由为代价，才能把重要性放到客观因素上的理论，最后总是着眼于这样的观念，只有当客观条件从属于获得经验的个人内心活动时，经验才是真实的经验。

我并不是说，假定客观条件可以摒弃不顾。我们承认它们一定要参与进来，对于我们生活在种种事物和人的世界里这个无可避免的事实来说，必须做出这么多的让步。但是，我想，观察一下有些学校和家庭的情形，将会发现有些教师和家长是按照使客观条件从属于儿童们内心的状况这种观念行事的。在那种情况下，不仅承认内心的状况是主要的，这在一种意义上是这样，而且认定只要它们暂时存在，它们就决定了整个教育过程。

让我们拿婴儿的情况来说明。婴儿需要饮食、休息和活动，这在一方面无疑是主要的、有决定意义的。营养必须足够，睡眠必须充足，等等。但并不是说，父母要在婴儿吵闹或不安的任何时候，就去喂食，而不必有一定的喂奶、睡眠的时间，等等。贤明的母亲会顾到婴儿的需要，但并不因此规避自己的责任，调节客观条件，使需要得以满足。而且如果她在这方面是贤明的话，她就会吸取专家、同样地还有她自己过去的经验，因而知道那些经验一般最能帮助婴儿的正常发展。她不是将这些条件从属于婴儿当时的内心需要，而是做了一定的安排，使它们和婴儿当时内心状态发生一种特殊的交互作用。

刚才用的"交互作用"这个词，表明了关于解释经验在教育作用和力量上的第二个主要原则。它赋予经验的两个因素即客观的和内在的条件以同等的权利。任何正常的经验都是这两种条件的相互作用。合起来看，或者在它们的相互作用中看，它们构成我们所说的一种情境。传统教育的问题，不在于它着重控制经验的外在条件，而在于对能决定要有什么样的经验的内在因素太少注意。这就从一个方面违反交互作用的原则。但除非根据如上所说的极端的非此即彼的教育哲学，否则，新教育为什么应该从另一方面违反这个原则，是没有理由的。

从婴儿发展的客观条件必须加以调节这个例证中表明，第一，父母有责任安排各种条件，在这种条件下，婴儿的饮食、睡眠等经验便发生了；第二，这种责任是利用过去积累的经验来完成的，例如，接受合格的医师和对身体的正常发育有专门研究者的劝告，母亲运用这一套的知识，去调节关于儿童的营养和睡眠的客观条件，这是限制了母亲的自由呢？还是增进了完成父母职责所需要的知识却扩大了她的自由呢？毫无疑问，如果一味崇拜前人的劝告和指导，以致成为在任何可能的情况下都不容改变的教条，那么，父母和婴儿的自由受到限制，就会发生。但是这种限制也是个人判断中所要用的知识的一种限制。

从哪个方面调整客观条件会限制婴儿的自由呢？他要继续游戏而把他放回小床的时候，他需要吃东西而得不到食物的时候，当他要求注意而啼哭却没有人来抱他、抚弄他的时候，他当时的动作和倾向当然受到了某种限制了。当母亲或保姆看见婴儿快要堕入火坑忙来拉开的时候，婴儿也受了限制。关于自由，我将在后面有更多话要说。这里只要问：自由是根据比较暂时的偶发事件而考虑和判断，还是要在发展着的经验的连续性中发现它的意义呢？

所谓个人生活在世界上，具体地说，是生活在一连串的情境之中。当我们说，人们生活在这些情境之中，"在……中"这个词的意义，和我们说钱"在"衣袋"中"或油漆"在"罐头"中"的意义是不相同的。再说一遍，这意味着，相互作用是在个人和各种事物及其他的人之间进行着的。情境和交互作用这两个概念是彼此分不开的。一种经验常常是个人和当时组成他的环境的一切发生作用的结果，不论环境包括他与之谈论某个题目或文件的人们，所谈的题目也是情境的一部分；或者是他所玩弄的玩具；他所阅读的书籍（在这里他那时的周围情境可能是英国，或者是古希腊，或者是一个想象中的地方）；或者是他所做实验的材料、环境，换句话说，就是和个人的需要、愿望、意图、能力等发生交互作用，以创造所要的经验的种种情况。即使一个人造一座空中楼阁，他也是和幻想中所构成的事物发生交互作用的。

经验的连续性和交互作用这两个原则不是彼此分离的。它们相互制约，又相互联合。可以说，它们是经验的经和纬的两个方面。各种不同的情境一个接着一个发生。但是由于连续性原则，以前的情境中的某些东西能够传递到以后的情境中去。当一个人从一种情境进入另一种情境，他的世界，他的环境，就在扩张或者缩小。他并不发觉他生活在另一世界里，只是生活在同一世界中的另一不同部分或不同方面。他在一种情境中学到的知识和技能，成为有效地了解和处理后来的情境的工具。在生活和学习继续着的时候，这个过程也继续着。否则，由于参与构成经验的各个因素分裂开来，经验发展的进程就混乱了。一个分裂的世界，一个各个部分、各个方面不能凝合在一起的世界，将立即是一个分裂的人格的征兆和原因。这种分裂达到某种程度，我们就叫这个人为疯子，在另一方面，只有当相继的经验互相联结，完全统一的人格才能存在。只有当各种事物关联的世界建立起来，完全统一的人格才能形成。

连续性和交互作用的积极的相互结合，就提供了衡量经验的教育意义和价值的标准。于是，一个教育者所立即和直接关心的是发生交互作用的种种情境。作为一个因素进入这个交互作用的某一个人，就是在一个特定的时候他那样的一个人。在某个限度内教育者也可加以调节客观条件是另一个因素。正如已经说过的，"客观条件"这个短语涉及广泛的范围。它包括教育者做了什么和做的方法，不仅包括说了的话，而且还有他们说话的音调。它包括设备、书籍、仪器、玩具和游戏等。它包括和个人交互作用的各种资料，最主要的是个人所参与的情境中的整个的社会背景。

当我们说，客观条件是那些在教育者的权力之内可以调整的东西，意思当然是指他的能力可以直接影响别人的经验从而也直接影响他们所受的教育，使他有责任决定与受教育者当时的能力和需要会发生交互作用的环境，以创造有价值的经验。传统教育的问题，不在于教育者负起了安排环境的责任。问题在于他们没有考虑到创造经验的另一个因素；即受教育者的能力和要求。他们以为，撇开某些客观条件引起学习者某种性质的反应的能力本身就是需要的。这种彼此不相协调的情况，使教学和学习的过程成为偶然的了。有些儿童，给他们提供了合适的条件，就易于学习；有一些儿童，可以尽自己可能做到的进行学习。选择客观条件的责任同时就带来了解当时学生的需要和能力的责任。单就在另一个时间里对于另一些学生已经证明有效的某些教材和方法，还是不够的。必须有理由认为，教材和教法的任务在于使特定的个人在特定的时间产生出有教育价值的经验。

并不是怀疑牛排的营养价值而不把它喂给幼儿，并不是对三角有什么反感而不把它放在小学一年级或五年级去教，并不是学科的本身就具有教育作用或能引导生长的。没有一种学科，它本身自然地或者不顾及学习者的发展阶段就具有固有的教育价值。不考虑适应学习者的需要和能力，是这种思想的根源，即以为某些学科和某些方法具有内在的文化价值，或者是有益于心智的训练的。没有抽象的教育价值这样一种东西。认为某些学科和方法以及熟悉某些事实和真理本身自然地具有教育价值，是传统教育为什么使绝大部分的教育资料化为预先消化好的食物的理由。根据这种看法，只要逐年逐月地规定所提供的教材的数量和难易程度，按分量分级订计划就够了。否则就是要求一个学生按照外部规定的分量去接受这些东西。如果学生不肯接受，如果他旷了课，或者心神不定以及最后对该门学科造成一种情绪上的对抗，他就被认为是犯了过失。至于这些缺点是否可能由于教材或者所采用的方法，都没有提出问题。经验交互作用的原则把这个问题弄明确了，即教材不能适应各个人的需要和能力使经验失去教育的意义，正如个人不能适应这种教材也会使经验失去教育的意义一样。

尽管如此，经验连续性原则在教育上的应用，意思是在教育过程的每一阶段里都须顾及将来。这个观念很容易被人误解，在传统教育中更加受到严重的歪曲。传统教育认为，学生学习后来（或者在大学里或者在成人生活中）所需要的技能和学科，当然就是对未来的需要和环境的一种准备。而"预备"乃是一个模糊不定的概念。就某种意义说，每一个经验，都应该为个人获得未来有更深刻更广泛性质的经验提供些什么，这就是经验的生长、连续性和改造的真义。但是认为讲授和学习一部分数学、地理、历史等知识是因为这些知识也许在将来某个时候有用，因而仅仅获得这些知识就会有这个效果，这是一个错误；认为获得阅读和计算的技能，便可以自动地为将来在完全不同于获得这些技能的情况下能正确和有效地适用这些技能做好准备，那也是一个错误。

几乎每个人都有机会回顾他的学生时代，并惊叹他在求学时曾经积累的知识变到了怎样地步，以及为什么那些已经获得的专门技能的人为了对自己有用处，还必须改换形式重新学习。诚然，为了求得进步，为了想在智力上前进，他没有忘掉很多他在学校里学过的东西，那就是幸运的。对于这些问题不能说，那些学科实际上没有学好，就算了事；因为这些学科至少已经学过，学生能通过考试。麻烦的是刚才谈论的教材是孤立地学习的，这正如把它放入不透水的密封舱内一样。如果问起这些教材后果变成怎样？它到哪里去了？正确的回答是这样，它还在当初安放它的特别的货舱里。如果当时获得教材的完全同样的条件重新出现的话，那么这些教材也会重新出现，并且是有用的。但是这些教材在学习时是割裂开来的，因此，教材内容和其他经验是这样的毫无联系，以致在实际生活中是不顶用的。这样的学习，不管当时学生学得怎样彻底深透，要是能够做真正的预备，那是和经验的种种规律相悖的。

预备说的失败还不止于这个方面。也许所有教育学上的最大的谬误是这样一种观点，即以为一个人学习的只是当时他在学习和那种特定的事物。附带的学习在形成坚毅的态度、喜欢什么、厌恶什么等方面，可以而且往往比之学习拼音或史、地等科更为重要，因为这些态度对于未来有根本性的价值。其中能够养成的最重要的态度是继续学习的愿望。如果这方面的动力不是增强，反而削弱，那么比仅仅预备坏得多的事情就发生了。学生固有的能力实际上被剥夺了，不然的话，这种能力使他能应付在生活道路上所遇到的各种情况。我们常常看到一些很少受过学校教育的人，可是在他们这种情况下。缺乏正规的学校教育，倒证明是一件很有利的事情。他们至少还保留着固有的常识和判断的能力，而且这些常识和判断能力在实际生活条件下的应用，给了他们从已有的经验中来学习的一种极宝贵的能力。如果在学习过程中，一个人失去了自己的灵魂，即失去了对有价值的事物以及和这些事物有关的价值的正确评价的能力；如果他失去了应用他所学到的东西的愿望，最重要的是失去当他的未来的经验出现时从其中吸取意义的能力；那么获得所规定的一套地理、历史的知识，获得读和写的能力，究竟有什么用处呢？

那么在教育计划中预备的真正意义是什么呢？第一，预备的意思是一个人，不论少的、老的，从他的现在经验中，获得当他具有这个经验时、其中对他一切有用的东西。如果把预备作为一种控制目的，那么现在的种种潜在能力就为假设和未来所牺牲了。当发生这种情形时，为未来做的真正预备便落了空或被歪曲了。利用现在只是为了预备未来这个想法，是自相矛盾的。它忘记了，甚至阻碍了个人能够为未来做好预备的真正条件。我们总是生活在我们所生活的时间里，而不是生活在别的其他时间里；只有在每个现在的时刻里吸取每个现在的经验的全部意义，才能使我们为未来做同样的事做好预备。这是从长远看来具有重大意义的唯一的预备。

所有这些，意味着给予每种现有经验有价值的意义的各种条件必须受到充分的注意。不要以为现在经验只要已经被运用，现有经验是什么，便无关紧要了，因为结论恰恰相反。这是一件很容易从一个极端走向另一个极端的事。因为传统教育倾向于为了深远的和多少是不可知的将来而牺牲现在，于是就认为教育者对于年轻人所经历的现在经验，没有多大的责任。但是现在和未来的关系不是一件非此即彼的事。现在无论如何会影响未来。凡是已经达到成熟的人们，对于这两者的联系应当是多少知道的。因此，设计对于将来有良好影响的现在经验的种种条件的责任就落在他们身上。教育即生长或成熟应该是一个永远现在的过程。

四、教材的循序组织

当我们用经验这个字眼来表达教育的时候，有一个考虑就特别突出。凡能称为一门学科的，不论是数学、历史、地理或一门自然科学，必须一开始就从属于日常生活经验范围的那些材料中得来的。在这方面，新教育显然不同于那种过程，一开始就教学生经验范围以外的事实和真相，因此，就有寻求一些方法和途径把这些教材和事实纳入经验的问题。毫无疑问，新方法在初等教育方面的巨大成功的主要原因，就在于它遵循相反的原则。

然而，在经验的范围内发现适合于学习的材料只是第一步。第二步是将已经经验到的东西逐步发展成为更充实、更丰富、更有组织的形式，这是渐渐接近于提供给熟练的成人的那种教材的形式。这种变化是可能的，它没有违反教育同经验的有机联系的原则；这表现在这样的事实上，即这个变化是在学校的外面产生，与正式教育无关。例如，婴儿开始接触到的是一个在空间上和时间上都是极其有限的事物的环境。那个环境，通过经验自身内在的力量，无需学校教学的帮助，便不断地扩展开来。当婴儿学习抓、爬、行走和说话的时候，那种经验固有的题材便扩大和加深了。他和新的事物、新的事件接触时，就激起新的力量，而这些力量的运用，便改进和扩大他的经验的内容。生命的空间和时间扩展了。环境，即经验的世界，继续不断扩大了，也可以说，更充实了。面对已经过了婴儿期儿童的教育者，必须寻求种种方法，有意识和细致地对待"天性"在早年时期里所成就的东西。

没有十分必要坚持上述两个条件的第一条件。教学必须从学习者已有的经验开始；这种经验和在学习过程中发展起来的能力为进一步的学习提供起点；这是新教育学派的主要的箴言。我并不那么确信另一条件，即通过经验的生长有步骤地扩充和组织教材，也受到同样的注意。但是具有教育意义的经验的连续性原则，要求以同样的关心和注意去解决教育问题的这个方面。毫无疑问，问题的这一方面较另一方面更为困难。同学前儿童、幼儿园儿童、小学低年级男女儿童相处过的教师，在确定过去经验的范围和发现同过去的经验有重要联系的各种活动，是没有什么太多困难的。关于年龄较大的儿童，问题的两个方面的因素，对教育者会增加种种困难。要发现各个儿童的经验背景是比较困难的，要发现怎样指导那个经验中已经包含的题材以至于引导到更大的、更好的组织起来的领域中去，也是比较困难的。

认为只要给予学生一些新的经验，比之努力使他们对处理早已熟悉的事物有更多的技能和更为熟练，就更能充分地满足把经验引导到不同的方面这个原则，这是一个错误。把新的事物同早先经验的那些事物机智地联系起来，这也是极重要的、这意味着有意识地去联系各种事实和思想方面，有了某种进步。因此，选择现有经验范围内有希望、有可能引起新的问题的教材，这些新的问题，通过新的观察和判断的方法，将扩大后来的经验，这就成为教育者的责任。他必须不去把已经获得的经验看作固定的财产，而看作为开辟新的经验领域，从而对现有的观察力和记忆力的机智地运用，提出新的要求的一种媒介和工具。经验生长的连续性应该是教师的座右铭。

到现在为止，进步学校的最大弱点是关于知识性教材的选择和组织，我以为在各种情况下，这是不可避免的。它是不可避免的，正如进步学校应当从构成旧教育的主要内容的那种呆板的、缺乏生气的教材中摆脱出来是正当的和合理的一样。还有，经验的领域是非常广泛的，它的内容也是因时因地而异的。对于一切进步学校来说，划一的课程是完全不可能的，因为这将意味着放弃和生活经验联系的基本原则。而且，进步学校还是新的东西。它们是在几乎不过一个世纪的时间里发展起来的。因此，对于教材的选择和组织有一定程度上的不稳定和疏忽，是可以预料到的。这绝不是根本的非难和抱怨的理由。

可是，如果在进展中的进步教育运动不认识到研究和学习的教材的选择和组织问题是十分重要的，那却是合理的批评的一个理由。利用各种特别的时机，临时组合教材，可以防止教学和学习的僵化和呆板。可是学习的基本材料是不能以过于草率的方式获得的。凡是有智慧自由的地方，各种不曾而且不能预见的时机必定会产生。这些时机应当加以利用。可是，在连续不断的活动的发展中利用这些时机和依靠这些时机来提供主要的学习材料之间是有明显不同的。

总之，根本理想是把知识逐步地组织起来。说到知识的组织，我们就会遇到极其敏感的各种非此即彼的哲学。实际上，如果不是那么说得明确的话，人们往往认为，既然基于知识的组织这个概念的传统教育，几乎完全轻视活生生的现有经验，那么基于生活经验的教育就应该轻视事实和观念的组织了。

刚才我把这种组织叫作一个理想。我是说，在消极方面，教育者不能用早已组织好的知识来开始一汤匙、一汤匙地灌给学生。但是，作为一个理想，组织事实和观念的积极过程，是一个永远存在的教育过程。如果不能积聚更多事实的知识和更多的观念，并把它们更好地、更有条理地整理出来，那么，这种经验是不会有教育意义的。以为组织是一个与经验无关的原则，这是不对的。不然的话，经验将支离破碎，以致混乱不堪。少年儿童的经验集中在一些人身上和家庭里。现在心理分析家了解到，家庭中正常关系的失调，是以后产生精神和情绪的各种病态的肥沃的土壤——这一事实证明这种经验的组织是实际存在的。早期的学校教育即在幼儿园和低年级方面的远大进展之一，是保持以社会和人为中心的经验组织，来代替旧教育，猛烈地改变这个重心。但是，教育突出的问题之一，和音乐一样，是一个转调的问题。就教育方面而论，转调是指运动从社会的和人的中心转向一种更客观的知识方面的组织；无论如何，要经常记住的，知识的组织的本身不是一种目的，而是了解和更合理地安排社会的关系特别是人们的关系的一种手段。

当教育在理论上和实践上都是从经验出发时，不用说，成人和专家的有组织的教材不能作为一个起点。然而，它表明了教育应该继续前进的目标。知识的科学的组织的最基本原则之一是因果规律。科学家掌握和制定这个规律的方法，当然是和按照儿童的经验去探讨这个规律的方法极不相同的。但是，不论因果关系或者掌握它的意义，即使对于儿童的经验来说，也并不陌生。当一个两三岁的儿童懂得不可以靠近火焰的时候，但他学会靠近火炉取暖的经验，他就是掌握并运用这个因果关系。没有什么智慧的活动不是和这个因果关系相符合的，而且，在程度上，正是智慧的活动，不仅和这种关系相符合，而且是有意识地记在心里的。

在比较早期的经验的各种形式中，因果关系不是以抽象的形式出现，而是以应用的方法和达到的目的两者之间的关系，即方法和结果的关系那样一种形式出现的。判断力和理解力的成长，实质上是构成目的、选择和部署方法、谋求实现它们的那种能力的成长。儿童最初步的经验，充满了方法和结果关系的种种实例。这是烧一顿饭、点一盏灯都能证明这种关系的。教育上的问题，不是缺乏可以用方法和结果的关系来说明因果关系的一些情况。可是，不利用这些情况，引导学生领会在一定经验的事例中的这种关系，却太普遍了。选择和组织有关某个目的的方法的那些操作，逻辑学家称之为"分析和综合"。

这个原则决定学校中利用各种活动的最后依据。一面要求学校中主动作业的多样化，一面却贬低知识和观念逐步加以组织的需要，在教育上没有比这种主张更谬误了。智慧的活动之所以区别于无目的的活动，是在于智慧活动涉及从当前种种不同的条件中对各种方法的选择——分析，以及把各种方法加以整理——综合，而达到所要求的目的和意图。学习者越不成熟，所要达到的目的必定越是简单，而所使用的方法也越是初步的，那是很显然的。以方法与结果之间关系的理解为根据的活动的组织原则，甚至对于幼年儿童也是适用的。否则，一切活动，因为是盲目的，便不成为教育活动了。由于儿童逐渐成熟，各种方法之间的关系问题也越为重要。机智的观察逐渐地从方法和目的的关系转变到各种方法之间的相互关系这个更为复杂的问题，根据转变的程度，因果的观念就更突出、更显然。学校里所以有工场、厨房等的最后理由，并不只是为供给学生以活动的机会，而是供给这一类活动的机会或获得一些技巧，使学生注意方法和目的的关系，从而使其去考虑事物的相互作用产生某些结果的途径。这在原则上和科学的研究有实验室是一样的道理。

除非知识组织的问题能够在经验的基础上给以解决，从外面强加的组织方法的反复一定会发生。这种反复的预兆已经十分明显。有人告诉我们，我们的学校，无论是旧的或新的，主要的工作失败了。据说，它们不去培养学生批判的识别的能力和推理的能力。有人告诉我们，由于积累五花八门的未经消化的知识以及力图获得在商业世界里直接有用的各种技能，学生的思维能力被窒息了。有人告诉我们，这些恶果是由于科学的影响和夸大了当前各种需要，于是牺牲了过去经过考验的文化遗产而发生的。有人争辩说，为了使青年人对于他们的理智和道德的生活有可靠的保证，而不至于随风而动，必须把科学及其方法置于从属的地位，必须回到亚里士多德和托马斯①的逻辑体系中所提出的根本的、第一的原理。

如果科学的方法曾经一贯地和不断地彻底应用于学校一切学科的日常工作的话，那么这个充满情绪的呼吁，会给我更深的印象。实际上，我认为，如果教育不是漫无目的地放任自流的话，教育必须在两者之间做出选择，其中之一就是试图劝使教育者回到科学方法还没有得到发展的前几个世纪就出现过的那种理智的方法和理想上。这个呼吁，在情绪上、理智上以及经济上都处于普遍的不安定的时期里，也许能暂时收效。因为在这种情况下，依靠固定的权威的愿望比较殷切。然而，这种愿望和现代生活条件是如此缺乏接触，以致于我认为在这个方面寻求出路是愚蠢的。另一个抉择是系统地利用科学方法作为理智地探索和开拓内在于经验中的潜在能力的模式和理想。

所牵涉到的问题，对进步学校特别有影响。对于发展经验的理智的内容和对于获得日益增长的各种事实和观念的组织，不给予经常的关注，结果只能加强一种反动的回到理智上和道德上的权威主义的倾向。这里不能对科学方法作专题的论述。但是科学方法上的某些特点和任何根据经验的教育计划是如此紧密地联系着，是应当加以注意的。

---

① 托马斯·阿奎那（Thomas Aquinas，1225—1274），意大利神学家。

第一，对于观念作为观念，科学的实验方法较之其他方法给予了更多的而不是更少的重视。如果行动不受某种主要的观念所指导，就没有科学意义的实验这种东西。科学上使用的观念只是假设，而不是最后的真理，这就是为什么观念在科学中比在任何其他地方更受到更谨慎的使用和检验的理由。一旦这些假设的本身被看作第一真理时，就不再有任何理由对它们做仔细的审查了。作为不变的真理就必须加以接受，这就是事情的结束了。但是，作为假设，就必须不断地加以检验和修正，这是要求把它们精确地表述出来的一个必要条件。

第二，观念和假设要由它们付诸实行后所产生的结果加以检验。这个事实意味着活动的结果，必须细心地、有区别地加以观察。一个活动如果没有受到对这个活动的结果的观察所检验，也许一时能引人欣赏。但在理智上这不会有什么成就。这种活动既不能提供关于活动发生于其中的各种情况知识，也不能导致观念的阐明和扩大。

第三，实验方法表现的理智方法要求记录那些观念、活动和观察到的结果。记录是一种反省的回顾和总结，它对于发展中的经验的重要特征，有鉴别，又有记录。反省就是回顾已经做了什么，以便抽取基本的含义，这些含义，对于理智地处理未来的经验，是一种资本。这就是理智的组织和有训练的心灵的实质所在。

我是被迫用一般的而且往往是抽象的语言来说的。可是上面说的是和这样的要求有机地联系着，即为着经验具有教育的意义，经验必须伸展到正在扩大的教材的领域中去，伸展到事实的或知识的教材以及观念的教材的领域中去。只有当教育者把教和学看作经验继续不断改造的过程，这个条件才能达到。只有当教育者看到遥远的未来，而且把每个现在的经验看作影响未来的经验成为什么的一种动力，这个条件才能依次达到。我意识到，我对科学方法的强调也许会引起误解，使得大家只想到专家们在实验室的研究工作中所用的专门技术。但是，我强调科学方法的意图与专门化的技术很少关联。它的意思是，科学方法是可以用来了解我们生活于其中的世界的日常经验的意义的唯一可靠的方法。它的意思是，科学方法提供一种工作的方式和条件，在其中，经验总是永远向前和向外扩展的。怎样使那种方法适应各个人不同成熟的程度，对教育者来说，是一个问题；而这个问题的不变因素是观念的组成，对观念所起作用、所发生的各种情况的观察，以及供将来使用的事实和观念的组织。不论是观念，还是活动，还是观察，还是组织，对于一个六岁的儿童和十二岁或十八岁的青少年而言都是不同的，更不用说成年的科学家了。可是，如果经验在实际上是有教育意义的话，那么在每一阶段里都有着一种经验的扩展。因此，不论在经验的那一个阶段，我们没有别的选择，不是按照经验所提供的形式去做，就是在发展和掌握生动的经验中忽视智力的地位。

五、经验——教育的方法和目的

在我所谈的问题里，我曾经假定这个原则的合理性，那就是，不论对于学习者个人或者对于社会来说，教育为实现其目的，必须从经验即始终是个人实际的生活经验出发。我并没有为接受这个原则作辩解，也没有试图证明它是正确的。教育上的保守主义者和激进主义者一样，对于教育的现状，总的说来，都是极度不满的。在教育思想的这两个派别的明智的人们中间，至少有这么多一致的地方。教育制度必须沿着不是这条就是那条道路前进，要么退回到科学出现前的时代的那种理智的和道德的标准；要么尽量利用科学方法，以促进正在生长扩展中的经验的种种可能性的发展。我只是指出几个条件，如果教育采取后一条道路的话，这些条件必须得到充分的满足。

由于我那么深信教育的潜在力量，这教育被认为是日常经验内在的各种可能性的合理地有指导的发展，我并不以为有必要在这里批评另一条道路，或者为支持采取经验的道路做进一步的辩护。采取这条道路可以预见到的失败的唯一理由，我想就在于这样的危险，即对于经验和实验方法没有充分地被表述出来。世界上没有一种教导像经验的教导方法一样，是这样严格地要求受理智发展和指导的检验。因此，我所能看到的，对于新教育的标准，目的和方法即使是暂时的反动；它的唯一理由，是在于那些教育者自称采用而在实践上并不忠于这些标准、目的和方法。如同我不止一次强调的，新教育的道路比起老路来不是更容易走，而是一条更费力、更艰难的道路。除非新教育获得大多数人的支持，而且这种成就将需要它的信从者许多年认真合作的努力才能达到；否则，目前这种情况会继续存在下去，伴随着新教育的将来的最大危险，我以为是这样观念，即认为它是很容易走的路，以致它的进程容易得即使不是毫无准备地做到那里，就算到那里，也许至少几乎是一天一天地、一周一周地临时拼凑成的。正是由于这个原因，我不去赞扬新教育的原则，而只是限于指出某些必须满足的条件，如果它要有一个理所当然地属于它的成功的前途的话。

我在前面经常用了"进步"教育和"新"教育这些字眼。可是，我不愿在结束之前不表示我的坚定的信念：那就是，根本的问题不是新教育与旧教育的问题，也不是进步教育与传统教育的问题，而是什么东西配得上称作教育的问题。我希望并且相信，我支持任何目的和方法，并不只是因为这些目的和方法可以加上进步的名字。根本的问题涉及到，教育的性质无需加上修饰性质的形容词。我们所需要的教育是单纯的教育，当我们致力于寻求教育是什么以及必须满足什么条件从而使教育成为实际的东西、而不是一个名词或一个口号的时候，我们将会有更确定、更迅速的进步。只是为了这个理由，我才强调一种合理的经验哲学的必要性。

（顾岳中译，赵祥麟校。选自赵祥麟，王承绪，编译. 杜威教育名篇［M］. 北京：教育科学出版社，2006：245—270.）

人的问题（1946）[①]

一、民主对教育的挑战（1937）

凡曾阅读贺拉斯·曼[②]著作的人都知道他是进步的教育之鼻祖，这不仅是因为他的关于应如何对待儿童的观念在当时是很进步的，因为他主张在学校中和在师生关系上应有一个亲切的和人道的气氛，而主要的是因为他是预言家，肯定免费的公共教育对于民主的生活方式，或引用他自己的话，对于"自治政治的共和制度"的存在与维持是绝对必要的。

在他担任官职若干年后所发表的一篇重要演说中，他称虽然深信男人和女人有自治的能力，但他也知道它只是一种能力而已，并非完全天赋的才能，他又称让一切人受公共教育是使能力变为实在的唯一方法。

他说："教育是我们唯一的政治安全；在这个船以外只有洪水。"他又说："公共学校是人类的最大发现。其他社会机关是医疗的和补救的。这个机关是预防的和解毒的。"

专就其提倡的制度——用公共税收来办的公共学校系统，训练教师的师范学校等——来说，贺拉斯·曼的理想，虽未完全实现，但于近百年来已实现到

---

① 杜威在《人的问题》一书中收集了他发表于不同年份的三十一篇文章。这里选用的是其中的两篇，分别发表于1937年和1938年。——本书编译者

② 原著译为"贺来斯·孟恩"。——本书编译者

一个可惊的程度。不过，贺拉斯·曼所要解决的问题现在仍然存在。在很大的程度上，我们现在已有他所要争取创立的制度。但是现在我们依然有一个问题，也许是比以前更迫切，更困难的问题，就是如何使教育制度适应民主社会和民主生活方式的需要之问题。就学校作为政治民主的安全之工具来说，我们的确不能停留在我们已有的成就上。

贺拉斯·曼在一篇演说辞中提出一个问题：儿童们在学校中受教育，是仅仅为了他们自己和其私人利益呢，抑或是为了那些在成人生活中等待他们的社会义务和权利呢？我们今日可提出同样的问题。

依我的看法，关于民主主义的观念，我们所能犯的最大错误，是把民主主义看成某种固定的东西，看成在观念上和在外部表现上都是固定的东西。

民主主义的观念本身，民主主义的意义，必须不断地加以重新探究；必须不断地发掘它，重新发掘它，改造它和改组它；同时，体现民主主义的政治的、经济的、社会的制度必须加以改造和改组，以适应由于人们所需要与满足这些需要的新资源的发展所引起的种种变化。

没有生活方式站着不动或能够站着不动；它或者往前走，或者往后退，往后退的结果是死亡。作为生活方式的民主主义不能站着不动。如果它要继续存在，它亦应往前走，去适应当前的和即将到来的变化。如果它不往前走，如果它企图站着不动，它已开始走上导引灭亡的道路。

因为民主主义为了要继续存在必须改变和前进，所以我想我们有民主主义对于教育所提出的挑战。在百年前生活情况简单的时候，当社会团体是乡村和小社团的时候，当改变近代社会的最大多数的发明尚未出现——至少对于生活方式尚未产生大影响——的时候，并非毫无理由提出这样的观念：认为个人生来即有一种民主的热望；有了这个天生的根性和倾向作为基础，学校教育便能使个人在民主社会中完尽其在生活上的义务和责任。在今日复杂广大的情况中，这样一个观念是错误的。只是当年轻的一代在学校中学习过了解起着作用的种种社会势力、它们运动的方向和交叉的方向、它们产生的后果、若它们被知道并为智慧所控制它们可能产生的后果的时候——只有当学校提供这种了解的时候，我们才能确信学校已迎接民主主义对于其所提出的挑战。

我们的学校已完成这些事务吗？它们未能完成这些事务到什么程度呢？除非它们完成这些事务，这船在洪水中便不是安全的船。这船将为外界势力的洪流所卷去，摇荡，漂流，无目的地随着近代生活的潮流而旋转。如同民主主义为了继续存在必须行动，往前行动一样，在民主社会中的学校亦不能站着不动，不能满足于和满意于其已有的成就，而应愿意从事于学科、教学法、行政的改造，包括那有关师生关系和学校与社会生活关系的更大组织之改造。如果不能这样做，学校便不能为民主主义继续存在所需要的那些势力获得明智的指导。

只是当学校使青年了解社会势力的运动与方向，了解社会需要和满足这些需要所能用的资源的时候，学校才能迎接民主主义的挑战。我用"了解"这个名词而不用知识这个名词，因为不幸有这样多的人们把知识和"传闻的知识"等同起来。传闻的知识是关于事物的间接的知识，我们不能保证在"关于事物的间接的知识"中将跟着产生了解——明智行动之源泉。关于事物的间接的知识是静止的。我们不能保证在任何分量的传闻的知识中，即便传授得更巧妙，将会形成明智的心理态度。的确，任何态度的形式大抵都委之于机遇，委之于校外的影响于个人的种种情况、环境、接触、交际、压力等。

我的意思并非说我们可以不要知识和传闻的知识，即能有所了解；我的意思是说我们不能保证；如同我在上面所讲的，知识的获得和积累将能培养那些足以产生明智的行动之态度。

我记得在许多年前，当我在中国的时候，有人告诉我那里最初一次选举的进行是很老实的。在举行第二次选举以前，布来斯①（Bryce）著的《美

---

①布来斯（J. Bryce，1838—1922），英国法学家，历史学家。曾任英国驻美国大使。——本书编译者

国民主政治》的中译本出版了。关于政客，竞选机构，塔曼尼厅（Tammany Hall——该厅在纽约，系美国民主党的俱乐部——译者）及其他类似制度怎样操纵选举，使中国有了传闻的知识。这种知识在中国的政客中培养了一种态度，但不是明智的或对社会有益的态度。

知识、传闻的知识和了解的区别并非一个复杂的或哲学的事务。一个人可能知道汽车的全部构造，可能说出机械的一切部分的名称并说出它们的功用。但除非他知道机械怎样动作和怎样操作它，它动作不对，他也知道怎样使它动作得对，他就不算了解这个机械。在任何范围内，你可同样作这个简单的比喻。

了解应是与事物怎样动作和事情怎样做有关联的。了解在其本质上是联系于动作的；但传闻的知识在其本质上是脱离动作的，或偶然在彼处与此处联系于动作的。

近年来，我们听到许多关于学校与生活隔离和克服或减轻这种隔离的种种方法的话。我要强调的论点是：学校的隔离亦即是知识和实践的隔离。因为社会生活，不管它在其他方面的意义如何，永远是正在进行着的并产生着结果的种种活动的复合体。

所以我将要问，我们的学校的学科、方法和行政，在使知识、传闻的知识和技能联系于社会上事情怎样做和可能怎样做的情况时，这种联系工作已做到什么程度。因为只有在知识和行动的结合中，教育才能培养关于民主社会继续存在所必需的对目前种种社会势力、运动、问题、需要之了解。

例如让我们考虑两种好像要打破知识和社会行动的隔离之近代教育倾向。第一种倾向是社会学科在美国学校中所占据的日益重要的地位。

社会学科，比较学校中所教的许多其他学科，对于社会生活好像有更密切的关系，所以社会学科在课程上的增设与注重应是学校系统迎接民主主义的挑战之一个工具。

但是具有决定性的问题是：社会学科的教学，不管是经济学，或政治学，或历史，或社会学的教学仅是注重关于目前社会的传闻的知识呢，还是联系于已做的事情，要做的事情，和怎样做事情呢？如果第一种教学的倾向占优势，我能想象更多的社会学科在课程中的增设只能加重已经很繁重的课程之负担，其列入课程中的原来目标，其培养在一切范围内（这个复杂范围目前包括政治的，但亦包括其他的）的良好公民资格的目标便消失了。

为了说明这个论点，我可提及那假定是特别训练政治的公民资格的学科——公民学。我想，社会学科的这一方面有被淹没在混杂的社会学科的大洪流中的危险。在最初设置公民学的时候，我想大家对于传闻的知识的神奇的和魔术的力量都怀有信心。有些人相信：只要学生们学习联邦宪法和州宪法，学习一切官吏的名称和职务，学习政府机构的其他事情，这样便准备好了做良好的公民。但在学生们中间有许多人，恐怕在我们中间也有许多人，在学习了这些事实以后而进入成人生活时，常会变成熟练的政客和政治机构的容易夺得的俘虏，变为政治的歪曲宣传和其偶然阅读的报纸的受骗者。

在学校中也曾获得少量的知识或传闻的知识，但这种知识并未联系到实际上；我恐怕它现在仍未联系到政府在实际上是怎样运用的，政党是怎样形成和管理的，政治机构是什么，给予这些机构和政客以权力的是什么等。如果学校不仅给学生以关于政府机构的形式的、解剖学的知识，而且使其了解其他地方政府怎样通过给予特别恩惠和讨好工业权势以执行其职务，那么，在事实上，在有些都市里，这可能是危险的事情。

在以"在理性面前退却"为题的一篇演说辞中，郎塞洛·霍格本[①]（Lancelot Hogben）说："当你自问，为了增高、减低或维持人口的某一确定水平而应该做些什么时，你立刻发现你要知道一大堆不同的事物，但若你想解答一个更普通的问题，如人口怎样增加的问题，则不需要知道这些事物。"

人口问题确是社会福利的一个重要问题。但它牵涉到的原则可应用到政治的全部范围之上。如果在学校中各班学生都问："为了在各州，各地方，全国

---

① 霍格本（L. T. Hogben，1895—1975），英国实验动物学家。——本书编译者

内，给我们真正民主的政府，应该做些什么呢？"我想，的确我们应考察许多事物，并且从研究这问题所获得的知识将更多于当我们把民主政府看成为一个既成事实而不问其如何工作或应如何工作时所获得的知识。

作为课程的一部分的自然科学，虽然不是社会学科那样新近的发展，但也是相当新近的。自然科学曾作一番斗争，才在学校中取得立足之地。它们在争取地位时，要克服陈旧的、古典的、数学的、文学的课程所作的抗拒。

的确，在近代生活中，自然科学比较从前传下来的许多学科，对于实际生活和人际关系，有更密切的关系。可以毫不夸大地说，科学，通过其在发明和技术上的应用，是近代社会中产生社会变化和形成人生关系的最伟大的力量。可以毫不夸大地说，它引起了一百五十年来人类共同生活的情况的大革命；并且从机器时代进到电力时代以后，科学还可能引起更大的社会变化。

其次，关于学校教材与生活的隔离，和与之对立的能使学生了解社会势力并在民主主义的维持与发展中发挥明智作用的学校教材与生活的结合这件事，我要问：如果科学给予人类的资源能用以增进普遍的民主的社会福利，那么，科学的教学联系于科学的现有的和可能有的社会结果已达到什么程度呢？我知道科学的教学已有很大的改进，但我恐怕这种教学常把科学看成为一个单独的、隔离的学科，并且还有许多人，包括许多科学家在内，相信"纯粹"科学若联系于社会实践，它将被"污染"。但若没有这种联系，学生对于目前正创造着和将来可能改造人类社会的种种势力，将获得很少的明智的了解。

我不知道我是否特别关心于选择共产主义或法西斯主义的问题。我恐怕对于这问题的过分注意将给人以这样的印象：我们或早或迟必须做这样一个选择。就我所能看到的来说，维持民主主义的希望在利用科学给我们的巨大资料，去开创一个不仅是物质丰裕和物质安全的时代，而且是文化的机会平等的时代，是每人有充分发展其能力的平等机会之时代。

除非学校的科学教学能使学生了解那些形成社会的势力，并了解有组织的智慧或科学怎样能被应用于有组织的社会行动之上，民主主义的前途是不安全的，有组织的智慧的资源在目前社会中正起着作用，但是它是在不利于维持民主主义的政治的和经济的情况中起着作用的。如果单在一个世代内，心理学和自然科学能有系统地和有机地联系于学生的了解，使其不但了解社会现状是怎样的，而且了解它怎样可能被合理地指导，那么，我对于民主主义的前途，将没有什么忧虑。

也许有人认为我忽略了一个事实，学校不仅在知识的获得上花了很多时间，而且在技能的获得上花了很多时间。在一个竞争的贪得无厌的社会里，学校如此重视知识或技能的获得，这是不足为奇的。但可以说，各种职业教育（包括专业教育）的运动是近四十年来教育的最显著的特征，它给予这样的动向的统一性，比较任何其他事物所给予的都更多。

这种对职业和专业教育的重视，如同对社会学科和自然科学的重视一样，也好像反驳了我们的学校是和现代生活隔离的一种说法。

但是重要的问题是：整个职业教育运动是跟社会生活的哪些方面和情况有最密切的关系呢？显然，今日这种运动的目标是在为青年准备就业或谋生。这种准备在技术方面可能是很有效的，但毕业生并不能了解那些工业或专业在今日社会生活中所占的地位，亦不能了解这些职业和专业能做些什么使民主主义成为一个有生命的、继续生长的东西。

在我看起来，设置特别的学校，称之为"劳动学校"，使它们培养近代社会中劳动竞争的领袖，而这些学校又须不断斗争以维持其存在，就是在我们的教育系统中颇可忧虑的事情。在一个真正民主的教育系统中，在一个真正民主的社会中，劳动的历史、劳动的意义、劳动的可能性等不应是整个教育计划的一部分吗？或从另一方面来看，我们怎样能解释医药的专业，除掉某些显著的例外，为什么要衷心地反对医药的社会化，反对使公共卫生成为公众的共同资产呢？我们怎样能说明为什么有许多受过所谓适当的专业教育的律师们，常是某时某地和最反动的政治的和社会的论点之辩护人呢？

这些问题至少是值得提出的，即便我们不能求得其答案。这些问题好像指出，在很大的程度上，工业的、职业的、技术的专业教育之运动既未能使青年了解什么是目前的社会势力与需要，又未能使其了解可能做些什么去保证一个永远生长的民主生活。

霍格本在上面提到的演说辞中说："政治家和文学家的训练不让他们预见那些他们生活在其中的社会所形成的技术势力……科学家和技术家的教育使他们对于自己行动的结果采取漠不关心的态度。"这些是很强调的话。它们指出，在我们的教育系统中，有一个大鸿沟。实际指导民众事务的人们缺乏预见，因为他们不了解那些在实际上形成社会的技术的势力。在另一方面，一般科学家和技术家的教育又使他们对于其自己活动的结果采取漠不关心的态度。因此，没有人考察现有的改良社会所必需的知识之资源。

我提出的问题是：教育家的职务是否在使学校给予的教育能使毕业生离校后能考察现有的改良社会的知识。

今日欧洲不信任代议政府的理由之一：有些人感觉政客们只是说得好听，写得流利，辩论得有力而已，但是当他们遇到危机和有采取行动的必要时，他们便不能胜任了。如果我们能拯救我们的国家，使一般人免于对政治发生反感，免于对那些能说话、能辩论，但不知道怎样行动以处理其社会问题的政客们发生反感，那么，牺牲纯粹知识的一点纯粹性，让它随处为其和行动的关系所污染，这可能是有代价的。

教育（如果真正是教育的话）必须有养成态度的一种倾向。养成在明智的社会行动中表现出来的种种态度之教育倾向，是不同于灌输教条的教育倾向的，这正如确定明智的目标，是不同于向空中随便乱放枪，而幻想无论如何总会有一只鸟儿可能飞来碰上其中某些子弹的。

在无目标的教育和灌输教条的教育之间，有一种中介的教育。这种教育使教材和求知识的方法联系于对事情怎样做和可能怎样做的了解；其方法并非要使人浸染于某种最终极的哲学，不管这种哲学是来自卡尔·马克思，或墨索里尼，或希特勒，或其他任何人的；而是要使个人如此了解现在情况，致使明智行动的一个态度将从社会了解中产生出来。

在细目上，在今日人生的——政治的、经济的、文化的、家庭的——具体关系的整个范围内，我真不知道什么是民主主义。我欣然地做这种自卑的坦白，因为我猜想没有其他的人知道在完全具体的细目上民主主义是什么。但是我确信这个问题是今日教育家最要予以严肃注意的问题。

什么是民主主义的真正的意义？在现在复杂的生活中，它的结果是什么呢？如果我们能解答这些问题，随后一个问题是：我们将给予学校工作以什么方针，使整个民主生活方式的丰富性与完美性得到发展？依我看来，这些问题的集体的合作的研究是进步教育的现在的突出的任务。

二、科学与哲学之关系是教育的基础（1938）

经验主义的和实验主义的哲学是和科学没有争论的，既和它们本身没有争论，也和它们在教育方面的应用上没有争论。反之，科学的结论与方法是经验主义教育哲学的主要同盟军。根据经验主义的哲学，科学为我们认识人类以及人所生活的世界提供了唯一的方法。有人曾经认为因此哲学就成为不必要的了。他们认为既然承认科学在知识领域内是至高无上的，这就包括了人类经验的全部地盘。这样缩减的办法排除了一种哲学，这种哲学认为哲学是比科学高一级的知识，哲学提供了关于最后的高级实在的知识。但是排除掉这一特殊类型的哲学并不等于说哲学本身也应该去掉。

如果人仅仅是一个能知的动物，那么我们也可以这样说。但是人不是这样的。他也是一个能动的动物，这种动物有欲念、希望、惧怕、目的和习惯。以平常人而论，知识本身重要，是因为它对于他所需要做的事情和他所要创造的东西有影响。它帮助他并使他的欲念明确化；帮助他构成他的目的；并帮助他去求得实现这些目的的手段。换言之，既存在有所认识的事实与原理，也存在有价值，而哲学基本上是研究价值的——是研究人类行动所要追求的目的的。

人类即使具有了广泛而正确的知识体系，他仍然面对着这样的问题：对于这种知识他将怎样办以及他将利用他所掌握的知识去做些什么。

在联系所认识的东西与价值的问题方面，科学和经验主义的哲学共同反对绝对主义的哲学，后者妄想用独立于科学之外的工具与方法去认识固定永恒的真理。对于这种主张的反对并不仅仅在理论方面。在实践方面对它的反对是：它强调了诉诸权威的办法而且增加了纠纷，而这种纠纷不能利用科学中所创造出来的探究与证明的方法来得到解决。唯一可以选择的办法就是利用压制和武力，或者公开地这样做，或者隐蔽地依赖于事实上存在的习惯和制度来利用压制和武力。今天在某些角落上还有希腊和中世纪关于永恒最高原理的哲学复辟，这样的复辟，作为一种理论哲学，将有所进展。这没有什么大的危险。但是这样的哲学将有实际的影响，它们将支持既存的社会权威而这种权威是为了维护既存现状而发挥作用的。这总是一个危险。为了反对这个危险，实验主义的哲学总是和科学方法坚决站在一起的；自然科学就是利用这种方法达到被证实的真理的。

教育哲学并不是一般哲学的穷亲戚，即使哲学家时常这样地对待它。最后讲来，它是哲学最有重要意义的一个方面。我们经过教育的过程而获得知识，而这些教育过程又不止于单纯地获取知识和有关的技巧形式。它们还企图把所获得的知识统一起来，形成持久的性向和态度。如果我们说，教育是把知识和生活中实际发生作用的价值统一起来的唯一突出的手段，这样说也不算过分。在受深思熟虑的哲学所影响的教育实践和不受这种哲学影响的教育实践之间的差别就是这样两种教育之间的差别：一种教育是在控制所要产生的欲望和目的的态度的方式中受着某些清晰观念所指导的；而另一种教育是在未经检验的习俗传统的控制之下或在直接的社会压力之下盲目地进行的。这种差别之所以产生并不是因为在所谓哲学之中有何内在的神圣之处，而是因为澄清所要追求的目的的努力本身就是属于哲学范围之内的事情。

在目前特别迫切地需要有这样一种系统的澄清。自然科学的应用使得人类关系有了巨大的差别。它们已经把生产和分配商品与服务的手段革命化了。它们已经使得交通和一切影响公共舆论的手段起了同样重大的变化，而公共舆论又是政治活动所依赖的。自然科学的这些应用，较之任何其他力量，更多地决定着人类共同生活和人类行动、享有和忍受的条件。而且，它们还使得社会处于迅速变化的状态之下。在任何人们已经感觉到应用科学的效果的地方，人类的关系就不再是静止的了。在家庭里、在政治乃至在道德和宗教的习惯中，以及在狭小的经济安排的范围里，旧的形式受到侵犯，时常受到损害。差不多所有一切当前社会问题的根源都在这里。最后，在先科学期所形成的目的与价值以及在同时期所形成的伟大力量的制度仍然保持着它们的影响。人生，无论从个人讲来，还是从集体讲来，是纷扰的、混乱的和冲突的。

或者教育的工具作用将忽视这种事态而让学校自行其是，把它们自己大部分局限于提供标准知识和技巧形式而以这些本身为目的，并且这种工作仅仅由于暂时的社会压力而有所退让，否则，它们就将面临学校教育与社会情境的需要和可能性的关系问题。如果教育要面临后面这个问题，那么就产生了重新调整课程内容、教学方法和学校的社会组织问题。这些问题将要怎样解决，这个问题教育哲学不能一下子全部解决。但是它能促使我们认识这些问题的性质并能在满意地解决这些问题的唯一方法方面提供有价值的建议。受到这些观念所感染的行政人员和教师们就能在他们的实际工作中检验和发展这些观念，因而通过理论联系实践，使得教育哲学将会成为一个有生气的，不断成长的东西。

于是我又回到经验主义的实用主义哲学和科学联合起来的这个问题上来了，它们联合起来既反对把真理和原则当作是高于一切为科学的经验主义方法所能确定的东西的哲学，又反对武断的权威、习俗、常规和直接环境的压力等。在教育领域中所利用的科学能够确定实际的事实而且能够在因果关系的基础上把它们概括起来。它本身还不能决定后果的价值，即使这些后果是由于最好地利用了从许多因果关系中所产生的比较经济有效的方法。评价后果必须借助于对于社会问题、罪恶和需要的知识。但是如果没有关于实际条件和关于因果关系的知识，任何树为目的的价值都是空洞的理想，意思是说，这种理想没有实现的手段，是空想的。

我将提及两三件事，它们特别暗示出来在哲学与科学之间需要协作。既然科学方法依赖于第一手的在实验控制之下的经验，那么科学观点任何在哲学上的应用将会强调在学校里也需要这样的经验，反对那种单纯地获得现成的，孤立于学生自己经验以外所提供出来的知识。到此为止，这是和教育中的所谓"进步"运动一致的。在进步教育中也许存在一些倾向，轻视已有经验的连续性和组织性的重要性，因而哲学上应用科学观点就要起着抵制这些倾向的影响。如果教育科学在它本身的基础上和为了它本身的利益不强调本身就包含有向着有组织的方向不断成长的希望和力量的题材，那么它本身的主张就不是科学的。在与教育哲学的协作之中，它能给予无价的帮助，使人们留意到所选择的题材应该不断地向前发展，以形成了解这个师生所生活的世界的态度，以形成使学生有效地对待社会环境的目的、欲望和行动的态度。

另一件使大家感兴趣的事情就是科学在学校中的地位，特别是形成科学态度与方法的习惯在学校中的地位。科学要与壁垒森严的敌人进行战斗以获得它在课程内容中被承认的地位。从形式上看来，这次战斗是取得胜利了，但是在实质上却并不如此。因为科学的题材多少尚被分隔成为一个关于事实与真理的特殊体系。我们将不会取得全胜，除非在教授每一科目和每一课书的时候能把它对创造和成长这种观察、探究、反省和检验的能力的意义联系起来，因为后者是科学理智的核心。实验主义哲学和这种在教育中为科学方法争取中心地位的努力中所表现出来的科学态度的真精神是一致的。

最后，在知识与行动、理论与实践之间的分裂现在严重而有害地影响着教育和社会。在克服这样的分裂中教育哲学和科学能够而且应该共同协作。如果我们说在理论与实践之间的愉快结合终将是教育哲学与科学互相协作，寻求共同目的的主要意义，这话也不算是过分。

（傅统先、邱椿译。选自［美］杜威著. 人的问题［M］. 傅统先，邱椿译. 上海：上海人民出版社，1965：34—42，132—135.）

《教育资源的使用》一书引言（1952）①

原编者按

　　杜威最后发表的教育论著就是这篇引言，这是他为从前的学生和他在哥伦比亚大学师范学院讲授的教育哲学课时的助教克拉普所著的一本书而写的（按：此书出版于1952年）。这本书是为杜威学会而出版的，是专对肯塔基和西弗吉尼亚两个公立乡村学校关于"儿童和他们的家庭日常生活中各种教育资源的运用和发展的一个报道……"杜威借写引言的机会，回顾了半个多世纪以来他和进步教育运动的联系。在他的一生事业临近结束时，回想他对进步思想的希望，他对于这一运动的现状表示极大的失望，并十分忧虑地关注这一运动的将来。

　　在参与教育理论和实践达半个世纪以上的过程中，我亲眼看到通常称为"进步教育"也有人称之为"新教育""近代教育"等，许多的成功和失败。这些名称是各自不同的，涉及各种运动的很多方面，但都以改进教育制度为总的目标，可是在许多特殊方面——观点、原则、方针和计划，则彼此不同。公众讨论教育问题的混乱状态并不是起因于以"进步教育"一词代替"新教育"或者与之相反。这种混乱状态乃起因于把这些名称似乎当作各自不同的实体的专名来使用。这不是讨论术语问题的场合，但是指出这一点是合适的，我将把

---

　　①译自劳伦斯·A.克雷明编《杜威论教育》，1959英文版，第127—134页。——译者

"进步教育"和"进步教育运动"这些名称，作为普通名词来应用，那就是作为一种方便的语言手段，泛指改进教育理论和实践的各种不同的运动和努力综合起来的全部内容。

在过去几年里，对进步教育的成就有组织的攻击，已经比过去变得更加广泛而刻毒。目前要把教育的潮流倒转过来的那种企图应当引起人们的警惕，但也不必惊奇。教育制度是公共生活的一部分，不可能避免学校以外流行的情况的各种影响。当压制的和反动的力量在我们一切其他制度里——经济的、社会的和政治的——正日益加强的时候，希望学校能摆脱这种影响将是愚蠢的。

同样的理由，以为进步教育运动是教师们自己臆想出来并由他们自己搞出来的，这也是愚蠢的。在精神方面，进步教育运动是探讨生长的性质和问题的广泛的思想运动的一个部分，这个广泛的思想运动对十九世纪后半期人类知识在生物学、心理学和社会学方面的进步做出了伟大的贡献。在社会方面，进步教育运动是把个人和各种制度从压制人的生活形式的束缚下解放出来的那种广泛努力的一个部分……

进步教育运动最广泛、最显著的成就是引起课堂生活意义深长的变化。对正在生长的人的需要有了更多的认识，师生关系显著地变得富有人性和民主化了。但关于这些方面的成就现在还是有限的，主要是气氛上的改变，还没有真正地深入和渗透到教育制度的基础里去。在身体上、社会上和精神上依靠威吓和压制的教育方法的那些陈旧的、粗暴的表现，在进步教育运动产生之前，已成为教育制度上既定的陈规。现在这种方法，一般地说，已经消除了；可是形成这种粗暴的表现的根本态度，在许多方面还必须根除。旧教育最根本的权威主义还以多种多样的形式继续存在着。把学校教育作为师生民主地参与于其中的一种协作事业已经谈论得够多了，可是谈论远远多于实行。当然，许多教师，特别是幼儿园和初等学校的，引导儿童一起参与他们的生活，达到了旧教育制度下不可能和难以想象的程度，在那种制度下，教育智慧的最高成就铭记在这样的一个箴言里："孩子不打不成材。"

然而在中等和高等学校里，教师方面对于他们所教的学生的各种需要和所关心的事，并没有尽到什么力量。当然，目前学校中仍很普遍的情况，如班级的大小、工作的负担，等等，使得难于把教育过程按照任何真正的协作和民主的方式来进行。可是这些情况并不是教育民主失败的唯一原因，因为事实很明显，在"进步"学校里这些可悲的情况并不存在，然而在各门课程中要把教育作为师生完全协作的活动，还多半往往是一个谈论的题目，并未见诸施行。要使教育过程成为真正的师生共同参与的过程，成为真正合作的相互作用的过程，师生两方面都是作为平等者和学习者来参与的。这个过程意味着什么，在克拉普女士所描述的实例里已经说明了这一点，读者在这本著作中可以看到充分的论述，我没有什么可以补充。

没有一种教育——或关于任何其他事物——是进步的，除非它不断取得进步，这应当是普通常识，但不幸情况并非这样。没有别的东西比这样做在结果上更为反动，即努力按照过去某一时期是代表进步的那些观点、原则、风俗、习惯或制度，而现在却构成了我们所面临的各种问题的因素。为了实现一个所向往的目的而做出某种改变这一事实，就表明了前后的生活状况是不同的。在实现那种目的的过程中，一种新的情境被创造出来。一种新的生活情境的复合体产生以后，就表现出自己独有的特点和问题。盲目地依恋在一种情况下曾经是良好的东西而这种情况已不存在，那就会阻碍识别现在的需要，而且看不清这些需要所应产生的那些值得向往的目的。正如埃默森所说的，已经达到的良好的目的，容易变成更美好的目的的敌人。

新的问题用老一套的观念和原则是不可能明智地给予处理的，因为那些观念和原则是在解决不同的问题中发展起来的。新的问题为了获得明智的解决，就需要设想新的目标、新的目的，而新的目的又需要发展新的手段和方法。当然，"新"总是相对的新，而不是绝对的新。尽管人们也许渴望着某些绝对新的东西，而且有些人可能欺骗自己，设想他们有着某些绝对新的东西。可是文化和经验的连续性，实际上排除了任何东西有着这种绝对性质的可能性。割断过去继承下来的一切关系和联系的危险，纯粹是一种幻想。真正的危险是，在号称是新的但只不过是旧东西的各种伪装的形式下继续保持过去的东西。

刚才所说的在进步教育运动的历史中已经阐明了，正如人类在其他各个领域里的努力和进步也阐明了这一点，这说明在这个运动中为什么有失败。这个失败正如它的成功一样，都不能单独归咎于教师。要改变个人长期形成的习惯是一个缓慢的、困难的和复杂的过程。要改变长期确立的制度——这是在共同生活的结构中所组成的社会习惯——是更缓慢、更困难和更复杂的过程。既定制度的趋向总是要融化和歪曲新的东西，使新的东西适合自己本身。教育制度中的这种倾向也许最明显地表现在讲授教育哲学的观念和原则方面——我在发展这种哲学中也是有份的——这种教育哲学的观念和原则从开始进入学校的各个部门以来已经有半个世纪之久，现在它们大部分仍在被讲授着。在师范学院和其他地方，这种观念和原则已经被改变为一种现成条规的固定不变的教材，依照一定的标准化的程序，用来教学和熟记，于必要时，像敷芥子泥一样，把它形式地应用到教育问题上去。

换句话说，已经制度化了并继续存在了若干世纪的各种"学习"习惯，总是企图把那些观念和原则改变成为它们自己那个样子，这些观念和原则明确地强调学习是一个生长的方法，强调教育过程并不在于获得一套工具，而是一个学习人类生长的手段和方法的过程。为了明智地解决新的问题或者更适当地解决部分已经解决了的老问题，这个过程永远不可能是固定不变的，而是必然是继续不断地发展着。从最通常的哲学观点来考虑，把那些手段和方法改变或歪曲成为固定不变的自足的教材，乃是由于传统观念的顽强性和力量，认为观念的性质是天生的、永恒的和不变的本质。按照这一理论，进步教育原则（不论哪一种）就是"天生进步"的，任何人能背诵它们，事实上就算是"进步"教师。

也许可以说，以正确的原则、错误的方法去训练教师，比起理论和方法两方面都是错误的师资训练是一种改进。但这不是什么多大的改进，因为训练方法——在校内或校外——形成品格。在师范学院里，教师训练的方法并不是形成未来教师的品格的唯一决定因素，但是就训练方法是成功的情况来说，它形成他们作为教师的品格，因此成为他们的道德发展的一个重要的决定因素。按照正确的原则、错误的方法进行训练，意味着事实上在教师的道德训练和智能训练之间造成了分裂。他们背诵所得的原则获得一种口头上虚饰的作用。如果他们的训练达到有效的程度，而在他们受训练后的经验使他们的训练变化以前（好的或坏的），他们就按照事实上怎样教给他们的那一套去教，而不是按照关于教学作为一门教育理论学科所教给他们的那样去教。

再从最通常的哲学观点来说，只要那种传统的见解继续流行，认为观念的性质是天生的本质，那么这个教育上的权威主义的原则以及它在学校教育实施上所产生的影响是永远不能有效地根除的。因为从这个见解或学说出发，便认为教师的教育在于传授给他们某些所积蓄的固定不变的教材，使他们照样把这些教材传授给他们的学生。因此，教育体制是由上级的权威者把所必须接受的东西传给下级的接受者组成的。这不是教育，而是灌输、宣传。这种类型的"教育"适合于极权主义社会的基础；同样的理由，也适合于颠覆、破坏和摧毁民主社会的基础。

为了创造一个民主社会，我们需要一种教育制度，在这种制度中，道德、智力发展的过程，在实践上和理论上乃是自由、独立的人从事探究的合作的相互作用的过程，这些人把过去的思想和继承的东西，无论从数量上和质量上，都作为进一步丰富生活的手段和方法，他们运用已获得的良好成就来发现和制造更美好的东西。

……

（赵祥麟译。选自赵祥麟，王承绪编译.杜威教育名篇［M］.北京：教育科学出版社，2006：307—312.）

后　记

　　杜威是西方教育大家中的大家。我对杜威教育思想的了解是从1982年学习北京师范大学王天一教授等主编的当时尚未出版的《外国教育史》(内部教材)开始的。1984年，我在河北大学教育系（今河北大学教育学院）读研究生听我国著名外国教育史学家滕大春先生讲"美国教育"课程时，对杜威教育理论有了深刻的印象。

　　在随后的学术岁月里，自己一直在从事"外国教育史"和"比较教育学"的教学和研究，对杜威教育理论一直保持着浓厚的兴趣。因此，才欣然接受了山东教育出版社牵头组织申报的《杜威教育研究大系》的研究任务，负责编译这部《杜威教育经典文选》。

　　有三点情况需要说明：一是本书所有选文的译者（包括本人在内）和选文出处都已标明。二是我们对其他译者的译文中几处文字（包括人物的译名）和注释做了微调，还补充了一些必要的注释。调整处和增加的注释基本上都做了说明。三是本书编译者的注释都标有"本书编译者"字样，其余的注释或为杜威本人或为原译者的注释。

　　在完成编译这部著作任务的此刻，我们要向选文的其他译者，尤其要向在我国教育学界享有盛誉的赵祥麟先生和王承绪先生等前辈译者致以衷心的感谢！正是分享了他们辛苦劳动的成果，这项工作才相对容易些。

　　在本书即将付梓之际,本书编译者由衷地感谢山东教育出版社教育理论编辑室原主任蒋伟编审、现任主任周红心编审和孙文飞编辑以及《杜威教育研究大系》总主编、中国教育学会教育史专业委员会原副理事长、华东师范大学博士生导师单中惠教授的指导和帮助;此外,也要感谢协助校对文稿的安徽大学高等教育研究所研究生方燕雯、莫东芳和葛琪三位同学。

　　尽管在编译过程中自己竭尽全力,但囿于水平,本书的编译仍可能存有不足之处,真诚地希望学界专家和读者批评指正。

朱镜人

2023.5